Empirische Politik

Robert Schediwy

Empirische Politik

Chancen und Grenzen einer demokratischeren Gesellschaft

Europaverlag
Wien · München · Zürich

VORARBEITEN ZU DIESEM BUCH WURDEN DURCH EINEN FÖRDERUNGSPREIS DES DR. ADOLF-SCHÄRF-FONDS FÜR WISSENSCHAFTLICHE FORSCHUNG UNTERSTÜTZT

Umschlag von Wilhelm Kögl

Lektorat Hilde Dixon

Printed in Austria
Satz und Druck Elbemühl Wien
ISBN 3-203-50732-3

Inhalt

Vorwort

Diese Arbeit ist die Frucht eines Jugendgedankens. Vor fünfzehn Jahren faszinierte mich die Vorstellung, man könnte die Gesellschaft experimentell verbessern und darüber ließe sich ein Buch schreiben. Ich habe unterdessen gelernt, diesen Ideenkomplex als mehr der Zeit und bestimmten sozialen Verhältnissen denn meinem ureigensten Selbst gehörig zu begreifen, und stehe ihm wohl noch mit Sympathie, aber auch mit kritischer Distanz gegenüber. Das Buch, das ich letztlich doch geschrieben habe, versucht somit Gegenwartsphänomenen objektivierend Rechnung zu tragen. Im abgegrenzten Sinn von Soziologie, Ökonomie, Politologie, Geschichtsschreibung oder ihrer fast schon verselbständigten Unterdisziplinen kann es »Wissenschaftlichkeit« nicht in Anspruch nehmen. Die Offenheit für den Vorwurf des Dilettantismus, die jeden Versuch integrativer Überschau kennzeichnet, nehme ich jedoch gern in Kauf, zumal ich mir persönlich die Freiheit nehme, universitäre Karriere-, Anpassungs- und Erfolgskriterien nicht zu berücksichtigen. Wollte man für meine Betrachtungsweise unbedingt ein Etikett finden, wäre wohl Sozialphilosophie am zutreffendsten, auch wenn es ein wenig zu prätentiös klingt.

Die etwas freie Systematik des Buches und seine anekdotischen Abschweifungen werden, so hoffe ich, den interessierten Leser nicht verwirren, zumal die Einleitung den Weg zu den einzelnen Kapiteln weist. Um den Text nicht allzusehr mit Gelehrsamkeit zu befrachten, habe ich die Auseinandersetzung mit der Fachliteratur nebst einigen sehr spezifischen Randbemerkungen weitgehend in den Fußnotenteil verlegt. Damit ist der barock ausufernde Charakter des Manuskripts zwar verstärkt worden, aber das Vorbild jener klassischen Sozialwissenschafter, die viele ihrer treffendsten Einsichten im wuchernden Fußnotenteil »versteckten«, mag mein Vergehen entschuldbarer machen.

Meinen Freunden Franz Baltzarek, Günter Chaloupek und Stefan Schleicher danke ich für ihre Kritik und wertvollen Hinweise. Erich Gruner, dem Leiter des Forschungszentrums für Geschichte und Soziologie der schweizerischen Politik an der Universität Bern bin ich besonders für die Durchsicht des Abschnittes über Direktdemokratie verpflichtet. Norbert Leser war so freundlich, den Abschnitt über das Dilemma der Sozialdemokratie kritisch durchzusehen. Wie üblich möchte ich betonen, daß die verbleibenden Fehler und Mängel voll in meine persönliche Verantwortung fallen. Christa Bortolotti und Gertrude Dobler sage ich Dank für die Übertragung des oft schwer lesbaren Manuskripts in saubere Maschinschrift. Gerlinde Pech hat mir bei der Erstellung des Personenregisters sehr geholfen. Schließlich möchte ich auch die geduldige und verständnisvolle Betreuung meiner Lektorin Hilde Dixon nicht unerwähnt lassen.

Gewidmet sei dieses Buch meinen Eltern und meiner Frau Karin.

Wien, Jänner 1980

»... die Menge, von der der einzelne kein tüchtiger Mann ist, scheint doch in ihrer Gesamtheit besser sein zu können, als jene Besten; nicht jeder einzelne für sich, sondern die Gesamtheit, so wie die Speisungen, zu denen viele beigetragen haben, besser sein können, als jene, die ein Einzelner veranstaltet. Denn es sind viele und jeder hat einen Teil an Tugend und Einsicht.« *Aristoteles (um 330 v. Chr.)*[1]

»Most Men will not intend any Publick Aim till they can secure their own Interests and see a Way to get Advantage by that which they call the Publick.« *Samuel Hartlib (1648)*[2]

»... it will be said that the people being ignorant and always discontented to lay the foundation of government in the unsteady opinion and uncertain humour of the people is to expose it to certain ruin ... To this I answer: Quite the contrary. People are not so easily got out of their old forms as some are apt to suggest.« *John Locke (1689)*[3]

»Les lois de la démocratie tendent, en général, au bien du plus grand nombre, car elles émanent de la majorité de tous les citoyens, laquelle peut se tromper, mais ne saurait avoir un interêt contraire à elle-même.«
Alexis de Tocqueville (1831)[4]

1 *Politik,* III 1281 b
2 zitiert nach J. K. Fuz: *Welfare Economics in English Utopias,* Den Haag 1952, Seite 30
3 *The Second Treatise of Government,* New York 1952, Seite 125
4 *De la démocratie en Amérique,* Paris 1963, Seite 138

Einführung

Einer Zeit, welche die präzisen Aussagen der Naturwissenschaften schätzen gelernt hat, sind Gedanken, die auf eine Gesamtsicht von Lebenszusammenhängen gehen, fragwürdig geworden: in der übergroßen Allgemeinheit des von Formeln unbeschwerten Denkens läßt sich allzuleicht Verblasenheit und Dilettantismus entdecken. Aber zugleich sind Fragen allgemeiner Besinnung unentrinnbar: So oberflächlich die Bemühungen der Philosophen, Politiker, Literaten und des »gesunden Menschenverstandes« erscheinen mögen, gilt doch die Feststellung Ludwig Wittgensteins: »Wir fühlen, daß selbst, wenn alle *möglichen* wissenschaftlichen Fragen beantwortet sind, unsere Lebensprobleme noch gar nicht berührt sind.« Einem jener Probleme, die weiterhin über die Sphäre fachwissenschaftlichen Expertentums hinausragen und doch immer wieder zum Versuch rationaler Klärung herausfordern, ist dieses Buch gewidmet: dem Verhältnis des Menschen zum geschichtlichen Wandel seiner Gesellschaft. Das berühmte Wort von Marx spricht davon, daß der Mensch seine Geschichte mache, aber nicht mit Willen und Bewußtsein. Im Konzept »empirischer Politik« soll den Tendenzen nachgeforscht werden, die heute auf ein langsames Fortschreiten aus jenem negativ beschriebenen Zustand in sein Gegenteil Hoffnung geben.

In seiner Gesamtheit mag dieses Buch eigenständige Produktion sein. Aber keine der einzelnen Aussagen, die darin getroffen werden, erhebt Anspruch auf Originalität. Überhaupt ist Originalität auf dem Felde geistigen Schaffens eine zweifelhafte Tugend und oft illusorisch. Denn der einzelne originelle Gedanke, der nicht schon von hunderten oder tausenden anderer zugleich mitgedacht wird, der nicht schon in der geistigen Atmosphäre der Zeit mitschwingt, ist meist auch zur sozialen Unwirksamkeit verdammt.

Selbst der Aufschwung der Naturwissenschaften zu Anfang der Neuzeit gewinnt seine Bedeutung ja nicht vorrangig aus der Erstmaligkeit zutage tretender Talente, sondern aus der geistigen Bereitschaft der Zeit, sich empirischen statt bloß spekulativen Denkrichtungen zuzuwenden. Die großen Durchbrüche von Marx, Freud oder Keynes sind – auf dem eigentlichen Gebiet der Sozialwissenschaften – geradezu Schulbeispiele des Wechselspiels von gesellschaftlicher Dynamik und individueller Leistung: Bei Freud war es die rückhaltlose Analyse der verdrängten Triebkraft Sexualität, nach der eine von religiösen Zwängen und Tabus sich befreiende Gesellschaft geradezu verlangte. Bei Marx riß das erhellende Moment der materialistischen Geschichtsbetrachtung Masken und Denkverbote weg, die zumindest ebenso brüchig waren, und wurde zugleich zum Agens eines »wissenschaftlichen« Heilversprechens, das die Elite der Arbeiterklasse bei ihrem Aufbruch motivierte. Keynes schließlich schuf eine brillante theoretische Rechtfertigung für jenen machtvollen Eingriff des Staates in die Wirtschaftskrise, den die Mehrzahl der Menschen fernab jeder Theorie dringlichst erwartete. Entscheidend war nicht etwa seine subtile Konstruktion eines durch spekulative Geldhortung überhöhten Gleichgewichtszinssatzes, sondern die Bresche, die mit den eigenen Waffen in die Mauer des Laissez-faire-Denkens geschlagen wurde: Man hob Keynes auf den Schild, weil die Gesellschaft eine Ideologie der Ohnmacht satt hatte und auf einen Vorwand wartete, sich ihres Ballastes zu entledigen.

Mit jenen hervorragenden Werken darf sich die vorliegende bescheidene Arbeit nur insofern in einem Atemzug nennen, als auch sie sich einer Zeittendenz benachbart fühlt. Die Gewißheit, auszusprechen, was viele denken oder vielen auf der Zunge liegt, scheint mir dabei Bürge für die Chance, nicht ins Leere zu sprechen. Die Bedenken, der Kommunikationsflut unserer Zeit ein weiteres überflüssiges Elaborat hinzuzufügen, werden somit wettgemacht durch das Bewußtsein, ein kleines Steinchen zu einem großen Bau, ein winziges Maß an Schubkraft zur Bewegung des Ganzen auf den richtigen Weg hin beizutragen. Damit soll freilich nicht eine Rechtfertigung dieser Arbeit aus dem Geiste bloßer Parteilichkeit – etwa unter Berufung auf jene gute Gesinnung, der man manches nachsieht – unternommen werden: Es geht mir vielmehr um einen Versuch allgemeiner Übersicht und zugleich breiter kritischer Auseinandersetzung mit jener Tendenz, der ich mich verpflichtet fühle, also um die prekäre Verbindung von Engagement und Distanz.

*

Seit alters her wird nur ein geringer Teil der gedruckten Bücher auch sorgfältig gelesen. Die größten Chancen, ein Quentchen Aufmerksamkeit zu erregen, liegen demgemäß in den ersten zehn Seiten eines Werkes. Es scheint mir darum angezeigt, auch dem flüchtigen Leser eine Ahnung vom Inhalt des Bandes zu geben, dem eiligen Rezensenten das Durchsehen der Kapitelüberschriften zu ersparen und dem ernsthaft Interessierten das gedankliche

Grundgerüst des Folgenden darzulegen.

Der Ausgangspunkt meiner Überlegungen ist recht abstrakt: die Frage nach den zentralen Motiven menschlichen Handelns. Natürlich handelt es sich dabei um eine im Augenblick und wohl für alle Zukunft unlösbare Frage: Denn die vielschichtigen und widersprüchlichen Triebkräfte des Menschen, vom krassesten Egoismus bis zur sublimsten Aufopferung für eine Idee, vom Motiv der persönlichen Zuneigung bis zum reinen Erkenntnisstreben, lassen sich kaum in ein zahlenmäßig fixierbares Gewichtungsschema bringen. Dennoch müssen alle sozialen und politischen Theorien notwendigerweise eine Arbeitshypothese zu diesem Thema entwickeln. Die vorliegende Arbeit entscheidet sich explizit – wenn auch mit bedeutsamen Einschränkungen – für einen Vorrang des egoistischen, ökonomischen Interesses bei der Erklärung gesellschaftlicher und politischer Zusammenhänge. Sie stellt sich damit auf den Boden einer Tradition, die seit ihren Ursprüngen bei den Sophisten, in der theoretischen Machtpolitik Machiavellis, in den aufklärerischen Utilitarismen von Hobbes, Helvetius, Adam Smith und den amerikanischen Verfassungsvätern, insbesondere aber seit ihrer Modifikation durch Marx oft genug den gereizten Widerspruch von Moralisten erregt hat. Gerade der irritierte Nachdruck, mit dem auf höhere Ziele verwiesen wird, spricht allerdings für den immer noch »entlarvenden«, also Verborgenes, Verleugnetes aufhellenden Charakter der Interessenanalyse. Für die Zwecke dieser Studie soll dabei von der Arbeitshypothese des generellen Vorranges des persönlichen engeren Interessenkreises gegenüber abstrakteren Globalinteressen, mit denen sich das Individuum durch Identifikation verbinden kann, ausgegangen werden. Gemeinwohl als übergreifendes Interesse großer, regional zusammengefaßter Menschengruppen (in letzter Instanz etwa sogar das Überlebensinteresse der Gesamtmenschheit) beinhaltet somit den Ausgleich teilweise antagonistischer Gruppeninteressen und entsteht als mehr oder minder gelungenes Produkt des jeweiligen politischen Gesamtsystems. Politische Reformvorschläge sind Empfehlungen zur verbesserten Erzeugung von Gemeinwohl. Wenn sie allerdings nicht unmittelbar an der Interessenmechanik aktueller politischer Systeme ansetzen, befinden sie sich im luftleeren Raum bloßer Gedanken. Es ist darum sinnvoll, von einem – freilich in eine Bedürfnishierarchie eingebauten und damit relativierten – Bild des homo oeconomicus auch für den politischen Bereich auszugehen und Erkenntnis wie Veränderung von der soliden Basis eines egoistisch auf ökonomische

Interessen bezogenen Menschenbildes aus zu suchen.

Nach der Klärung dieser Grundhypothese soll das Zentralthema des Buches in wiederum recht allgemeiner Form behandelt werden: die Frage nach der geschichtlichen Selbstbestimmung des Menschen. Die historische Betrachtung erweist, daß diese Vorstellung des Menschen als Meister der Geschichte eine relativ neue Errungenschaft ist. Die bedeutenden Ansätze spekulativer Gesellschaftskonstruktion in der griechischen Antike – etwa Platons Staatsutopie – wurden erst in der Renaissance wieder bei Morus und Campanella aufgegriffen: Das nach langer fester Bindung wieder gelockerte Verhältnis zur Religion und der Aufbruch eines neuen Zeitalters der Entdeckungen und Kolonisation dürften die Sensibilität für ein »tabula rasa-Denken« in geplanten Gesellschaftsformen begünstigt haben. Erst die Aufklärung und die dramatisch verstärkten Eingriffsmöglichkeiten des Menschen in die Natur durch naturwissenschaftliche Technik und Industrie legten aber den Anspruch nahe, den das anfangs zitierte Marxwort so gebieterisch erhebt: daß der Mensch nicht nur seine Werkzeuge, sondern auch seine Geschichte mit Willen und Bewußtsein machen möge.

Bewußter Eingriff des Menschen in die Natur heißt Planung, und diese bedeutet regelmäßig Geometrisierung, Konstruktion, rationale, möglichst einfache Strukturierung von Abläufen. Geplante Städte, seien es solche der griechisch-römischen Antike, Altchinas, des Hochmittelalters, oder die modernen Metropolen der USA, weisen etwa im allgemeinen ein rechtwinkelig-rasterförmiges Grundschema auf. Planmäßiger Einsatz von Menschenkraft führt, sei es in friedlicher industrieller Produktion, sei es bei der Organisation zum Kriege, zum berechenbaren Funktionieren des Individuums als einfacher Teil eines komplexen Gesamtschemas. Je mehr der Planungsrationalismus in der modernen Gesellschaft fortschreitet – und das arbeitsteilige Industriesystem enthält starke Kräfte, die ihn weiter treiben – um so »geometrisierter« und mechanisierter, um so kontrollierbarer werden die gesellschaftlichen Abläufe. Marx hatte nicht unrecht, an »industrielle Heere« zu denken. Nur, daß sich hier ein fundamentales Paradoxon auftut: Rationale Bewältigung der Gesellschaft und letztlich der Geschichte von zentralen Kommandostellen aus wird zwar immer mehr zur realen Möglichkeit, muß aber notwendig zu Unterdrückung der Vielen durch die Wenigen führen: Planwirtschaft, die etwa seit dem vorigen Jahrhundert immer wieder als Fortschritt dem »Chaos« des Marktes entgegengehalten wird, läuft tendenziell auf Unterwerfung der Individuen als selbständige Wirtschaftseinheiten hinaus. Städtebau, der in den Köpfen sich genial dünkender Planer entsteht und mit staatsautoritären Mitteln durchgesetzt wird, unterwirft terroristisch Hunderttausende fremdbestimmten Wohnformen. Planung als Entscheidung im kleinen Kreis, wie sie bis heute meist noch verstanden wird, könnte im Endstadium wohl Anspruch auf rationale Bewältigung von Gesellschaft oder gar Geschichte erheben – aber dieser Anspruch widerspräche zugleich sich selbst, da ja die Masse der vernunftbegabten Individuen zugleich entmündigt, zu Gliedern und Opfern einer von wenigen geleiteten Maschinerie erniedrigt würde. Marx' konkrete Vision von den industriellen Armeen und sein – freilich blasser – anarchistischer Traum vom »Absterben des Staates« und der freien Assoziation der Individuen widersprechen einander.

Das Ende des 19. und die ersten Jahrzehnte des 20. Jahrhunderts bezeugten ein stetiges Vordringen des Planungsrationalismus und -optimismus. In der Katastrophe der Weltwirtschaftskrise kulminierte schließlich der Anspruch derer, die auf die vernünftige und planende Einrichtung des gesellschaftlichen Ganzen drängten, gegenüber jenen, die den therapeutischen Nihilismus der Unüberschaubarkeit und Selbstheilungskraft des Systems predigten. Aber heute stehen wir mitten in einer Krise des Planungsrationalismus. Der inhärent autoritäre Charakter zentral planender Verfügung ist an den staatswirtschaftlichen Systemen verschiedenster Provenienz deutlich geworden. Die Rigidität und vereinfachende Abstraktion zentralisierter Planung wird auf den verschiedensten Gebieten offenbar: im Versagen der Konsumgüterproduktion in östlichen Wirtschaften ebenso wie im unbefriedigenden Charakter des sozialen Massenwohnbaus oder in der Anonymisierung und Objektwerdung des Patienten in den neuen Monsterspitälern. Der terroristische Aspekt, den der geplante Staat schon etwa bei Campanella gewann – er wollte immerhin in Nachfolge Platons die amtlich kontrollierte Zuchtwahl für die Nachkommenschaft vorschreiben – enthüllt sich als immer deutlichere Gefahr.

Dazu kommt das Phänomen der Wellen der Enttäuschung. Seit der großen französischen Revolution, die neben vielem anderen in ihrer Dezimalisierung und dem Neubeginn des Kalenders Musterbeispiele rationalistischen tabula rasa-Denkens setzte, wenden sich immer wieder breite Schichten der Intelligenz von den terroristischen Folgen erfolgreicher Revolutionen ab, die sie im Anfang wegen ihres privilegienfeindlichen und »vernünftigen« Vorgehens begrüßt hatten. Dies hat in der Gegenwart bis zu einer »Krise der Weltanschauungen« geführt, die in Westeuropa, der, wenn auch nicht ökonomisch, so doch immer noch gesellschaftspolitisch führenden Zivilisation, am stärksten virulent geworden ist. Die tastenden, vielfältigen Alternativkonzepte, die in dieser Krise vorgelegt werden, lassen sich in der Vorstellung »empirischer Politik« zusammenfassen. Demokratisierung, Partizipation und politisches Experiment, demoskopische Demokratie und Bürgerinitiativen haben alle gemeinsam, daß sie rationale gesellschaftliche Entscheidung nicht mehr durch die wohlinformierte Entscheidung weniger Planungsexperten zu treffen suchen, sondern durch behutsames Abtasten der sozialen Realität und durch Zusammenwirken breiterer Kreise rationaler Individuen. Logischer Endgedanke dieser Denkrichtung ist, daß rationale Selbstbestimmung des Menschen in der Geschichte widerspruchsfrei nur unter Teilnahme der gesamten vernunftbegabten Menschheit möglich ist.

Kennzeichen der Zeitströmung, die ich empirische Politik nennen möchte, ist somit ein vorsichtiges, abwägendes Verhältnis zu Eingriffen in soziale Systeme. So wie die ökologische Bewegung sich etwa gegen die in ihren Folgen oft unabsehbaren Eingriffe der menschlichen Technik in die Nahrungsketten der Natur wendet, gerät auch der Optimismus in die Planbarkeit sozialer Systeme ins Wanken. Politik wird empirisch nicht nur in dem Sinn, daß sich die politischen Eliten in ihrem Konkurrenzkampf immer mehr auf demoskopische Popularitätsbefunde ausrichten beziehungsweise ausrichten müssen. Das Element des Versuchs, des Experimentes, der Erprobung von Maßnahmen nach pragmatischen Methoden des »trial and error« tritt gegenüber dem forsch dekretierten Eingriff immer mehr in den Vordergrund. Dieses Phänomen hat vielfältige Ursprünge: Neben der erwähnten existentiellen Enttäuschung der Linken an der Realität vieler ihrer traditionellen Forderungen – etwa der »kapitalistischen« oder auch »bürokratisch ineffizienten« Entwicklung nationalisierter Betriebe – sind es naturwissenschaftlich experimentelle Weltanschauung und der pragmatische Kultureinfluß der ökonomischen Vormacht der USA im Nachkriegseuropa. Das Bewußtsein, gesamtgesellschaftliche Tendenzen rationaler Steuerung unterwerfen zu müssen, verbindet sich somit mit der zunehmenden Ablehnung doktrinärer Rezepte und mit der demoskopisch untermauerten Erkenntnis, daß das »Volk« nicht einfach als Objekt obrigkeitlicher Verfügung anzusehen ist, sondern als Konglomerat intelligenter Individuen, deren eigene rationale Interessenverfolgung zudem jedes zentrale Planungskonzept zu unterlaufen imstande ist.

Daß wir heute in Europa auf eine Tendenz zu empirischer Politik verweisen können, hat natürlich nicht bloß – im weitesten Sinn – geistesgeschichtliche Gründe, sondern ist selbst wieder vornehmlich als Resultat antagonistischer Interessenkämpfe zu interpretieren. Der Entwicklungsgang der neuzeitlichen parlamentarischen Demokratie als solcher läßt sich ja als Vordringen der breiten Bevölkerungsmehrheit beziehungsweise ihrer organisierten Vertreter in die Leitungsorgane des Staates beschreiben. Zwar verdunkelt die Theorie der Volkssouveränität mit ihrer Fiktion der Repräsentation des Volkswillens im gewählten Parlament das doch recht geringe Ausmaß an tatsächlicher Beteiligung, aber die Wahlrechtskämpfe des 19. und frühen 20. Jahrhunderts und die Weiterführung der bürgerlichen Revolution zur partiellen Direktdemokratie in einigen Staaten ergaben doch einen verstärkten institutionellen Druck der Basis auf die Regierenden. Die genauere Würdigung der Entwicklung in der Schweiz (um 1870) und den USA (um 1900) läßt sogar Ansätze einer direktdemokratischen »zweiten Welle der bürgerlichen Revolution« erkennen, die näherer Betrachtung wert sind. So sehr Michels »ehernes Gesetz der Oligarchie« wirksam sein mag und die tendenzielle Abhebung der Führer von den unteren Sozialschichten, die sie einst zur Macht trugen, belegbar ist: allein aus dem Konkurrenzmechanismus der politischen Eliten in der Repräsentativdemokratie (wie er dem »realistischen Demokratieverständnis« entspricht) ergibt sich beachtliche Dynamik zur Weiterentwicklung. Die Richtung scheint gerade heute wieder auf Politik zu gehen, die zwar von Volldemokratisierung noch weit entfernt ist, die sich aber zunehmend an den vorfindlichen und geäußerten Interessen der Bevölkerungsmehrheit pragmatisch orientiert und über das Selbsterhaltungsinteresse einsichtiger politischer Eliten zu einer weiter fortschreitenden Partizipation der Vielen an den Entscheidungen der Wenigen führen könnte.

Daß diese historische Möglichkeit heute sehr aktuell ist, ersehen wir am Wiederaufleben des Citoyenbegriffes. Der gemäßigten Linken, die die Kämpfe zum allgemeinen Wahlrecht hin verfocht, lag er zwar immer am Herzen. Die faschistische Verspottung der Ohnmacht des Repräsentantenparlaments und die marxistische »Demaskierung« der Begrenztheit der »bürgerlichen Demokratie« tendierten aber dazu, das historisch eben Errungene zu diskreditieren. Berufung auf das »Volk« war zwar auch diesen Richtungen Grundvoraussetzung, denn mit dem endgültigen Zerfall des Prinzips dynastischer Legitimität war nur mehr die demokratische Legitimationsbasis politisch tragbar. Aber die – gewiß recht begrenzte – Sphäre des Citoyen wurde angesichts vordringlicher wirtschaftlicher Not zunächst leichtfertig wieder preisgegeben. Heute dagegen erlebt der Citoyen als individueller Träger politischer, aber auch sozialer Rechte eine Renaissance. Der als unvollkommen lange durchschaute Mechanismus parlamentarischer Repräsentation wird nicht mehr zum Objekt kurzfristig enttäuschter Verdammung, sondern zum Ausgangspunkt geduldiger Entwicklungsversuche. Die bürgerliche Revolution wird fortgeführt durch Tendenzen zum Ausbau direktdemokratischer Entscheidungsmechanismen. Bürgerinitiativen, die als Konkurrenz den oligarchisierten Apparaten der politischen Parteien gegenübertreten, zwingen diese zu größerer »Volksnähe«, provozieren aber auch Versuche scheinpartizipatorischer public relations. Der nichtrepräsentative Charakter dieser Bürgerinitiativen, die ebenso wie etwa Straßendemonstrationen der extremen Rechten oder Linken Aktivisten mobilisieren und mit dieser »Bewegung« vorgeben, für das »Volk« zu sprechen, kann wiederum nur sinnvoll in direktdemokratischen Voten aufgefangen werden: denn wo sich politische Hierarchien und Bürgerinitiatoren gegenseitig – nicht ohne Grund – mangelnde demokratische Legitimation vorwerfen können, entscheidet der plebiszitäre Appell an das Volk und entschärft somit ein Strukturproblem des Systems. Volksentscheide in Sachfragen (die nicht mit der bedenklichen Tradition bonapartistischer Bestätigungsrituale zu verwechseln sind) können so insbesondere im gesellschaftlichen Nahebereich, zur Abwehr der Legitimationskrise der parlamentarischen Demokratie und zugleich zu ihrer Weiterführung beitragen. Daß die Ergebnisse einer solchen plebiszitären oder besser Referendumsdemokratie dabei übrigens einen oft konservativen Charakter haben, wird nur jene erstaunen oder verärgern, die im Widerspruch zur überwältigenden Bevölkerungsmehrheit eine rasche und tiefgreifende Gesamtänderung unseres Gesellschaftssystems fordern.

Planung und Partizipation sind Begriffe, die in der politischen Diskussion immer wieder schlagwortartig verwendet werden, dabei aber in der vielschichtigen Beziehung kaum je näher erläutert werden. Die vorliegende Arbeit versucht daher auch auf einige Denkmodelle des modernen Planungsrationalismus konkret einzugehen, auch wenn sie damit in relativ oberflächlicher Form in sehr spezialisierte Bereiche eindringt. Soll aber etwa das Problem scheinexakter Kalküle, Streitfragen um »Sachzwänge« oder politische Alternativen beleuchtet werden, so ist eine kritische Würdigung der Zeittendenz notwendig mit der Diskussion verfachlichter Aspekte verbunden. Es wird mein Versuch sein, zu zeigen, wieviel »schöpferische Willkür« auch jetzt schon unter dem Mantel »objektiver Wissenschaftlichkeit« tätig wird. Diese schöpferische Willkür muß als solche eingestanden werden, soll nicht ein Gebäude der Mystifikation, ein hohles Reich der Zahlenmagie errichtet werden. Schöpferische Willkür ist aber etwa auch das demokratische Axiom: Das gleiche Stimmrecht für alle ist selbst ein Akt genialer Simplifikation, der in seinen wohltätigen Wirkungen kaum bestritten ist, obwohl er das eigentlich Inkommensurable der höchst unterschiedlichen menschlichen Urteilskraft einer entschiedenen Nivellierung aussetzt. So wie das Geld als Wertmaßstab aller Dinge in seiner historischen Entwicklung zuletzt alles auf seinen rechenbaren Maßstab brachte und in der Nationalproduktionsberechnung zum Gradmesser des Erfolges ganzer Gesellschaftssysteme geworden ist, so verspricht auch das demokratische Axiom eine allmähliche Ausbaufähigkeit, die in Verbindung mit modernen Planungstechniken über die beschränkte Stufe der Geldwertbemessungen hinausweist. Eine demoskopisch abgesicherte, politisch verbindlich erklärte Skala von Wohlstandsindikatoren könnte beispielsweise zwar nicht behaupten, objektive Wissenschaft im strengen Sinn zu repräsentieren. Aber die Anerkennung von Planung und Partizipation als innerlich verwandter und verknüpfbarer Bereiche der Ordnungen schaffenden, menschlichen Intelligenz könnte hier wie auf anderen Gebieten den Weg für positive gesellschaftliche Entwicklungen ebnen.

Ein höchst wichtiger Themenkomplex im selben Zusammenhang ist dabei jener des politisch-sozialen Experiments. Zunächst kann Geschichte als solche als ununterbrochene Kette sozialer Experimente betrachtet werden. Wirtschaftliche und politische Institutionen bilden sich, breiten sich aus, werden durch Krieg oder Nachahmung verbreitet oder von überlegenen Verhaltensmodellen zurückgedrängt. Ein »sozialdarwinistischer« Entwicklungsprozeß stellt zwar nicht die Überlegenheit von Völkern oder Rassen, wohl aber jene von Modellen sozialen Zusammenlebens auf den Prüfstand der Geschichte. Die in Jahrtausenden mit vielen Rückschlägen erworbene Überlegenheit der seßhaften über die Nomadenvölker oder der Siegeszug der technisch-industriellen Zivilisation (mit dem Beispiel so bemerkenswerter bewußter Transformationsanstrengungen wie etwa der russischen Peter des

Großen oder der japanischen der Meiji-Restauration) lassen sich ebenso als effizienzorientierte Sozialexperimente deuten wie etwa der Prozeß der Auslese der Natur selbst – übrigens auch parallel laufend in der Pluralität der überlebenstüchtigen Formen. Mit der Bezeichnung der Welt als soziales Experimentierfeld ist freilich außer einer essayistischen Metapher nicht viel gewonnen. Denn will man nicht der Mythologie eines experimentierenden Demiurgen huldigen, muß man zugeben, daß mit dem Wort Experiment die vom Menschen der Natur abgewonnene Vorgangsweise des »Ausprobierens« und der bewußten Weltveränderung gemeint ist. Mit demselben Wort kritiklos den Prozeß der Welt zu bezeichnen, hieße also Ursprung und Abgeleitetes, Urbild und Abbild zu verwechseln. In der Tat scheinen wir aber dem Punkt der Entwicklung nahegekommen zu sein, da wir das (mit solcher Vorsicht) als naturwüchsig zu bezeichnende Experiment Welt um einige bewußte und geplante menschliche Sozialexperimente bereichern könnten. Die Anzeichen sind noch recht spärlich, vielleicht aber doch Vorboten kommender Ereignisse. Schulversuche sollen zukunftsadäquate Erziehungsformen bestimmen, das französische Programm der Linksunion sprach von sozialen Mitbestimmungsexperimenten, das Kopenhagener Randgruppenreservat Christiania wurde von den öffentlichen Stellen nolens volens als soziales Experiment geduldet. Dazu noch die phantasievollen Vorstellungen mancher Zukunftsdenker, in denen immerhin eine – vielleicht Jahrhunderte im voraus aufgezeigte – Potentialität zu stekken scheint. Die bewußte Vermehrung der sozialen Pluralität um experimentelle Gesellschaftsmodelle kündigt sich an. Politik würde in diesem vielleicht konkretesten Sinn empirisch, indem sie bewußt und gleichsam von außen kontrolliert, »Entwürfe« sozialen Zusammenlebens testet und nach vorgegebenen Erfolgskriterien ausweitet oder reduziert.

Ein solcher kühner Gedanke muß sich allerdings sofort ernster Kritik aussetzen. Zunächst einmal: Experimente nach welchen Kriterien und in wessen Interesse? Experimente an Menschen beziehungsweise Menschenverbänden sind immerhin auch als Ausflüsse totalitärer und inhumaner Machtmißbräuche denkbar: Die bewußte Veranstaltung eines Kaspar-Hauser-Experiments, die Schreckensexperimente der Konzentrationslager zeigen eine mögliche Entwicklung auf, die in der diktatorisch experimentellen »Züchtung« besonders kriegstüchtiger oder sonst von oben her erklärter »brauchbarer« Menschen und Sozialstrukturen liegen könnte. Auch wenn man solche Zukunftsprobleme nicht für realistisch hält, fällt die bescheidenere Mißbrauchbarkeit auch der ersten Ansätze von Sozialexperimenten auf: Denkbar ist doch, daß unter dem Titel soziales Experiment bloße Randgruppenreservate geschaffen oder geduldet werden, die damit gleichzeitig ghettoartig vom Gesellschaftskörper abisoliert werden. Oder daß schikanehalber stets neue Prüfungen und Untersuchungen für Experimente festgelegt werden, die ihre Tauglichkeit für die Übernahme in breitestem Rahmen längst evident gemacht haben, aber mächtigen Interessenten nicht genehm erscheinen – also experimentelles Vorgehen als eine Spielart politischer Verschleppungstaktik im Dienste konservativer politischer Interessen. Schließlich: Wer wertet »objektiv« die Ergebnisse sozialer Experimente aus, da doch Sozialforschung weithin in den Dunstkreis organisierter gesellschaftlicher Interessen geraten ist?

Alle diese Aspekte sind zu berücksichtigen, wenn man ein realistisches Bild der Chancen und Grenzen sozialer Experimente zu entwerfen versucht. Sie unterstreichen, daß empirische Politik in diesem Sinne zweifellos erst am Anfang eines langen Weges steht. Aber die historisch derzeit begünstigten Verhältnisse der westlichen Repräsentativdemokratien weisen doch reale gesellschaftliche Kräfte auf, die diese Entwicklung weitertreiben könnten. Der politische Prozeß zeigt eine langsame, oft unterbrochene, aber doch fortdauernde Tendenz wachsender politischer Partizipation. Diese Tendenz ist zum Teil »selbsttragend«, da die Erfolgsaussichten von Politikern in diesem System unter anderem auch von der Popularität ihrer Versprechungen abhängig sind. Nur eine totale Kartellierung der politischen Elite würde diesen permanenten Druck abstoppen. Solange die primären Forderungen persönlicher und ökonomischer Sicherheit von diesen Systemen weiter wachsend befriedigt werden, verschiebt sich auch der Bereich unbefriedigter sozialer Bedürfnisse weiter in Richtung auf Aspekte der Selbstentfaltung und befriedigender mitmenschlicher Beziehungen, und diese relativ entspannte, notbefreite Atmosphäre ist auch die Voraussetzung für die Entwicklung gesellschaftlicher Experimente auf der Basis humaner, partizipatorischer Zielvorstellungen. Sozialen Experimenten mit all ihrem Mißbrauch und ihrer Verschleppbarkeit mag dabei sogar eine wertvolle Pufferwirkung zur Sicherung einer graduellen Transformation der Gesellschaft zukommen: Es ist ein durchaus wertvoller Aspekt, wenn etwa gesellschaftliche Neubildungen nicht sofort Vernichtungssanktionen unterliegen, sondern unter dem Titel Experiment einen vorläufigen (potentiell expansiven) Reservatbereich zugestanden erhalten.

Im Gesamtzusammenhang der behandelten Fragen scheint es mir schließlich sinnvoll, das Dilemma der gemäßigten Linken, insbesondere der Sozialdemokratie, aufzuzeigen: Dort, wo heute Demokratisierungs- und Partizipationswünsche vornehmlich ansetzen, nämlich im gesellschaftlichen Nahbereich der Großstädte, hat sie vielfach starke Machtpositionen errungen und fortgeschrittene Oligarchisierungstendenzen entwickelt. Die traditionelle Verbindung der Sozialdemokratie mit demokratisch humanitären Zielvorstellungen, etwa ihre bedeutende Rolle bei der Durchsetzung des allgemeinen Wahlrechts, würde dafür sprechen, daß sie sich zum Motor weiterer Demokratisierung macht. Die Interessenposition der etablierten Machtträger und Planbürokraten – überhöht von Restbeständen marxistisch-zentralistischen Planungscredos – spricht aber dagegen. Entscheidende, schwer vorhersehbare Faktoren sind dabei die Flexibilität gefährdeter Vertreter gemäßigt linker Richtungen und die Bereitschaft oppositionell bürgerlicher Gruppen, ihre traditionell antibürokratische Haltung durch partizipatorisches Gedankengut zu ergänzen. Wo der Interessenkonflikt etablierter Eliten zu Demokratisierungswünschen nicht gegeben ist, wo etwa die politischen Repräsentanten der Arbeiterbewegung noch in politischer Oppositionsrolle stehen (etwa in gewissen Bereichen Süd- und Westeuropas), dürfte es für sie jedenfalls leichter sein, das innovatorische Potential empirischer Politik zu vertreten. In diesem Punkt geht es um grundsätzliche Weichenstellungen und Erfolgsrezepte, die den Charakter der politischen Parteien Europas auf Jahrzehnte hin prägen könnten.

Wo liegen nun die Grenzen und Hindernisse jener Zeittendenz, die hier als »empirische Politik« dargestellt wurde?

Zunächst einmal in der erwähnten und immer steigenden Komplexität der modernen industriellen Gesellschaft, die sich in weiten Bereichen als »verwaltete Welt« im Sinne zentralisierter obrigkeitlicher Verfügung entwickelt. Demokratisierung in einem naiven Sinn ist der wachsenden Verflechtung, Verfachlichung und Interdependenz aller menschlichen Betätigungssphären sicherlich nicht gewachsen. Die Aufgabe der Demokratisierung als unmittelbare Kontrolle derer »unten« über die »oben« ist somit vorwiegend auf den durchsichtigeren gesellschaftlichen Nahbereich: Familie, Schule, Betrieb, Bezirks- und Kommunalebene verwiesen, auch wenn in Grundsatzfragen das Instrument des Plebiszits auf Gesamtstaatsebene offenbar an Bedeutung gewinnt. Primäre Gegenkräfte der Demokratisierung sind dabei natürlich die jeweils herrschenden Eliten, deren kontinuierlicher Machtanspruch oder deren einzelpersönliche Existenz durch Demokratisierungswünsche gefährdet werden. Nur dort, wo Elitenfraktionen um die Macht »derer unten« buhlen müssen, werden sie bereit sein, Mitbestimmungshoffnungen der Basis zu nähren oder zu wecken. Fraktionierung von Eliten kann allerdings durchaus auch destabilisierend wirken. Eine sehr dezentrale Gewerkschaftsorganisation kann beispielsweise den Gruppenegoismus zu Lasten des gesellschaftsnotwendigen Funktionierens großer Institutionen fördern, Fraktionskämpfe bei der Leitung von Betrieben können die Produktion negativ beeinflussen, Fraktionierung politischer Parteien die politische Entscheidungsfähigkeit von Parlamenten lähmen. Es sind daher nicht nur persönliche Interessen, die das Streben der Eliten nach Ausschaltung von Fraktionskämpfen motivieren, sondern auch gemeinwohlorientierte Stabilisierungsmotive.

Empirische Politik in einem über Demokratisierung hinausgehenden Sinn könnte allerdings auch ein quasi technisches Interesse von relativ kompakten Elitenschichten bilden; ein gewisser Beleg dafür wäre die langsam wachsende Rolle der Demoskopie in den Staaten des »realen Sozialismus«: aufgeklärtes Planerethos könnte dort letztlich auch von »oben her«, nämlich durch empirische Datenerhebung, über die Wünsche der Planungsbetroffenen zu Lösungen gelangen, die dem Willen der Mehrzahl der rationalen Individuen entsprechen. Bewußte Gestaltung der Geschichte durch den Menschen wäre also auch utopisch durch eine Art bedachtsamen Josefinismus obrigkeitlicher, dabei aber »volksnaher« Prägung zu verwirklichen. Realistische Einbeziehung der Interessenbedingtheit menschlichen Verhaltens läßt diese Möglichkeit allerdings gering veranschlagen. So sehr derartige menschenfreundliche Haltungen in dem einen oder anderen Hochgestellten wirksam sein mögen, gibt es doch meist wirksamere Motive, die sein Handeln anders bestimmen: Nur über den Mechanismus einer gebremsten, kulturell stark verinnerlichten und ritualisierten Elitenkonkurrenz können deshalb wohl ernsthafte Tendenzen einer Willensbildung von »unten nach oben« beziehungsweise auch einer empirischen Bedachtnahme derer »oben auf den Willen jener unten« durchgesetzt werden. Ein bevölkerungsmäßig und wirtschaftlich wesentlicher, aber nicht unumschränkt vorherrschender Teil der heutigen Welt weist diese Voraussetzungen auf und übt mit seiner Macht und seinem Beispiel Nachahmungsdruck auf den Rest der Welt aus. Seine Dominanz ruht allerdings auf nicht allzu fest fundierter Grundlage und die internen Tendenzen gegen die beschriebene Entwicklung sind so stark, daß sie durch krisenhafte Störungen in Despotie umschlagen können. Erst nach Jahrhunderten mag in einer neuen Konsolidierungsphase jene Tendenz sich fortsetzen, die aus unserer bevorzugten Perspektive heute einen universal Hoffnung gebenden Charakter trägt. Wie groß aber auch immer die Rückschläge des Wissens und der realen gesellschaftlichen Möglichkeiten sein werden, zur kollektiven und rationalen Selbstbestimmung der Menschheit in der Geschichte zu gelangen, so kann doch jede einzelne geringe Anstrengung nicht für verloren gelten, da ja eine spätere Stufe auf ihr vielleicht aufzubauen vermag.

*

Es ist eine bekannte Tatsache, daß sich der Inhalt der meisten Bücher auf wenige kurze Grundgedanken reduzieren läßt. Schopenhauer meint sogar in der Vorrede zu *Welt als Wille und Vorstellung,* daß sein Buch eigentlich nur einen einzigen Satz erläutere. Der Reichtum eines Werkes beruht allerdings eben in der Fülle von Details und Beziehungen, die diese wenigen Grundgedanken erklären und umranken.

So wird es also auch die Aufgabe des folgenden Buches sein, das abstrakte Gerüst dieser Einleitung durch konkrete Beispiele der Geschichte und durch Auseinandersetzung mit der einschlägigen Literatur plastisch auszugestalten. Sein Zweck wird dann erreicht sein, wenn es ihm gelingt, in einem minimalen Ausmaß an der Erweiterung dessen mitzuwirken, was Robert Musil Möglichkeitsbewußtsein nannte.

ERSTES KAPITEL

Politik und Interesse

1.1. Die Motive des Menschen

In einem für Fachkollegen bestimmten, aber dennoch brillant und witzig formulierten Artikel zum Stand der mikroökonomischen Theorie meinte Martin Shubik: ». . . es wäre wünschenswert, einc Theorie der Wahlhandlungen zu besitzen, die mit den gleichen sauberen Axiomen die Entscheidung von Frau Jones, ein Pfund Speck zu kaufen, wie die von Herrn Jones, Frau Jones zu ermorden oder einen unbesteigbaren Berg zu erklimmen, erfaßt.«[1] Allerdings, schrieb der bekannte Spieltheoretiker, wäre der Preis, alle diese Phänomene unter eine einheitliche Theorie zu bringen, zu hoch. Scheinbare Allgemeingültigkeit würde durch den Verlust konkreten Inhaltes erkauft. Viel brauchbarer für den wissenschaftlichen Fortschritt wäre dagegen eine Vielzahl »bescheidener«, situationsangepaßter Theorien.

Was Shubik für die Ökonomie formuliert, mag auch für ein empirisch orientiertes Forschungsprogramm der meisten anderen Sozialwissenschaften gelten. Dennoch aber ist gerade dem Bedürfnis nach der Integration sozialwissenschaftlicher Erkenntnis auf der Basis einer fundamentalen Motivationslehre nicht auszuweichen. Die Gesellschaft besteht aus den fortgesetzten Handlungen und Entscheidungen einer Unzahl vernunftbegabter Individuen. Aus der Untersuchung verschiedener historischer und institutioneller Gegebenheiten zuletzt unendlich mühevoll ein Gesamtmodell menschlichen Verhaltens zu gestalten, erscheint wenigstens heute noch als kaum lösbare Sisyphusaufgabe. In der Zwischenzeit aber müssen wir mit Arbeitshypothesen zur Frage: was will der Mensch und warum will er es, zurechtkommen. Und dabei erscheint es wesentlich, daß wir unsere unvermeidlichen Faustregeln und Arbeitshypothesen nicht gleichsam naiv den Traditionen bestimmter Fachwissenschaften oder des »gesunden Menschenverstandes« entnehmen, sondern uns kritisch mit ihnen auseinandersetzen.

Die Entscheidung eines Alleinherrschers, den Nachbarstaat zu erobern, mag vom Tiefenpsychologen auf Minderwertigkeitskomplexe und frühkindliche Traumata zurückgeführt werden.

Eine eher ökonomische Betrachtung könnte dagegen darauf verweisen, daß der geschwächte Nachbar wichtige Handelswege kontrollierte und der Herrscher selbst einer aggressiv-expansiven Handelsschicht verpflichtet war. Der Beschluß eines Unternehmers, ein neues Kaufhaus zu errichten, kann durch rationale Gewinnmaximierungsstrategie, durch bloße Großmannssucht oder durch die Dominanz der puritanischen Ethik in seiner Erziehung begründet werden. Das gleiche Problem, wenn ein beliebiger Privatmann beschließt, einen neuen Sportwagen zu erwerben: tut er es als rationaler, nutzenmaximierender Konsument, unterliegt er dem Einfluß der Werbung, braucht er das Fahrzeug als Potenzsymbol, oder will er vornehmlich im Prestigewettlauf mit den Nachbarn gleichziehen[2]?

Geschichtsschreibung, Ökonomie, Politologie, Soziologie und wesentliche Teile der Psychologie, Philosophie und Rechtswissenschaft könnten nicht existieren, würden sie auf diese und ähnliche Fragestellungen hin nicht implizit oder ausdrücklich stark vereinfachte Modelle der menschlichen Verhaltens- und Motivationsstruktur unterstellen. Ein Aspekt, der uns später noch öfter begegnen wird, kommt hier zum Tragen: jener der schöpferischen Willkür des ordnenden Denkens. Im verwirrenden Geschiebe der sozialen Wirklichkeit mit ihrer unübersehbaren Vielfalt komplexer Kräftezentren kann partielle Einsicht nur über ein recht gewaltsames Abschneiden der Wechselwirkungsketten gewonnen werden. Dabei scheint es aber nach dem Gefühl vieler wie mit dem Urteil der sechs Blinden über den Elefanten zuzugehen, das das berühmte Gleichnis der indischen Jainaphilosophie übermittelt: Der eine betastet den Rüssel und meint, eine Schlange vor sich zu haben, der zweite greift den Fuß an und erfühlt einen Baum, der dritte hält den Schwanz und glaubt, ein Seil zu betasten usw. Das Gleichnis variiert den bekannten, ein wenig vom Hauch falscher Gemütlichkeit geprägten Ausspruch, daß eigentlich jeder mit seinen Behauptungen zum Teil recht habe, nur, daß es ihn ins Negative wendet: Gerade weil in jeder Beobachtung und Theoriebildung das berühmte »Körnchen Wahrheit« steckt, wird die Erkenntnis der Wahrheitstotalität so schwer: Die isolierten, durchaus treffenden Analogieschlüsse der Blinden sind zwar notwendige Bausteine zur Erkenntnis der Realität des Elefanten, gelingt es aber nicht, sie zu integrieren, verstellt ihre Teilwahrheit mehr den Weg zur Wahrheitserkenntnis als daß sie ihn erweitere.

Es ist hier nicht der Ort, die Möglichkeiten zu diskutieren, das »Elefantendilemma« der modernen Sozialwissenschaften zu überwinden. Am tragfähigsten scheint sich noch die integrative Vorstellung der langsamen zivilisatorischen Überlagerung der animalischen und ökonomischen Bedürfnisse des Menschen durch »höhere«, kulturelle, ästhetische und altruistische Impulse zu erweisen, wie sie in der aufklärerischen Zivilisationshoffnung formuliert wurde, in jüngerer Zeit etwa in der Maslowschen Bedürfnishierarchie anklingt und durch die idealistischen Strömungen in den intellektualisierten Mittelschichten der wohlhabendsten Länder heute einigermaßen empirisch bestätigt scheint – freilich überschattet von den Rückfällen in die Barbarei höherer Ordnung, die die erste Hälfte unseres Jahrhunderts erschütterten[3].

Eine wirkliche Integration der Sozialwissenschaften über eine allgemeine und empirisch fundierte Motivationsforschung steht aber, wie gesagt, noch aus. Hier und an einigen späteren Stellen dieses Buches sollte vor allem die Einsicht geweckt werden, daß es sich dabei um eine echte Lücke, um ein wirkliches Problem handelt und daß wir nicht einfach unter Hinweis auf die Vorzüge der »Verfachlichung« die Einheit des menschlichen Handelns unter »baumartige«, »schlangenartige« und »seilartige« Teilgebiete aufspalten können.

Wenn wir heute schon über enge Fachgrenzen hinweg sinnvolle Argumente zu gesamtgesellschaftlichen Vorgängen zu formulieren versuchen, bleibt uns jedoch die Hypothese von der grundsätzlichen ökonomischen Interessenbestimmtheit menschlichen Verhaltens als ein zwar reichlich unpräzises, aber durch Erfahrung erprobtes Werkzeug. So sehr in den heutigen Sozialwissenschaften eine berechtigte Renaissance des Normativen festzustellen ist, eine Beschäftigung mit den Fragen, was die Menschheit angesichts ihrer drängenden Probleme (etwa auf dem Rohstoff- und Umweltsektor) tun soll, so sehr muß doch der harte Kern der homo oeconomicus-Annahme beachtet werden, sollen nicht die Vorschläge der Wohlmeinenden den Charakter schaler Sonntagspredigten bewahren.

1.2. Homo oeconomicus und homo ethicus

Es gibt zwei Schulen der Sozialphilosophie, die von alters her durch einen Grundgegensatz getrennt sind: die normativ-idealistische und die zynisch-realistische. Die eine konzentriert sich darauf, in religiöser oder säkularisierter Form Verhaltensvorschriften für das soziale Zusammenleben zu erstellen und durchzusetzen. Insoweit als damit eine kultivierende, erzieherische Aufgabe geleistet wird, ist dies ein zweifellos wertvolles Unterfangen. Freilich gibt es auch einen unmerklichen Übergang zu einer mehr apologetisch verschleiernden Variante: Wo nämlich die Norm nicht nur als verpflichtend dargestellt, sondern auch als praktisch wirksam fingiert wird, gerät unversehens die existente, unvollkommene soziale Ordnung zum moralisch geheiligten, unumstößlichen System[4].

Die zynisch-realistische Schule geht vom tatsächlichen, moralisch unvollkommenen Verhalten der Menschen aus. Sie richtet sich auf praktische Weltweisheit und ist mit ihrem quasi technischen Interesse für das Funktionieren der Gesellschaft die Wurzel der modernen Sozialwissenschaft geworden. In ihrer obrigkeitsfrommen Variante pflegt sie amoralische Erfolgsrezepte individueller Durchsetzungskunst zu empfehlen oder kann sogar in menschenverachtenden Autoritarismus umschlagen. In ihrer revolutionären Variante »entlarvt« sie den bestehenden Zustand und fordert seine Beseitigung durch einen besseren. Der zynisch-realistische Vordergrund entspricht dann einem oft nur impliziten normativ-idealistischen Hintergrund.

Im einen Fall geht es um die Konstituierung eines »homo ethicus«. Im zweiten Fall um einen »homo oeconomicus« im weitesten Sinn (aus dem der revolutionäre Moralist allerdings einen homo ethicus zu machen verspricht). Die Schule des »homo ethicus« postuliert, daß sich der Künstler der Kunst, der Wissenschafter der Wahrheit und der Volksvertreter dem Gemeinwohl zu widmen habe. Die Schule des »homo oeconomicus« stellt typischerweise fest, daß der Künstler sich prostituieren muß, um zu überleben, daß wohldotierte Gutachten gelehrter Professoren in der Regel den Intentionen der Auftraggeber entsprechen und daß dem Parlamentarier die Wiederaufstellung durch eine mächtige Parteimaschinerie näher steht als das Wohl des Volkes.

Die Prediger des »homo ethicus« haben grundsätzlich ein zumeist ungestörtes Verhältnis zur jeweils existierenden Gesellschaft und ihren Machthabern, und das um so mehr, je genauer sie sich in ihren Aufrufen, Appellen und Beschwörungen an den bloß normativen Bereich halten. Die Lehren der Vorläufer und Verfechter des »homo oeconomicus« verfallen dagegen – mit einer großen historischen Ausnahme, nämlich dem durch die »invisible hand« und das Konzept des »enlightened self-interest« harmonisierten bürgerlichen Individualismus – verbreiteter, gesellschaftlicher Mißbilligung. Und dies selbst dort, wo sie bloß Handbücher des Erfolges verfertigen oder sich sogar den Trägern der Macht anbiedern. Man empfindet sie als kalt, zersetzend, unethisch. Unterdessen ist zwar die homo oeconomicus-Lehre in der modernen Wirtschaftstheorie vielfach zum sterilen Konstrukt eines realitätsfernen Maximierungsrationalismus domestiziert, trivialisiert und zum Zielpunkt berechtigter Kritik geworden. Aber die kraftvolle, die »entlarvende« Urform umgibt ihre Vertreter auch heute noch, von den Sophisten bis zu Machiavelli, Helvetius und Marx mit dem Ruch des Skandalösen, Amoralischen und Materialistischen. Sie sprechen davon, was jeder weiß, man aber nicht erwähnt. Selbst wenn in der schon von Cicero überlieferten Frage nach dem »cui bono«[5] oder in dem trivialen Sprichwort: »Wes Brot du ißt, des Lied du singst« die Grundlage ihres Denkens liegt, durchbricht die verallgemeinernde Analyse gesellschaftlicher Prozesse auf der Basis des eigennützigen Handelns der Individuen doch jahrtausendealte Tabus. Diese Tabus leben übrigens am kräftigsten wieder auf, wo die Marxsche Interessenanalyse Teil einer staatlich verordneten Sozialphilosophie geworden ist: Die Anwendung des gefährlichen Instrumentes auf die eigenen gesellschaftlichen Prozesse ist dort schärfstens verpönt, weil es zu den aufrührerischen Formeln eines Djilas, Rakovski oder Bahro[6] führt. »Entlarvt« werden darf in jenen Systemen darum nur die Vergangenheit und das bürgerliche Ausland, während für den heimischen Herd das milde Gebräu eines neuen normativen Idealismus, sprich: »sozialistische Moral« gefördert wird.

Diese immer wiederkehrende Verleugnung und Verteufelung der zynisch-realistischen Sozialphilosophie sollte zu denken geben. Eine der gesichertsten Erkenntnisse der modernen Tiefenpsychologie ist zweifellos, daß wir uns gegen die wichtigsten und problematischesten Wahrheiten unseres Seelenlebens am stärksten wehren, sie am intensivsten verschweigen und verleugnen. Es ist dieselbe Intensität, mit der seitens der Spitzen der jeweils führenden gesellschaftlichen Hierarchien die konkrete Analyse eigennütziger Motive als Bedrohung der herrschenden Sozialordnung empfunden wird. Und das nicht zu Unrecht. Denn der Vorwurf des Ablaßverkaufes und anderer ökonomischer Mißbräuche des Klerus stand in der Tat am Anfang der Reformation. Die Darstellung der Ausbeutung der Lohnsklaven durch die Industrieherren des 19. Jahrhunderts und die Beschreibung der Unterdrükkung der Massen durch die Politbürokratien des Ostens erwiesen sich wirklich als Funken potentiellen Aufruhrs revolutionärer Empörung. Derartige Gedanken unterliegen deshalb weitgehender gesellschaftlicher Verdrängung. Und gerade aus diesem

Grunde sind sie wichtig. Es gibt, wie gesagt, keine umfassende Motivationslehre des Menschen. Aber die Interessenanalyse, die Lehre vom »homo oeconomicus«, verdient wesentliche Beachtung als Arbeitshypothese, gerade wegen ihres »entlarvenden«, tabubrechenden Charakters, den sie überall dort annimmt, wo sie über realitätsentleerte Abstraktionen hinaus zur Analyse konkreter Wirklichkeiten verwandt wird. Aus dem ökonomischen Eigennutz, dem persönlichen Interesse das Agens zu machen, das die soziale Welt zusammenhält und erklärt, wird der viel komplexeren Realität zwar nicht voll gerecht. Dennoch aber liegt Wahres in der Bemerkung Madame de Boufflers, die über Helvetius sagte, er habe in seinem Prinzip des Eigeninteresses »das Geheimnis aller« ausgesprochen[7]. Es mag darum nicht unzweckmäßig sein, einen kurzen, notwendig oberflächlichen Streifzug durch die »Ahnengalerie« der Vertreter des »homo oeconomicus« zu unternehmen und gleichzeitig zu versuchen, das Prinzip des Interesses als zentrale Triebkraft menschlichen Handelns abzugrenzen.

1.3. Homo oeconomicus – Triumph mit Vorbehalten

Der Sophist Thrasymachos hält im ersten Buch von Platons *Staat* eine Rede, in der er mitleidlos den status quo irdischer Gerechtigkeit und Tugend charakterisiert: das Gerechte sei nichts anderes als das dem Stärkeren Zuträgliche. In allen Staaten sei dasjenige das Gerechte, das der bestehenden Regierung förderlich sei, denn diese habe die Gewalt[8]. Es ist dies die für den europäischen Traditionszusammenhang wohl erste grundlegende Formulierung einer zynisch-realistischen Sozialphilosophie – und sie erweist sich als exemplarisch für ihre Nachfolger in mehrfacher Hinsicht: Thrasymachos thematisiert die Macht, aber er biedert sich ihr zugleich an, umgibt seine Doktrin eines frühen Sozialdarwinismus bereits mit der Gloriole eines Systems von naturgegebener »Gerechtigkeit«.

Im Gegenargument verweist der platonische Sokrates auf die Beispiele des Steuermannes und Arztes und erhält von Thrasymachos das Zugeständnis, der wahre Arzt sehe auf das dem Kranken Zuträgliche und nicht auf sein eigenes Wohl (nämlich den Gelderwerb), der Steuermann auf das Wohl der Besatzung. Indem der Sophist so auf eine Verallgemeinerung seines zynischen Interessenstandpunktes verzichtet, öffnet er Sokrates den Weg zur Definition des *wahren* Regierenden, der das Wohl seiner Regierten im Auge habe. In weiterer Folge entwickelt Platon auf dieser Basis seine bekannte normativ-idealistische Lehre vom idealen Staat, einem von elitären Weisen beherrschten Reich der »Tugend«, das auf strikter Disziplin, Zensur von Literatur und Musik, staatlich verordneter Zuchtwahl der Nachkommenschaft und auf einem konstruierten Mythos über die Ursache der Ungleichheit zwischen den Menschen beruhen soll[9].

Bertrand Russell hat nun wohl recht, wenn er meint, der beunruhigende Standpunkt des Sophisten sei in Wahrheit von Platon überhaupt nicht ernsthaft konfrontiert worden[10]. Dennoch ist auch das Eingeständnis des Thrasymachos wenigstens mit Geschick arrangiert. Denn selbst die engagiertesten Anhänger des »homo oeconomicus« haben heute noch ihre Schwierigkeiten mit der durchgehenden Anerkennung ihres Prinzips. Die immer wieder und gerade heute erneut aufflammende Diskussion um kommerzielle Gesinnung und ethische Verantwortung in den Sozialberufen, die verbreitete Unzufriedenheit mit der »Tauschgesellschaft« in den Kreisen der linken Mittelschichtintelligenz, oder auch Kenneth Bouldings jüngerer Versuch der Abgrenzung des ökonomischen Tauschprinzips von den sozialen Organisationsprinzipien Liebe (im Rahmen der Kernfamilie) und Drohung (bei Auseinandersetzungen von Staaten und massierten Interessengruppen[11]) zeigen die auch nur begrenzte Tragfähigkeit des zynischen Interessenansatzes und die Notwendigkeit der Berücksichtigung »höherer Werte«. In der äußersten logischen Konsequenz ist die Lehre des Thrasymachos absurd, weil nach ihr jegliche soziale Stabilität untergraben und der Mensch dem Menschen wirklich zum Wolf würde.

Der normative Idealismus, der eine kulturelle Abwehrfunktion gegen destruktiven Egoismus wahrnimmt, findet in Platon einen in seinen Vorzügen und Schwächen ebenso exemplarischen Vertreter wie das zynische Interessenprinzip in Thrasymachos. Platons moralisierende Tendenz führt ihn nämlich weg von der sachlichen Durchleuchtung sozialer Zusammenhänge – ebenso wie die moralisierende Tendenz des später dominanten Christentums, das bis zum Anfang der Renaissance auch nur den Ansatz sozialwissenschaftlicher Theoriebildung verhinderte[12] – zugleich verknüpft sich aber mit der hoheitsvollen Gebärde des lenkenden Weisen jene aristokratische Pöbelverachtung, die den Moralisten in viel unmittelbarere Nahebeziehung zum Herrscher als zum Beherrschten versetzt.

Schließlich zeigt sich schon bei Platon jener terroristische Aspekt des Versuches der Durchsetzung der Tugend, der später dem utopischen Entwurf des Campanella ebenso anhängt wie den Greueln der Inquisition oder des Robespierre.

Eine Art rationalistischer Gegenschlag gegen Platons Entwürfe zur Verwirklichung der Tugend wird von Aristoteles gesetzt: Sein sozial-philosophisches Werk ist erfüllt vom Geist jener Sentenzen, die da lauten: »Gutes empfangen möchten die meisten, aber Gutes tun, das scheuen sie« oder: »Jeder wünscht in erster Linie für sich selbst Gutes«[13]. Seine zum Teil schon in der Antike als unfair empfundene Kritik an Platon ist stets von jener handfesten Art, die heute dem Kommunenideal das Problem der Beseitigung schmutzigen Geschirrs vorhält: wenig sympathisch, aber mit scharfem Sinn für die Realität.

Am spartanischen Modell, das einen wesentlichen Bezugspunkt für den platonischen Idealstaat bildet, hat Aristoteles etwa auszusetzen, daß die Ephoren, die höchsten Beamten des spartanischen Staates, so arm seien, daß man sie leicht bestechen könne, und daß sie sich geheime Vergnügungen erlaubten, während die gewöhnlichen Bürger unter der ganzen Strenge des Gesetzes zu leiden haben. So nimmt Aristoteles in dem gegen die Spartaner damals übrigens geläufigen Vorwurf der Korruption ein typisches Gegenargument der zynisch-realistischen Gedankenschule gegen alle Tugendsysteme, bis hin zu den diversen »realen Sozialismen«, auf[14].

Ähnlich desillusionierend äußert sich Aristoteles zu Platons Ideen der Frauen- und Kindergemeinschaft: Die Jungen einer Altersgruppe Söhne zu nennen, würde im älteren Manne nicht gegenüber allen dieselben Gefühle erwecken, die er jetzt gegenüber seinen tatsächlichen Söhnen hegt – und ebenso sei es mit dem Titel Vater. Was der größten Zahl gemeinsam sei, würde vielmehr am meisten vernachlässigt, und wenn »Söhne« viele »Väter« haben, würden sie von allen gleichmäßig vernachlässigt[15].

Auch wo Aristoteles' Staatslehre sich mit den Herrschaftsmethoden der Tyrannis auseinandersetzt, hat sie einen sehr zynisch-realistischen Tonfall: Zur Aufrechterhaltung seiner Macht bedürfe der Tyrann einer Söldnergarde. Es müsse ihm angelegen sein, das Hochkommen besonders verdienstvoller Persönlichkeiten – selbst durch Todesurteil oder Ermordung – zu verhindern. Er müsse Tischgesellschaften, literarische Vereinigungen und Diskussionen verbieten. Er müsse Mißtrauen zwischen den Menschen säen, Spione auf sie ansetzen und Streitigkeiten zwischen ihnen anstiften. Er müsse sie mit großen Bautätigkeiten wie dem Bau der Pyramiden und mit Kriegen beschäftigen usw.[16]. In diesen ebenso aktuell wie machiavellistisch anmutenden Bemerkungen ist Aristoteles viel mehr der Schüler des Thrasymachos als des Platon. Und obwohl er an vielen anderen Stellen, etwa in der Doktrin des »goldenen Mittelweges«, in seinem Konzept der proportionalen Gerechtigkeit (»Jedem das Seine«) und in seiner fast hegelianisch anmutenden Lobpreisung des Staates als höchstentwickelter Form der Gemeinschaft durchaus obrigkeitsfromme Doktrinen von weittragender Wirkung verfocht: seine Analyse sozialer Verhältnisse entspricht offenbar einem viel »realistischeren« Menschenbild als jene Platons. In seiner recht deutlichen satten Zufriedenheit mit den gegebenen Verhältnissen seiner Zeit mag Aristoteles einen weniger ethisch gespannten, fordernden Typus verkörpern als Platon und einer zuweilen platt wirkenden commonsense-Vernünftigkeit huldigen – seine naturwissenschaftlich geprägte Neugier für soziale Mechanismen reiht ihn unter die wesentlichen Vorläufer der homo oeconomicus-These.

Andere Belege für antike Vorläufer der homo oeconomicus-These finden wir außer bei Thukydides[17] beispielsweise auch in der skeptischen Philosophie. Carneades, das Haupt der skeptisch gewordenen Athener Akademie kontrastierte etwa 156 v. Chr. anläßlich einer philosophischen Vortragsreise nach Rom die Behauptung des platonischen Sokrates, daß es besser sei, Unrecht zu leiden als Unrecht zu tun, mit der Tatsache, daß große Staaten diese ihre Größe durch ungerechte Angriffe auf ihre schwächeren Nachbarn erreicht hätten – eine im Rom des dritten punischen Krieges recht eingängige Behauptung.

Die griechische Aufklärung zeigte hier wie bei Thrasymachos ihre fundamentale Schwäche: Sie wies das Unfundierte der alten, religiös geprägten Vorstellungswelt und die Widerspruche zwischen den tatsächlichen sozialen Mechanismen und den gesellschaftlichen Normen zwar auf, tendierte aber dabei zu einem zynischen Konformismus, der sie die Seite des Stärkeren suchen ließ, dem sie doch nicht genehm sein konnte[18]. Die Käuflichkeit ihres Rates, die Platon den Sophisten mit der großen Geste des wohlversorgten Aristokraten vorwarf, ähnelte jener, deretwegen manche Zweige des heutigen Journalistenberufes in Verruf geraten sind. Und darum mußten sie selbst dort, wo sie bisher tabuierte Wahrheitsaspekte aufzeigten, als amoralisches, ordnungswidriges Ärgernis erscheinen.

Zwischen der schöpferischen Gärung der griechischen Aufklärungszeit und der Neubelebung des antiken Gedankengutes in der Epoche der Renaissance wurden die Fakten, die zu einer expliziten zynisch-realistischen Sozialphilosophie anregen könnten, im

Sinne der normativ-idealistischen Lehre des Christentums nur als fehlerhafte Abweichungen, als sündhaftes, gottloses, perfides Verhalten gedeutet. Der kausale, das heißt wissenschaftliche Ansatz der Analyse menschlichen Verhaltens wurde zugunsten einer belehrenden, mahnenden oder verurteilenden theologischen Funktion aufgegeben[19]. Dennoch gibt es bekanntlich genug historisches Material, das selbst auf dem Höhepunkt eines geradezu totalitär christlich geprägten Geisteslebens die Machtkämpfe zwischen Feudaladel und Klerus, die diversen Interessenallianzen zwischen Papsttum und Frankreich, die Kämpfe zwischen Welfen und Staufern usw. beleuchtet. Um nur ein Beispiel zu nennen: Der ungenierte interessenpolitische Appell des Papstes Urban II an den Landhunger des französischen Adels als Motiv für den Ersten Kreuzzug wurde vom zeitgenössischen Schrifttum zwar quasi naiv überliefert – aber eine Verarbeitung im Sinne des urbanen Zynismus des Thrasymachos oder der kritischen analytischen Neugier des Aristoteles war dem mittelalterlichen Chronisten gegenüber solchen Fakten nicht möglich[20].

Eine so eindeutige Dominanz des normativen Elements ist von großem Nachteil. Wo es am distanzierten Interesse daran fehlt, wie Verhaltensprozesse ablaufen, wo sofort eine moralische Bejahung oder Verneinung produziert wird, da fehlen auch die Voraussetzungen, auf der Erkenntnis von Verhaltenskonstanten auch nur minimale Möglichkeiten einer Verbesserung von sozialen Zuständen herbeizuführen. Und da diese Verbesserung stets und vor allem im Interesse der wirtschaftlich und politisch Ohnmächtigen, Unterdrückten liegt, hat der normative Idealismus trotz seiner scheinbaren ethischen Höherwertigkeit eine wesentliche rückschrittliche Funktion gegenüber der zynisch-realistischen Tendenz. Beide pflegen sich in ihrem Regelfall zu prostituieren: die Vertreter der einen, indem sie den gegebenen Zustand in einen moralischen hochloben oder gegen die Feinde ihres mächtigen Herrn mit normativen Donnergeschützen zu Feld ziehen, die Vertreter der anderen, indem sie Verhaltenstechniken im Kampf um die Macht feilbieten. Aber die Möglichkeit des Auftretens von Machiavelli, dessen Namen auch heute noch mit dem anrüchigen Hauch des Amoralischen behaftet ist, bezeugt bereits eine Freiheit des Geistes, welche die Entwicklungschancen ankündigt, die der unvoreingenommene Forschergeist in sich birgt.

Machiavelli ist bis heute der sprichwörtliche Vertreter einer zynischen Art von Weltweisheit, die er in Sätzen ausdrückte wie: Die bewaffneten Propheten hätten gesiegt und die unbewaffneten

Schiffbruch erlitten, oder: Es sei für einen Fürsten nicht notwendig, Tugenden wie Eides- und Vertragstreue zu besitzen, er müsse sie nur zu besitzen *scheinen*[21]. Machiavelli ist mit dem *Principe* ein legitimer Erbe des Trasymachos: Er beschäftigt sich illusionslos mit Fragen der Technik der Macht und äußert fachmännische Bewunderung vor den skrupellosen Taten des Cesare Borgia. Zugleich ist es aber dieselbe, von christlich moralisierenden Elementen fast vollständig freie Geisteshaltung, die Machiavelli in den *Discorsi* zur Diskussion des Prinzips der Gewaltenteilung als einer Methode, Fürsten, Edle und Volk sich gegenseitig in Schach zu halten, führt, und die ihn die demokratische Regierungsform als eine im Vergleich zur Tyrannis mildere und gleichmäßigere schätzen läßt[22]. Mit der Forderung sozialen Wohlverhaltens ist in der Tat nichts gewonnen: Die Forderung, Herren seid gute Herren, und Knechte seid gute Knechte, gerät im Endeffekt bloß zur schalen Sonntagspredigt. Das technische Interesse, wie es in der Welt zugeht, öffnet auch die Augen dafür, wie es allenfalls besser zugehen könnte: ein sinnvoller normativer Idealismus bedarf einer tragfähigen zynisch-realistischen Fakteneinsicht.

Auch Thomas Morus' berühmtes *Utopia* enthält einen Satz, der den Kanzler Heinrichs des Achten als verdeckten Anhänger der zynisch-realistischen Sozialphilosophie ausweist: Der weitgereiste Raphael Hythlodeus meint am Ende, in allen anderen Staaten (außer Utopia) sei nichts anderes zu bemerken als eine Art Verschwörung der Reichen, sich die Vorteile unter dem Namen und Vorwand des Gemeinwohls anzueignen[23]. Das einflußreiche Idealbild des Staates, das Morus im Sinne einer demokratisierten und humanisierten platonischen Auffassung formulierte, enthüllt sich somit als bewußter Gegenentwurf zur »schlechten Welt«. Morus' Werk zeigt dabei typisch die untergründige Verbindung von realistischer Welterkenntnis mit einem »Moralismus zweiter Ebene«, der das Ganze anders und besser zu gestalten unternimmt, die später in Marx ihren hervorragendsten Vertreter findet: Das Mitleid der Utopier für das einfache Volk ihrer Feindstaaten, das sie als zum Kriege gegen sie gepreßt verstehen, und ihre gegen jede Oberschichtsolidarität sprechende Bereitschaft, den Meuchelmord an den gegnerischen Führern als humanste Kriegsmethode zu befürworten[24], stellen dabei typische Elemente machiavellistischer Weltauffassung im Rahmen des Entwurfes einer leidmindernden Gesellschaftsform dar.

Der auch persönlich einnehmenden Gestalt des Thomas Morus läßt sich in der Ahnengalerie der Vertreter des homo oeconomicus der viel fragwürdigere Thomas Hobbes anfügen, der in seinem *Leviathan* aus Furcht vor der Anarchie der ungeregelten Interessenverfolgung der Individuen der unumschränkten Despotie das Wort redet. Hobbes' homo oeconomicus-Theorie, in der sich bereits die bürgerliche Interessenlehre ankündigt, hat in ihrer herausfordernden Brutalität etwas verzweifelnd Tragisches. Dabei unterlegt Hobbes seine zynisch-realistische Sozialphilosophie bereits mit dem Pathos naturwissenschaftlichen Wahrheitsanspruchs, der den antiken Sophisten und Skeptikern fehlte. Für ihn ist die Gesellschaft bereits die »riesige Maschine«, deren Bestandteile er zu zergliedern unternimmt. Der Leviathan, das Ungeheuer aus Millionen Menschen, ist zugleich Übermensch (und nimmt somit die antike Tradition der sozialen Organismustheorien wie der Fabel vom Bauch und von den Gliedern auf), aber auch Automat – ebenso wie der Mensch selbst durch die Entdeckungen der Naturwissenschaften, etwa des Blutkreislaufs, als hochkomplexe Maschine zu interpretieren begonnen wird[25]. Hobbes' rationaler, geometrisierend-konstruktivistischer Geist geht nun von der menschlichen Individualpsychologie aus, in der er die Leidenschaften als bewegende Kraft setzt, denen die Vernunft die Hilfsfunktion praktischer Durchsetzung verleiht[26]. Die zielgerichteten Leidenschaften konvergieren in dem Verlangen nach »Macht, Reichtum, Wissen und Ehre«[27]. Neuendorff konstatiert hier mit Recht die Basis für den späteren Interessenbegriff des Helvetius, der sich selbst auch ausdrücklich und mehrfach auf Hobbes' Anthropologie stützt[28].

Hobbes sieht in den egoistischen Interessen seiner Individuen mit Recht ein gigantisches Konfliktpotential, das im Urzustand den berühmten »Krieg aller gegen alle« hervorrufe, der das Leben »einsam, kümmerlich, roh und kurz« mache[29]. Als mythischen Ausweg aus diesem Dilemma entwickelt Hobbes die Idee eines Gesellschaftsvertrages, der einem Individuum oder einer Gruppe Macht, das heißt Übermacht über die anderen verleiht. Gesellschaftliche Organisation erscheint somit einerseits in einer Fiktion freien Zusammenschlusses, mehr aber noch als Ausfluß der Gewalt: denn »Verträge ohne Schwert sind nichts als Worte«[30]. In der unsicheren Zeit des englischen Bürgerkriegs, die als Hintergrund seiner Theorien zweifellos nicht zu vernachlässigen ist, gelangt Hobbes somit zur Befürwortung des Despotismus als kleineren Übels gegenüber der Anarchie. Er erkennt zwar recht offenherzig an, daß auch der absolute Monarch im Konfliktfall eher das eigene Interesse als das öffentliche Wohl verfolgen werde (und setzt somit einen harten Kontrast zu Platons normativ postulierten Philosophenkönigen), aber die gegenüber einer oligarchischen Versammlungsherrschaft geringere Zahl der Günstlinge und die kleinere Gefahr von Bürgerkriegen lassen Hobbes die absolute Monarchie befürworten[31] (ein typisches zynisch-realistisches Argument, das Hobbes weder die Gunst eines normativ-idealistischen Demokraten noch eines Vertreters des dynastischen Legitimismus erwerben könnte). Soziale Ordnung ist für Hobbes ein zutiefst gefährdetes Kunstprodukt, ein prekärer Automat, dessen Funktionieren durch despotischen Eingriff unter allen Umständen gesichert werden muß: Sein Standpunkt bereitet bereits jene bürgerliche Gesinnung vor, die den Zusammenbruch der Ordnung selbst um den Preis der faschistischen Unterdrückung jeglicher Freiheit zu verhindern wünscht. Damit ist Hobbes über seine tragische Interessenmechanik zu derselben Speichelleckerei vor der Macht und Degradierung des Individuums geraten wie seinerzeit die Sophisten. Und ebenso wie diesen wird ihm von der stets und zu allen Zeiten überwältigend herrschenden, normativ-idealistischen Tendenz ein schlechter Nachruf zuteil. Denn sein religionsfreier Rationalismus, der die Religionen (vorsichtshalber nur der Heiden) zu bloßen Träumen erklärt und den Machthabern ihren Eigennutz vorhält, reiht ihn unter die »skandalösen« Denker der Sozialphilosophie.

In nur einer Variante hat die zynisch-realistische Sozialphilosophie dieses Odium unerwünschter Entlarvung herrschender Zustände gänzlich abzuschütteln vermocht. In dieser aber ist sie im Gefolge der bürgerlichen Industrie- und Marktgesellschaft geschichtsmächtig geworden: es ist dies die von Denkern wie John Locke vorbereitete, durch die Doktrinen der »invisible hand« und des »enlightened self-interest« harmonisierte Form der Sozialphilosophie Adam Smiths und der Väter der amerikanischen Revolution. Im bürgerlichen »selfish system« ist der Sprengstoff egoistischer Motivation domestiziert: Die Regulation der in Konflikt tretenden Einzelinteressen über den Markt mehre im Endeffekt den Wohlstand aller – und das Eigeninteresse, als wohlverstandener Egoismus, lege in Wahrheit freundliche, solidarische Behandlung der Mitmenschen nahe. Darin liegt gewiß ebensoviel Wahrheit wie Ideologie, denn die historische Ausbreitung der industriellen Produktionsweise erlaubt über das Regulativ des Marktes tatsächlich einen gewaltfreieren, zivilisierteren Kampf der Interessen als der feudale Kampf ums Land. Zugleich aber verdeckt die Illusion machtfreier Marktbeziehungen (oder eines aufgeklärten Eigeninteresses, das neutral definiert wird, gleich, ob der Interessengegner ein britischer Großkaufmann oder ein armseliger Indianer ist), wie wenig in Wahrheit auch am Markte das Wohl aller als vielmehr das der Stärksten befördert wird.

Dennoch liegt in der Thematisierung des Egoismus und in der Frage, wie die anerkannten Interessen der Individuen sinnvoll in ein allgemeines Interesse einzubetten wären, ein großer historischer Fortschritt[32]. Der Übergang von der stark konfliktorientierten, tragisch gefärbten Version des Interessenprinzips bei Hobbes zum bürgerlichen Marktoptimismus läßt sich in der Literatur bereits an zahlreichen Beispielen verdeutlichen. Sinnfällig behandelt etwa Mandevilles *Bienenfabel* (1714) das Paradoxon, daß »private Laster öffentliche Tugenden« seien, indem sie den »sündhaften« Luxuskonsum der Oberschichten unter dem Gesichtspunkt der Stimulierung der allgemeinen Wirtschaftstätigkeit betrachtet (sie wurde darum auch von dem großen Kreislauftheoretiker Keynes überaus hoch geschätzt[33]). Das gleiche Paradoxon fand seinen Eingang auch in Voltaires unpublizierten *Traité de Métaphysique* (1734), in Montesquieus' *Geist der Gesetze* (1748), in die Enzyklopädie und in die Werke der Physiokraten[34]. Bevor das harmonistische Interessenprinzip aber als anerkanntes Bewegungsprinzip der bürgerlichen Gesellschaft seinen geglätteten Ausdruck in den Schriften Adam Smiths und der amerikanischen Verfassungsväter findet, enthüllt die zynisch-realistische Sozialphilosophie in der Affäre um Helvetius' Werk *De l'esprit* aber noch einmal ihr ganzes skandalträchtiges Potential[35]: Mit großem Wahrheitspathos und reichen, anekdotisch gefärbten Belegen aus Geschichte und Völkerkunde trägt Helvetius seine ebenso einfachen wie ketzerischen Grundgedanken vor. Sein sozialphilosophischer Kernsatz lautet: »Wenn die physische Welt den Gesetzen der Bewegung unterworfen ist, so ist die moralische Welt nicht weniger den Gesetzen des Interesses unterworfen«[36]. Helvetius bejaht dabei in diesseitszugewandter Weise sowohl die biologischen Leidenschaften (wie Nahrungs- und Geschlechtstrieb) als auch die sozialen Leidenschaften (Macht-, Ruhmsucht usw.), in denen sich das Interesse (als Genußtrieb) konkretisiert. Er fordert nur, daß sie in vernünftiger Weise von der Obrigkeit in die Richtung des Wohles der Gesamtheit gelenkt werden sollten. Dagegen kritisiert er in ebenso amüsanter wie bildhafter Weise die Berufs- und Klassenvorurteile der Teilgruppen der Gesellschaft, die stets nur geneigt sind, das Gewohnte ihres kleinen Kreises zu akzeptieren. In seiner Ablehnung der Sonderinteressen stellt er sich damit typisch in Gegensatz zu Montesquieu, dessen Gedanken der Gewaltenteilung er als zu feudalistisch geprägt ansah. Gegenüber den »vermeintlichen Tugenden . . ., deren strenge Beachtung nicht im geringsten zum öffentlichen Glück beiträgt« (wie »die Keuschheit der Vestalinnen« und die »Kasteiungen der närrischen Fakire«)[37], fordert Helvetius eine säkulare Gesetzgebung im Interesse der größten Zahl. Helvetius stellt dabei den Menschen ganz als Produkt der Verhältnisse dar[38], ist also Erziehungsoptimist, zugleich aber typisch zynischer Realist, indem er als Mittel gegen Verbrechen Polizeimaßnahmen und nicht erhöhten Glaubenseifer empfiehlt und darauf hinweist, daß man als Haremswächter nicht etwa besonders tugendhafte Männer, sondern Eunuchen anstellt.

Unmittelbar nach der Publikation des Werkes erhob sich ein Sturm offizieller Entrüstung. Jesuiten und Jansenisten wetteiferten in seiner Verurteilung mit Begriffen wie amoralisch, unchristlich und zersetzend. Der Papst verdammte es, da es »auf den Umsturz der christlichen Religion, auf die Abtötung des Gesetzes und der natürlichen Anständigkeit gerichtet [sei], die perversen und verbotenen Fiktionen der Epikuräer und Materialisten unterstützt und voll von gottlosen, skandalösen und häretischen Aussagen [sei]«[39]. Auch das ständische Pariser Parlament verdammte es und ordnete seine Zerreißung und öffentliche Verbrennung an. Die aufklärerischen Philosophen betrachteten Helvetius zwar als Märtyrer (Voltaire bot ihm Asyl in Ferney an)[40], aber tadelten vielfach sein eitles und unkluges Vorpreschen mit einem so extremistischen Werk ebenso wie seinen darauffolgenden Mangel an Würde, da er durch die Erniedrigung einer dreifachen feierlichen Rücknahme seiner Thesen und durch die Ausnutzung seiner glänzenden Beziehungen seine Haut rettete[41].

Schon der Skandal, den es hervorrief, unterstreicht die Bedeutung dieses Buches von Helvetius. *De l'esprit* wurde daher von Diderot nicht zu Unrecht unter die größten Bücher des Jahrhunderts eingereiht[42]. Es hat neben seinem Einfluß auf Marx auch Auswirkungen auf den englischen Utilitarismus von Bentham, James und John Stuart Mill sowie auf den Schriftsteller Stendhal ausgeübt. Trotz seines von Anekdoten überwucherten Aufbaues, seines sehr der Zeit verhafteten Vernunft- und Bildungsoptimismus' und seiner Hauptstoßrichtung gegen religiösen Fanatismus und moralisierende Unterdrückung hat es zudem eine eigentümliche Modernität bewahrt. Die später von Marx allzu vereinfachend in den Vordergrund geschobene Kategorie des »Klasseninteresses« ist in ihm zwar im Wesenskern enthalten, aber gerade der »allgemeinmenschliche« und dabei doch nicht unkritisch verwässernde Charakter des Helvetiusschen Interessenprinzips verschafft ihm überlegene Lebenskraft gegenüber Vorstellungen etwa der Art, daß es nach Vergesellschaftung der Produktionsmittel keine antagonistischen Interessengegensätze mehr geben könne.

Das Pathos, mit dem Aufklärer wie Helvetius gegen Unwissenheit, Intoleranz und Bevormundung kämpften und sich zugleich zur innerweltlichen Lebenserfüllung des Menschen bekannten, ist damit nicht als eine bloße Etappe der bürgerlichen Geistesentwicklung anzusehen, die mittlerweile »historisch überholt« wäre. Es sind dies vielmehr Themen, die ihre Kraft auch angesichts der gegenwärtigen und zukünftigen Sozialsysteme behalten und immer wieder zum Ausgangspunkt kritischer Analysen werden.

Nur wenig nach Helvetius etabliert sich jene Schule des »homo oeconomicus«, für die die Interessengebundenheit menschlichen Denkens und Verhaltens eine relativ unproblematische Basis der entwickelten bürgerlichen Gesellschaft darstellt. Adam Smith glaubte, im interessenbezogenen Tausch das Grundprinzip der Arbeitsteilung und des gesellschaftlichen Fortschritts gefunden zu haben. Der Markt bedeutet für Smith (bei weitgehender Verharmlosung der Machtproblematik) das überlegene Koordinationsinstrument der Einzelinteressen. Dem staatlichen Eingriff in die große Maschine setzt Smith dagegen die tiefe Skepsis vor den Grenzen der menschlichen Planungsmacht entgegen[43]. Mit dem positiven Aspekt der Anerkennung der individuellen Bewegungsprinzipien jedes einzelnen rationalen Individuums vernachlässigt Smith die von Helvetius gestellte Aufgabe der gesetzlichen Koordination der Einzelinteressen und setzt den gewichtigen Grundstein für die staatsfeindliche Haltung der liberalen Ökonomie. Eine viel unbefangenere Variante der harmonistischen homo oeconomicus-These verbreitete sich unterdessen in dem ersten Land, in dem das aufklärerische Bürgertum die ständische (Fremd)herrschaft abschüttelt, in den Vereinigten Staaten: In der Verfassungsdebatte des Jahres 1787 geht es darum, die lose Föderation des Unabhängigkeitskrieges durch ein stärkeres Band der Union zu ersetzen. Die *Federalist Papers*, ein klassisches Werk der politischen Ökonomie, verfaßt von Alexander Hamilton, James Madison und John Jay, machen sich dabei auf innerstaatlichem wie zwischenstaatlichem Gebiet die Interessentheorie zu eigen und plädieren aus diesem Grunde für eine relativ starke zentrale Staatsgewalt, die die auseinanderstrebenden Partikularinteressen einigen könne[44].

Mit der ungenierten Anerkennung des Interessenprinzips wenigstens für den wirtschaftlichen Bereich (in den USA aber auch früh und in beträchtlichem Ausmaß für den politischen Bereich[45]) und mit dem gleichzeitigen unleugbaren Fortschritt der entwickelten Markwirtschaften, scheint das Interessenprinzip aus einem verachteten zynischen Sophismus zur geachteten Grundlage aufgeklärter Wissenschaft geworden zu sein. Selbst Kant, der in seiner Pflichtethik einen entschiedenen Wall gegen das Interessenprinzip aufrichtet[46] und allein auf dem kategorischen Imperativ seine Gotteshoffnung aufbaut, muß dem Interesse auf empirischem Gebiet seinen Raum geben; und sein Imperativ selbst, der die Maxime des Einzelwillens verpflichtet, als Prinzip einer allgemeinen Gesetzgebung gelten zu können, ist von Helvetius' Beschreibung der Tugend als des nach dem Gesamtinteresse orientierten Verhaltens nicht weit entfernt.

Eine historisch bedeutsame, wenn auch nicht die überzeugendste Variante der Interessentheorie stellt schließlich das Werk von Karl Marx dar – ein Werk, zu dem unvoreingenommen Stellung zu beziehen, von den meisten Sozialwissenschaftern leider nicht einmal versucht wird.

Die vorrangige Bedeutung von Marx, wie C. W. Mills betont hat[47], liegt zweifellos im historisch integrativen Reichtum seiner Gedankenwelt. Auch wenn man seine Beziehung zur zynisch-realistischen Schule der Sozialphilosophie untersucht, ist es der vielschichtige Facettenreichtum seines Werkes, der eine einfache Klassifizierung unmöglich macht und der in sich jene widerspruchsvolle Totalität konstituiert, die in faszinierender Weise die realen Widersprüche der sozialen Welt abzubilden scheint. Daß Marx die Lehren der französischen utopischen Sozialisten mit der britischen Ökonomie Ricardos, dem Feuerbachschen Materialismus und den Bewegungsgesetzen der idealistischen Philosophie Hegels zusammengeschweißt hat, ist ein vielzitiertes Bonmot, das diesen entscheidenden Punkt recht gut trifft. Die verführerische und darum auch gefährliche Funktion eines souveränen, wenn auch zuweilen etwas gewaltsam systematisierenden Eklektizismus, der gegenüber jeder einzelnen, nachgewiesenen Fehlerhaftigkeit doch stets auf das scheinbar unerschütterliche Gesamtgebäude verweisen kann, kommt darin gut zum Ausdruck. Und ähnlich verhält es sich mit Marx' Stellung in der Geschichte der homo oeconomicus-Lehre.

Einerseits ist Marx jener Autor, der die Untersuchung historischer sozialer Systeme in ihrer konkreten Interessenmechanik auf ein bislang unerreichtes wissenschaftliches Niveau brachte. Gegen den impliziten Dualismus seiner Geschichtskonzeption, der immer zwei kollektive Hauptakteure der sozialhistorischen Szene, Sklavenhalter und Sklaven, Feudalherren und Bauern, Bourgeois und Proletarier kennt, sind zwar grundsätzliche Bedenken geltend zu machen: Es waren wohl die konkrete historische Situation des 19. Jahrhunderts mit ihrer Polarisierung der »two nations«[48] von Bürgertum und Industriearbeiterschaft und bestimmte implizit religiöse, quasi manichäische Traditionen des Kampfes von Gut und Böse in der Welt, die diese Dramatisierung des Marxschen Weltbildes verursachten. Aber dieser gerade wegen seines irrationalen Zuges unerhört massenwirksame, dramatische Dualismus wird von Marx zugleich doch wieder differenziert und von der Ebene des hohlen Pamphletes auf die Ebene subtilster, sozialhistorischer Untersuchung gehoben. Marx macht Ernst mit dem Vorhaben des Helvetius, das Interesse als »Bewegungsgesetz der moralischen Welt«[49] zu untersuchen: Er ist damit bewußter Erbe der zynisch-realistischen Tradition und scheut sich nicht, die frommen Heucheleien der Herrschenden und zumal der bourgeoisen Führungsschichten seiner Zeit zu entlarven. Seine Ideologiekritik, seine Offenlegung des Interessenhintergrundes sozialer und kultureller Phänomene haben mehr noch als die konkrete Bedrohung herrschender Schichten durch auf ihn sich berufende politische Bewegungen Marx den anrüchigen Beigeschmack des »Skandalösen« gegeben, den er für viele immer noch hat. Dieselbe tugendhafte Empörung, die sich gegen die Demaskierung der Rolle des Interesses wendet, gilt somit Thrasymachos wie Marx. Die irrationale Irritiertheit der Abwehrreaktion gegen die Marx-Engelsschen Theorien spricht dafür, daß sie, psychologisch gesehen, Verdrängungen, also schwer verarbeitbare, aber höchst wesentliche Probleme des gesellschaftlichen Zusammenlebens, betreffen.

Diese äußerst bedeutsame Hauptkomponente des Gedankengebäudes von Marx als Erbe der zynisch-realistischen Sozialphilosophie ist aber zugleich nahtlos verknüpft mit einer an sich gegenläufigen Tendenz. Auf der richtigen Einsicht aufbauend, daß gerade der bürgerlich-industrielle, rechenhafte Geist dem Nutzen- und Interessenkalkül besonders nahesteht – nicht umsonst sind es ja die bürgerlichen Rationalisten der Aufklärung und des beginnenden Industrialismus, die die harmonistische Interessenlehre auf den Schild heben – schreitet Marx zu einer extremen Verurteilung eben jenes Interessenprinzips, das er analytisch so durchdringend verfeinert hat: In der Kritik der »Entfremdung« in der bürgerlichen »Tauschgesellschaft«, in der »alles Ware wird«, leuchtet der utopische Traum wieder auf[50]. Die Gewichte sind freilich anders verteilt als bei Morus: Weit mehr als neun Zehntel des Werkes dienen bei Marx der Analyse und Entlarvung des gegebenen gesellschaftlichen Zustandes, in der die zynisch-realistische Tendenz ihre soziale Sprengkraft entfaltet, indessen der weitgereiste Hythlodeus bei Morus nur wenige Sätze zum gleichen Thema verliert. Die Ausmalung des utopischen Idylls, der Morus den Hauptteil seiner Arbeit widmete, nimmt bei Marx dagegen nur geringen Raum ein: Gerade darum mag aber ihr vage angedeuteter Silberstreif am Horizont um so größere soziale Motivationskraft entwikkelt haben. Die sozialistische Zukunft ist auch für den vorsichtigen Marx der Überwindung des chaotischen, entmenschlichenden Interessenprinzips gewidmet, in der ein Reich der Vernunft, der Brüderlichkeit und Solidarität entstehen soll: Untergründig kommt also – wie bei den meisten zynischen Realisten – eine normativ-idealistische Komponente zum Tragen, die der wahren Tugend zum Sieg verhelfen will (selbst Machiavelli hat man ja als enttäuschten Romantiker bezeichnet).

Mit dieser Vielschichtigkeit seiner Stellungnahme zum Interessenprinzip hat Marx zweifellos viele Komponenten der sozialen Realität angesprochen. Er hat aber zugleich in zweierlei Richtung negative Auswirkungen gezeitigt: Zum einen hat die Faszination der scheinbaren »Endgültigkeit« seiner Grundkonzeption viele Denker an der kritischen Weiterentwicklung sozialphilosophischen Denkens gehindert. Ein jüngeres Beispiel für unzählige sei in Hartmut Neuendorffs wertvoller, bereits zitierter Arbeit *Der Begriff des Interesses* genannt, deren Untersuchung der Gesellschaftstheorien von Hobbes, Smith und Marx in eine Apotheose der dogmatisierten Marxschen Interessenkonzeption mündet[51].

Zum zweiten hat der bei Marx implizite normative Idealismus in jenen Regimes, die sich auf seine Lehren berufen, zu einer komplexen Ideologie der Verschleierung der Herrschaft von bürokratischen Cliquen und gelegentlich sogar ausgesprochener Familienclans geführt. Die zynisch-realistische Komponente der Marxschen Philosophie kann zwar immanent zur Kritik solcher »neuer Klassen« von Bürokraten, Nepoten und Militärs verwandt werden, aber Marx' eigene normative und totalitäre Tendenzen[52], etwa seine Konzeption der Diktatur des Proletariats, können doch von den betroffenen Regimes als nicht ganz unglaubwürdige Basis ihres Verhaltens ausgegeben werden. Dabei hindert das normativ-idealistische, ideologische Erbe sogar eher technokratisch orientierte Planer derartiger Systeme daran, durch die Einführung ökonomischer Anreize auf breitester Basis die Effizienz und damit die Legitimationsbasis ihrer Regime zu verbessern: Denn neben anderen Faktoren (wie etwa der Angst der Machthaber, durch selbst kleine Reformen eine das ganze System verschlingende Lawine ins Rollen zu bringen) sind es dann stets die Hüter der reinen Lehre, denen doch ein gewisses Gewicht in der Staatsführung zukommt, welche vor dem »Rückfall« in historisch überwundene Zustände bourgeoiser Interessenanarchie zu warnen beginnen.

Der Aufklärer Marx wird so zum nicht ganz unschuldigen Vorwand der Heuchelei und ideologischen Verdunkelung. Die Lebenskraft des vormarxistischen Interessenprinzips als Instrument der Analyse praktischen Verhaltens von Individuen und Institutionen beweist sich dagegen nicht nur am weltpolitischen Interessenspiel auch marxistischer Supermächte[53], sondern etwa auch an der fortwährenden Geltung vormarxistischer Feststellungen wie der Machiavellis, daß Politiker sich eher in einer Gesellschaft besser betragen, in der ihre Verbrechen bekannt werden, als in einer solchen, wo eine strikte Zensur sie der Öffentlichkeit entzieht[54].

In der Gegenwart hat das Interessenprinzip in der Sozialwissenschaft, aber auch im Denken immer weiterer Kreise, eine außerordentlich dominante Position errungen, ist aber dabei, wie schon bemerkt, verwässert und domestiziert worden. In der westlichen Ökonomie ist der in der Regel harmonistisch abgerundete Interessenansatz ein zentrales Fundament aller orthodoxen Theoriebildung geblieben[55]. Individuelle Nutzenmaximierung, firmenpolitische Gewinnmaximierung werden mit stets verfeinerten Modellen einerseits als reales Verhalten unterstellt, andererseits als normativ richtiges Verhalten postuliert. Auch der Bereich der Politikwissenschaft hat mit der »realistischen Demokratietheorie«, welche die Repräsentativdemokratie nicht mehr in höflicher Verschleierung als Volksherrschaft, sondern als Elitenkonkurrenz betrachtet, eine interessenbezogenere Ausrichtung als früher erhalten. Dieser Triumph des »homo oeconomicus« gibt einerseits eine Basis erweiterten, unvoreingenommenen Wissens über menschliches Verhalten und hat andererseits eine gesellschaftlich fortschrittliche Funktion dort, wo nicht zugleich die erheblichen Machtunterschiede bei der Durchsetzung legitimer Interessen verschleiert werden. (Insoweit allerdings, als die homo oeconomicus-These einen Totalitätsanspruch bei der Klärung menschlicher Verhaltensmotivation aufstellt, verfällt sie berechtigter »idealistischer« Kritik seitens der zu »postmaterialistischen« Werken tendierenden Intelligenz der Wohlstandsgesellschaften.) In jenen Systemen, die sich als marxistisch verstehen, herrscht dabei noch die beschriebene Doppelsichtigkeit, in der eine zynisch-realistische Sozialphilosophie als herrschendes ideologisches Bezugssystem gerade von der Analyse der eigenen Realität systematisch abgeblockt wird.

Im Grunde kann die Entwicklung der homo oeconomicus-These somit als eine Art Triumphzug dargestellt werden. Sie ist heute in einer Weise geschichtsmächtig geworden, daß die Berufung eines Buches auf sie kaum einer derart umfangreichen Exposition bedürfte. Dennoch ist die Lage nicht ganz so einfach. Zunächst bedarf es doch genauerer Klärung, daß der nicht harmonistische und nicht marxistische Interessenansatz eine eigentlich gar nicht so bedeutende Stellung innerhalb unserer Gesellschaften innehat: Selbst in unserer, von so vielen Tabus befreiten Zeit haftet ihm noch etwas Destruktives, Entlarvendes an. Zum zweiten ist es nach wie vor verbreitet, zukunftsbezogene Überlegungen zu sozialen Systemen ohne Bezug auf eine ebenso generelle wie konkrete Interessenanalyse vorzunehmen. Der normativ-idealistische Standpunkt, der uns allen hintergrundig innewohnt und daher auch immer eine Begrenzung aller homo oeconomicus-Theorien erfordern wird, treibt wohlmeinende Sozialtechniker und -planer oft genug dazu, sich darüber zu äußern, wie es sein sollte: das heißt, abgehoben von den konkreten Interessenkonstellationen, die in der Realität sozialer Systeme allein bestimmten Bestrebungen zum Durchbruch verhelfen können. Dieser grundlegende Fehler sollte hier vermieden werden. Der letzte Unterabschnitt dieses Kapitels soll daher, aufbauend auf einer qualifizierten Darstellung meines eigenen Standpunktes zur homo oeconomicus-Frage, der Beleuchtung des Zusammenhanges von Interessen und Politik gewidmet sein.

1. 4. Interessen in der Politik

Daß materielle Interessen alle sogenannten höheren Betätigungen des menschlichen Geistes und somit auch der Politik durchdringen, gehört zu jenen weltumstürzenden Entdeckungen, die wenigstens in den letzten dreihundert Jahren mit schöner Regelmäßigkeit und geringen Varianten periodisch neu verkündet werden. Die starke subjektive Empfindung der Betroffenen, die häufig darin besteht, daß es ihnen »wie Schuppen von den Augen fällt« [56], bezeugt dabei zweifellos, wie dicht das Gewebe normativ-idealistischer Vorstellungen ist, durch das sich der jeweilige Entdecker durchkämpfen muß. Gerade in der Politik, der ordnenden Gestaltung des menschlichen Zusammenlebens, war dieses Gewebe wenigstens bis in die letzten Jahrzehnte besonders dicht – vergleichbar nur den Bereichen der Kunst und der Religion.

Nimmt man aber einmal den großen Durchbruch zur zynisch-realistischen Weltsicht als gegeben an und befindet man sich nicht in der Situation, sein Leben mit unmittelbaren Kämpfen gegen »Priester- und Herrentrug« verbringen zu müssen, so zeigt sich das Ergebnis des ersten großen Durchbruches weder frei von Banalität noch von Widersprüchen. Anerkannt sei, daß alle Menschen gut leben wollen und – um dieses Ziel zu erreichen – oft genug Handlungen setzen, die den jeweils herrschenden moralischen Zielvorstellungen widersprechen. Aber: Wenn Maximierung des Einkommens für jedermann erstrebenswert ist, wieso ist dann der durchschnittliche Beamte in einem sozialen System bestechlich, in dem anderen aber nicht? Oder: Wenn Klasseninteressen eine unbezweifelbare Realität darstellen, wieso finden sich dann stets Individuen aus den jeweiligen Oberschichten von Besitz und Bildung, welche – von den Gracchen bis zu Friedrich Engels – die Sache der Entrechteten zu ihrer eigenen machen und ihr auch finanzielle Opfer bringen? Schließlich: Was ist mit materiellen Interessen überhaupt gemeint, auf welchen Zeithorizont sind sie etwa bezogen? Zeitalter, in denen der feste Glaube an die persönliche Unsterblichkeit verbreitet war, haben beispielsweise großzügige Stiftungen der Führungsschichten an religiöse Institutionen gekannt, die nicht zuletzt durch die Sorge um materielles Wohlergehen nach dem Tode, also durch eine Art Versicherungsmotiv, erklärt werden können. Oder: Heroismus im Kampf oder beim Ertragen des Opfertodes wurde bei den Indianern Mittelamerikas und den fanatischen Kriegern des Islam durch das Versprechen besonders ergötzlicher Paradiese wachgehalten. Ist diese Motivation nun materiell interessenbedingt oder nicht?

Es zeigt sich in der Tat, daß entweder – wie bei Helvetius – das Interesse als soziale Triebkraft im weitesten Sinn anerkannt und damit in seiner Substanz gefährlich verdünnt wird, so daß die Ergebnisse der Analyse sich im Extremfall Leerformeln annähern. Oder aber es hat nach dem ersten befreienden Durchbruch ein Prozeß der Spezifizierung einzusetzen, der den Vorstellungen Martin Shubiks zu Anfang dieses Kapitels recht nahe kommt.

Das gilt im besonderen auch für die Politik. Allerdings lassen sich meines Erachtens bedeutsame Einschränkungen angeben, unter denen ein enger gefaßtes Interessenprinzip bei der Analyse auch politischer und sozialer Strukturen sinnvoll angewandt werden kann. Diese Einschränkungen können mit den empirisch vorfindlichen Tatbeständen der Sozial- und Politikforschung in Einklang gebracht werden (ihre konkrete Ableitung aus sozialpsychologischen Experimentaltechniken wäre allerdings sicher nicht einfach. In bestimmten Grenzfällen etwa betreffend die Maslowsche These, daß ein Mensch nach der Befriedigung des grundlegenderen von zwei Bedürfnissen verlangen wird, wenn er in beiden Entbehrungen hinnehmen muß, wäre die experimentelle Überprüfung sogar als inhuman abzulehnen). Diese Einschränkungen seien hier kurz und thesenhaft formuliert:

1. Die materiellen Interessen von Individuen und Institutionen bestimmen sich insbesonders in der Form ihrer Durchsetzung stark von den kulturellen Traditionen des sozialen Systems, in das sie eingebettet sind. Bei einem gegebenen soziokulturellen Zustand werden also insbesonders die *kurzfristigen* Entwicklungstendenzen durch die Untersuchung der dominanten ökonomischen Interessen (beziehungsweise Interessenkoalitionen) aufgehellt.

2. Im Individuum konstituiert sich eine Vielzahl von materiellen Interessen, die zum Teil biologisch bedingt, zum Großteil aber sozial geprägt sind. Dabei ist von der Hypothese einer im Regelfall abnehmenden Intensität der unmittelbaren Eigeninteressen zu Gunsten der auf der Identifikation beruhenden Interessen auszugehen. Das Interesse an der Kernfamilie, insbesondere den Nachkommen, steht dabei dem unmittelbaren Eigeninteresse kaum nach[57]. Die auf Identifikation beruhenden Interessen am Wohlergehen der Institution, an der das Individuum seine Arbeit verrichtet, am Gedeihen der klassenmäßigen, der örtlichen regionalen und nationalen Gemeinschaften, in die es eingebunden ist usw., schwächen sich dabei in jenem Grade ab, als unmittelbare Auswirkungen auf das Wohl des Individuums durch Veränderungen in diesen Bereichen nicht für wahrscheinlich gehalten werden. Das nähere Interesse verdrängt also das fernere. Interessanterweise scheint dabei das schichten- oder klassenmäßig gebundene Interesse gegenüber dem nationalen beziehungsweise staatlichen Identifikationsinteresse in der Regel als das fernere.

3. Entscheidende Eingriffsmöglichkeiten der sozialen Organisation liegen darin, daß »fernere« Interessen durch gesellschaftliche Sanktions- und Förderungsmöglichkeiten zu Interessen des Individuums und seiner Kernfamilie gemacht werden. Die Personifikation der Interessen relativ anonymer Institutionen geschieht

etwa einfach dadurch, daß sie Individuen Lebensunterhalt gewähren, die mit den Interessen der Institution gleichzeitig ihre eigene Erwerbsquelle verteidigen. Oder: Wohlverhalten im Sinne staatlicher Normvorstellungen kann im Widerspruch zu fundamentalen Eigeninteressen der Individuen oft dadurch erzwungen werden, daß enge Familienangehörige durch gravierende Sanktionen bedroht werden.

4. Der gegebene sozialethische Normenbestand sichert den ökonomischen und kulturellen status quo ab, auf dem sich der soziale Interessenwiderstreit abspielt. Diese entscheidende Funktion ist es, die der Interessenlehre von Anbeginn ihren »skandalösen« Anstrich gab. Der typische angstvolle Vorwurf gegen sie (etwa im exemplarischen Streit um Helvetius' Buch *De l'esprit),* ist der, daß sie im Endeffekt »das Verbrechen legitimiere«[58] beziehungsweise die Dämme der Zivilisation einbreche. Eine Integration der individuellen Interessenverfolgung in ein friedliches Sozialsystem stellt daher objektiven Fortschritt, eine Versöhnung der Notwendigkeit der sozialen Ordnung mit der persönlichen Entfaltung der Individuen dar.

5. Es gibt in jedem Sozialsystem eine Minderheit von Menschen, die in sehr starkem Maße von ethisch-normativen Vorstellungen motiviert werden. Es sind vorrangig die auf soziale Bestandserhaltung gerichteten Gemeinschaftsinstitutionen, die solchen Menschen eine organisierte Existenzgrundlage bieten: sie kommen damit zugleich den individuellen Interessen der Betreffenden entgegen. Sehr elastische Sozialsysteme setzen dabei sogar auf effiziente Mobilisierung gesellschaftsinterner Opposition den Preis sozialer Anerkennung und materieller Vorteile. Auch unter den Personen mit starker ethisch-normativer Ausrichtung ist dabei aber in der Regel mit der Dominanz ihrer konkret umschriebenen Eigeninteressen gegenüber normativen Vorstellungen zu rechnen, deren Verfolgung ihnen selbst oder engen Angehörigen schwere Nachteile erbringen würde.

Die Anwendung des Interessenprinzips mit den oben genannten Einschränkungen auf die Sphäre der Politik führt unter anderem zu folgenden Ergebnissen:

1. In jedem gegebenen politischen System liegt das vorrangige Interesse der Macht- und Amtsträger darin, ihre Macht und ökonomischen Chancen zu erhalten beziehungsweise zu erweitern und auch ihren engen Angehörigen zukommen zu lassen. Dieses Interesse kann sich um so ungehemmter entfalten, je weniger organisierte Mechanismen existieren, durch die andere Partikularin-

teressen die Interessen der führenden Personen einzuengen in der Lage sind.

2. Die Mobilisierung der Individuen auf weitere Interessensphären über den Mechanismus der Identifikation verweist letztlich auf das persönliche Interesse. Auch die politischen Interessen der Individuen sind daher vorrangig auf Sicherheit, Gesundheit und wirtschaftliches Wohlergehen in ihrem engsten Bereich gerichtet. Politische Führungsschichten machen dabei insoweit »Gemeinwohlinteressen« zu »eigenen« Interessen, als ihre eigenen Lebens- und Genußchancen vom Gedeihen des sozialen Gesamtgebildes abhängig sind.

3. »Gemeinwohl« äußert sich auf jeweils verschiedener Ebene in einer befriedigenden Koordination der Einzelinteressen. Politische Reformvorstellungen laufen auf die Erzeugung erhöhten Gemeinwohls hinaus. Dabei ist klarzustellen, daß die Maximierung des Gemeinwohls kleinerer Personengemeinschaften stets in (wenn auch partiellem) Konflikt mit dem konkurrierender und übergeordneter Personengemeinschaften steht. Es gibt also »Gemeinwohlhierarchien«. Der historische Prozeß hat den modernen Staat als entscheidungskräftigsten politischen Personenverband entstehen lassen, so daß die meisten Gemeinwohlvorstellungen implizit oder ausdrücklich auf die staatliche Ebene bezogen sind. Klassen- und Schichtenbewußtsein sowie Lokal- und Regionalpatriotismen ebenso wie die Vorstellung gesamtmenschheitlichen Gemeinwohles leben aber fort und haben zum Teil stark motivierende Wirkung.

4. Die vorrangige Aufgabe praktikabler politischer Reformvorstellungen ist nicht nur, darzutun, daß sie ein erhöhtes Gemeinwohl zur Folge hätten. (Die Probleme der Quantifizierung des Gemeinwohls werden hier beiseite gelassen: meist wird axiomatisch von der These der Menschengleichheit, das heißt, auch der interpersonellen Nutzenvergleichbarkeit ausgegangen und eine Erhöhung der Lebenschancen des »Durchschnittsbürgers« gefordert). Es geht vor allem auch darum, jene machtvolle Interessenkonstellation zu mobilisieren beziehungsweise im Prinzip anzusprechen, welche die Reformen auch durchzusetzen bereit ist. Eine Bezugnahme auf die allgemeinmenschlichen, das heißt, die erweitertsten und daher schwächsten Bande der Interessensolidarität oder auf bloß normative Vorstellungen erscheint dabei nicht ausreichend.

Es dürfte nicht unzweckmäßig sein, die eben dargestellte Grundhaltung mit der Entwicklung der politischen Theorie wenigstens in groben Zügen zu vergleichen.

Im Anfang der Sozialwissenschaften erscheinen Wirtschafts-, soziologische- und politische Wissenschaften noch relativ ungeschieden. Perspektiven und Verbindungslinien, die bei fortschreitender Verfachlichung leicht einer Verengung des Blickwinkels zum Opfer fallen, sind damit im ersten Entwicklungsstadium der allgemeinen Gesellschaftswissenschaft noch offenkundig. (Nicht zuletzt liegt in diesem allgemeinen Sinnbezug der stets bereichernde und anregende Wert der Klassiker). Die meisten der Werke und Autoren, die etwa in der kurzen Ahnengalerie des »homo oeconomicus« genannt wurden – Aristoteles, Machiavelli, Hobbes, die Verfasser der *Publius-Briefe* – gehören in diese Tradition der politischen Ökonomie und sind sogar als Klassiker der eigentlichen politischen Theorie anzusehen.

Die Trennung von Politik und Ökonomie setzte ja eigentlich erst in jenem Zeitabschnitt ein, da die liberalistische Wirtschaftstheorie ein eigenes ökonomisches Reich des »laissez faire« forderte, in dem der Egoismus des »homo oeconomicus« zum Wohle des Ganzen tätig werden konnte. Für den Bereich der Politik blieb dagegen der homo oeconomicus noch auf längere Zeit tabu, weil schwerer mit den gegebenen Verhältnissen harmonisierbar. Vereinfachend könnte man sogar von einer über hundertjährigen Verspätung der Herrschaft der homo oeconomicus-Lehre in der politischen Wissenschaft gegenüber der Ökonomie sprechen. Darüber hinaus zeigen sich in ihr fortdauernde intensive Widerstände gegen das (undomestizierte) homo oeconomicus-Modell, die offenbar auf die besondere Eigenart der politischen Sphäre als soziale Integrationssphäre zurückgehen.

Damit sind natürlich Behauptungen formuliert, zu deren Beleg ein ganzes Buch nötig wäre. Aber wenigstens ihre Illustration ist doch in wenigen Worten möglich:

Daß die Wirtschaftstätigkeit des Individuums ökonomisch zweckgerichtet ist, ist ein Gemeinplatz, der in keiner Epoche großen Widerständen begegnen wird. Den Institutionen, die den Bestand eines sozialen Gemeinwesens absichern, und den darin tätigen Personen werden aber seit altersher besondere, gleichsam charismatische Eigenschaften zugesprochen: Herausgehobenheit aus der Sphäre des »platt Ökonomischen«, besonderes Ethos usw. Daß der empirische Augenschein diesen Forderungen nur in geringem Maße entspricht, ändert wenig: Zum einen wird das Verhalten der Betreffenden als böse Entartung qualifiziert (insbesondere im Rahmen von Parteistreitigkeiten unterschiedlicher Mächtegruppen gegenüber der Gegenpartei), oder es wird mit mehr oder weniger Überzeugungskraft die offizielle Fassade aufrechterhalten, daß materielle Interessen in der sozialen Integrationssphäre tatsächlich keine Rolle spielen. Es handelt sich dabei offenbar um einen Urmythos des sozialen Gemeinschaftslebens, der erst langsam im Zerbrechen ist.

Während des 19. Jahrhunderts hat der sich ausweitende rechenhaft kalkulierende Geist der Handels- und Industriegesellschaft zwar auf dem Gebiet der ökonomischen Theorie seinen dominierenden Niederschlag in den Nutzenkalkülen des »homo oeconomicus« gefunden. Aber der Mythos von »Thron und Altar« bildete doch wenigstens in Europa die ungebrochene Integrationsinstanz bis zum Ende des Ersten Weltkrieges. Auch die »staatsmännische« Pose der zunehmend sich durchsetzenden, bürgerlichen Politikerschicht (bis hin zu typischen Verhaltensprägungen wie dem atavistischen Unfehlbarkeitsgestus) entsprach und entspricht vielfach noch heute gewissen charismatisch gefärbten Vorstellungen des Staatslenkertums. Dem Prinzip der dynastischen Legitimität erstand zwar in zunehmendem Maße ein Gegenpol im Prinzip der Repräsentativdemokratie. Aber beide Prinzipien standen einander zunächst im pathetisch charismatischen Anspruch nicht nach: Der gottgewollten Autorität des dynastischen Fürsten wurde der (fiktive) Anspruch auf Volksherrschaft gegenübergestellt. Diesen vorwiegend normativ-ethischen Diskussionsrahmen der politischen Theorie hat dabei auch der große Anstoßerreger Marx nicht eigentlich durchbrochen. Er versuchte zwar die politische Sphäre in die ökonomische zu integrieren, indem er den Klassencharakter des bürgerlichen politischen Herrschaftssystems zu entlarven unternahm. Aber seine Analyse und gleichzeitige historische Abkapselung des Interessenprinzips in der kapitalistischen Gesellschaft machte ihn blind für die Probleme des politischen »homo oeconomicus« in den Phasen der »Diktatur des Proletariats«, des »Sozialismus« und »Kommunismus«. Indem er einer vagen Gemeinwohlutopie huldigte, bereitete er den Boden für einen neuen verwissenschaftlichten Mythos von »Thron und Altar«, nämlich den des großen sozialistischen Führers und seiner Partei.

Die Entwicklungslinie, von der aus der »homo oeconomicus« auch in der Politik im Vordringen begriffen ist, ist dagegen die Machiavellische, Lockesche und später Montesquieusche Lehre der Gewaltenteilung, die schließlich in die »realistische Demokratietheorie« mündet. Sie hat grundsätzlich entmythologisierenden

Charakter, indem sie auch die politische Sphäre als eine dem »homo oeconomicus« entsprechende anerkennt. Der Egoismus der Führungsschichten ist nach ihr durch konkurrierende Gegengewalten eingeschränkt. In entwickelter Form zieht sie zwischen der ökonomisch liberalen Marktfreiheit und der politisch liberalen Wahlfreiheit die Parallele (so schon bei den »Philosophical Radicals«, die John Stuart Mill und die Fabier beeinflußten). Die moderne realistische oder empirische Demokratietheorie, die auf dem Prinzip der Elitenkonkurrenz beruht und vorrangig von Schumpeter und Downs vertreten wurde, läuft dabei eher auf eine Analogie zur (auch ökonomisch immer deutlicher werdenden) Oligopolverfassung hinaus[59]. Sie ist wegen ihres restriktiven, den status quo absichernden Charakters allerdings oft und berechtigt als konservative Ideologie kritisiert worden.

Als großer historischer Fortschritt kann aber an ihr so wie an ihren Verwandten, den besonders »anstößigen« Elitentheorien von Mosca, Pareto und Michels, festgehalten werden, daß die zynisch-realistische Grundkonzeption des »homo oeconomicus« der mythischen Würdesphäre der Politik aufklärerisch zu Leibe rückt. Oft genug hat sich ja die zynisch-realistische Schule vordergründig für ein Abfinden mit der »schlechten Welt« oder sogar für die blankeste Anbiederung den gegebenen Mächten ausgesprochen. Dennoch haben ihre Einsichten, indem sie den Schleier normativer Vernebelung wegrissen, den Weg bereitet für eine konsequentere Befassung mit der sozialen Realität und damit letztlich auch für einen normativen Idealismus höherer Stufe.

Die lebenskräftigsten und wesentlichsten Bemühungen der politischen Theorie befassen sich heute im Osten wie im Westen mit der Elitenfrage, mit den Partikularinteressen der Führungsschichten und deren Kontrolle. Hier liegen übrigens auch heute noch intensive Konfliktpunkte des – konkret argumentierenden – politischen Theoretikers mit den Spitzen der Hierarchien, die auf ihn Druck ausüben können. Die allgemeine, vormarxistische homo oeconomicus-These hat hier noch wesentliche, »entlarvende« Bedeutung. Sie zu pflegen und daran mitzuarbeiten, dem homo oeconomicus-Theorem auch für die Politik den entscheidenden Durchbruch zu verschaffen, ist Voraussetzung einer auf sozialen Fortschritt gerichteten, bewußten Bewältigung von Geschichte.

In einer weit vorwärts schauenden Blickrichtung ist schließlich Versöhnung des »anstößigen« Interessenprinzips mit einem normativen Idealismus, der das Gemeinwohl zum Zielpunkt der gesellschaftlichen Bemühungen erklärt, nur in einer Weise denkbar:

durch die möglichst direkte Einflußnahme des jeweils breitesten Kreises von Betroffenen auf jene Grundsatzentscheidungen, die ihr Leben prägen, und durch das Fortschreiten in der Erfüllung der Bedürfnisse dieser Menschen, die damit in zunehmendem Maße aus der Sphäre des »homo oeconomicus« in jene des »homo ethicus« und »homo aestheticus« treten, also die Selbstentfaltung des sich humanisierenden Menschen realisieren. Um diesen »Punkt Omega« kreist die Gedankenwelt dieses Buches. Da allen Herren zu mißtrauen ist, da alle unkontrollierten Eliten sich Sondervorteile bewilligen und die Tendenz haben, dem »Menschenmaterial« der Mehrheit zynisch gegenüberzutreten, kann nur eine institutionelle Fixierung und kulturelle Einübung eines möglichst großen Mitspracherechtes dieser Mehrheit das Ärgste verhindern. Empirische Politik sensibilisierter und konkurrierender Eliten, welche die Mehrheit befragen müssen, um sie gewogen zu erhalten, und die Ausweitung direktdemokratischer Veto- und Initiativrechte erscheinen heute als pragmatische Möglichkeiten erhöhter Annäherung von Interessen- und Gemeinwohlprinzip.

Allerdings umgeben diese Erweiterung der Volksrechte in der politischen Sphäre mancherlei echte und scheinbare Probleme: von der Kardinalfrage rascher und unbürokratischer, demokratischer Entscheidungsfindung über die Problematik des Minderheitenschutzes und einer vorstellbaren (allerdings noch nie und nirgends ernsthaft realisierten) »totalitären Mehrheitsdiktatur« bis zum Paradoxon der möglichen Selbstaufhebung der Demokratie durch das Votum eines »führersüchtigen« Volkes.

Zwar wäre auch der jeweils breiteste betroffene Entscheidungskreis selbst dann nicht gegeben, wenn etwa die Völker aller Industriestaaten in optimaler Direktdemokratie global ihr Schicksal entschieden – denn dann würden sie sich wohl gegenüber den Entwicklungsländern ebenso als interessenegoistische Elite verhalten, wie es ihre politischen Führungen derzeit (mit breiter populärer Zustimmung) ohnedies tun.

Aber eine gradualistische Sicht möglicher sozialer Verbesserung läßt sich nicht durch die Geringfügigkeit ihrer jeweiligen Erfolge abwerten. Und es ist eine durchaus illusionslose Beurteilung unserer gegebenen historischen Situation, die belegt, daß es derzeit Chancen gibt, einige Schritte in die richtige Richtung zu tun. Will man schließlich einwenden, daß die Interessen der Mehrheit, die im Konzept einer kollektiven Selbstbestimmung des Menschen eine solche Rolle spielen, ja keine fixen gegebenen Größen, sondern selbst Produkt eines Entwicklungsprozesses seien, ist dem teilweise recht zu geben. Teilweise deshalb, weil gewisse, unleugbare Verhaltenskonstanzen aller Machthaber (selbst der revolutionärsten, die letztlich auch nicht ungern in Schlössern residieren) oder selbst die Konsumerwartungen der dem unmittelbaren Einfluß der Werbung nicht unterworfenen Völker Osteuropas hier doch gewisse langfristige Gleichförmigkeiten anzudeuten scheinen. Die Interessen sind gar nicht notwendigerweise als fixiert vorzustellen, denn es ist ja gerade das formale Prinzip der möglichsten Identifikation von Einzel- und Kollektivinteresse über den Weg des Mehrheitsvotums, der etwa der gestaltenden, belehrenden Einwirkung und Meinungsführerschaft von Minderheiten jeden Weg offenläßt, dabei aber ein möglichst enges Band der Interessenintegration zwischen Eliten und Mehrheit konstituiert. Der Vorwurf, daß Demokratie nichts »Formales« sei, wie er sich gegenüber der Grundkonzeption dieses Buches erheben ließe, läßt sich dabei rasch und mit Entschiedenheit zurückweisen: eine expansive »formaldemokratische« Konzeption, deren historische Chancen und Grenzen hier abgewogen werden sollen, sieht gerade das *Wesen* demokratischer Entscheidungsprozesse in deren *Form* – und dies wohl mit einiger realer Berechtigung. Untersuchungskommissionen, die Gefängnisse und Konzentrationslager besuchen, werden ja etwa nicht zu Unrecht der Naivität beschuldigt, wenn sie die in Anwesenheit ihrer wahrscheinlichen Peiniger gegebenen Antworten der Gefangenen für bare Münze nehmen. Gleiches gilt für »offizielle« oder jedenfalls nichtanonyme Gesprächsauskünfte in Staaten mit ausgeprägtem politischen Repressionssystem. Gleiches aber etwa auch für die offene Stimmabgabe, die überall, wo sie auf staatlicher oder verbandlicher Ebene auftritt, Indiz von Gewissenszwang und leeren Zustimmungsritualen ist. Strikte Geheimhaltung des individuellen Entscheidungsaktes, Vorgabe mehrerer relevanter Abstimmungsalternativen, ein über alle Zweifel erhabenes, mit vielfachen Kontrollen versehenes Befragungsverfahren und überhaupt tief verankerte »formale« Regeln demokratischen Verhaltens haben sich mittlerweile im Bewußtsein einer breiten Öffentlichkeit als unerläßliche Basis glaubwürdiger demokratischer Interessenintegration erwiesen. Daß diese formalen Aspekte nichts mit Trivialität und pedantischer Oberflächlichkeit zu tun haben, sondern in einem breiten Konsens der westlichen Industriestaaten als Wesenselemente »echter« Meinungsbildung in größeren Entscheidungsgruppen gelten, beruht auf einem schmerzlichen historischen Weg von Hoffnungen und Enttäuschungen.

ZWEITES KAPITEL

Die Krise der Weltanschauungen

2. 1. Der Mensch als Meister der Geschichte

Das Bewußtsein, daß die Menschheit in einen unumkehrbaren geschichtlichen Prozeß der Weiterentwicklung eingebunden ist, konnte sich erst ab der Neuzeit entwickeln und mußte seinen Höhepunkt in jenem Jahrhundert erfahren, in dem auch das Alltagsleben der für die geistige Produktion tonangebenden Mittelschichten durch die Fortschritte der Industrialisierung grundlegend umgestaltet wurde.

Bewußtsein für Geschichte existiert zwar schon seit alters. Der Wechsel der Herrschergenerationen, das auch für einzelne Chronisten erlebbare Auftauchen oder Untergehen von Reichen hat in allen Hochkulturen historische Aufzeichnungen stimuliert. Aber die res gestae der Könige, ihre gewonnenen und verlorenen Schlachten, ihre zerstörten oder gegründeten Städte, alles das spielte sich vor einem gleichsam statischen Hintergrund ab. Die Religionen vermittelten zwar oft genug das Bild eines mythischen Gesamtprozesses der Zivilisation: sei es als Abfolge von Zeitaltern wie bei den Griechen und den Völkern Mittelamerikas, oder als Geschichte von Entfremdung und Erlösung wie im Mythos der Bibel. Aber sosehr diese Gesamtschau eine Wurzel späterer historischer Globalbetrachtung darstellt, blieb sie doch auf den erlebbaren historischen Horizont ohne Einfluß. Das spätantike Geschichtsbewußtsein, auch das der Christen, war etwa zunächst von der Erfahrung der Universalität und Kontinuität des römischen Weltreiches geprägt, in das die Abfolge der zuvor führenden Großreiche auf Dauer einzumünden schien. Die jüdisch-christliche Geschichtsauffassung stellte zwar nach vorherrschender Meinung die zyklische zugunsten einer linearen Denkweise zurück, was in den jahrtausendelangen fruchtlosen Versuchen der Berechnung einer biblischen Ära von der Erschaffung bis zum Untergang der Welt zum Ausdruck kam. Aber wenn auch in der Umsetzung der Schöpfungstage in Millenien (nach dem biblischen Ausdruck, daß dem Herrn tausend Jahre wie ein Tag seien) ein vorwissenschaftlicher Ansatz zur Deutung von Geschichte als Gesamtprozeß zu sehen wäre: die mythologischen Deutungsschemata, die oft auf die Vision des Buches Daniel von den sich verschlechternden Weltmonarchien Bezug nehmen, die gewiß massenpsychologisch bedeutsamen Endzeiterwartungen – alle diese Aspekte verschleierten mehr den Charakter von Geschichte als immanentem, kontinuierlichen Entwicklungsprozeß, wie ihn erst Voltaire als aufklärerischer Widersacher von Bossuets Geschichtstheologie voll entfaltete[1].

Dem gläubigen Christen galt bis ins vorige Jahrhundert die Schöpfung als fertig, gegeben. Darum wurde die Evolutionslehre ein solcher Skandal. Bis ins Hochmittelalter hin mußte auch das erlebte Übergewicht der antiken Errungenschaften das Gefühl zivilisatorischen Fortschrittes hintanhalten. Das Zeitalter der Entdeckungen und seine wesentlichsten Erfindungen setzten zwar eine deutliche Zäsur: Mit der Verwendung des Schießpulvers war etwa in dem entscheidenden Bereich der Kriegstechnik das Altertum erstmals eindeutig überholt. Aber bis ins erste Drittel des 19. Jahrhunderts blieb das Leben der das historische Bewußtsein prägenden Mittel- und Oberschichten von den umstürzenden Veränderungen der industriellen Revolution nur indirekt berührt: Die veränderte Arbeitswelt der sich industrialisierenden Textilproduktion blieb weitgehend außerhalb ihres Gesichtskreises, man ritt zu Pferd oder fuhr mit dem Wagen wie im Altertum (dabei auf oft schlechteren Straßen), und man verwendete weiterhin natürliches Feuer zur Beleuchtung: Erst Eisenbahn und Dampfschiff überholten Postkutsche und Segelschiff, und mit Gas, elektrischem Licht und dem Ruß der Fabriksschlote wurde der »Fortschritt« auch den verbohrtesten Geistern in ihrer Konsumsphäre als historisch erlebbarer und der Richtung nach bestimmter Wandel bewußt.

Diese Unübersehbarkeit des geschichtlichen Prozesses erklärt vermutlich das Aufblühen der historischen Gesamtkonzeption seit dem Ende des 18. Jahrhunderts. Die heute trivial erscheinende Einsicht, daß die Welt genau so wie die menschliche Gesellschaft einem Gesamtprozeß der Evolution unterliegt, wurde in diesem Jahrhundert mühsam errungen. Das 17. und frühe 18. Jahrhundert hatte dafür die Grundlage gelegt und aus dem Fortschritt seiner Technik und geistigen »Aufklärung« auch die Hoffnung formuliert, die in die Entwicklung hineininterpretiert wurde: daß die beobachtbare Veränderung auf mehr »Vernunft« und allgemeines Wohl hin gerichtet sei. Mit Marx kulminiert dieses Erbe der Aufklärung in dem Anspruch, der Mensch möge den historischen Gesamtprozeß in eigene Hände nehmen, die Techniken planmäßiger

Naturentdeckung und -beherrschung auch auf das eigene Zusammenleben anwenden: mit anderen Worten, seine eigene Geschichte mit Willen und Bewußtsein machen. Dieses Postulat ist uns seither und bis in unabsehbare Zukunft als Herausforderung verblieben. Denn, der schon von Marx als unendlich komplex erkannte (und dennoch in seiner Komplexität unterschätzte) historische Prozeß läßt die Hoffnung einer »vernunftgemäßen« Gestaltung der Gesellschaft auf kurzem Wege als überhebliche Naivität erscheinen. Zugleich aber ist Rationalität auch in der Regelung der menschlichen Sozialbeziehungen ein dem gegebenen Fortschrittsprozeß unabdingbar innewohnender Anspruch. Dieser Gegensatz hat seit dem Zeitalter der Französischen Revolution den politischen Interessenkämpfen seine eigene Färbung gegeben und wird sie wohl noch auf lange Zeit hin beeinflussen. Daß der Mensch Meister seiner Geschichte sein sollte, ist dabei die untergründige Überzeugung aller jener, die ein materielles oder intellektuelles Interesse an Veränderung des gegebenen Zustandes haben; zugleich aber haben die realen Ergebnisse »vernunftgemäßer« Maßnahmen oft genug denen recht gegeben, die der ordnenden Rationalität die Fähigkeit absprachen, in die »große Maschine« zum Wohle aller einzugreifen.

2. 2. Aufstieg und Krise des Planungsrationalismus

2. 2. 1. *Vorstufen des Planungsrationalismus*

Zum Unterschied zur griechischen Aufklärung, die den (zumal religiösen) Vorurteilen zwar mit deutlicher Reserve begegnete, aber eine gewisse Kraftlosigkeit darin äußerte, daß sie es unterließ, ihre Hindernisse mit dem Pathos eines »Fortganges aus selbstverschuldeter Unmündigkeit« (Kant) anzugreifen, ist das Vorhaben planenden Eingriffes und vernünftiger Neugestaltung mit der Aufklärung des 18. Jahrhunderts auf das engste verbunden. Die Französische Revolution ist dabei auf vielen Gebieten als erster Höhepunkt des praktischen Planungsrationalismus anzusehen, der wenigstens der Proklamation nach Entwicklungstendenzen vorwegnahm, die wohl erst nach Jahrhunderten zur Reife kommen werden. Dennoch wäre es eine sträfliche Oberflächlichkeit, die anderen Wurzeln gesellschaftlicher Planung zu übersehen, die zum Teil schon lange vor der Zeit wirksam waren, in der die bürgerlich-aufklärerische Vernunft sich der Praxis zuwandte.

Unter den vor der Aufklärungsepoche wirksamen realen Typen gesellschaftlicher Planung wären zu nennen:

A. Planung aus Naturnotwendigkeit

Typisch sind hier die großen Be- und Entwässerungsvorhaben der alten Hochkulturen, die einen rationalen Großeinsatz der menschlichen Arbeitskraft für Dämme, Kanalbauten etc. erforderlich machten. Die derart erforderliche Unterwerfung der Individuen unter ein einfaches Arbeitsschema steht, wie Karl Wittfogel mit seiner etwas unglücklichen Begriffsprägung der »hydraulischen Gesellschaft« unterstreicht, wohl in Zusammenhang mit den Phänomenen der »orientalischen Despotie«. Dieser überaus frühe Typus gesellschaftlicher Organisation dürfte mit manchen Aspekten aufklärerischer Planung als »rationaler« Gesellschaftsveränderung verwandt sein: nämlich dort, wo die erreichte gesellschaftliche Differenzierung bewußt unter dem Gesichtspunkt abstrakter Einheitlichkeit und Beherrschbarkeit eingeebnet wird. (Insbesondere stellen Wittfogel und Rudolf Bahro die Kontinuität des orientalisch-despotischen Erbes im bürokratischen Sowjetstaat fest[2]).

B. Gesellschaftliche Planung als geordnete räumliche Expansion (Kolonienbildung, Städtegründung)

Die Neugründung von sozialen Gemeinschaften hat von alters her zu gewissen Versuchen der Aufstellung rationaler Modelle geführt. Das griechische Modell der Pflanzstädte ist hier ebenso zu nennen wie die deutsche Ostexpansion des Mittelalters[3] oder die Institutionen des spanischen Kolonialreiches in Amerika. Insoweit als (wie meist üblich) existente gesellschaftliche Institutionen einfach kopiert werden, liegt dabei natürlich nicht eigentlich Planung vor. Meist kommt es aber zu dem Versuch einer gewissen Bereinigung von Strukturen, etwa in der räumlichen Siedlungsanordnung mit dem typischen Rasterplan der altgriechischen Kolonialstädte oder der gleichartigen Anordnung der spanischen Kolonialstädte mit dem typischen Hauptplatz, an den Rathaus und Kirche grenzen. Auch für die sozialen Institutionen der Neugründungen dürfte eine rationale Vereinfachung und bewußte Neugestaltung traditioneller Vorbilder typisch sein. Bezeichnend ist hier etwa der von John Locke entworfene (und eigentlich schon der bürgerlichen Frühaufklärung zurechenbare) Verfassungsentwurf für Carolina[4]. Daß koloniale Neubesiedlung geplanten, rational begründeten Neubildungen günstig ist, haben etwa auch die landwirtschaftlichen Produktionsgenossenschaften Israels in jüngerer Zeit bewiesen. Ein Nebenaspekt des Phänomens von gesellschaftlicher Planung als geordneter Kolonialgründung dürfte schließlich auch der Bezug utopischer Staatskonstruktionen zu realen Gründungserfahrungen darstellen. Platons Staatsutopie, die ja Züge eines schematisierten spartanischen Gemeinwesens hat, könnte mit der griechischen Gewohnheit der Kolonienbildung durchaus in Beziehung gebracht werden. Und die von Platon stark beeinflußten Utopien des Thomas Morus und Tommaso Campanella entstehen in einem Zeitalter, in dem die Eroberung der »neuen Welt« und die Organisation der spanischen Kronkolonien dort in vollem Gang sind.

C. Gesellschaftliche Planung als Modernisierungsanstrengung

Zur Zeit der Vorläufer der Aufklärung, nämlich im Zuge des Absolutismus, entstand mit dem Merkantilismus ein praktisches wie theoretisches System nationaler Wirtschaftsförderung, das auf die Erhöhung der gesellschaftlichen Leistungsfähigkeit der Staaten im Wettbewerb mit ihren Nachbarn und Handelspartnern gerichtet war. (Erhöhung der Geldvorräte, Ersatz der Luxusgüterimporte durch Eigenproduktion, Verbreiterung und »Qualitätsverbesserung« der für die Rekrutierung wichtigen Bevölkerungsbasis.) Im Zeitalter des *aufgeklärten* Absolutismus wird dann das Bestreben der wirtschaftlich zurückgebliebenen Monarchien Mittel- und Osteuropas besonders deutlich, durch autoritäre Verfügung gesellschaftliche Entwicklungen zu beschleunigen und das Nachhinken gegenüber Frankreich, Holland und England zu reduzieren. Sehr typisch ist hier etwa das Vorgehen Peter des Großen in Rußland , der geradezu terroristisch die Lebensgewohnheiten der Oberschichten verwestlichte und durch die Gründung St. Petersburgs, einer geplanten großstädtischen »Modernisierungsoase« gesellschaftlichen Fortschritt verordnete[5]. Ganz ähnliche Anstrengungen setzte die Meiji-Restauration in Japan in der 2. Hälfte des 19. Jahrhunderts, und sehr viele heutige Bemühungen sozialistischer Entwicklungsländer fallen unter dieselbe Kategorie angespannter Modernisierung.

D. Planung als Bewältigung von Katastrophen

Eine weitere voraufklärerische Wurzel gesellschaftlicher Planung liegt zweifellos in der Bewältigung natürlicher oder kriegerisch bedingter Katastrophen. Der Wiederaufbau von Städten nach Bränden oder Erdbeben (Rom nach dem Brand zur Zeit Neros, Lissabon unter dem Marques de Pombal nach 1755) oder der bis ins letzte organisierte Widerstand belagerter Städte[6] zeigt eine frühe Möglichkeit totaler Planung an, die den Regulationsfunktionen der großen Wasserbauten in den »hydraulischen Gesellschaften« nicht unähnlich ist. Wo alle Ressourcen extrem knapp werden, wo das Dach über dem Kopf, die Verteidigungs- und selbst die Lebensmittel kaum mehr vorhanden sind, da ergibt sich die Notwendigkeit der Rationierung, der geplanten Ausschöpfung der letzten Reserven. Die unmittelbar erlebte Übereinstimmung der Individualinteressen mit dem Gemeininteresse (typisch etwa die allgemeine Lebens- und Vermögensgefahr im Belagerungsfall) verleiht solcher Katastrophenplanung die Stütze unbedingter Solidarität (die bei einer Normalisierung kaum mehr aufrechtzuerhalten ist). Eine historisch nicht unwichtige Abart dieser uralten Planungsvariante ist übrigens der in den Weltkriegen stark zutagegetretene »Kriegssozialismus« auch der kapitalistischesten Staaten, der die sozialen Verhaltensweisen der belagerten Stadt aufgrund der Totalität der modernen Massenkriegsführung auf die staatliche beziehungsweise staatengemeinschaftliche Ebene verschob.

E. Planung als bewußtes Streben nach einer Umorganisation der Gesellschaft

Von diesen gleichsam naturwüchsigen, als Reaktion auf bestimmte soziale Gegebenheiten (relativ unreflektiert) auftretenden Varianten gesellschaftlicher Planung ist jene Planung zu unterscheiden, die eigentlich erst seit der Aufklärung immer wieder als gebieterische Forderung sich erhebt: nämlich die Forderung nach einer vernünftigen Einrichtung der Gesellschaft. Gewiß hat sie ihre höchst bedeutsamen Vorläufer in den Staatsutopien Platons und der Renaissance. Aber als eigentlich geschichtsmächtige Bewegung tritt sie doch erst auf den Plan, als die Welt in zunehmendem Maße als menschlich beherrschbar, zugleich aber auch als nicht mehr selbstverständliche und natürlich-göttliche Ordnung verstanden wird.

2. 2. 2. *Der Verlust des Selbstverständlichen*

Die Bücher der Aufklärung, etwa die schon zuvor erwähnten Werke des Helvetius und Mandeville, aber auch etwa die Voltaires und Bayles, sind voll von bizarren und oft unterhaltsamen Bemerkungen über die religiösen, geschlechtlichen und kriegerischen

Sitten diverser Natur- und Kulturvölker[7]. Man sollte über diese Eigenheit der Literatur des 17. und 18. Jahrhunderts nicht einfach hinweggehen oder sie als altmodische, unwissenschaftliche Plauderei abtun. Ihre Funktion ist eine sehr wesentliche: In der Aufzeigung der Vielfalt gesellschaftlicher Verhaltensweisen (bei zugleich implizit gegebener Prämisse der grundsätzlichen Menschengleichheit) greifen die Aufklärer in verhüllter Form auch die eigene zivilisatorische Tradition an. Nicht bloß in der oft geübten Manier, daß man die gewinnsüchtigen oder betrügerischen Praktiken der Priester fremder Religionen darstellt und dabei auch – und vor allem – die der eigenen meint. Entscheidend ist die grundsätzliche Einsicht der möglichen Vielfalt der menschlichen Verhaltensweisen und damit die radikale Relativierung auch der eigenen sozialen Selbstverständlichkeiten: darin liegt der wesentliche Aspekt des aufklärerischen Kampfes gegen das Vorurteil, den etwa der von Helvetius so sehr bewunderte Fontenelle zum Kernprinzip seines hundertjährigen Lebens machte.

Das ganze Mittelalter lebte aus Vorurteilen, nicht nur über gesellschaftliche, sondern auch über Naturdinge. Das Zeitalter der Entdeckungen und die empirische Naturerforschung haben viele dieser Scheingewißheiten zerstört und eine neue Unbefangenheit auch auf sozialem Gebiet vorbereitet. Die Aufklärung macht die Entdeckung, daß auch im Gesellschaftlichen nichts so sein muß wie es ist. Und in dieser radikalen Relativierung der Tradition liegt auch schon die Wurzel des Planungsrationalismus: Wenn nichts so sein muß, wie es ist, dann besteht eben auch kein Hindernis, das Ganze *vernünftig* einzurichten. Allerdings zeigt sich in diesem Zusammenhang sofort das Problem, was eigentlich das Vernunftige sei. Rousseau kam bekanntlich zur Auffassung, daß es ein mythologischer Naturzustand sei. Die Mehrheit der Aufklärer vertrat dagegen einen gewissen Zivilisationsoptimismus wenigstens evolutionärer Sicht, der gerade wegen der großen Widerstände der geistlichen und weltlichen Autoritäten keineswegs so »flach« ist wie oft behauptet, und jedenfalls tiefgründiger als sein vulgarisiertes Gegenstück im 19. Jahrhundert ist[8]. Dabei mag die Tatsache, daß der zivilisatorische Abstand zu den Naturvölkern noch nicht ganz so überwältigend war wie im technisierten 19. Jahrhundert, der Aufklärungsepoche die Relativierung ihrer eigenen Position ermöglicht haben (der »edle Wilde« ist für sie eben noch nicht der »primitive Eingeborene« und somit »the White Man's Burden«). Wie immer man aber dieses Vernünftige zu fassen versucht, die bloße Einsicht in die Variabilität der sozialen Institutionen läßt

Raum für Experimente, neue Gedanken. Die Gesellschaft erscheint machbar. Warum nicht, wie es der sinnenfreudige Helvetius vorschlägt, eine sexuelle Belohnung für die Tapferkeit im Kriege vorsehen? Oder die Religion ebenso wie das System der Maße und Gewichte von allem Abstrusen, Widersprüchlichen reinigen und ihr die kühle Geschliffenheit der geometrischen Vernunft geben?

Die Aufklärer der Zeit vor der Französischen Revolution hatten die Möglichkeit, unter mancherlei Schwierigkeiten ihre Version wahrhaft gemeinwohlorientierter vernünftiger Umgestaltungen der Gesellschaft einer kleinen Bildungsschicht vorzulegen. Ihre Hoffnungen auf Durchsetzung blieben verschwommen, da sie doch meist nur auf den aufgeklärten Monarchen hoffen mußten (wie Helvetius, der zugleich aber doch die primäre Verfolgung eigener Interessen auch bei den Mächtigsten annahm und so Grund zum Pessimismus hatte[9]).

Der große Umsturz von 1789 sollte die Möglichkeiten, aber auch die Gefahren des Versuches einer allgemeinen vernünftigen Neuordnung der Gesellschaft konkret aufweisen.

2. 2. 3. *Das Versuchslabor der Französischen Revolution*

Die Faszination, welche die große Französische Revolution auf ihre Zeitgenossen und Erben übte und noch immer ausübt, ist zweifellos nicht nur dem dramatischen Ablauf ihrer Geschehnisse und dem farbigen Panorama ihrer Gestalten zuzuschreiben. Es handelt sich vielmehr um ein zentrales und in seiner einzigartigen Bedeutung kaum überschätzbares Ereignis der Weltgeschichte. Man mag auf das Vorbild der »gemäßigteren« amerikanischen Revolution verweisen, auf die lange schon gärenden Gedanken der Aufklärung, die sie vorbereiteten. Entscheidend bleibt, daß hier erstmals der Versuch unternommen wurde, ein großes und gewachsenes Gemeinwesen einer grundsätzlichen »vernünftigen« Umorganisation zu unterwerfen, auch wenn dieser Versuch selbst paradoxerweise einen überaus chaotischen und widersprüchlichen Charakter annahm[10].

Es wäre lächerlich vorzugeben, einem Ereignis, über das Bibliotheken verfaßt worden sind, in wenigen Worten neue Aspekte abzugewinnen. Dennoch aber muß, unter Abstraktion von allen konkreten Abläufen und Zusammenhängen, doch die zentrale Bedeutung gewürdigt werden, die der Französischen Revolution im Rahmen der Tendenz in Richtung auf eine bewußte Gestaltung der menschlichen Gesellschaft zukommt. In aller Kürze gefaßt läßt sich sagen: In der Französischen Revolution wird die Aufklärung praktisch. Alle die Themen, die seit dem Ende des 17. Jahrhunderts erst vorsichtig, dann – wenn auch mit Rückschlägen – immer unverhohlener artikuliert werden, erheben sich aus der Phase intellektueller Diskussion in jene des Versuchs einer geradezu fieberhaften tatsächlichen Durchsetzung:

1. Die Aufklärung war kirchenfeindlich – die Revolution beseitigte die Vorrechte des geistlichen Standes, hob den kirchlichen Besitz auf, verordnete die Wahl der Bischöfe durch das Volk.

2. Die Aufklärung huldigte der Theorie der Menschengleichheit, die Revolution beseitigte die Standesunterschiede und proklamierte (1793) in dem berühmten Entwurf der Konventverfassung das allgemeine und gleiche Wahlrecht.

3. Die Aufklärung argumentierte more geometrico, huldigte dem Mythos der glatten Zahl – die Revolution beschloß die Einführung des Metermaßes und wollte das dekadische System sogar auf die Zeiteinteilung anwenden (ein Tag sollte zehn Stunden haben, die in entsprechende dezimale Untereinheiten gegliedert werden sollten).

4. Die Aufklärung erklärte das Gemeinwohl für den wichtigsten Maßstab der Politik – die Revolution organisierte unter dem Druck der Gegnerschaft des ganzen dynastischen Europa das Volk in nie gekannter totalitärer Weise und legte so die Grundlage für die moderne Massenkriegsführung.

5. Die Aufklärung war (neben ihrer institutionellen Kirchengegnerschaft) freidenkerisch gesinnt – die jakobinische Phase der Revolution verordnete einen neuen unchristlichen Kalender und führte die Vernunftreligion des »Kultes des höchsten Wesens« ein.

Auf ihrem Weg aus den Salons in diese politische Praxis verlor die Vernunft dabei allerdings manches von jener silbernen Helle, die im Rückblick den aufgeklärtesten Abschnitt des Ançien régime auszeichnet: Sie beschmutzte sich mit dem Blut des jakobinischen Terrors, sie zeigte erstmals die Gefahr des modernen, rationalisierten Totalitarismus auf, und sie hob sich zu einem guten Teil selbst auf, weil sie die Widerstände gewachsener Institutionen gegen plötzliche Umorganisationen unterschätzte und sich so auf vielen Gebieten in hastigen Halbheiten verlor[11].

Die Erklärung des konkreten Ablaufes der revolutionären Entwicklung um 1789 hat eine Vielzahl von ökonomischen und politischen Detailphänomenen zu berücksichtigen[12]. So spielten die Mißernten der beiden vorrevolutionären Jahre, die (paradoxerweise) nicht zuletzt durch die Hilfe an die amerikanischen Republikaner schwer zerrütteten Staatsfinanzen zweifellos ebenso eine Rolle wie der das Bürgertum aufreizende anachronistische Versuch des sich vermehrenden Adels, die bürgerlichen Bastionen im Staatsdienst durch eine Verschärfung der Standesprivilegien zurückzugewinnen[13]. Die für so viele Revolutionen seit 1789 so typische Radikalisierung des revolutionären Geschehens (die vor allem 1917 in Rußland eine so stupende Parallele findet) mag schließlich auf die schlechten Kriegserfolge der Girondisten zurückgehen, die erst den jakobinischen Putsch unvermeidbar machten. (Der in den ersten Jahren überaus gemäßigte, konstitutionell-monarchische Zug der Revolution wird ja gerne übersehen, allzuleicht läßt auch der gebildete Laie 1789 und 1794 in eins verschwimmen.) Die rasche Abfolge der revolutionären Verfassungen bis hin zum Bonapartismus mag schließlich auf die Interessenwidersprüche und gruppendynamischen Spannungen der verschiedenen bürgerlichen, revolutionären Fraktionen zurückzuführen sein.

Dennoch lassen sich über das Versuchslabor der Französischen Revolution einige Aussagen von hoher Allgemeingültigkeit machen, die auch im engen vorliegenden Rahmen möglich sind:

1. So wie schon manchen Anstrengungen aufgeklärt absoluter Monarchen eignet den Reformen der Revolution etwas Gewaltsames, das zugleich ihre Lebenskraft hindert: Es fehlte am Verständnis für die Unausweichlichkeit historischer Kontinuität, die auch durch schärfsten Terror nicht zu besiegen ist. Zwar ist die aufklärerische Überzeugung richtig, daß den sozialen Konventionen ein willkürliches Moment innewohnt, aber ihre Verfestigung zur Tradition und die ökonomischen und sentimentalen Bande, die diese stützen, lassen selbst »vernünftige« Globalveränderungen via Dekret illusorisch erscheinen. Josef des Zweiten mehrfach verwendbarer Einheitssarg und sein Versuch, im Habsburgischen Vielvölkerstaat eine einheitliche deutsche Amtssprache einzuführen, mußte deshalb ebenso scheitern wie der kurzlebige Kult des höchsten Wesens in der Revolution gegenüber der Beharrungskraft des christlichen Klerus und seiner altgewohnten Rituale.

2. Revolutionen haben keine Zeit. Jener Typus der Revolution, den die französische von 1789 und die russische von 1917 am deutlichsten repräsentieren, gerät sehr bald in eine Spirale von immer gravierenderen Entscheidungsnotwendigkeiten. Der fundamentale Umgestaltungsversuch erweckt in ihnen den Wider-

stand mächtiger Schichten der Bevölkerung. Ihre Bekämpfung läßt die führende revolutionäre Gruppe zu Repressionsmaßnahmen greifen, die wieder noch gravierendere Veränderungen und daher noch größere Widerstände bedingen. Dies führt zu Terror und Bürgerkrieg beziehungsweise zu Interventionen des Auslandes aufgrund der Solidarität der angegriffenen Schichten und/oder unmittelbarer Interessen[14].

Eine Stabilisierung der Lage ist längerfristig nur durch ein Arrangement mit der Tradition möglich – sei es, daß die revolutionären Institutionen sich der Form nach vorrevolutionären Einrichtungen weitgehend angleichen, oder daß die alten Mächte im Gefolge einer Reaktion selbst wieder – allenfalls gedämpften – Einfluß bekommen.

3. Revolutionen sind Vorboten künftiger Entwicklungen. Gerade den beiden vorher genannten Fakten: dem forschen Vertrauen auf die Verbindung von »vernünftigem« Dekret und autoritärer Staatsmacht sowie dem in einem Rückkopplungsprozeß sich aufschaukelnden Gegensatz von revolutionärer Veränderung und erbitterter Beharrung entspringt ein Phänomen, das im Fall der großen Französischen Revolution verblüffend deutlich wird: die Vorwegnahme der künftigen, gradualistisch sich durchsetzenden Zeittendenzen durch die Überspitzung des revolutionären Elans. Man muß nur bedenken, wie auf politischem und kulturellem Gebiet die Revolution von 1789 Jahrhunderte währende, selbst heute noch kaum abgeschlossene Entwicklungen vorwegnahm: das allgemeine gleiche Wahlrecht etwa, um das im 19. Jahrhundert mühevoll gerungen und das erst im 20. Jahrhundert auf breiter Basis verwirklicht wurde. Das schon genannte metrische System, das erst hundert Jahre später (paradoxerweise auf Betreiben des deutschen Reiches[15]) allgemeine Verbreitung erreichte und im angelsächsischen Bereich erst weitere hundert Jahre später sich durchzusetzen beginnt. Schließlich ist zu bedenken, daß die Befreiung der Religionen von einengenden Dogmen und Ritualen ein Prozeß ist, der heute und trotz aller Widerstände wohl auch in Zukunft fortschreitet: Der aufklärerische Kult des höchsten Wesens und die Einebnung der rituellen und dogmatischen Verschiedenheiten der Bekenntnisse stellen somit einen durchaus möglichen Konvergenzpunkt einer rationaler werdenden, sich aus traditionellen Bindungen lösenden Religiosität dar.

Im eigentlichen revolutionären Verlauf erscheinen allerdings diese Vorwegnahmen künftiger Entwicklungen als unerhörte Exzesse und sind verknüpft mit schärfstem Parteienstreit. Die gewaltsame Auseinandersetzung eines real erst aufstrebenden Bürgertums mit den Standesprivilegien eines immer noch mächtigen, grundbesitzenden Adels ist in diesem Sinne historisch ineffizienter als die langsame Untergrabung der großagrarischen Einkommens- und Machtbasis, an deren Ende die Aristokratie und ihre Lebensformen geradezu nostalgische Wertschätzung in einer Gesellschaft gewinnen, in der es lange schon nicht mehr auf sie ankommt. Auch die virulente Kirchenfeindlichkeit gegenüber einem Klerus, der noch entschiedene Macht über die Gemüter der Landbevölkerung, großen Grundbesitz und eine Art Monopolstellung im Erziehungswesen innehat, muß unmenschlichere Resultate erzielen als der Anpassungsdruck, den die innerliche Gleichgültigkeit einer Mehrheit von Großstadtbewohnern auf die Strukturen der Religionsgesellschaften ausübt. In manchen Fällen mag die revolutionäre Konfrontation unvermeidlich sein, weil ein gradueller Weg stückweiser sozialer Veränderung aufgrund des hartnäckigen Widerstandes der zurückgedrängten Gruppen ungangbar wird. Das Beispiel der großen Französischen Revolution und der ihr folgenden Revolutionen bis zum heutigen Tag zeigt aber, daß dem »großen Sprung vorwärts«, der in den revolutionären Entwicklungen bewußt oder unbewußt angestrebt wird, und den sie kurzfristig oft auch zu realisieren scheinen, in Wahrheit oft genug ein gravierender Rückschritt folgt. Dieser Rückschritt ist nicht nur die Folge der Mobilisierung und zum Teil Modernisierung der revolutionsfeindlichen konservativen Kräfte (die damit »indirekt« ebenfalls zu Erben der Revolution werden), er ist auch die Folge der tiefen seelischen Verunsicherung, die viele Menschen angesichts der Opfer, die eine Revolution kostet, überkommt.

2. 2. 4. *Wellen der Enttäuschung*

Wer nicht einem vulgären ökonomischen Determinismus huldigt, muß als gewichtigen Faktor der historischen Entwicklung die Meinungen, Motive und Hoffnungen zumindest jener Menschengruppen ansehen, die im gesellschaftlichen Entscheidungsprozeß eine nennenswerte Rolle spielen. Gewiß kann man nachweisen, daß diese Führungsschichten in ihrer Existenz, aber auch in ihren geistigen Traditionen und Reaktionen von bestimmten Wirtschaftsverhältnissen geprägt sind – ob es nun um das erbitterte Beharren des deklassierten verschuldeten Samurai auf seinen Standesvorrang gegenüber dem aufstrebenden Kaufherrn in der japanischen Spätfeudalzeit geht oder um die begierige Assimilation höfischer Nonchalance durch Großbürgersöhne vom Schlage Hofmannsthals. Aber dieser geistige Faktor hat eben seine eigene Wertigkeit; und mögen unmittelbare ökonomische Interessen noch so dominant zu Buche schlagen – die Reflexionen des gesellschaftlichen Zustandes in den Köpfen der Macher und Denker ist von überaus großer Bedeutung. Selbst wo geistige Strömungen sich scheinbar weit von den machtpolitischen Zentren des Geschehens abspielen, haben sie daher einen bezeichnenden Stellenwert. Und in diesem Sinne ist das Phänomen der Wellen der Enttäuschung im Gefolge der modernen Revolution ein sehr wesentlicher Aspekt der modernen Gesellschaftsentwicklung.

Je größer die Ziele und Wünsche sind, die einen politischen Umsturz begleiten, um so bitterer muß auch die darauffolgende Desillusionierung für jene werden, die es mit diesen Zielen genau nehmen. Eine gescheiterte Revolution mag zum Mythos werden, sie hat ihre Unschuld ja nicht verloren. Die erfolgreiche Revolution aber, die aus ihren hochtönenden Forderungen hohle Phrasen macht, die der Unmenschlichkeit des Ançien régime ihre eigene blutige Rachejustiz und Unterdrückung folgen läßt[16], ist jene, die Leere, Erbitterung und Haß erzeugt. Diese Erbitterung ist immer auch zu einem Teil unberechtigt, insoweit als nämlich durchaus respektable Errungenschaften an übersteigerten, unrealistischen Erwartungen gemessen werden. Es geht aber eben nicht darum, Berechtigung oder Nichtberechtigung derartiger Haltungen nachzuweisen, sondern ihren historischen Stellenwert zu bestimmen.

In diesem Sinne sind jene Wellen der Enttäuschung, welche den Erschütterungen der großen modernen Revolutionen folgen, ein für diese Untersuchung sehr bedeutsames Phänomen. Die erste Desillusionierung trat mit dem jakobinischen Terror ein. Die Französische Revolution hatte ja zunächst die aufgeklärten, fortschrittlich denkenden Menschen Europas bis hin in die zurückgebliebenen Feudalreiche aufhorchen lassen, ja, sie sogar zum Teil in Begeisterung versetzt[17]. Noch ein Teil der napoleonischen Vorherrschaft in Europa wurde durch Residuen einer positiven Haltung begünstigt, die dem Erben der Revolution von Anhängern des Fortschritts entgegengebracht wurde, was etwa auch die zeitweilige Napoleonverehrung von Männern wie Heine, Börne und Beethoven bezeugt.

Die sehr zivilisierte, humanitäre Tendenz der Aufklärung mußte aber von den Greueln der Guillotine abgestoßen werden. Das 18. Jahrhundert hatte ja eigentlich erstmals das Banner der Humanität entfaltet, den Folterungen, Kriegsgreueln, dem Vorurteil und blinden Haß den Kampf angesagt. Die »humanisierte« Tötungsmaschine des Arztes Guillotin mußte gegenüber dem Humanismus eines Voltaire oder eines Beccaria sich als nackter Hohn ausnehmen. Kein Wunder, daß deshalb auch zunächst radikal gesinnte, bürgerliche Intellektuelle wie Schiller oder Hegel ihre Distanz gegenüber den Schrecken der »Vernunftherrschaft« bekräftigten. Die Revolution verlor dennoch nicht ihre Faszination. Es ist sogar beeindruckend, wie ein doch relativ vorsichtiger Gelehrter vom Schlage Kants nicht aufhörte, mitten im zurückgebliebenen Preußen ihre positive Bedeutung hervorzuheben[18].

Aber derartig differenzierende Urteile sind selten. Revolutionen fordern und bewirken im allgemeinen entweder Parteigängertum oder strikte Gegnerschaft (das gilt bis hin zur russischen Revolution): Sie produzieren deshalb auch den in der öffentlichen Meinung so bedeutsamen Typus des »Abtrünnigen«, der seine vorherige überschäumende Begeisterung gegen entschiedene Ablehnung eingetauscht hat. Und genau dieser Effekt ist in den Jahrzehnten nach 1790 eindeutig festzustellen.

Die führenden Feudalschichten, aber auch jene Gruppen, die in den willkürlichen Exzessen der Revolution eine Gefahr für bürgerliches Leben und Gut zu fürchten gelernt hatten, versuchten gegen die demokratisch-rationalistische Flut einen Damm aufzurichten und den Respekt für »Thron und Altar« zu stärken. Die Welle der Enttäuschung, die einen Großteil der geistig produktiven Menschen im Gefolge der Revolution erfaßt hatte, trug mit dazu bei, das stickige, irrationalistische Klima der Romantik und des Vormärz zu verbreiten[19]. Vielleicht war es von Vorteil, daß die neuen Anläufe der demokratisch-rationalistischen Kräfte um 1830 und 1848 nicht so »erfolgreich« waren wie die große Revolution. Gerade die Revolution von 1848 war eine überaus fruchtbare Niederlage. Sie realisierte zum Teil kurzfristig relativ weitgehende, demokratische Veränderungen, ohne diese aber mit extremen Maßnahmen zu verteidigen. Sie starb gleichsam in Schönheit. Damit wurde aber zweifellos eine Basis für die weitere kontinuierliche, demokratische Entwicklung Mittel- und Westeuropas gelegt, die zum Teil in außenpolitischen Schwächeperioden die überholten Absolutismen langsam aushöhlte[20]. Am Vorabend des Ersten Weltkrieges war es immerhin so weit, daß die meisten Monarchien Europas weitgehend funktionsfähige repräsentativ-demokratische Systeme entwickelt hatten, auch wenn die Exekutive zum Teil noch in fataler Weise von einer aggressiven Kombination feudaler und industrieller, expansionistischer Interessen beherrscht war.

Nach dem Zusammenbruch dieser feudal-industriellen Symbiose in den Verliererstaaten des Ersten Weltkrieges war deshalb der Schritt zur parlamentarischen Republik gar nicht so groß und keineswegs revolutionär. Dafür wurde aber die nächste Welle der Enttäuschung von der russischen Revolution vorbereitet, der ersten, die in positiver und negativer Weise einen der französischen von 1789 vergleichbaren, welthistorischen Widerhall erzielte. Wie hundertdreißig Jahre zuvor war es der schiere Ehrgeiz, das Ausmaß der angestrebten Veränderungen, das die Welt erregte, begeisterte oder verängstigte. Wieder ging es nicht bloß um den Bestellungsmodus der Spitzen des Staates, sondern um die Gründung einer neuen Gesellschaft, ja, eines neuen Menschen. Während aber in der Französischen Revolution das entscheidende Erlebnis der Abtrünnigen der jakobinische Terror während der Defensivphase der Revolution war, waren es im russischen Fall erst die spezifischen Ausprägungen der »bonapartistischen Phase« unter Stalin, welche die Wellen der Enttäuschung stimulierten. Die Faszination des gegenüber dem Gedankengut der Französischen Revolution viel geschlosseneren, dialektischen Materialismus als Lehrgebäude einer »wissenschaftlichen Kirche« und die notwendigen Prioritäten im Kampf gegen den Faschismus führten sogar dazu, daß diese zweite große Welle der Enttäuschung in mehreren Etappen bis in die jüngste Vergangenheit hin Generationen von Abtrünnigen zeugte: Ein erstes entscheidendes Warnsignal war für viele die nach der Entspannung der NEP-Jahre einsetzende brutale Zwangskollektivisierung der Landwirtschaft unter Stalin und die Intellektuellenverfolgungen, die etwa Panait Istrati zu seinem frühen Klassiker der Abtrünnigenliteratur veranlaßten[21].

Während in der Weltwirtschaftskrise die Vorzüge des *Sowjetsystems* bei der Arbeitslosigkeitsbekämpfung noch gutwillige Betrachter vom Schlag Sidney und Beatrice Webbs zu einem sehr beschönigenden Bild des *neuen Rußland* brachten, kritisierte etwa André Gide schon sehr pointiert den ungeheuerlichen Personenkult und die Unterdrückung der kritischen Literaturimpulse. Die Vorgänge innerhalb des republikanischen Lagers im spanischen Bürgerkrieg, die paranoiden Stalinschen Monsterprozesse und der Schock des Hitler-Stalin-Paktes bewirkten für eine Vielzahl bekannter und weniger bekannter Anhäger der kommunistischen Heilslehre ebenfalls das große Enttäuschungserlebnis[22]. Und nach der Pause des Weltkrieges und des »kalten Krieges«, die für viele das Solidaritätsgefühl mit der Sowjetunion als Opfer faschistischer

Aggressionen stärkten, war es dann der ostdeutsche (1953), polnische und besonders ungarische Widerstand (1956) gegen den importierten Sowjetkommunismus, der eine dritte große Desillusionierungsphase einleitete[23]. Und die bereits stark reduzierte Zahl der Gläubigen, die in diesen Aufständen noch das Aufflackern einer »weißen Reaktion« zu diagnostizieren vermochte, wurde durch die Unterdrückung des Prager Frühlings einer weiteren Belastungsprobe unterworfen[24].

Wenn man will, kann man auch noch die Erstarrung und Sowjetisierung des »kubanischen Modells«, die Ernüchterung über das revolutionäre Vietnam im Gefolge der Chinesenvertreibungen von 1978, die chinesische Abkehr vom kulturrevolutionären Maoismus und schließlich den blutigen Grenzkonflikt Chinas mit Vietnam zu Anfang 1979 anführen: die letzte Erschütterung der doch von vielen, selbst nichtmarxistischen Linken geteilten Überzeugung, daß die Ausschaltung des Gewinnstrebens kriegshetzerischer Konzerne bewaffnete Auseinandersetzungen zwischen sozialistischen Staaten unmöglich machen würde.

Für den europäischen Bereich haben dabei allerdings die Folgewirkungen der Niederschlagung des Prager Frühlings vermutlich die größte Bedeutung. Denn dieses Ereignis gab den Ansatz zur formellen Distanzierung der bedeutenden süd- und westeuropäischen kommunistischen Parteien vom sowjetischen Modell: einem Prozeß, der zwar noch im Fluß zu sein scheint, aber kaum mehr umkehrbar sein dürfte.

2. 2. 5. *Gegen die »verwaltete Welt«*

Ein Hauptgrund für die beschriebenen Wellen der Enttäuschung ist der Widerspruch zwischen den grundsätzlich ethisch befriedigenden und rationalen Forderungen der großen Revolution und den Abscheu erweckenden Zwangsmaßnahmen, mit denen die Durchsetzung dieser Forderungen regelmäßig einhergeht. Oder um zwei schon recht abgegriffene Klischees zu zitieren: Es geht um den Widerspruch zwischen verführerischer Theorie und widerwärtiger Praxis beziehungsweise um jenen zwischen den revolutionären Wohlfahrts- und Gleichheitszielen einerseits und dem Freiheitsprinzip andererseits. Von den hundertprozentigen Parteigängern der Revolution werden diese Bedenken zwar nicht selten als Humanitätsduselei und kleinbürgerlicher Individualismus abgetan – jedenfalls solange, als sie selbst relativ ungefährdet oder weit vom Schuß sind. Aber die Tröstungen vom Schlage, daß große Werke große Opfer erforderten und wo gehobelt würde, Späne fallen müßten, überzeugen stets nur eine Minderheit derer, welche die Wahl dazu haben. Diese nunmehr vielfachen historischen und zum Teil persönlich erlebbaren Erfahrungen sind zu einem wesentlichen Aspekt in der heutigen Krise des Planungsrationalismus geworden.

Der Planungsrationalismus vermochte allerdings lange Zeit hindurch zu faszinieren und tut es auch heute noch. Überall dort, wo die Buntscheckigkeit und innere Widersprüchlichkeit pluralistischer Gesellschaftssysteme in Krisen gerät, wird sie als »Chaos« erlebbar, das der rationalen, geometrischen Rekonstruktion bedarf. Die Französische Revolution setzte hier nur einen Anfangspunkt: Der eigentliche Aufstieg des Planungsrationalismus fällt in das 19. und sogar in die erste Hälfte des 20. Jahrhunderts. Der dialektische Materialismus machte sich zu seinem unzweideutigen Fürsprecher, wie das schon der berühmte Maßnahmenkatalog am Ende des *Kommunistischen Manifestes* deutlich beweist: In ihm verlangten Marx und Engels unter anderem Zentralisation des Kredits in den Händen des Staates durch eine Nationalbank mit Staatskapital und ausschließlichem Monopol, die Vermehrung der Nationalfabriken und die Errichtung industrieller Armeen, besonders für den Ackerbau[25]. Zentralisierung ist für Marx und für seine Erben die magische Formel, die Ungereimtheiten, sozialen Ungerechtigkeiten und Krisen des Kapitalismus zu beseitigen[26].

Die Propaganda aller marxistisch beeinflußter Parteien versäumte es denn auch nicht, immer wieder auf das »Chaos« der kapitalistischen Wirtschaftsentwicklung hinzuweisen und ihm die Ordnung einer rational geplanten und gelenkten Gesellschaft entgegenzustellen – vielleicht mit der größten Eindringlichkeit in der letzten Weltwirtschaftskrise. Und in der Tat gab es aus den Produktionsverhältnissen selbst Anzeichen dafür, daß Einheitlichkeit und rationelle Planung immer größeren Ausmaßes von dem neuen Wirtschaftssystem geradezu technisch erfordert wurde: Neben der Entwicklung des Eisenbahn- und Fernmeldewesens, das mit der Zeit die Bildung quasi natürlicher Regionalmonopole erforderte[27], war die Konzentrationstendenz in der großindustriellen Produktion schon zu Ende des 19. Jahrhunderts so weit fortgeschritten, daß man nicht ohne Grund von Monopolkapitalismus sprechen konnte.

Diese Konzentrationstendenz war allerdings nur ungleich ausgeprägt. Vor allem für die Landwirtschaft dürfte Marx etwa die Produktionsvorteile des Großbetriebes bei weitem überschätzt haben, und auch auf dem Verteilungs- und Dienstleistungssektor und sogar in einzelnen weniger kapitalintensiven Industrien wie der Textilindustrie zeigen sich Konzentrationstendenzen entweder sehr verspätet oder nur sehr gebremst.

Marx rechnete mit der Aushöhlung der kapitalistischen Konkurrenz durch das Entstehen überlegener Monopole, die relativ leicht in die Kontrolle einer demokratisch organisierten Gemeinschaft überführt werden konnten. Tatsächlich ist es auch so, daß zum Beispiel staatliche Instanzen, wenn sie dazu fähig und willens sind, den bereits hochzentralisierten Apparat sehr großer Firmen ohne größere Schwierigkeiten übernehmen können (auch wenn dieser dennoch seine Eigengesetzlichkeit beibehält). Die Entwicklung offenbarte aber, daß eindeutige Monopole – besonders in Formen kolonialer oder halbkolonialer Ausbeutung – wohl gegenüber unterlegenen Gesellschaften aufrechterhalten werden können, daß aber die Monopolisierungs- und Zentralisierungstendenzen aufgrund des immer sich vergrößernden Weltmarktes doch immer noch gegenüber einer arbeitsfähigen Konkurrenzsituation (workable competition) zurückstehen. Vor allem jedoch zeigte es sich, daß selbst da, wo der Ausleseprozeß der Konkurrenz in Richtung einer Konzentration geht, die Vorwegnahme dieses Prozesses durch die künstlich verordnete Bildung von Monopolen keine Garantie für eine besonders fortschrittliche Entwicklung darstellt. Diese leidvolle Erfahrung, die insbesondere bei den künstlich geschaffenen Monopolen der sozialistischen oder kommunistischen Planer offenbar geworden ist, stellt einen Hauptgrund der Krise des Planungsrationalismus dar. Ein weiterer Hauptgrund liegt darin, daß selbst in jenen Staaten, in denen diese Experimente nicht oder nur in kleinen Gesellschaftsbereichen durchgeführt wurden (und ihre Ineffizienz erwiesen haben), sich eine bewußte Gegentendenz sogar gegen den »technisch« bestimmten Planungsrationalismus kapitalistischer Provenienz entwickelt, die nicht nur aus den Protesten der vom Konzentrationsprozeß verdrängten kleinbürgerlichen Interessenten besteht.

Die in der eigentlichen Produktionssphäre von der Industrialisierung bedrängten und überrollten Schichten haben ja stets aus ihren Lebensinteressen heraus eine defensiv-antikapitalistische Haltung eingenommen: das betrifft die Handweber, gewisse andere Formen der gewerblichen Warenproduktion, aber auch – bis heute – die von der zunehmenden Industrialisierung der Warenverteilung bedrohten Kleinkaufleute. Sie haben auch stets in Kreisen der idealistisch gesinnten, bürgerlichen Intelligenz Befürworter vorindustrieller Produktionsweisen gefunden, am deutlichsten etwa in der Bewegung um William Morris, der eine förmliche Utopie eines vorindustriellen Handwerkssozialismus aufstellte. Dennoch sind alle diese Tendenzen, auch wenn sie etwa im Jugendstil großen Einfluß auf die kulturelle Sphäre gewannen, doch als Rückzugsgefechte einer vorindustriellen Ära anzusehen. Heute scheint aber das Ausufern des Industrialismus über die Sphäre der Warenproduktion doch gewissen größeren Widerständen zu begegnen. Die Rationalisierung, Schematisierung und Automatisierung auch der Konsumsphäre, der Wohnwelt und des Freizeitbereiches scheint so etwas wie ein allgemeines gesellschaftliches Unbehagen wachzurufen, das in Devisen von der Art »small is beautiful« und im »instinktiven« Widerstand gegen Großtechnologien (wie etwa Atomkraftwerke) seinen Ausdruck findet.

Es ist noch nicht ganz absehbar, wieweit nicht auch hier nur eine oberflächliche, intellektuelle Reaktion auf eine im Prinzip ungebrochene Entwicklung vorliegt (jedermann bedauert den Niedergang des kleinen Nachbarschaftsladens und kauft doch im billigeren, industriell geprägten Großmarkt). Das Unbehagen über Hochhäuser, Massenabfertigung jeglicher Art (etwa auch im Freizeit- und Urlaubsbereich) wächst aber und scheint sich mit den Negativbeispielen östlicher Zentralplanung zu einer allgemein antizentralistischen Zeitstimmung zu vereinigen. Die einfache, kristalline Überschaubarkeit und »neue Sachlichkeit« begegnet somit auf allen Gebieten zunächst des kulturellen Überbaues (bis hin zur Architektur) einer Reaktion, die das Begrenzte, Gewachsene und sogar Verspielte gegenüber dem glatten, rationalen Konstrukt hervorhebt[28]. Die Krise des Planungsrationalismus ist dabei keine der Vernunft als solcher – die man im programmatischen Irrationalismus der faschistischen Zwischenkriegszeit sehr wohl erblikken könnte – sondern eine Besinnung auf eine rationale Bewältigung der eben auch irrational-emotiv geprägten, menschlichen Gesamtpersönlichkeit. Dieses Thema wird uns im Verlauf dieses Buches noch mehrmals beschäftigen. Es geht um die kritische Auflösung einfacher Scheingewißheiten und um die immer weitergehende Differenzierung unserer Weltsicht – der Fragen ebenso wie der Antworten. In besonders deutlicher Form gilt dieser Prozeß kreativer Zerstörung etwa auch den politische, wirtschaftliche und kulturelle Vorstellungen verknüpfenden Systemen der Weltanschauungen.

2. 3. Ende der Ideologien?

Das in den fünfziger Jahren modische Schlagwort der Entideologisierung hat in Daniel Bells berühmtem Buchtitel seinen prägnantesten Ausdruck gefunden[29]. Bell – selbst ein Opfer der Wellen der Enttäuschung und subtiler Denker – ist nicht etwa auf grobe Weise Lügen zu strafen, indem man ihm die neumarxistische Renaissance an den europäischen Universitäten, die Konvulsionen der ausgehenden sechziger Jahre oder auch das säkulare Vordringen staatssozialistischer Entwicklungsmodelle in der Dritten Welt entgegenhielte. Gewiß aber ist die Welt zu kompliziert, als daß man sie auf die einfache Formel eines Sachbuchtitels bringen könnte. Zugleich ist allerdings ebenso sicher, daß die von Bell festgestellte Entideologisierungstendenz zumindest in den entwickeltsten Industrieländern unbestreitbare Fortschritte macht. Es ist sogar anzunehmen, daß selbst in jenen Ländern, in denen eine offizielle Ideologie sich etabliert hat, relativ bald ein untergründiger Prozeß zynischer Distanzierung einzusetzen beginnt (für den es allerdings keinerlei gesicherte Daten als Beleg gibt).

Ohne Zweifel kann man sagen, daß es von Tag zu Tag schwieriger wird, ganze Systeme von Glaubenssätzen der Kritik einer immer »ungläubigeren«, zum rationalen Denken angeleiteten, technischen und administrativen Intelligenz zu entziehen – wenn es auch richtig sein mag, daß in diesen immer breiter werdenden Schichten das Bedürfnis nach einem Gesamtsystem der Welterklärung immer noch stark ist oder opportunistische Rücksichten das Äußern einer Kritik gegenüber offiziellen Doktrinen unterbinden.

In diesem Sinne zeigen sich Anzeichen wenn auch nicht für ein Ende der Ideologien, so doch für einen Erosions- oder Aufweichungsprozeß allerorten. Tief betroffen sind zunächst die traditionellen Systeme der Welterklärung, nämlich die Religionen, deren modernistische Interpretationen anstatt der alten, heute oft absurd anmutenden Gewißheiten vage Symbolismen setzen und deren traditionalistische Varianten immer deutlicher in gesellschaftliche Randpositionen rücken. (Die modischen Sektenreligionen, die zum Teil als eine neue große Welle des Irrationalismus herausgestellt werden, erscheinen nicht zuletzt als Zerfallsprodukt dieser alten Traditionalismen, da sie in einem überproportionalen Ausmaß die verunsicherten Kinder traditionell gläubiger Elterngenerationen zu erfassen scheinen, aber keinen Einbruch in die eigentlich skeptischen Schichten bewerkstelligen.) Aber auch die eigentlichen politisch-sozialen Weltanschauungslehren zeigen sich betroffen: Das liberale Credo der bürgerlichen Konkurrenzgesellschaft hat sich zwar relativ intakt gehalten, was seine Prinzipien der pluralistischen Kontrolle betrifft – aber die Fiktion gleich mächtiger Warenproduzenten, die es unterstellt, ist längst schon entlarvt und brüchig geworden. Die Erfahrung der Weltwirtschaftskrise und der Einfluß von Keynes haben dieses System zudem offener gemacht für die Notwendigkeiten staatlicher Intervention: Bei aller Konservativität kann heute niemand mehr, der eine wirtschaftswissenschaftliche Ausbildung genossen hat, den Goldstandard und das ausgeglichene Staatsbudget in einer Weise zum Idol machen, wie das vor 1930 möglich war. Damit ist freilich die Geschlossenheit des liberalen Credos empfindlich gestört, und das Anerkenntnis eines »gemischtwirtschaftlichen« Systems, in dem der Markt pragmatisch als korrekturbedürftiger Prozeß der Auffindung von Konsumentenpräferenzen gilt, öffnet die Türe zu sehr ähnlichen Auffassungen einer skeptisch gewordenen Sozialdemokratie[30].

Um aber vorderhand im konservativeren Bereich zu bleiben: Der Nationalismus, keine eigentliche Weltanschauungslehre, sondern seit jeher eine machtvolle Motivations- und Integrationskraft im Dienste pragmatischer Modernisierungsbemühungen, hat durch das furchtbare Beispiel der Weltkriege seine stärkste Dämpfung erfahren. Zwar wird er in zahlreichen Entwicklungsländern sozialistischer oder faschistisierender Tendenz als Mittel ökonomischen und kulturellen Aufbruchs wiederum propagiert und kann sogar, wie im 19. Jahrhundert, im Einzelfall gewisse durchaus positive Mobilisierungsfunktionen ausüben. Aber das Menetekel des totalen Krieges schwebt über ihm und die sehr typische Bestrebung der »Heimholung« von Minderheiten außerhalb des gegenwärtigen Staatsgebietes stellt eine ständige Bedrohung der Stabilität nationalistischer Regimes dar. In jenem Bereich der Welt, in dem pluralistisch-demokratische Regierungsformen herrschen, die allein das Ablesen von Volksstimmungen zulassen, hat das nationalistische Gedankengut in den letzten Jahrzehnten deshalb einen entschiedenen (und wohl verdienten) Zerfall mitgemacht[31].

Die Problematik des demokratischen Sozialismus soll später in einem eigenen Abschnitt am Ende dieses Buches behandelt werden. Schon hier aber kann festgestellt werden: Die Krise der Ideologien hat gerade diese Gruppierung sehr wesentlich erfaßt. Die sozialistische Weltanschauung vermittelte ihren Anhängern bis in die Zeit nach dem Zweiten Weltkrieg den beruhigenden Eindruck, ein festgefügtes System von Werten, Zielvorstellungen und sogar konkreten Maßnahmen zur Gesellschaftsreform zu besitzen. Die Epoche der Zwischenkriegszeit zerstörte nach einigen Anfangserfolgen zunächst den Optimismus der demokratischen Sozialisten, den »Wind der Geschichte« im Rücken zu haben. Neben diesem Erlebnis der Niederlagen waren es aber gerade auch die »Siege« der totalitären Spielart sozialistischer Ideologie, deren Ergebnisse auf den nicht unähnlichen Katalog sozialdemokratischer Reformrezepte zurückwirken mußten. Besonders in den Jahrzehnten seit 1945 sind Maßnahmen wie die Zentralisierung des Grundeigentums, die Bildung monopolistischer Staatskonzerne, die Gründung eines staatlichen Gesundheitsdienstes nicht nur anhand ihrer östlichen Realitäten immer zweifelhafter geworden. Auch westeuropäische Verstaatlichungen, die nach 1945 ja recht zahlreich vorgenommen wurden, sind unterdessen ihres Nimbus als Allheilmittel weitgehend entkleidet. Wo man die Güter- und Leistungsverteilung über Geldpreise durch das Prinzip administrativer Rationierung ersetzt hat, sind überdies der unsozialen Marktpreisbildung weitgehend äquivalente Probleme deutlich geworden: jenes der Warteschlange und des unsauberen Kampfes mittels Beziehungen und Bestechung, um auf ihr Spitzenplätze zu erreichen (das gilt für die Vergabe von subventionierten Urlaubsplätzen und knappen Pkw-Bezugsrechten in den Oststaaten ebenso wie für die Vergabe besonders stark geförderter Wohnungen an sozial Bedürftige in westlichen Systemen). Die sozialdemokratische Ideologie hat sich deshalb von einem nach wie vor etwas zentralistischeren Ansatz zu einer liberaleren Haltung geöffnet und sich von links her jener keynesianistischen Synthese genähert, der sich der eigentliche Liberalismus von rechts her zuwandte. Dabei spielt zweifellos auch die Integrationsfähigkeit des pluralistischen Kapitalismus eine Rolle, die in jüngster Zeit selbst auf die Eurokommunisten ihre Anziehungskraft nicht verfehlt. Es wäre freilich völlig unrichtig, diese Vorgänge einseitig im Sinne einer »Verwässerung«, »Korrumpierung« und eines negativen Ideologieverzichts zu deuten: sie sind in sehr bedeutendem Maße das Produkt ungezählter individueller Lebenserfahrungen und existentieller Enttäuschungen, die in politisch aktiven Menschen zu einer distanzierteren, resignativ gefärbteren Haltung gegenüber den kompromißlosen Überzeugungen der eigenen Jugend geführt haben[32].

Ähnliche, wenn auch viel behutsamere und gebremstere Prozesse spielen sich innerhalb mancher kommunistischer Länder ab. Die Ineffektivität vieler zentralistischer Organisationsmodelle ist dort einer wachsenden Zahl von Wirtschaftsexperten und in den meisten Fällen auch der breiten Bevölkerungsmehrheit bewußt. Eine pluralistische Umformung und effizientere Dezentralisation muß dort allerdings neben ideologischen Widerständen vor allem den Herrschaftsinteressen der führenden Schichten widersprechen. Die Konstituierung breiterer Schichten eines Kleinunternehmertums oder einer freiberuflichen Intelligenz mit ihrer relativ staatsunabhängigen Versorgungsbasis müßte eine Herausforderung der lenkungsgewohnten, bürokratischen Oberschicht bedeuten; es sei denn, sie spielte sich in einer Atmosphäre eines gegenseitigen Burgfriedens ab, wie er sich etwa in Jugoslawien seit einigen Jahrzehnten entwickelt.

In der Tat gibt es also heute zwar kein Ende der Ideologien, aber immerhin eine Krise der Weltanschauungen. An ihre Stelle ist eine Zeittendenz vorsichtigen und pragmatischen Abtastens getreten. Veränderungen im gesellschaftlichen Bereich werden in zunehmendem Maße nicht aufgrund lautstark formulierter und in einem festen Gedankensystem fundierter Überzeugungen angestrebt, sondern in Versuch und Irrtum, hineinhorchend auf den Widerhall der Betroffenen. Politik wird distanzierter, gewinnt zunehmend den Aspekt eines hochkomplizierten, rational aufgebauten Suchspiels. Wenn man will, kann man vom Wachstum einer neuen Weltanschauung sprechen, die man als empirisches Verständnis von Politik bezeichnen könnte.

DRITTES KAPITEL

Die Wurzeln empirischer Politik

3. 1. Begriffsbestimmung

»Empirisch« bedeutet im Sinne des griechischen Wortstammes: auf Erfahrung, auf Beobachtung beruhend. Empirische Politik soll heißen: Politik, die zwar von Wenigen, das heißt von relativ kleinen spezialisierten Führungsschichten gemacht wird, die aber dabei an den vorfindlichen und geäußerten Interessen der breiten Bevölkerungsmehrheit sich zu orientieren hat: Politik, der weiters aufgrund einer Vielzahl von Tatsachen ein tastender, distanzierter und experimenteller Zug innewohnt. Empirische Politik ist also jene Politik, die sich aus den Selbsterhaltungsinteressen einsichtiger politischer Eliten am Machbaren und dem Volke Genehmen orientiert. Die Hauptaufgabe dieses Buches ist es, die Wurzeln, die Chancen dieser heute überaus aktuellen Zeitströmung und ihre Beziehung zur Vorstellung der geschichtlichen Selbstbestimmung des Menschen aufzuzeigen.

Zuvor aber noch einige kurze Erläuterungen zum Begriff empirischer Politik, der, wie ich seit seiner ersten Verwendung in einer früheren Arbeit weiß[1], manchem ungewohnt oder sogar irreführend erscheinen mag. Unter dem Gesichtspunkt einer Einteilung nach dem Schema Theorie und Praxis, in das sich etwa auch Wissenschaft und Technik einreihen lassen, wird Politik der Sphäre der Praxis zuzuordnen sein. Nun ist man zwar gewohnt, von empirischen Wissenschaften zu sprechen, aber nicht von empirischer Technik, dafür aber – etwa im Gegensatz zu traditionalen Kunstfertigkeiten – von wissenschaftlicher Technik, und das würde den Ausdruck »wissenschaftliche« Politik nahelegen, der etwa schon von Karl Mannheim verwendet wurde[2].

Warum ich hier die Prägung empirische Politik vorziehe, ist leicht einzusehen. Im Ausdruck wissenschaftliche Politik liegt neben dem von mir nicht gesuchten Anklang an die Arbeit Mannheims ein durch einschränkende Definition gar nicht abzubauender, übergroßer und damit irreführender Anspruch. Wissenschaft impliziert eine Sphäre der »Experten«, einen Reservatbereich für eine sorgfältig geschulte und intellektuell auserwählte Minderheit, der, wie zu zeigen ist, gerade bei der Politik, also der Gestaltung der Angelegenheiten des Gemeinwesens, nicht am Platze ist. Die technokratische Richtung politischen Denkens, in der oft recht vorschnell von Sachzwängen die Rede ist, und in der »social engineering« und die Herrschaft der Fachleute beschworen werden, könnte den Ausdruck wissenschaftliche Politik allzuleicht für sich reklamieren – aber genau das bombastische Versprechen und die übergroße Erwartung, die das Beiwort wissenschaftlich mit sich bringt, sind ja zu vermeiden.

Anderseits ließe sich argumentieren, daß die Themen, um die es diesem Buche geht, leicht unter die heute recht populären Ausdrücke »Demokratisicrung« und »Partizipation« einzureihen wären. Dem soll auch gar nicht widersprochen werden, wenigstens, was die allfällige Klassifikation nach den Schemata der Bibliotheken betrifft. Aber die Besonderheit meiner Bemühung soll ja nicht darin bestehen, in derlei populäre Forderungen einzustimmen: Vielmehr soll, ausgehend von einer eher »pessimistischen«, also durchaus elitär gefärbten Sicht der gesellschaftlichen Zusammenhänge gezeigt werden, daß auch bei Unersetzbarkeit und egoistischer Motivation der Führungsschichten in Politik und Wirtschaft diese durch die Entwicklung demokratischer Institutionen auf ein erhöhtes Maß an Rücksichtnahme gegenüber den Wünschen der Mehrheit programmiert werden können. »Demokratisierung« und »Partizipation« betonen die Rolle der sozialen Entscheidungsfindung von »unten« nach »oben«. Mit dem Ausdruck empirische Politik soll dagegen gerade der Befragungsaspekt, das Abtasten von »oben« nach »unten« hervorgehoben werden. Politik, die vom hohen Roß des obrigkeitlichen Eingriffes und der sturen Machtdurchsetzung herabsteigt, sich zivilisiert, rationalisiert und in einen bescheideneren Suchprozeß (mit Belohnungen für die tüchtigsten Finder) umgestaltet, verdient vielleicht nicht, im idealistisch-utopischen Sinn als wahrhaft demokratisch genannt zu werden. Aber angesichts der überwältigenden Gegentendenz zur verwalteten Welt ist eben dies, »empirische« Politik, der real aussichtsreichste Ausweg, der uns bleibt.

3. 2. Die Voraussetzungen empirischer Politik

Ein gesellschaftliches Phänomen realisiert sich über die Gedanken und Handlungen von Menschen, die dabei zugleich als Produkte bestimmter ökonomischer und sozialer Verhältnisse, als ihr Eigeninteresse verfolgende Individuen und als Träger einer Tradition kultureller Werte tätig sind. Alle diese Elemente miteinander zu verknüpfen, ist eine kaum lösbare Aufgabe. Die Verfasser geistesgeschichtlicher Abhandlungen gehen deshalb üblicherweise so vor, als wären die Bücherproduzenten jene Menschen, von denen die historische Entwicklung in erster Linie abhängt – indes sie doch in Wahrheit meist verschüchterte Opfer oder eilfertige Handlanger der Mächtigen sind, die sie gebrauchen, ignorieren oder quälen. Anderseits gerät die Bemühung um eine realistische Sicht oft genug zur Trivialität, vernachlässigt den individuellen Faktor, oder versucht etwa selbst abergläubisch geprägten Motiven eine interessenmäßige Rationalität beizulegen, die sie höchstens im eigenen kulturellen Kontext besitzen (wer die Eingeweideschau als verläßliche Prognosetechnik betrachtet, handelt innerhalb seines Horizonts subjektiv vernünftig auch im Sinne eines modernen Nutzenkalküls).

Dieser doppelten Gefahr zu entgehen, bedeutet im gegebenen Zusammenhang, zu versuchen, *beide* Wurzeln der Zeitströmung empirischer Politik aufzudecken und zueinander in Beziehung zu setzen: den Strom der Ideen *und* die realen sozialen Bedingungen, welche die Menschen veranlaßten, diese Ideen auszusprechen und ihnen zum Durchbruch zu verhelfen.

Ohne eine Gewichtung vornehmen zu wollen, läßt sich sagen, daß die Zeitströmung empirischer Politik dabei auf folgenden materiellen und ideellen Voraussetzungen beruht:

1. historisch gesehen auf der pluralistischen, bürgerlichen Konkurrenzgesellschaft, die vornehmlich in der amerikanischen und Französischen Revolution das repräsentativdemokratische Modell entwickelte,

2. aktuell gesprochen auf der heute oligopolistisch bestimmten Ausformung dieses Wirtschafts- und politischen Systems, in der die großen Warenproduzenten und organisierten Wählerblöcke sich wissenschaftlicher Methoden der Marktforschung bedienen,

3. auf der Eigendynamik, welche diese demoskopischen Techniken als Popularitätsindikator der Aktionen rivalisierender politischer Interessengruppen und Medien gewinnen,

4. geistesgeschichtlich gesehen auf dem säkularen Vordringen des Gedankenguts der Aufklärung, des pluralistischen Demokratieideals, der Versuche »wissenschaftlicher Weltanschauung«; auf den beschriebenen Wellen der Enttäuschung sowie auf dem kulturellen Einfluß der industriellen Vormacht USA. Im Zusammentreffen von industriell machtpolitischer Dominanz und Ideologieexport verknüpfen sich dabei gerade in diesem letzteren Punkt geistige und materielle Einflüsse.

3. 3. Das Vordringen des naturwissenschaftlichen Weltbildes

Es ist ein seltsames Phänomen, daß gerade überaus kritische Köpfe wie Aristoteles oder Marx zum Haupt doktrinärer Denkerschulen wurden, in denen die Pflicht zur rituellen Zitierung des Meisters die fruchtbare Weiterbildung des Gedachten mehr erschwert als begünstigt. Die lähmende Wirkung solcher großer Persönlichkeiten auf ihre Adepten ist sicher eines der faszinierendsten Kapitel der Geistesgeschichte, darf aber nicht davon ablenken, daß sie nur Rückschlag eines großen Fortschritts ist. Die rationalistische, enzyklopädische und dabei bis in ihre Trockenheit modern anmutende Gelehrsamkeit des Aristoteles hat etwa zunächst, am Beginn ihrer Rezeption, sicherlich die Wirkung einer Art mittelalterlichen Frühaufklärung gehabt. Immerhin beeinflußte sie etwa Roger Bacon, der lange vor seinem Namensvetter der Renaissance den aristotelischen Empirismus in eine allgemeine Priorität der Erfahrungswissenschaft umzumünzen gedachte. Allerdings blieb Bacon mit seinen verblüffenden naturwissenschaftlichen Phantasien zunächst ein Sonderfall[3].

Die allgemeine Entwicklung der neuzeitlichen Wissenschaftsgeschichte auch nur in kurzen Zügen nachzuvollziehen, würde die Grenzen dieser Darstellung sprengen. Schon dem Hochmittelalter gelang es ja, die technologischen Grenzen, welche die Antike behindert hatten, zu sprengen: seine Windmühlen, mechanischen Uhren, seine vorindustrielle Nutzung der Wasserkräfte in Pochwerken bei der Metallbearbeitung, seine erhöhte agrarische Produktivität zeigen bereits beachtliche praktische Fortschritte der Naturerkenntnis und Naturbeherrschung[4]. Auf dieser Basis entwickelte sich auch die eigentliche Wissenschaft, deren Ergebnisse allerdings bis in die Zeit der industriellen Revolution die Lebensformen der Mehrheit der Bevölkerung nicht veränderten. Gewiß wäre die kopernikanische Revolution zu nennen, die Versetzung der Erde aus dem Zentrum des Weltalls in den Peripherbereich einer Planetenposition und die Erschütterung, welche die Glaubensautoritäten in dieser Lehre mit Recht sahen. Aber die traditionelle christliche Weltsicht wurde doch nur am Rande davon berührt. Die Religionskriege des 16. und 17. Jahrhunderts brachen zwar die katholische Universalität und verstärkten die Rolle des Individuums, das gegenüber dem früheren Interpretationsmonopol der Kirche sich auch selbst mit der Bibel auseinanderzusetzen begann – aber gerade der zutagetretende Fanatismus hatte noch eher »mittelalterliche« Grundzüge. Erst das 18. Jahrhundert realisierte die »doppelte Revolution, die Anwendung der Maschinentechnik und der industriellen Forschung auf die Produktion und die Säkularisierung des herrschenden Weltbildes, die Zurückdrängung der theologisch geprägten Geschichts- und Sozialauffassungen«[5]. Das erste, eigentlich wissenschaftliche Jahrhundert war dann sogar erst das neunzehnte. In ihm verbreitete sich die industrielle Produktionsweise über die Textilindustrie hinaus, verdrängte die Eisenbahn die Postkutsche, in ihm wurde die – immer schon offenkundige, aber tabuisierte – Verwandtschaft des Menschen mit den anderen Primaten durch Darwins Evolutionslehre bestätigt. So wie die Erde ihren zentralen Platz unter den Himmelskörpern verloren hatte, büßte nun der Mensch seinen Ausnahmeplatz in der Hierarchie des Lebendigen ein. Und auch das Gewebe der sozialen Institutionen schien seit dem großen Durchbruch der Französischen Revolution dem unverbrauchten Zugriff der Vernunft offen. Statt einzelner wissenschaftlicher Entdeckungen, die durchaus auch von Anhängern orthodoxer Glaubens- und Soziallehren gemacht werden konnten, verbreitete sich ein grundsätzlich anderes, ein wissenschaftliches Weltbild: Kant rang mit der Einsicht der Unterworfenheit des Menschen als bloßes Stäubchen im Naturganzen und wußte ihr als Quelle seines Gottesbegriffes nichts entgegenzusetzen als das eherne Sittengesetz, das nach einer obersten Legitimierung verlangt. Auguste Comte versuchte in seinem berühmten Dreistadiengesetz den Ausgang des Menschen aus selbstverschuldeter Unmündigkeit zu präzisieren: aus dem theologischen soll der Weg über das philosophische zum positiven Stadium fortschreiten, in dem die Wissenschaft herrscht. Sein Lehrer Saint-Simon forderte, die wissenschaftlich industrielle Lebensauffassung müsse sogar durch eine neue Religion überhöht werden[6], und Marx meinte, dem Sozialismus wissenschaftliche Grundlagen gegeben zu haben.

Gewiß läßt sich diese geistige Strömung von der wirtschaftlichen und politischen Entwicklung nicht völlig isolieren. Gewiß gab es immer wieder auch Gegenkräfte, die eine Rückbesinnung auf die Werte der Tradition forderten (etwa während der Romantik) und aggressiven oder hinhaltenden Widerstand seitens kirchlicher oder staatlicher Autoritäten. Aber selbst wenn noch heute einzelne führende Vertreter der Wissenschaft außerhalb ihres Faches so manchen Kinderglauben bewahrt haben mögen – die kritische, erklärende Rationalität ist auch in den Bereich des sozialen und politischen Denkens vorgedrungen. Sie hat auf diesen Gebieten das Konzept der alten, gottgegebenen Ordnungen zerstört und eigentlich ein Vakuum offengelassen: denn die überlieferte Hierarchie der Besitzverhältnisse und Vorrechte hat zwar ihre Legitimität eingebüßt, aber das demokratisch egalitäre Pathos ist längst auch schon dem Angriff der Vernunft ausgesetzt: Wenn es heute Vertreter einer Sozialwissenschaft gibt, die das Verhalten von gewählten Regierungen durch ökonomische Gleichungssysteme zu erklären versuchen, so zielen etwa solche, bislang nicht sehr erfolgreiche Versuche eines Einbaus der Regierungsfunktion in die gesamtgesellschaftliche Dynamik eigentlich auf eine weitere Reduzierung der Rolle des Menschen: Nicht nur bewohnt er statt dem Zentrum der Welt einen obskuren Punkt eines mittleren Milchstraßensystems, nicht nur ist er zwar entwickeltstes, aber keineswegs einzigartiges Glied einer Hierarchie von Lebewesen – auch die Institutionen, die seine Gemeinschaft lenken, sind keineswegs Organe eines souveränen Willens, sondern endogene Teile eines hochkomplexen, sozialen Prozesses.

Eine solche Einsicht hat freilich ihren Doppelsinn, wie ihn schon der frühe Ideologe des wissenschaftlichen Zeitalters Francis Bacon formulierte:[7] »Natura parendo vincitur«, »Die Natur wird durch Gehorchen besiegt«. Je mehr der durch normatives Denken und gleichsam unbefragbare, vorrationale Überzeugungen abgeschirmte Glaubensbereich rationaler Kritik anheimfällt, um so enger scheint zwar der Spielraum individueller und kollektiver Entscheidungen zu werden: Eine Regierung, deren Verhalten als endogener Faktor eines Systems begriffen werden kann, erscheint zwar nicht mehr »souverän« (eine Vorstellung, der allerdings schon die weise Definition von Politik als der Kunst des Möglichen widerspricht), aber es handelt sich hier eben um einen Verlust von Illusionen, dem ein Zuwachs realer Handlungsalternativen offensteht: Die Einsicht in die tatsächlich gegebenen Beschränkungen eröffnet erst die Möglichkeit fundierterer politischer Praxis. Wissenschaftliche Weltanschauung dringt langsam auf seiten der Akteure wie der Beobachter in das politische Denken ein. Damit ist ein gewisser Zynismus untrennbar verbunden. Außerdem ergeben sich zuweilen überaus gefährliche Kombinationen von Teilrationalität und fundamentalem Irrationalismus, wie etwa bei der sehr rationalen, machiavellistisch mit Massenemotionen spielenden Propagandamaschinerie des Dritten Reiches, die im Dienste paranoisch gefärbter Aggressionspolitik stand.

Ein eigentlicher objektiverer Anreiz zur Verwissenschaftlichung von Politik besteht dagegen vor allem in der Konkurrenzdemokratie. Der »irrationale Spielraum«, den der elitäre Faschismus einseitig hervorhob und der im »realen Sozialismus« unter der Maske rationaler Institutionen unkontrolliert weiterwuchert, wird dort am ehesten kanalisiert, organisiert, in die Bahnen einigermaßen transparenter, ritualisierter Auseinandersetzungen gedrängt.

3. 4. Die Amerikanisierung Westeuropas

Daß sich die wissenschaftliche Weltanschauung, deren geistesgeschichtliches Vordringen eben kurz skizziert wurde, auch in der gesellschaftlichen Praxis durchzusetzen verstand, beruht, wie erwähnt, nicht auf dem Gewicht der Gedanken allein, sondern auf der Ausstrahlungskraft realer Machteinflüsse.

Zwar wäre es sicher eine unzulässige Vereinfachung, kulturelle Dominanz einfach als Folgeerscheinung materieller Macht anzusehen. Selbst eine Großmacht wie das antike Rom, die ihre kulturellen Modelle offen anderwärts, nämlich im wesentlichen aus dem Hellenismus bezog, erwies allerdings über die Tradierung des Lateinischen und nicht des Griechischen als Sprache der Kirche und der Gebildeten (mit der Folge der Überschätzung lateinischer Autoren wie Ciceros bis weit über das Mittelalter hinaus) das kulturelle Gewicht der realen Macht. Und in diesem Sinne ist es ein wesentlicher Aspekt des Diffusionsprozesses des modernen Rationalismus, daß Staaten wie zunächst England, dann die USA ihn verbreiteten, die mit ihren expansiven Machtmitteln die Gegner unterwarfen oder sie dem Zwang aussetzten, durch wenigstens teilweise Angleichung ihrer kulturellen Strukturen an das »moderne« rationalistische Modell die eigene Widerstandskraft zu erhöhen[8]. Auf diesen Prozeß soll in dem späteren Abschnitt über die experimentelle Gesellschaft noch näher Bezug genommen werden. Hier soll aber vor allem der aktuelle, kulturpolitische Einfluß hervorgehoben werden, den der spezifisch angelsächsische Rationalismus, vornehmlich über die ökonomische Vormacht der USA besonders in den Jahren nach dem Zweiten Weltkrieg, auszuüben imstande war. Er ist nämlich gerade für das Phänomen empirischer Politik von größter Bedeutung.

Schon nach dem Ersten Weltkrieg erwiesen sich die USA, ökonomisch gesehen, als einzige wahre Siegermacht. Aber ihr isolationistischer Rückzug aus der europäischen Politik und die internen politischen Turbulenzen Nachkriegseuropas ließen ihren politischen und kulturellen Einfluß noch begrenzt erscheinen. Wesentlich anders war es ab dem Zweiten Weltkrieg. Der Aufstieg der Faschismen in Mitteleuropa, der blutige Stalinismus der Sowjetunion in den dreißiger Jahren, der zutage tretende Abbau der weltpolitischen Großmachtrolle Großbritanniens ließen die USA als einzige intakte Vormacht der Demokratie erscheinen.

Eine Vielzahl aus den faschistischen Ländern vertriebener Intellektueller fand damals in England oder den USA eine zeitweilige oder dauernde Heimstätte. Und während etwa die heimkehrenden Rußlandemigranten froh sein mußten, überlebt zu haben, kehrten selbst die kritischen Vertreter der angelsächsischen Emigration in der Regel mit einem gewissen Maß an Anglo- oder Americanophilie zurück. Gerade die USA bildeten dabei ein Gastland, das nicht nur die Bewährungsprobe der Weltwirtschaftskrise im Rooseveltschen Sinn opferreich, aber ohne Abgleiten in die Diktatur bewältigt hatte, sondern das auch im Weltkrieg eine entscheidende wirtschaftliche und militärische Rolle zur Niederwerfung der Diktaturen leistete. Diese Erfahrung der Kombination eines machtvollen und dabei für die Mehrzahl seiner Bürger menschenwürdigen Gesellschaftssystems prägte viele selbst seiner schärfsten Kritiker: So schrieb Theodor Adorno noch Ende der sechziger Jahre über Amerika: »Die politische Form der Demokratie ist den Menschen unendlich viel näher[9]« und meinte über die »Erfahrungen des Substantiellen demokratischer Formen«: »daß sie in Amerika ins Leben eingesickert sind, während sie zumindest in Deutschland nie mehr als formale Spielregeln waren und, wie ich fürchte, immer noch nicht mehr sind«[10]. Trotz aller gerechtfertigter Kritik an der Unterdrückung der schwarzen Minderheit, am aggressiven Imperialismus der transnationalen Konzerne und an der offiziellen amerikanischen Unterstützung feudaler und faschistischer Cliquen in wirtschaftlich abhängigen Ländern blieb diese Erfahrung wohl allen gegenwärtig, die eine Zeit in den USA verbrachten. Und eben diese Erfahrung wurde nach dem Zweiten Weltkrieg auch bewußt seitens der USA gefördert, indem man über ein extensives Stipendienwesen eine »geistige Elite« ausländischer Intellektueller mit dem »American Way of Life« vertraut machte.

Dieser grundsätzliche Optimismus in der Propagierung der eigenen Gesellschaftsordnung, der anders als im weltpolitischen Konkurrenten Sowjetunion auf die Überhöhung des Ideologischen durch einen ökonomischen Massenwohlstand bauen könnte, hat in sehr weitreichender Weise Kultureinflüsse auf Nachkriegseuropa ausgeübt.

»Ein Stück Amerika« brachten auf sozialwissenschaftlichem beziehungsweise ideologischem Gebiet nicht nur Männer wie Marcuse, Adorno und Horkheimer mit, sondern auch Angehörige der Nachkriegsgeneration wie etwa sehr ausdrücklich Dahrendorf[11]. Die Englanderfahrung von Männern wie Gerhard Leibholz[12], dem frühen Verfechter einer Parteiendemokratisierung, zielt in die gleiche Richtung. Selbst die europäische Studentenrevolte zu Ende der sechziger Jahre bezog ihre Vorbilder nicht zuletzt aus dem Widerstand der amerikanischen Collegejugend gegen den Einsatz in Vietnam, und während das Bild der USA als Vorbild einer materialistischen Wohlstandsgesellschaft für die kritische Generation der sechziger Jahre ins Wanken geriet, war es doch gerade die Durchsetzungskraft interner Kritik, die in der Beendigung des Vietnamkrieges und in der Liquidierung der Watergateaffäre einen Kulturvorsprung der USA an lebendiger Demokratie dokumentierte. Der Effekt einer »Amerikanisierung« Europas, von konservativen Kulturkritikern meist mit einem gewissen Nasenrümpfen bedacht, beruht also nicht bloß auf der überlegenen Organisation und den Machtmitteln der amerikanischen Konzerne, sondern eben auch in einer Durchdringung der Kultur und insbesondere auch der Sozialwissenschaft und Politik mit Amerikanismen, teils ärgerlicher, teils aber auch positiver Art, und hierzu gehört auch in gewissem Sinn das Phänomen empirischer Politik.

Die USA sind jenes Land, in dem das Credo der bürgerlichen Konkurrenzgesellschaft am deutlichsten und ungemischtesten herrschend wurde. Die Auseinandersetzung mit den Lebensformen und dem Ranganspruch aristokratischer Oberschichten wurde seit dem frühen 19. Jahrhundert (politisches Fanal war die Wahl Andrew Jacksons und die Machtübernahme des »Pöbels«) von einer zwar nicht mit Chancengleichheit, aber doch gegenüber Europa wesentlich egalitärer funktionierenden Wirtschaft und Gesellschaft abgelöst. Die offene »Frontier« wirkte – außer für die rassisch diskriminierten Minderheiten – als generelle Garantie minimaler wirtschaftlicher und politischer Rechte. Und so entstand in dem an Naturschätzen reichen, dünn besiedelten Land jenes Modell einer industriell fortschrittlichen, bürgerlich leistungsorientierten »Parvenü«-Gesellschaft, das auf die verarmten Massen Europas eine so enorme Anziehungskraft entwickelte und das den europäischen Intellektuellen des 19. Jahrhunderts mit einer Mischung von Faszination, Bewunderung und Spottlust erfüllte.

Dem kulturellen Basiskonsens dieses Landes entsprachen und entsprechen noch immer ein egalitäres Pathos, die optimistische Vorstellung pragmatischer Verbesserungsmöglichkeiten (bis hin zur Selbstreform anhand von Lehrbüchern des Lebenserfolges) und das bürgerliche Interessenprinzip – vor allem in seiner moralisch harmonisierenden Fassung, die das wohlverstandene langfristige Eigeninteresse mit Menschenfreundlichkeit gleichsetzt[13]. Und das Eindringen dieser Kulturwerte in das immer noch viel hierarchischere Europa hat seine Auswirkungen eben auch im politischen System.

»Überall, wo man an der Spitze eines neuen Vorhabens in Frankreich den Staat und in England einen hohen Adeligen finden würde, kann man in den Vereinigten Staaten eine Vereinigung von Bürgern (association) finden«, schrieb im Jahre 1831 Tocqueville[14]. Diese Aussage, so treffend man sie bis in die jüngere Zeit finden könnte, hat gerade in letzten Jahren etwas von ihrer Brillanz verloren. Denn gerade in Europa ist es im Phänomen der Bürgerinitiativen der letzten Jahre deutlich geworden, daß das demokratische Pathos und der Wille zur Selbstorganisation mündiger Staatsbürger auch hier sich oft gegen widerstrebende Organe der öffentlichen Verwaltung entfalten. Dies hat aber eben auch mit einer Amerikanisierung Europas im Sinne Tocquevilles zu tun.

Die politischen Bewegungen Europas, die zum Unterschied vom illusions- oder auch nach anderer Lesart perspektivelosen Pragmatismus amerikanischer Provenienz immer grundsätzlichere, »ideologischere« Positionen verfochten haben, sind durch die Wellen der Enttäuschung, aber nicht zuletzt auch durch den Einfluß der amerikanischen Werbe- und Meinungsforschungsmethoden »entideologisiert«[15].

Der bürokratische Staat, der selbst vielen europäischen Revolutionären als primäres Mittel der Durchsetzung ihrer Ziele erschienen war, ist heute starker Kritik ausgesetzt. Und in der Wohlstandsperiode der späten Nachkriegszeit des Zweiten Weltkrieges ist auch die wiedergefundene Repräsentativdemokratie so weit gereift, daß der Bürger nicht nur seine Freiheiten passiv genießt, sondern sie auch aktiv wahrzunehmen und neue Rechte zu fordern beginnt. Ein Volk von tatsächlichen oder potentiellen Eigentümern (so wie in der amerikanischen Frontierperiode fast jeder wenigstens potentieller Eigentümer eines Stückes Land war) »amerikanisiert« sich nicht nur in seiner etwas selbstzufriedenen Mittelstandsphilosophie, sondern importiert neben anderen Amerikanismen auch jenes gewisse demokratische Selbstbewußtsein, das die Vorbedingung entschiedenen Auftretens gegenüber den »Obrigkeiten« ist. Die Repräsentanten dieser Obrigkeiten aber, soweit sie politisch gewählt sind, amerikanisieren sich nicht zuletzt darin, daß sie statt erhaben: volksverbunden, statt reserviert: auf gleich und gleich mit den Bürgern zu agieren versuchen (oder dies wenigstens öffentlichkeitswirksam zur Schau zu stellen trachten). Die »empirische Politik«, die sie in zunehmendem Maße gezwungen sind, zu betreiben, ist somit aus einer Vielzahl von Gründen dem Geist der amerikanischen politischen Kultur verwandt und wird von Menschen, die direkt oder indirekt von diesem Geist beeinflußt sind, gefordert. Zusammen mit den »enttäuschten Ideologen« stellen diese Menschen ein positives, kritisches Ferment unserer Gesellschaft dar.

3. 5. Von der Sachdiskussion zum Kampf um Entscheidungsmethoden

»Die Wellen der Enttäuschung« haben vor allem in einer sehr spezifischen Weise zum Wachstum des Phänomens empirischer Politik beigetragen: Sie haben Scheingewißheiten angegriffen, weltanschauliche Grundaussagen unterwaschen, die Jahrzehnte hindurch die Sachdiskussion der europäischen Parlamente oder aber auch das politische Gespräch im Parteilokal oder am berühmten Biertisch bestimmten[16].

Vom Ende des vorigen Jahrhunderts an – besonders aber in der Zwischenkriegszeit – war man sich wenigstens in groben Umrissen klar, wofür oder wogegen man eintrat (und das war vielleicht mit ein Grund des Unglücks). Man trat ein für den Sozialismus, für die Beseitigung des »Chaos« und der Ausbeutung im Kapitalismus, oder man verteidigte die geheiligte christlich liberale Gesellschaftsordnung und die Familie. Man verfocht eine Politik der nationalen Stärke oder war entschiedener Internationalist. Man sah in den Gewerkschaften die Vorhut der Arbeiterklasse oder eine unzulässige Einschränkung des freien Angebotes an Arbeitsplätzen. Die traditionellen Weltanschauungen schematisierten die Welt, die Welt schien auch einigermaßen in das jeweilige Schema zu passen (nur die »Mächte des Bösen« waren vertauscht), und man konnte sich – scheinbar – zwischen grundsätzlichen Sachalternativen entscheiden. Auch wenn es vermittelnde Strömungen wie den Bernsteinschen Revisionismus gab, blieben sie doch gegenüber zumindest verbal radikalen Bestrebungen unterlegen.

Unterdessen allerdings hat ein Differenzierungsprozeß eingesetzt, der alle scheinbaren Klarheiten über den Haufen geworfen und selbst die pragmatischen Handlungsalternativen, die früher eindeutig bestimmten politischen Richtungen zuzuordnen waren, verschwommen gemacht hat. Man nehme das Beispiel der Verstaatlichungen. Früher war es üblich, unter dem Banner der Gemeinwirtschaft gegen jenes der Privatwirtschaft anzutreten und vice versa.

Es schien klare Verhältnisse zu geben. Heute aber agieren verstaatlichte Konzerne ähnlich privatwirtschaftlichen; konservative und faschistische ebenso wie sozialistische Regierungen haben sich der Verstaatlichung bedient, die Erfolge sind unterschiedlich, und den alten Formeln vom Vorrang des Gemeininteresses oder der Unersetzlichkeit des unternehmerischen Gewinnmotives haftet etwas hoffnungslos Überholtes an. Immer noch zwar sind linke Reformparteien in der Regel diesem Instrument des staatlichen Eingriffes in die Wirtschaft aufgeschlossener als konservative Gruppierungen. Aber das betrifft vornehmlich die Rhetorik der inneren, gläubigen Parteikreise. In der Praxis herrscht zunehmend ein nüchterner Pragmatismus auf beiden Seiten. Zeugnis eines solchen Desillusionierungseffektes sind etwa die Äußerungen des Labour-Ökonomen und Ministers Crosland, daß in Großbritannien der verstaatlichte Großbetrieb ». . . de facto dem Parlament nicht verantwortlich sei«, dessen Funktion sich bloß auf eine »nörglerische, sehr fragmentarische und größtenteils wirkungslose, nachträgliche Kritik beschränke«, und ähnlich besorgte Bemerkungen des österreichischen Bundeskanzlers Kreisky[17].

Auch die Kontroverse zwischen Wirtschaftsliberalismus und Sozialismus insgesamt ist trotz aller Reideologisierungsbemühungen vornehmlich konservativer Politiker diffuser geworden. Die Schrecken der Weltwirtschaftskrise bläuten selbst vielen der verbohrtesten Verfechter des Nachtwächterstaates ein, daß ein gewisses Maß an staatlicher Intervention zur Linderung der Konjunkturschwankungen notwendig ist. Und die realitätskräftigsten der Sozialisten erkannten, daß sie nicht auf das unvermeidbare Kommen des gelobten Reiches der Gleichheit warten sollten, sondern sich eben dieses Mittels pragmatischer Krisenbekämpfung bedienen sollten, um die Not zu lindern.

Auch die Fronten gegenüber Religion und Familie sind aufgeweicht: Keine große christliche Partei (selbst wenn sie das Wort noch in ihrem Namen führt) kann es sich leisten, ernsthafte klerikale Positionen von der Art der katholischen betreffend die Unauflöslichkeit der Ehe vor ihrer zunehmend religiös indifferenten Wählerschaft zu vertreten. Andererseits hat sich die Kirche aus ihrer offenen Allianz mit den konservativen Kräften in den meisten Staaten zurückgezogen, und es gibt nennenswerte Minderheiten im Klerus, die einer »Theologie der Befreiung« huldigen.

Im Nationalismus stehen der Katastrophe der faschistischen nationalkonservativen Unterwerfungspolitik heute neue Nationalismen im Ostblock gegenüber, die in der Betonung der nationalen Differenzen zum »großen Bruder« Sowjetunion gewisse Befreiungstendenzen zur Geltung bringen. Proletarischer Internationalismus ist dafür zur Chiffre für eine interventionistische großrussische Interessenpolitik geworden.

Sehr viele von den Gebieten, in denen es früher scheinbar klare sachliche Alternativen gab, sind im Gefolge der Wellen der Enttäuschung heute offener und unüberschaubarer geworden. Es gibt keine »unschuldigen« Ideologien mehr, keine Sachprogramme, die nicht schon versucht worden wären und teilweise unbefriedigende Ergebnisse gebracht hätten. Und aus dieser Situation heraus zeigt sich eine gewisse Akzentverschiebung in der politischen Diskussion: Es tritt eine Gewichtsverlagerung von der Sachdiskussion auf die Diskussion der Methoden ein, mit denen die Sachentscheidungen erzielt werden.

Im Grunde ist damit allerdings kein gar so neuer Weg beschritten. Die Mehrzahl der Menschen hat sich in ihren politischen und wirtschaftlichen Wünschen stets an überaus konkreten Vorstellungen orientiert, die Forderungen wirklicher Massenbewegungen waren immer pragmatisch. Die *Zwölf Artikel* der Bauern von 1525 gingen etwa auf die Abwendung drückender Fron- und Steuerlasten, um Holzsammel-, Jagd- und Fischereirechte, um die Reform der herrenfreundlichen Justiz und die Wahl des eigenen Pfarrers[18]. Die wirksamste Agitation der entstehenden Arbeiterbewegung ging auf das allgemeine Wahlrecht und den verkürzten Arbeitstag, und die stärkste moralische Erschütterung, die bis weit in die Mittelschichten reichte, erzielte sie aus der Verurteilung der furchtbaren industriellen Arbeitsbedingungen und der Kinderarbeit. Der gewerkschaftliche Organisationsimpuls ist sogar ein noch viel unmittelbarerer: die konkrete Verfügung über ein Mehr an Lohn, erzielt durch das Mittel gemeinschaftlichen Arbeitskampfes.

Lenin hat in seinen Überlegungen zur Rolle der Intelligenz in der Arbeiterbewegung das rein »gewerkschaftliche Klassenbewußtsein« hervorgehoben, das die Arbeiter entwickeln, wenn sie auf sich gestellt sind, während das sozialistische Bewußtsein von außen an sie herangetragen wird. Man kann ihm dabei insoweit recht geben, daß es den meisten Menschen immer um die Beseitigung sehr konkreter Übelstände geht: Die großen Gesamtalternativen sind in der Tat meist das Denkprodukt intellektueller Systematiker. Diese großen Sachalternativen, die für ein Jahrhundert die politische Auseinandersetzung beherrschten, haben sich aber nun in den Wellen der Enttäuschung verbraucht; geblieben sind die konkreten Maßstäbe des besseren, freieren, menschenwürdigeren Lebens. Die systematischen, vom Grundsätzlichen an die Dinge herangehenden Denker werden zwar immer irritiert, wenn ihnen mit konkreten Gegenpositionen begegnet wird: wenn etwa Gesellschaftssysteme danach verglichen werden, wo mehr Konsumgüter zur Verfügung stehen oder wo mehr persönliche Freizügigkeit existiert. Es sind dies auf einer ganz anderen Ebene befindliche Argumente als jene, die sich mit dem »tendenziellen Fall der Profitrate« oder der »Ausbeutung« befassen. Aber der Rekrut fragt nicht, von wem er geschunden wird und für welches Ideal. Und dem Arbeiter, der eine Samstagschicht einlegen muß, ist es im allgemeinen gleichgültig, ob er es zum Wohle des Vaterlandes oder eines Kapitalisten tun muß[19]. Die konkrete Befriedigung, der konkrete Zwang sind überaus subjektive Maßstäbe für die Güte eines Gesellschaftssystems. Aber indem jeder einzelne in seiner unmittelbaren Lebenssphäre sie anwendet, sind diese, wenn man so will, »kurzsichtigen« Reaktionen auf die konkreten Oberflächenphänomene einer gesellschaftlichen Situation ein überaus sinnvolles Korrektiv für die verschleiernde Wirkung systematischer Ideologien.

Die »Wellen der Enttäuschung« haben somit eine machtvolle, antidoktrinäre Strömung stärker ans Tageslicht gebracht, die in der sozialen Entwicklung der Industriegesellschaft immer schon untergründig vorlag: Sie haben die ideologische Überschichtung abgebaut, unter der die konkreten Wünsche nach größerem Wohlergehen und größerer Freiheit stets vorhanden waren. Viele der sozialen Verbesserungen der letzten hundert Jahre sind von politisch Agierenden erkämpft worden, die an ihnen wegen ihrer Publikumswirksamkeit, wegen ihrer Mobilisierungskraft nicht vorbeigehen konnten, die dabei aber den Blick auf ferne Gesamtänderungen des sozialen Systems gerichtet hatten. Heute kann man sagen, daß die undoktrinär denkende Bevölkerungsmehrheit in dem Sinne recht behalten hat, daß die konkreten Verbesserungen in Wahrheit jene sind, die zählen.

Der Maßstab des konkreten Interesses der Massen ist somit der beste Indikator dafür, wo gesellschaftliche Verbesserungen erwünscht und chancenreich sind (weil sie ein politisches Kräftepotential aktivieren).

Der Ausbau des demokratischen Systems, also die Verbreiterung der sozialen Entscheidungsverhältnisse, stellt heute die einzige generelle politische Doktrin dar, die den Anforderungen der Massenwirksamkeit entspricht und sich in den »Wellen der Enttäuschung« nicht verbraucht hat. Allerdings ist hier einzuschränken. Demokratisierung kann wiederum nur in einem sehr konkreten und ernsthaften Sinn erfolgreich sein, sie darf nicht ideologisch überspannt oder für andere Zwecke vorgeschoben sein. Und vor allem darf die sehr wesentliche, quasi technische Regulierung veränderter Entscheidungsabläufe nicht vernachlässigt werden.

Die Agitation für das allgemeine Wahlrecht war konkret, und sie erweckte in den Massen die berechtigte Vorstellung, ihrer Stimme im politischen Kräftefeld Gehör zu verschaffen. Die »Wahl« obskurer Verwaltungsgremien, zu denen die Menschen keine konkrete Beziehung haben, kann dagegen nur zum Deckmantel einer Funktionärs- und Apparateherrschaft werden. Die Erprobung demokratischer Entscheidungsmechanismen in durchschaubaren, für die Einzelperson unmittelbar relevanten Bereichen wird breitem Interesse begegnen und kann auch, wie später darzustellen ist, im Ganzen als erfolgsversprechend angesehen werden. Erforderlich ist aber die Konzentration jener geistigen Bemühungen, die zum Teil immer noch auf jene Gesamtalternativen ausgerichtet sind, auf die pragmatische Durchsetzung funktionsfähiger Entscheidungsmodelle. Das aus den »Wellen der Enttäuschung« entstandene Vakuum kann produktiv genutzt werden, oder aber der entstandene »Kampf um neue Entscheidungsmethoden« kann sich an unrealistischen und unvorteilhaften Experimenten diskreditieren.

Man muß sich, um nur ein Beispiel zu nennen, leider darüber klar sein, daß in bestimmten Detailfragen, etwa bei den immer aufwendigeren Wahlkämpfen, zwar ein konkretes Unbehagen der Bevölkerung da ist, aber sich keine gesellschaftliche Gruppe findet, die sich als Interessenten und Speerspitze einer Verbesserung versteht. Ähnlich steht es um die Modelle der Erweiterung direktdemokratischer Mitbestimmung, die in der Folge in diesem Buch erörtert werden. Die Parteien drücken sich um den »heißen Brei« – aufgrund der in ihnen herrschenden Interessenstrukturen ist dies keineswegs verwunderlich. Die in der Bevölkerung ansprechbare

Resonanz wird angesichts einer doch nur recht kleinen aktiven Minderheit »ideologischer«, aber pragmatisch denkender Radikaldemokraten (einer bewußtseinsgebenden Minderheit im Sinne Lenins) bisher nur wenig aktiviert. Es ist durchaus möglich, daß auch der nach den »Wellen der Enttäuschung« feststellbare Demokratisierungsimpuls nach halben Erfolgen in Resignation versackt. Daß es nicht so sein muß, begründet sich vor allem in einer – wenn der bildhafte Ausdruck erlaubt ist – »Änderung der Produktionsverhältnisse« im politischen System der Repräsentativdemokratien – nämlich in dem autonomen Anpassungsdruck, den die Erfindung der Repräsentativbefragung in auf freien Wahlen beruhenden Regierungssystemen auf die Konkurrenzparteien ausübt.

3. 6. Die befragbare Gesellschaft und ihr »common sense«

3. 6. 1. *Demoskopie als Machtfaktor*

Rudolf Augstein meinte in einem Spiegelgespräch im Jahre 1965, die Politik der SPD seit 1960 sei mit dem Stichwort »Demoskopie und Public Relations zu umschreiben«[20]. Eine grundsätzliche Feststellung, die trotz Überspitztheit auch durch die ideologischen Erschütterungen zu Ende der sechziger Jahre nicht falsifiziert worden ist. In der Tat bahnt sich mit der zunehmenden Verwendung der Demoskopie eine entscheidende Veränderung des politischen Lebens in den pluralistischen Demokratien an. Diese Veränderung erfolgt trotz gelegentlicher Hinweise in der Presse relativ unbemerkt. Sie betrifft nämlich am unmittelbarsten den Persönlichkeitsbereich der politischen Elite. Ohne daß die formellen Entscheidungsstrukturen anders geworden wären, ist es doch heute so, daß eine kleine Gruppe von Menschen, die Spitzenpolitiker in ihrer Person und ihren Aktionen der permanenten Kontrolle durch Popularitätsindikatoren ausgesetzt sind. Und das hat tiefgreifende Wirkungen in die Richtung einer halb versteckten plebiszitären Ausrichtung der Repräsentativdemokratie.

Auch früher gab es zwar beliebte und unbeliebte politische Führungspersönlichkeiten, und entschieden unpopuläre Entscheidungen wirkten sich bei einigermaßen korrekter Einhaltung der formalen Demokratie auf die Wahlergebnisse und politische Machtverteilung aus. Aber die Unsicherheitsmarge, der Leerraum, war entschieden größer. Die Demoskopie hat hier mit ihrer erhöhten Transparenz der Wählermeinung einen entscheidenden neuen Faktor in die parteiinternen Machtkämpfe und übrigens auch in die oligopolistischen Strukturen der Medienwelt, die die politische Öffentlichkeit konstituiert, hineingetragen[21]. Sie leistet damit einen im wesentlichen, wenn auch nicht uneingeschränkt positiven Beitrag zur sozialen Entwicklung, und zwar vor allem dadurch, daß sie der systematisch verzerrten Meinungsbildung der Parteien von ihrer jeweiligen »Basis« ein objektiveres Wahrnehmungsbild der Stimmungsentwicklung in der Gesamtbevölkerung entgegenstellt.

Zur Erläuterung sei es gestattet, hier einen kleinen Exkurs in die Parteiensoziologie zu machen. Das heutige Parteienwesen der meisten repräsentativdemokratischen Systeme ist durch eine gewisse Spannung, durch eine systematische Divergenz zwischen den aktiven Parteiarbeitern und der Masse der Wähler der jeweiligen Partei gekennzeichnet. Die typische Mitgliederbasis und die unteren bis mittleren Funktionärsränge einer Partei sehen ihre Gesinnungsgemeinschaft relativ scharf abgegrenzt gegenüber den Konkurrenzparteien, die oft genug als »Feindbild« wahrgenommen werden (das gilt selbst in dem in dieser Hinsicht atypischen amerikanischen Parteiensystem wenigstens ansatzweise[22]). Die Entwicklung der vergangenen Jahrzehnte hat zwar in vielen Staaten Westeuropas die Entwicklung von der Weltanschauungspartei zur relativ konturlosen Massenpartei begünstigt: aber in der Sphäre der eigentlichen Parteiorganisationen ist diese Entwicklung wesentlich langsamer verlaufen. Gerade die Tradition größeren gesellschaftspolitischen Engagements in den organisatorisch aktiven Parteikreisen scheint dabei eine gewisse stärkere Starrheit oder Traditionsorientierung der Positionen zu begünstigen. So sind etwa heute die im Ursprung christlich-konservativen bürgerlichen Parteien Europas nach außen hin weithin säkularisiert, in ihrem Mitglieder- und engeren Funktionärsbereich aber weiterhin recht kirchenverbunden[23]. Arbeiterparteien, die auf der Suche nach dem Wechselwähler lange schon ihr »proletarisches« Image nach außen hin abzubauen versuchen, sind gerade auf ihren unteren Funktionärsebenen vielfach noch recht klassenbewußt. Und ihrer Herkunft nach nationalistische Parteien, die sich nach außen hin gemäßigt und liberal geben, haben oft genug Schwierigkeiten mit Funktionären ihrer Basis, die den »lahmen« Kurs ihrer obersten Führer nicht recht verstehen[24]. Man kann hier von einem strukturellen Nachhinken des Fußvolkes der Parteien gegenüber den allgemeinen gesellschaftlichen Entwicklungstendenzen sprechen sowie von einem typisch verschärften Gegnerschaftsgefühl gegenüber den wesentlichen Konkurrenzparteien. Diesem Traditionalismus und Feindbilddenken der Organisationbasis steht seit langem schon eine im allgemeinen wesentlich flexiblere Haltung der politischen Spitzen gegenüber, die auf die Lebensgewohnheiten dieser Menschen, etwa ihren zum Teil recht freundschaftlichen Umgang mit politischen Gegnern, aber auch ihre unmittelbare Interessenlage, nämlich ihren Erfolgszwang bei allgemeinen Wahlen zurückgeht. Da Wahlerfolge von der Gewinnung von ideologisch nur vage umschriebenen Grenz- und Wechselwählerschichten abhängen, hat sich eine in der Politikwissenschaft oft beschriebene Tendenz zur zumindest äußerlichen imagemäßigen Angleichung der Großparteien ergeben. Instinktiv, in zunehmendem Maße aber auch mit Hilfe sozialwissenschaftlicher Untersuchungen versuchen die Parteispitzen, den aktuellen Strömungen in der Bevölkerungsmehrheit zu entsprechen, was sie in einen gewissen Widerspruch gerade zu den »Hundertprozentigen« der eigenen Organisationsbasis bringt[25]. Hier greift nun die Demoskopie in das innerparteiliche Mächtespiel in wahrscheinlich entscheidender Weise ein. Dadurch, daß in persönlichen Beliebtheitsumfragen, aber auch in Erhebungen zu Sachfragen die »offenen« Positionen und Personen eine im allgemeinen bessere Bewertung erhalten als sehr enge, weltanschaulich fixierte Sachaussagen oder typische »Organisationsmänner«, können diese im parteiinternen Durchsetzungskampf gegen die Traditionalisten stets auf den Vorteil ihrer erhöhten Beliebtheit verweisen. Und da vom Popularitätserfolg bei den Wahlen letztlich auch die interessenpolitischen (zum Beispiel Posten-)Aussichten der unteren Parteifunktionäre abhängen, ist durch die Demoskopie somit ein gewisses Machtinstrument der liberalen Spitzen gegenüber der konservativen Basis gegeben. Dabei können nachhaltig negative Popularitätsindikatoren gewisser Spitzenpolitiker diese durchaus am Vordringen aus dem zweiten ins erste Glied der politischen Führung hindern, und die ständige Aufmerksamkeit, welche die politischen Führungskräfte ihren eigenen Beliebtheitskurven schenken, dürfte eine nicht zu unterschätzende Motivationskraft und einen psychologischen Anpassungsdruck ergeben.

Die politisch-weltanschauliche Polarisierung, die in den Jahrzehnten vor dem Zweiten Weltkrieg nicht zuletzt aufgrund der sehr krisenhaften, wirtschaftlichen Lage entstanden war, wurde durch den beschriebenen Prozeß in der Prosperitätsperiode nach dem Zweiten Weltkrieg gleichsam in einem Doppelgriff abgebaut: einerseits von oben her, indem es jeweils die weniger traditionalistischen Führungspersönlichkeiten waren, die im Durchschnitt gesehen ihren Parteien den größeren Wahlerfolg brachten und deren Ausstrahlung auf die eigene Organisation gewisse (wenn auch bescheidene) Rückwirkungen äußerte. Andererseits durch einen geradezu biologisch-bestimmten Abschrumpfungsvorgang, der im Gefolge der allgemeinen Zeitstimmung, im Gefolge der Wellen der Enttäuschung etc. die Gruppen der »Hundertprozentigen« aller Lager von außen her aufweichte. Damit veränderte sich in relativ kurzer Zeit die Imagefassade der Parteien und ihre Politik auf höchster Ebene. Die Parteiorganisationen blieben auf diesem Weg zurück und verloren deshalb insbesondere die Funktion eines relevanten Informationssystems: die »Stimmung in der Partei« wird immer systematisch verschiedener gegenüber der Strömung in den eigenen Wählerkreisen. Die Demoskopie ist ein Weg, dieser irreführenden Stimmung in einem von der sozialen Entwicklung oft weitgehend abgekuppelten Funktionärsapparat durch objektivere Aussagen entgegenzutreten. Als Resultat der parteiinternen Modernisierungsanstrengungen erscheint dabei statt des standhaften Gesinnungsgenossen der Typus des smarten wählerbezogenen »Verkaufsleiters« von den oberen in die mittleren und unteren Parteiränge vorzudringen – eine nicht unbedingt nur positive Entwicklung, da es diesem zuweilen am politisch ethischen Engagement gebrechen dürfte, das der überzeugte traditionelle Altfunktionär einbringt. Als Alternative könnte aber nur eine parteiinterne *Wählerdemokratie* (und nicht bloß Mitgliederdemokratie) auf breitester Basis dieses heute zum Teil sehr starke Auseinanderklaffen von Image und Organisation befriedigend beseitigen – und dafür bestehen noch recht wenig Anzeichen. Immerhin ist aber auch das bisherige Resultat der Rolle der Demoskopie nicht zu unterschätzen. Insoweit nämlich die Parteiführung sich in ihrem pragmatischen Erfolgsstreben auf die Ergebnisse von Meinungsumfragen stützt und sich so gegen die »grundsatztreuen«, aber gelegentlich ins Sektiererische gehenden oder allzu apparatbezogenen Denkweisen der Funktionärsmehrheit wendet, realisiert sie eine Art breiterer Demokratisierung von oben, die mit dem Anspruch der eigentlichen parteiinternen Demokratisierung in paradoxem Widerspruch steht. Diese geht nämlich, wie etwa die Marxismusbeschlüsse der spanischen PSOE zeigen oder auch die »Demokratisierungsmanöver« der Labour-Linken um Wedgwood-Benn, die der plebiszitär legitimierten Parlamentsfraktion das Bestellungsrecht des Parteiführers nehmen wollen, eher in die Richtung einer Verringerung der Wählerbasis durch schärfere ideologische Profilierung. Wären es allerdings nur die Parteispitzen, welche die Stimmung der Bevölkerung erheben und je nach Bedarf geheimhalten oder propagandistisch manipulativ an die Öffentlichkeit tragen, so hielte sich diese Wirkung der Demoskopie in engeren und auch fragwürdigeren Grenzen. Sosehr aber die Interessenstruktur der Parteien auf eine solche eigensüchtige Verwertung demoskopischer Methoden hinzielt, wird sie doch durch das Interesse der großen kommerziellen Medien an publikumswirksamen Informationen relativiert. Meinungsbefragungen bieten sich nämlich als überaus zugkräftiger und auf breiteste Zielgruppen wirksamer Themenbereich an, mit dem vornehmlich große Tageszeitungen, politische Magazine und Illustrierte erfolgreich um Marktanteile zu kämpfen in der Lage sind[26].

Die demoskopische Umfrage als Medienware entläuft somit dem Zugriff der Politiker. Dieselben Untersuchungen, welche die Parteizentralen gerne unter Verschluß hielten, können von den Pressemedien selbst in Auftrag gegeben und im Rahmen einer populistischen Kampagne verwertet werden (ein besonders treffendes und erfolgreiches Beispiel ist hier die österreichische *Kronenzeitung,* die in ihrem Verbreitungsgebiet einen, andere Massenzeitungen – etwa *Bild* – weit übersteigenden Verkaufserfolg nicht zuletzt dem Geschick verdankt, mit dem sie sich zum Anwalt der demoskopisch erhobenen Volksmeinung macht). Zweifellos unterliegt etwa auch die Kommerzpresse von ihrer Eigentümerstruktur her gewissen Einschränkungen, und wird die populistische Karte überall dort nicht spielen dürfen, wo es den engeren Interessen der Herausgeberschaft widerspricht, die selbst wieder politische Komponenten enthält. Aber schon Schumpeter hat mit Recht auf die Eigendynamik der kommerziellen Massenmedien hingewiesen, die sich in erster Linie am jeweils Gängigen orientieren und zudem (bei nicht allzu autoritärer Führung) eine Verbreitungsplattform für die dominanten gesellschaftspolitischen Neigungen der journalistisch Tätigen darstellen.

So sind Umfragen über die Beliebtheit führender Spitzenpolitiker und über die Popularität einzelner Sachentscheidungen zu zugkräftigen und von den Parteiapparaten gefürchteten Zugpferden großer Massenmedien geworden, und nolens volens hat sich das Parteisystem auf sie eingestellt. Ja, es lanciert sogar – aufgrund des Schrumpfens der eigenen Medienbasis – zum Teil selbst propagandistisch Umfragen über das kommerzielle Mediensystem. Kaum ein Politiker, der nicht durch ein dramatisches Absinken in der Beliebtheitsskala auch an Macht und Ansehen in seiner Partei verlöre. Kaum eine ernsthaft unpopuläre Entscheidung, die eine Mehrheitspartei knapp vor Wahlen noch durchzuziehen wagte. Und schlecht beraten schließlich der führende Parteimann, der in öffentlichkeitswirksamen Fragen, in denen die sogenannte Basis seiner Partei sich anders orientiert als das Gros ihrer potentiellen Wähler, allzu deutlich das institutionelle Parteidenken in den Vordergrund stellte[27].

Insgesamt hat die immer fortschreitende Verbreitung demoskopischer Methoden – bis in die Bereiche der populären Unterhaltung (etwa das elektronische Votum über Kandidaten von Fernsehgewinnspielen) – in den letzten Jahrzehnten die zunehmende Bereitschaft zur Akzeptierung des Mehrheitsentscheides entschieden gefördert.

Daß aufgeschlossene Lehrer heute zuweilen sich mit anonymen Befragungen über die eigene Rolle und Effizienz im Unterricht vergewissern, daß die Einführung politischer Neuerungen wie von Änderungen des Familienrechtes (zum Beispiel die Straffreistellung des Abortus in Frankreich), die Einführung des Bonus-Malus-Systems in der österreichischen Kfz-Versicherung oder auch die Zurückstellung politischer Forderungen – etwa des Meidner-Planes zur Vermögensbildung in Schweden – bewußt auf der Basis von Meinungsumfragen durchgeführt wurden[28], daß schließlich die großen Wirtschaftsunternehmungen in immer zunehmendem Maße ihre Absatzanstrengungen an den befragbaren Präferenzen ihrer potentiellen Kunden orientieren – alles das bedeutet sicherlich nicht unbedingt Demokratisierung in einem sehr idealistischen Sinn. Man kann es sogar als handfeste Interessenpolitik der betreffenden Personen und Institutionen verstehen. Aber es wird deutlich, daß die Markt- und Meinungsforschung in ihrer sehr pragmatischen, empirischen Ausrichtung, die man durchaus als eine »von oben nach unten« bezeichnen kann, dabei doch das Verständnis für das Gewicht der anderen, der Mehrheit als rationaler Individuen verstärkt. Jede Meinungsumfrage, deren Ergebnis wir uns identifizierend anschließen, verstärkt zudem in unserem Kulturbewußtsein das demokratische Element. Und das ist wichtig angesichts des Ausmaßes von autoritärer Verachtung für die »breite Masse«, das vielen Angehörigen der konservativen Oberschichten noch ebenso untergründig innewohnt wie andererseits manchen »revolutionär« denkenden Neuerern, die sich zwar verbal mit den Massen verbrüdern, in Wahrheit aber an den konkreten Bedürfnissen der Menschen vorbeigehen.

3. 6. 2. *Die Vernunft der Mehrheit*

Es ist ein faszinierendes Faktum, daß Autoren, die aus der Praxis der Meinungsforschung kommen, wie Gallup, Schmidtchen oder Inglehart, trotz gewisser Einschränkungen im allgemeinen von der Vorstellung der Rationalität der Umfrageergebnisse ausgehen[29]. Dagegen bleibt der Satz: »Was ist die Mehrheit: Mehrheit ist der Unsinn« aus dem Demetrius-Fragment des müde gewordenen Schiller immer noch der prägnanteste Ausdruck jenes elitären Individualismus, der nur mehr einen Schritt von der bornierten Volksverachtung des selbstbewußten Privilegierten entfernt ist und ihr oft genug zum Vorwand dient.

Das Grundproblem, das Schiller anspricht, ist heute auf einer neuen, gleichsam operationaleren Basis zu diskutieren. Die Demoskopie hat trotz aller ihrer Schwächen die Möglichkeit eröffnet, den repräsentativen Querschnitt der grundsätzlichen Meinungen und Einstellungen der Bevölkerung einigermaßen transparent zu machen. Und es läßt sich feststellen, daß aus diesem quantitativ abgesicherten Vergleich das hervorgeht, was die »Menschen guten Willens« auch unter der Oberschichtintelligenz immer schon instinktiv erfaßten: Es besteht in den fortgeschrittenen Industrieländern kein entscheidendes Spannungsverhältnis zwischen den Lebensauffassungen der kulturell führenden Mittel- und Oberschichten und der Masse der Bevölkerung, oder anders ausgedrückt: Wo man den Bürger nicht mit fachspezifischen Fragestellungen überfordert, die in der Tat nicht demokratisch zu entscheiden sind, sondern einer wissenschaftlichen Wahrheitsfindung unterliegen, kann auch der Intellektuelle in den Meinungen der »Masse« sich weitgehend selbst wiedererkennen, kann sich als »Bruder unter Gleichen« fühlen. Wo es um die Fragen der allgemeinen Lebensorientierung geht, ist die Mehrheit also jedenfalls nicht der Unsinn. Sie vertritt bizarrerweise sogar eher jene recht konservative traditionsbewußte Sozialphilosophie, die gerade die großen Volksverächter der Rechten zu pflegen meinen, und steht im diametralen Gegensatz eigentlich nur zur extrem progressistischen Boheme und zu den Fanatikern aller Lager. Für jeden, der sich mit sozialwissenschaftlichen Umfrageergebnissen näher befaßt, muß – mit wenigen, genauer zu definierenden Ausnahmen – dabei eine gewisse Ausgewogenheit der synthetischen Bevölkerungsmeinung deutlich werden.

Die Ergebnisse verschiedenster demoskopischer Umfragen (so problematisch auch ihre unmittelbare Vergleichbarkeit sein mag) als Vergleichswert aber auch die Ergebnisse der Referendumsdemokratie in der Schweiz und den USA ermöglichen es uns heute, das synthetische Bild eines Durchschnittsbürgers der Industriestaaten wahrzunehmen, der in vieler Hinsicht mit jener »schweigenden Mehrheit« identifizierbar ist, an die sich konservative Politiker gerne wenden[30]: Ein Mensch, der an die Familie glaubt, auch wenn er sich für freiere Partnerschaftsformen und eine liberale Haltung zum Schwangerschaftsabbruch ausspricht, der der Sicherung der Arbeitsplätze höchste Priorität zugesteht und eine sparsame und volksnahe öffentliche Verwaltung erhofft, ein Mensch, der gerne ein Eigenheim besitzen möchte und der sich kategorisch für Recht und Ordnung ausspricht (dabei aber auch vor der Verhängung der Todesstrafe nicht zurückscheut). Ein Mensch, der zweifellos recht bedenkliche Vorurteile gegen Randgruppen und »Fremde« hegt, dabei aber im ganzen auf ein Leben in Frieden hofft. Ein Mensch, der zwar insgesamt die traditionellen Geschlechterrollen akzeptiert, aber heute für eine freiere Sexualerziehung eintritt und an Stelle von religiösem Fanatismus nur vage, freundliche Hoffnungen auf eine wohlwollende höhere Macht und ein schöneres Jenseits äußert. Ein Mensch, der für die Zukunft erhöhter Solidarität, Lebensqualität und Kommunikation den Vorrang vor einem erhöhten Konsum gibt und der den Fragen des Umweltschutzes und Konsumentenschutzes wachsende Priorität einräumt.

Es erscheint nicht notwendig oder sinnvoll, dieses synthetische Bild des Durchschnittsbürgers weiter zu verfolgen. Es ist zu sehr Konstrukt, und in Wahrheit sind es gerade die Differenzen nach Alter, Geschlecht, sozialer Schichtung etc., welche die interessantesten Einblicke in der Demoskopie vermitteln und auch gewisse Aufschlüsse in bezug auf die Dynamik der sozialen Veränderungen eröffnen (so erscheinen im allgemeinen die mittleren und höheren Angestelltenkategorien als Motor neuer Werte und Lebensformen, während die agrarische Bevölkerung am stärksten dem Traditionalismus huldigt). Der synthetische »Mehrheitsmensch« sollte hier nur als Bestätigung einer eigentlich längst bekannten Tatsache eingeführt werden: nämlich, daß die Auffassungen der Mehrheit der Menschen keine destabilisierende, destruktive Kraft darstellen, die im Druckkessel des Obrigkeitsstaates einzuschließen wäre. Sie üben vielmehr eine durchaus beharrende Funktion aus, ohne dabei jedoch so verfestigt zu sein, daß jede Hoffnung auf Reform und Überzeugung vom Besseren aufgegeben werden müßte.

Aus dieser Sicht heraus können gegen eine Ausdehnung des Mehrheitsentscheides auf gewisse soziale Grundsatzfragen, die das Allgemeinwohl betreffen, kaum nennenswerte theoretische Einwände gemacht werden.

Die befragbare Gesellschaft äußert sich zu den großen sozialen Fragen unserer Zeit im Sinne der Dominanz eines handfesten »common sense«, der recht deutliche, aber gewiß nicht illegitime Elemente des Interessenegoismus enthält. Soferne sichergestellt ist, daß der jeweils angemessene Kreis von Betroffenen befragt wird, wohnt solchen Mehrheitsentscheidungen der Vorteil der erhöhten Identität von Entscheidenden und Entscheidungsunterworfenen inne. Die historische Entwicklung hat in den letzten Jahrhunderten eine langsame Tendenz zur Ausweitung der Rolle des Mehrheitsentscheides gezeigt. Allerdings nicht in erster Linie wegen der theoretischen Vorteile dieses Entscheidungssystems, sondern als Resultat eines langfristigen, immer noch andauernden Interessenkampfes.

VIERTES KAPITEL

Direktdemokratie – neue Welle der bürgerlichen Revolution

4. 1. Die Aktualität der Referendumsdemokratie

Wer eine gewisse Sensibilität für aktuelle, gesellschaftliche Entwicklungstendenzen besitzt, kann feststellen, daß die Instrumente der direkten Demokratie seit einigen Jahren auf vermehrtes Interesse stoßen. Die Beispiele institutionalisierter Referendumsdemokratie in der Schweiz und den USA werden in der Presse nicht mehr als nur Kuriosität behandelt. Man berichtet über ihre Ergebnisse vielmehr mit Neugier und Anteilnahme. Auch die Politikwissenschaft beginnt, sich in jüngster Zeit dieses lange vernachlässigten Forschungsgebietes anzunehmen[1]. Einige spektakuläre Referendumspremieren wie die britische Abstimmung von 1975 über den Beitritt zu den europäischen Gemeinschaften, das italienische Scheidungsreferendum von 1974 oder die österreichische Zwentendorfabstimmung von 1978 haben hier zweifellos die Diskussion stimuliert und jedenfalls die traditionell oberflächliche Argumentation gegen die »plebiszitäre Demokratie«, sie sei bloß der Deckmantel einer cäsaristischen Alleinherrschaft, in den Hintergrund treten lassen. Immer häufiger fordern oppositionelle Gruppen der Rechten, aber auch der nichtmarxistischen Linken, ein Mehr an direkter Demokratie, und manche der jeweils herrschenden Fraktionen der politischen Elite versuchen behutsam der Zeitstimmung entgegenzukommen – in diesem Sinne zweifellos ein Beispiel empirischer Politik[2].

Selbst fortschrittliche Theologen nehmen neuerdings auf die Vorzüge hypothetischer plebiszitärer Entscheidungen des Kirchenvolks Bezug, wie etwa Hans Küng, der darauf hinwies, daß eine Abstimmung der Gläubigen über Zölibat und Empfängnisverhütung wohl ein positiveres Ergebnis als die derzeitige offizielle Linie der katholischen Amtskirche zeitigen würde[3].

Will man sich mit dem Phänomen der direkten Demokratie sinnvoll auseinandersetzen, bedarf es dazu einer umfassenden und dabei historisch-kritischen Sicht, die über die Propagandadarstellungen der Tagesdiskussion hinausgeht. Besonderes Interesse haben in diesem Zusammenhang natürlich die bestehenden Testfälle der Schweiz und der Vereinigten Staaten, die ja übrigens schon Marx vor mehr als hundert Jahren als entwickeltste Beispiele der Volksgesetzgebung anerkannte[4]. Daß die Erfahrungen dieser konkreten und erprobten Referendumsdemokratien von den meisten derer, die sich seit dem Ende der sechziger Jahre mit der Frage der Demokratisierung auseinandersetzten, bisher eher beiseite gelassen wurden, mag daraus erklärbar sein, daß einer auch undogmatisch »linken« Grundhaltung das als spießerisch verunglimpfte Refugium der internationalen Hochfinanz und die kapitalistische Vormacht der USA nicht leicht als demokratische Vorbilder erscheinen mögen[5]. Aber die Abkühlung und Desillusionisierung auch der Geister von 1968 mag unterdessen die Zeit reif erscheinen lassen, die Vorzüge demokratischer Institutionen zu würdigen, die in diesen Staaten immerhin gemeinsam mit Massenwohlstand und großer persönlicher Freiheit realisiert werden konnten. Dabei kommt es vor allem auch darauf an, das unscharfe Verständnis von Direktdemokratie zu präzisieren, das immer noch die Methode der Volksabstimmung als ruhiger und regelmäßiger Sachentscheidung mit jenen bonapartistischen Bestätigungsritualen verknüpft, die der (schein-)plebiszitären Absicherung autoritärer Staatsführer dienen.

Die Direktdemokratie, die hier erörtert und, vorweg bemerkt, kritisch, aber in durchaus positivem Sinn gewürdigt werden soll, schließt historisch an die demokratische Reformperiode der Jahrzehnte vor dem Ersten Weltkrieg an, eine Zeit, in der eine lange Wachstums- und Friedensperiode die Früchte der Demokratie und der Völkerverständigung zum Reifen zu bringen hoffte. Diese von vielen Zeitgenossen im Rückblick glorifizierte »goldene Vorkriegszeit« barg nicht nur die nationalistischen Keime des Weltkrieges in sich. Der Aufstieg der Arbeiterbewegung, die großen Fortschritte im Wahlrechtskampf, die Konfrontation der amerikanischen Muckrakers und »Progressives« gegenüber Trusts, Umweltzerstörung und Korruption, die Friedensbewegung, die Gartenstadtbewegung: auf allen diesen Gebieten schien vor der großen Bruchlinie des Weltkrieges und der darauf folgenden Verbitterung und Verarmung ein demokratisch-humanitärer Durchbruch möglich.

Die Referendumsdemokratie repräsentierte im Gesamtzusammenhang dieser Periode einen Ansatzpunkt einer zweiten Welle der bürgerlichen Revolution: Zwei der wohlhabendsten und demokratisch reifsten Länder, die Schweiz und (auf einzelstaatlicher Ebene) die USA, setzten sie durch, in England wurde sie anläßlich der Verfassungsdebatte um 1910 intensiv diskutiert[6], in Deutschland gelangte sie zumindest ins Gothaer und Erfurter Programm der SPD[7] und wurde in der mit der Nachkriegshypothek belasteten Weimarer Republik sogar durchgesetzt.

Heute scheint es an der Zeit und möglich, im Gefolge einer weiteren, lang dauernden Friedens- und Wachstumsperiode des euro-amerikanischen Kulturbereiches an die unvollendeten Errungenschaften dieser Zeit anzuschließen.

4. 2. Direktdemokratie in der Schweiz

4. 2. 1. *Der übersprungene Absolutismus*

Wollte man die besondere Rolle der Schweiz in der europäischen Geschichte der Neuzeit pointiert hervorheben, so könnte man sie mit dem Schlagwort des übersprungenen Absolutismus kennzeichnen. Anders ausgedrückt: Die in vielem eigentümlich antiquiert, ja »hinterwäldlerisch« anmutenden Strukturen dieses kleinen Vielvölkerstaates bezeugen einerseits enge Verbundenheit mit einer Zeit, die den modernen, bürokratisch vereinheitlichten National- und Flächenstaat noch nicht kannte. Andererseits hat gerade das Fortleben mancher mittelalterlicher und älterer politischer Strukturen wie der innerschweizer Volksrechte die gesellschaftliche Entwicklung des Landes durchaus positiv beeinflußt und sogar beachtliche Auswirkungen auf die bürgerliche Revolution in Europa und den USA gehabt. Diese, einer linearen Geschichtskonzeption sehr zuwiderlaufende Vorstellung der progressiven Wirkung des Veralteten und die Ausstrahlungswirkung des Schweizer Modells stellen leider sehr vernachlässigte Gebiete der Forschung dar[8]. Auch hier kann nur mit wenigen Worten auf diese sehr interessanten Fakten verwiesen werden.

Die strukturerhaltende und dabei fortschrittsträchtige Doppelrolle der Schweiz dürfte mit der Kombination der geographischen Unzugänglichkeit der Innerschweiz und der zugleich zentralen Lage des Landes in Europa eng zusammenhängen. Einerseits konstituierten sich in der weltoffenen Region des Alpenvorlandes früh die machtvollen Städterepubliken Bern und Zürich, und in der entsprechenden Region der Westschweiz entwickelte sich jene hochspezialisierte Gewerbetätigkeit, die die Eidgenossenschaft schon im 18. Jahrhundert als eines der wohlhabendsten Länder Europas gelten ließ. Andererseits hatte die natürliche Festung der inneralpinen Region bis zum Aufkommen des Fremdenverkehrs den Charakter eines relativ stagnierenden, agrarischen Rückzugsgebietes und der Bevölkerungsdruck des klimatisch nicht begünstigten Landes förderte das Söldnerwesen – eine Tatsache, welche die kriegerische Selbstbehauptungsfähigkeit der Eidgenossen kräftigte, aber auch eine gewisse Aufmerksamkeit der Nachbarländer (vor allem Frankreichs und Italiens) gegenüber dem schweizerischen Modell bedingte.

Die ausgewogene Balance der städtischen, gewerbeorientierten Kantone mit den agrarischen, auf freiem Bauerntum beruhenden Talschaften sowie die sehr hohe militärische Leistungskraft der Bevölkerung sicherte dem Schweizer Staatenverein – der bis zur helvetischen Republik von 1798 nicht als Einzelstaat anzusprechen ist – durch Jahrhunderte die politische Behauptungskraft nach außen und zugleich eine aussichtsreiche, wirtschaftliche Basis. Politisch entwickelte sich in ihm eine Vielfalt von Institutionen. Global gesehen, kam es zwar vom 16. bis zum 18. Jahrhundert zu einer Zurückdrängung der (von vornherein beschränkten) Zunftdemokratie in den größeren Städten zugunsten eines erblichen, geschlossenen Patriziats. Andererseits hielt sich aber in den inneralpinen Regionen die Landsgemeindedemokratie der eingesessenen Familien mit ritualkräftigen Volksversammlungen unter freiem Himmel. Das Bild einer seit alters freien Eidgenossenschaft ist somit wohl besonders mit Rücksicht auf das agrarische Herrschaftsgebiet der Städte und gewisse unterworfene Gebiete wie den Tessin unrichtig – Goethe sprach für die Restaurationszeit mit Recht sogar von »einem Schwarm von kleinen Tyrannen«[9], welche die Schweiz seiner Zeit beherrschten. Immerhin wirkten das Beispiel einer relativ egalitären Verfassung einzelner Kantone und die Erinnerung an die partizipativen Herrschaftsformen der Städte im Spätmittelalter lange nach: Im großen Schweizer Bauernkrieg von 1653 konstituierten etwa die Aufständischen eigene Landsgemeinden und wandten sich in naiver Hoffnung an die freien (aber konservativen) Kantone der Innerschweiz um Hilfe, und noch die Verschwörung Henzis in Bern (1749) berief sich auf die alten Freiheiten und warf dem Patriziat Emporkömmlingscharakter vor. Ein solcher Traditionszusammenhang, der in den im 16. Jahrhundert niedergeworfenen Städten der absolutistischen Territorialherren undenkbar gewesen wäre, und die Rolle des revolutionären Schweizer Gründungsmythos stellen hier zweifellos bedeutungsvolle Besonderheiten dar[10].

Während der Reformationszeit war das Gebiet der heutigen Schweiz eine der Regionen Europas, die als erste einen Religionskrieg erlebten, dafür aber von den Verwüstungen des 17. Jahrhunderts frei blieben. Zwei städtische Zentren, nämlich Zürich und Genf, waren Mutterboden der Reformation. Die Innerschweiz widersetzte sich der in den Städten des Vorlandes sich verbreitenden Neuerungsbewegung in den Kappellerhebungen und begrenzte durch ihren Sieg das Vordringen des Protestantismus in den gemeinsam beherrschten Gebieten. Die kantonale Selbständigkeit der einzelnen Orte der Föderation und das gemeinsame Interesse an den Untertanengebieten ermöglichten in der Folge den Fortbestand des Zusammenhaltes der Eidgenossenschaften trotz verschiedener Bekenntnisse. Die Religionsfrage führte allerdings 1656 und 1712 nochmals zu kurzen Glaubenskriegen (wobei im letzteren die reformierte Seite das Übergewicht erzielte) und blieb bis ins 19. Jahrhundert als Gegenstand von Auseinandersetzungen virulent. Die Aufnahme ausländischer Glaubensflüchtlinge befruchtete in den reformierten Gebieten das Gewerbe (zum Beispiel das Textilverlagsgewerbe in Zürich)[11].

Im 18. Jahrhundert, dem Vorfeld der politischen wie der industriellen Revolution, bot die Schweiz das Bild einer im europäischen Vergleich bereits wohlhabenden[12] protoindustrialisierten Region mit florierendem Textilgewerbe, Bankwesen und der Spezialität der Uhrenproduktion, war politisch allerdings von ihrer machtvollen Rolle des 15. Jahrhunderts abgesunken und unter die Einflußsphäre Frankreichs geraten: Die mittelalterlich buntscheckige politische Struktur mit ihrem Vorherrschen enger lokaler Gebundenheiten begann nun dem massiven Widerstand einerseits des naturrechtlich argumentierenden, bürgerlich-demokratischen Denkens zu begegnen, andererseits den sich aufdrängenden ökonomischen Notwendigkeiten vereinheitlichter Maße, einheitlichen Geldwesens, verbesserter Transportverbindungen etc. zu widersprechen.

Eine Reihe von lokalen Erhebungen wandte sich seit Beginn des 18. Jahrhunderts gegen die erstarrten patrizischen Organisationsformen. In der mit der Eidgenossenschaft damals nur lose verbundenen Stadtrepublik Genf begannen diese Auseinandersetzungen schon 1707 mit dem Streit um die Erweiterung der Kompetenzen des Conseil General, der allgemeinen Bürgerversammlung. Sie beeinflußten den geborenen Bürger von Genf, Jean Jacques Rousseau, und fanden in ihm auch einen Mitstreiter[13].

Ein eigentlicher Durchbruch in der politischen Organisation der Schweiz wurde allerdings erst durch den Einmarsch französischer Truppen 1798 erzielt. Ihr Resultat war die Helvetische Republik, ein zunächst zentralisierter Einheitsstaat, der mit Gewissensfreiheit, Preßfreiheit, Ablösung der Reallasten mit dem Verbot der Güter der toten Hand, der erblichen Ränge und Ehrentitel und mit einer Repräsentativdemokratie den Tendenzen der Französischen Revolution entsprach, die auch noch in der direktorialen und ersten napoleonischen Phase wirksam waren. Die föderalistischen Widerstände waren allerdings so groß, daß nach einer Periode von Wirren, die in fünf Jahren sieben Verfassungen und Verfassungsentwürfe produziert hatte, eine von Napoleon erlassene Mediationsverfassung dem föderalistischen Prinzip sein Recht geben mußte[14].

Sie sollte dem Grundsatz der dreifachen Gleichheit zwischen den Kantonen, zwischen den Städtebewohnern und zwischen Städte- und Landbewohnern Rechnung tragen, ließ aber die kantonale Verfassungsvielfalt wieder zu, indem sie einerseits die Landsgemeinden wieder einführte, die patrizischen Verfassungen aber in repräsentative (mit Zensuswahlrecht und Gleichstellung von Stadt und Land) umwandelte. Die Schweiz profitierte somit einerseits von den politischen Errungenschaften der Französischen Revolution, andererseits mobilisierte der von außen militärisch oktroyierte Fortschritt nicht nur den Widerstand der bevorrechteten Schichten, sondern auch eine gewisse national gefärbte Reaktion. Nach dem Sturz des Protektors Napoleon kam es daher unter Mitwirkung des Wiener Kongresses zu einem Rückfall in den losen und durch Ständeherrschaft ausgezeichneten Staatenbund.

Ungefähr mit Beginn des 19. Jahrhunderts ist dabei für die Schweiz auch der Beginn der industriellen Revolution anzusetzen, die durch die Zurückdrängung der englischen Konkurrenz über die napoleonische Kontinentalsperre erheblich begünstigt wurde. Ihre Wirkungen waren in diesem Land allerdings weniger umstürzend als in anderen Staaten. Die Siedlungsstruktur blieb dezentral, das Fehlen übermächtiger politischer Zentren und die aus Mangel an Mineral-Lagerstätten fehlende Grundstoffindustrie verhinderten massive Bevölkerungsagglomerationen. Die Dezentralisierung der Industrie wurde nicht zuletzt auch dadurch gefördert, daß sich ihr in den ländlichen Gebieten geringere administrative Hindernisse entgegenstellten.

4. 2. 2. *Ansätze einer zweiten bürgerlichen Revolution?*

Die moderne Entwicklung der Schweizer Volksrechte ist aus

der Überschichtung der uralten freiheitlichen Tradition durch die politischen Errungenschaften der Französischen Revolution und den besonderen Charakter der neuzeitlichen Wirtschaftsentwicklung der Schweiz zu verstehen. Sie hat ihren enthusiastischen Chronisten in Theodor Curti gefunden, dessen Werk, auch wenn es nicht den modernsten Anforderungen der Geschichts- und Politikwissenschaft entsprechen mag, schon als Dokument einer herausragenden persönlichen Gesinnung wieder der Vergessenheit entrissen werden sollte[15].

Curti macht, ohne die ökonomischen und politischen Hintergründe selbst genauer zu analysieren, deutlich, wie die modernen Instrumente des Referendums und der Volksinitiative als Erbe der französischen Revolutionsverfassung von 1793 im Vordringen des Schweizer Liberalismus nach 1830 an Bedeutung gewinnen. Führend sind dabei die industriell entwickelteren Kantone. Die altväterische Landsgemeindedemokratie der Innerschweiz entwickelt sich nicht aus sich selbst weiter. Es ist der aus napoleonischer Zeit stammende Kanton St. Gallen, der als erster das Volksveto gegen Gesetze einführt, und es ist das großstädtische Zentrum Zürich, das im Gefolge größerer Unruhen den weitestgehenden Ausbau der modernen Direktdemokratie erfährt (hier bereits in einer Agitationsatmosphäre gegen eine von Industrie- und Eisenbahninteressen durchsetzte Regierung, das sogenannte »Eschersche System«, die eigenartige Parallelen zur späteren populistischen Demokratisierungsbewegung der USA aufweist). Aber zugleich ist, wie es auch das Werk Curtis bezeugt, das Bewußtsein einer Fortentwicklung der alten Schweizer Freiheiten auf neuer organisatorischer Basis Teil des Erfolges der Volksrechtsbewegung.

Die konkrete Entwicklung der Schweizer Demokratie im 19. Jahrhundert zeigt einen quantitativen und qualitativen Vorsprung vor den anderen Staaten Europas: Die gesamteuropäischen demokratischen Reformschübe um 1830 und 1848 wurden im Sinne maßvollen Fortschritts genutzt, der Rückfall in die absolutistische oder cäsaristische Reaktion vermieden, das allgemeine (Männer)Wahlrecht früher als sonst in Europa verwirklicht. Der 1847 im kurzen Sonderbundskrieg gegen die Konservativen siegreiche Liberalismus wurde dabei in seiner großunternehmerisch-manchesterlichen Variante bald von föderalistisch-konservativen Kräften, aber gegen Ende des Jahrhunderts auch von einer bürgerlichen Linken und der sich formierenden Arbeiterbewegung zu einem dauernden Ausbau der demokratischen und sozialen Errungenschaften gedrängt.

Der Rekurs aller politischen Gruppen auf die Entscheidung der Stimmbürger wird gerade auch an der Entwicklung der Volksrechte deutlich, die der Schweizer Demokratie ihr unverwechselbares Gepräge geben sollten.

Unter dem Eindruck der Pariser Julirevolution gelang es zunächst demokratischen Protestbewegungen (mit Drohungen, aber ohne große Gewaltanwendung), einige kantonale Restaurationsregimes zum Rücktritt zu veranlassen: Eine Pioniertat setzte dabei der junge Kanton St. Gallen, der 1831 in seiner neuen liberalen Verfassung das Gesetzesgenehmigungsrecht des Volkes (beziehungsweise Vetorecht) einführte. Einige andere liberal gewordene Kantone folgten dem St. Gallener Beispiel. Aber schon für diese Frühphase stellt Curti fest, daß die Ausbreitung des Vetos deshalb Widerständen begegnete, weil es in Luzern zum Sturze der liberalen Regierung benutzt wurde[16], ein erster Beleg für die Verwendung der Volksrechte als typische Waffe der Opposition. Folge der sich verschärfenden, zunehmend gewaltsam ausgetragenen Gegensätze zwischen liberalen und konservativen Kantonen war der Sonderbundskrieg und der rein repräsentativdemokratische Verfassungskompromiß von 1848 mit einem parlamentarischen Zweikammersystem nach dem Muster der USA[17]. Der parlamentarisch nun allerorts vorherrschende Liberalismus wurde aber nun zu Ende der sechziger Jahre wieder unter Berufung auf die Volkssouveränität von der Linken her herausgefordert: Die Zürcher demokratische Bewegung, in der mit Karl Bürkli bereits ein Verbindungsmann zur aufsteigenden Arbeiterbewegung vertreten war, wandte sich gegen das Klientelsystem des allmächtigen Exponenten des Finanz-, Industrie- und Eisenbahnkapitals, Alfred Escher.

Gefordert wurde neben einer Mehrung der Volksrechte unter anderem eine »Einschränkung der Beamten- und Geldherrschaft, Verteilung sämtlicher Staats- und Gemeindelasten nach der Steuerkraft, Gesamtrevision der Verfassung« – eine Zeitströmung, welche die liberalen Blätter bereits durch Hinweis auf Einflüsse des ausländischen Sozialismus und Kommunismus zu kompromittieren trachteten[18].

Eine neue Welle des demokratischen Protestes wandte sich nun also nicht mehr gegen das vorindustriell geprägte, politische System der Restauration, sondern bekämpfte die Übelstände der hochkapitalistischen Geldherrschaft. Wieder aber berief sich die Reform auf das Prinzip der Volkssouveränität: und die erfolgreiche Zürcher Verfassungsreform von 1869 findet ihren Widerhall in einer Reihe von anderen kantonalen Reformen sowie schließlich in der Einführung der Volksrechte in der revidierten Bundesverfassung von 1874: Diese statuierte als wichtigstes Volksrecht das binnen neunzig Tagen durch 30.000 (heute 50.000) Unterschriften erzwingbare (fakultative) Referendum über Bundesgesetze (Volksveto). Zusammen mit der durch 50.000 (heute 100.000) Unterschriften erzwingbaren Volksinitiative auf Teilrevisionen der Bundesverfassung (1891 eingeführt) schuf sie das im wesentlichen seither gültige Instrumentarium der Volksrechte auf Bundesebene[19]. Typisch dabei ist, daß sich in der Verfassungsdebatte um die Volksrechte die konservativ-föderalistische Opposition ebenso für das Referendum einsetzte wie der »linke« Flügel der Liberalen: Der Führer der Konservativen, Philipp Anton von Segesser, erklärte etwa in seiner bemerkenswerten Rede vor dem Nationalrat vom 27. 1. 1872: »Ein Fortschritt, den das Volk verwirft, ist kein Fortschritt in einem freien Lande. Wäre es anders, so müßte die Regierung eines aufgeklärten Despoten allen freiheitlichen Verfassungsformen vorzuziehen sein«[20]. Eine für die Konservativen im übrigen Europa damals wohl unbegreifliche Berufung auf den demokratischen Basiskonsens, der später auch von den großen Organisationen der Arbeiterbewegung nicht grundsätzlich anders gesehen werden konnte[21]. In der Folge zeigten die Ergebnisse der Volksrechte auch die taktisch-politische Klugheit ihrer Befürworter. So wie schon auf kantonaler Ebene nach 1831 erwiesen sie sich als wirksame Waffe der Opposition, nämlich zunächst der Konservativen und später der Sozialdemokratie. Vor allem das fakultative Referendum, bei dem Beschlüsse der Parlamentsmehrheit dem kontrollierenden Votum des Volkes vorgelegt werden müssen, erwies sich hier als wirksames Instrument.

Nach Meinung führender Schweizer Politologen hat diese Eigenschaft zur typischen Schweizer Konkordanzdemokratie geführt: Die Notwendigkeit der Integration aller Kräftegruppen, die eine effektive Vetokampagne gegen ein Gesetz führen können, nötigte den regierenden Freisinn zunächst zum Ausgleich mit den Konservativen und schließlich langfristig auch zur Beteiligung der Sozialdemokratie an der Regierung[22].

Seit 1874 hat sich die direkte Demokratie auf Schweizer Bundesebene somit als wesentliche Ergänzung des repräsentativdemokratischen Modells etabliert und auch – besonders um die Jahrhundertwende – überaus anregend auf die politische Diskussion des Auslandes gewirkt. Ein Produkt dieser Ausstrahlungswirkung, die Referendumsdemokratie in den westlichen USA, ist dabei gesonderter Betrachtung wert. Auch einzelne herausragende Ergebnisse der Schweizer Referendumsdemokratie sollen in der Folge kurz besprochen werden.

Mit Ausnahme einer kurzen Periode um 1918, als der Schweizer Generalstreik einen Zusammenbruch der plebiszitären und parlamentarischen Konfliktregelungsmuster anzudeuten schien, hat das Volksvotum auch die unruhigen Jahre der Zwischenkriegszeit überdauert. Obwohl damals eine relativ große Zahl von Gesetzen als »dringliche« dem Referendum entzogen wurde, sind doch bestimmte zentrale Entscheidungen und Initiativen immer wieder dem Volk vorgelegt worden: vom Beitritt zum Völkerbund (dem es zustimmte) bis zum Krisenbewältigungsprogramm des Schweizer Gewerkschaftsbundes (das es 1935 verwarf). Auch seit dem Ende des Zweiten Weltkrieges hat die Direktdemokratie ihren angestammten Platz behalten und hat in der Zurückdrängung der dringlichen, der Volksabstimmung entzogenen Gesetzgebung sogar verlorenes Terrain wiedergewonnen. Auch die Anhebung der Unterschriftenquora von 30.000 auf 50.000 für das fakultative Gesetzesreferendum und von 50.000 auf 100.000 in der Verfassungsinitiative ist eher als Folge der Verdoppelung der Wählerzahlen durch das spät eingeführte Frauenstimmrecht anzusehen, denn als Ausdruck prinzipieller Unzufriedenheit mit der Institution des Referendums selbst. Zwar lassen sich in den letzten Jahrzehnten sinkende durchschnittliche Beteiligungsziffern an den eidgenössischen Referenden konstatieren, und der Anteil dem Referendum unterworfener Gesetze sinkt aufgrund der auch in der Schweiz wachsenden Gesetzesflut. Von einem grundsätzlichen Funktionsverlust der Volksrechte kann aber dennoch nicht die Rede sein. Sie sind ein etablierter Faktor des Schweizer politischen Lebens, geben umstrittenen Akten des Parlaments die mit besonderer Legitimitätswirkung ausgestattete Sanktion des obersten Souveräns, oder aber weisen auf grundsätzliche Mißstimmungen der Bevölkerung hin. Auch wenn man sich mit der, wie zu zeigen ist, grundsätzlich zwar freiheitlichen und antibürokratischen, dabei aber konservativen Haltung der Schweizer Stimmbürger nicht voll identifizieren kann, muß man sich wohl der mehrheitlich positiven Beurteilung der Referendumsdemokratie anschließen. Die vorhin zitierten Worte Philipp von Segessers oder auch die eines anderen großen Konservativen, nämlich Edmund Burkes, daß bei Konflikten zwischen Volk und Regierung im allgemeinen das Volk Recht habe, sind bei der Referendumsdemokratie in dem Sinne verwirklicht, daß hier das Volk gegenüber der Repräsentativdemokratie über ein zusätzliches Instrument verfügt, diesem Recht zum Durchbruch zu verhelfen.

4. 2. 3. *Die Ergebnisse der Schweizer Referendumsdemokratie*

Eine vollständige, auf die politischen und ökonomischen Hintergründe der Abstimmungskämpfe kritisch eingehende schweizerische Referendumsgeschichte wurde noch nicht geschrieben. Auch das große, noch nicht abgeschlossene Werk von Ruffieux, Mesmer et alii erforscht hier nur gewisse Teilaspekte. Ein wertvoller Beitrag zu einem Teilbereich ist auch die kürzlich erschienene Arbeit von Sigg über die eidgenössischen Volksinitiativen[23]. Immerhin lassen sich anhand der vorhandenen Literatur einzelne Volksvoten herausheben, welche gewissen Zeitströmungen zu entsprechen scheinen[24] und auch als Modellfall direktdemokratischer Selbstbestimmung für andere, vergleichbare Industrieländer von Interesse sein dürften. Unmittelbar nach Einführung der Volksrechte in die Bundesverfassung (1874) wurde etwa das aus katholischen Kreisen (von über 106.000 Stimmberechtigten) angefochtene Gesetz über die Zivilehe vom Volke mit 213.199 oder 51 Prozent der gültigen Stimmen angenommen. Im Hintergrund stand der damals auch im deutschen Reich herrschende Kulturkampf. Papst Pius IX. hatte erfolglos mit einer Enzyklika in den Abstimmungskampf eingegriffen.

1877 erhielt trotz großer Gegnerschaft aus Industriekreisen (54.884 Unterschriften) das Fabrikgesetz die Zustimmung des Volkes (181.204 oder 51,5 Prozent der gültigen Stimmen). Dieser entscheidende Fortschritt der Sozialpolitik (Statuierung des Normalarbeitstages von elf Stunden, Verbot der Fabriksarbeit unter vierzehn Jahren, Einführung eidgenössischer Fabrikinspektoren) stellt auch einen ersten großen Erfolg der Schweizer Arbeiterbewegung dar, der sich in der Referendumsagitation auch freisinnige Linke (vor allem die Ostschweizer Demokraten) und zum Teil auch die konservativen Katholiken anschlossen.

1879 wurde im Gefolge eines »besonders grausigen Mordes« eine Abschaffung des Verbotes der Todesstrafe, das die Verfassung von 1874 enthalten hatte, von der Bundesversammlung dem Volke vorgelegt und mit relativ knapper Mehrheit gebilligt (200.485 oder 52,5 Prozent der Stimmen). Allerdings ergriffen nur wenige Kantone die Möglichkeit der Wiedereinführung dieser Strafform.

1884 erwies die Ablehnung des sogenannten »vierhöckrigen

Kamels«, vierer an sich wenig bedeutender Entwürfe, gegen welche die konservative Opposition aus politischer Obstruktion gegen den herrschenden Freisinn zu Felde zog, die Brauchbarkeit des Referendums als Waffe der Minderheit gegen die Mehrheitspartei.

Ein Pensionsgesetz für die eidgenössischen Bundesbeamten wurde 1891 mit ungewöhnlich hoher Mehrheit (353.977 oder 79,4 Prozent bei überdurchschnittlicher Stimmbeteiligung von 68,7 Prozent) verworfen – ein früher Beweis für die »antibürokratische« Einstellung der Schweizer Stimmbürger (die ihre Parallele auch in den entsprechenden Ergebnissen der USA findet).

Die Revision der Bundesverfassung und das entsprechende Ausführungsgesetz zur Schaffung eines Alkoholmonopols fanden aber 1885 beziehungsweise 1887 mit starken Mehrheiten von 59,4 Prozent und 65,9 Prozent die Zustimmung der eidgenössischen Stimmbürgerschaft – ähnlich der noch viel wirksameren Prohibitionskampagne der USA ein Beleg dafür, wie sehr die Kontrolle und fiskalische Belastung des Suchtgiftes Alkohol Popularität genießt und sogar machtvollen wirtschaftlichen Interessen die Stirne zu bieten versteht. Ein anderes, überaus volkstümliches Anliegen, nämlich der Tierschutz, verband sich mit gewissen antisemitischen Unterströmungen zur Initiative über das Verbot des Schächtens (83.159 Unterschriften, 1893 angenommen mit 191.527 Stimmen oder 60,1 Prozent Mehrheit bei 49,1 Prozent Beteiligung). Es war die erste und zugleich die erste erfolgreiche Volksinitiative zur Änderung der Bundesverfassung, deren Einführung 1891 auch im obligatorischen Referendum mit 183.029 oder 60,3 Prozent der Stimmen vom Volk genehmigt worden war.

Mit großer Mehrheit dagegen wurde das Initiativbegehren der Schweizer Sozialdemokratie von 1894 auf die verfassungsrechtliche Verankerung des Rechtes auf Arbeit vom Volke zurückgewiesen (308.289 oder 80,2 Prozent der gültigen Stimmen bei 57,6 Prozent Beteiligung). Der deklamatorische, nicht konkretisierte, moralische Gehalt dieser Formulierung scheint der sehr pragmatischen, an konkreten sozialen Gehalten mehr als an Grundsatzerklärungen orientierten Haltung der Schweizer Stimmbürger widersprochen zu haben. (Ähnliche Tendenzen lassen sich auch in den amerikanischen Referenden feststellen.)

Die Referenden der ausgehenden neunziger Jahre ließen gewisse organisatorische Vereinheitlichungstendenzen zum Durchbruch kommen, wobei aber die föderalistischen Bestrebungen das Instrument des Referendums als effektive Waffe gegen eine allzu zentralisierte Bürokratie zum Einsatz brachte. So wurde das Bankgesetz, mit welchem eine Bundesbank mit Banknotenmonopol gegründet werden sollte, 1897 mit 255.984 oder 56,7 Prozent verworfen. Der Zwang zur Integration der mächtigen föderalistischen Vetogruppen und die Unhaltbarkeit der Banknotenvielfalt führten in der Folge (1906) aber zum Nationalbankgesetz, das auf die Kantone und bisherigen Emissionsbanken stärker Rücksicht nahm. Dagegen wurde eine andere »zentralistische« Maßnahme, die Revision des Artikels 64 der Verfassung, nach welcher dem Bund die Erstellung eines einheitlichen Zivil- und Strafrechtes ermöglicht werden sollte, mit großer Mehrheit gebilligt (für das Zivilgesetzbuch gab es 264.914 Stimmen oder 72,2 Prozent, für das Strafgesetz 266.610 oder 72,4 Prozent).

1898 wurde auch der Eisenbahnrückkauf trotz einer hohen Zahl von 85.505 Referendumsunterschriften mit 286.634 oder 67,9 Prozent Mehrheit und 78 Prozent Stimmbeteiligung – der höchsten seit Beginn ihrer Erfassung im Jahre 1879 – gebilligt. Die Tendenz zur Verstaatlichung beziehungsweise Kommunalisierung der öffentlichen Verkehrsmittel, die damals in ganz Europa an der Tagesordnung war, wurde etwa auch in den Zürcher Referenden über die Kommunalisierung der Tramway von 1894 und 1896 vom Volke gutgeheißen.

Das Jahr 1900 belegte mit seiner Ablehnung der obligatorischen Kranken- und Unfallversicherung und des Proportionalwahlrechtes wieder den antibürokratischen und beharrenden Zug des Schweizer Stimmverhaltens (244.666 oder 54,1 Prozent gegen die Proporzinitiative, eine Verfassungsinitiative der Minderheitsparteien der Bundesversammlung, die durch die »Wahlkreisgeometrie« der liberalen Mehrheit stark benachteiligt wurden: 341.914 oder 69,8 Prozent der Stimmen gaben ein Veto gegen die Versicherungsvorlage ab). Nach dem nur knappen Scheitern einer weiteren Proporzinitiative im Jahre 1910 (142.263 Unterschriften, 240.305 oder 47,5 Prozent Befürworter bei einer Ja-Mehrheit der Kantone) wurde aber 1918 die dritte Proportionalwahlinitiative mit 66,8 Prozent Stimmenmehrheit angenommen. 1920 wurde der Beitritt zum Völkerbund mit 56,3prozentiger Mehrheit (416.870 Pro-Stimmen bei 77,5prozentiger Beteiligung) angenommen.

Die sozialen Errungenschaften der Jahre nach dem Ersten Weltkrieg waren, wie bemerkt, nicht in erster Linie Ergebnisse des Referendumskampfes, sondern eher des Generalstreiks von 1918. Trotz der fortschreitenden Integration der Sozialdemokratie in das politische System der Schweiz, die auch durch das kurze Liebäugeln ihrer Spitzen mit der dritten Internationale nicht unterbrochen wurde, bewahrte die Mehrheit der Schweizer Stimmbürger ihre konservativ-antietatistische Tendenz. Selbst ein unter breitestem Parteien- und Verbändekonsens ausgearbeitetes Gesetz einer allgemeinen Alters- und Hinterlassenenversicherung wurde etwa 1931 mit großer Mehrheit 513.512 oder 60,3 Prozent Nein bei 78,1 Prozent Stimmbeteiligung vom Volk zu Fall gebracht. Als gegenagitatorische Gruppe hatte sich eine typische Vetokoalition der Rechten (Genfer Handelskammer) mit der äußersten Linken (die Kommunisten bezeichneten die Rentenvorsorge als »Bettelsuppe«) gebildet.

Die von der Weltwirtschaftskrise als Exportland schwer getroffene Schweiz trug die sozialen Spannungen der dreißiger Jahre auch auf Referendumsebene aus. Hier ist zunächst das Besoldungsreferendum von 1933 zu nennen, in dem der Linken zunächst eine Abwehr deflationärer Lohnkürzungen zu gelingen schien (505.190 oder 55,1 Prozent Nein bei sehr hoher 80,5prozentiger Beteiligung). Allerdings führten die dem Referendum weitgehend entzogenen Maßnahmen der Regierung dennoch in die Deflation. Eine große Verfassungsinitiative des schweizerischen Gewerkschaftsbundes zusammen mit Bauernverbänden aus 1934, die auf ein Krisenbewältigungsprogramm zur Bekämpfung des Lohnabbaues, Sicherung von Löhnen und Preisen, planmäßige Beschaffung von Arbeit, Überwachung von Kartellen und Trusts (allerdings aber auch auf eine zehnjährige Sistierung der Referendumsdemokratie) zielte, verfehlte trotz der außerordentlichen Zahl von 334.699 Unterschriften 1935 die Mehrheit (425.242 oder 42,8 Prozent Ja bei einem Beteiligungsrekord von 84,4 Prozent). Die bürgerlichen Gegner des Entwurfes verunglimpften ihn als marxistisch, planwirtschaftlich, die politische und finanzielle Kraft des Staates übersteigend. Die Sistierung der Volksbefragung auf zehn Jahre wurde als »Parlamentsdiktatur« gebrandmarkt. Während somit die Schweizer Stimmbürger, so wie die meisten Regierungen der Zeit, vor unorthodoxen Maßnahmen zur Belebung der Wirtschaft zurückscheuten, erteilten sie doch zugleich den Bestrebungen der Rechten, die Schweizer Demokratie in einen »Führerstaat« umzubauen oder die bürgerlichen Freiheitsrechte einzuschränken, eine Abfuhr: Das Begehren der faschistisch beeinflußten »Fronten« auf Totalrevision der Verfassung wurde 1935 ebenso zurückgewiesen wie 1937 die Verfassungsinitiative zum Verbot der Freimaurerei (1935: 72,3 Prozent

Nein oder 511.578 Stimmen bei 60,9 Prozent Beteiligung, 1937: 515.327 Nein oder 68,7 Prozent bei 64,6 Prozent Beteiligung). Wenn Erich Gruner davon spricht, daß 1933 eine »Periode der bundesrätlichen Krisennotrechtpolitik beginnt, in der die Referendumsdemokratie unter dem Vorwand des strapazierten Dringlichkeitsvorbehaltes mehr oder weniger lahmgelegt wird[25]«, so waren es allerdings die relativ wenigen Referenden dieser Zeit, welche die höchsten Stimmbeteiligungsziffern aufwiesen (die Abstimmung über das Krisenprogramm erzielte sogar ein nie vorher und nie nachher erreichtes Maximum). Anfang 1939 wurde diese Beschränkung der eidgenössischen Demokratie allerdings aufgrund einer machtvollen Initiative (128.765 Unterschriften) reduziert (346.024 oder 69,1 Prozent Mehrheit bei 46,4 Prozent Beteiligung für eine Beschränkung der Anwendung der Dringlichkeitsklausel) und 1949 wurde in einem der beiden Fälle, in denen eine von der Sozialdemokratie unterstützte Verfassungsinitiative von Erfolg gekrönt wurde, sogar eine noch weitergehende »Rückkehr zur direkten Demokratie« durchgesetzt (280.755 oder 50,7 Prozent Mehrheit bei 42,5 Prozent Beteiligung). Die von den Sozialdemokraten und einer bürgerlichen Oppositionsgruppe gewünschte Ausweitung des Initiativrechtes von Verfassungsgesetzen auch auf einfache Bundesgesetze wurde allerdings von den eine Abstimmungsflut fürchtenden Schweizer Stimmbürgern 1961 mit 409.445 oder 70,6 Prozent der Stimmen bei 40,1 Prozent Beteiligung deutlich abgelehnt.

Nachdem auch während des Krieges trotz des herrschenden politischen Burgfriedens eine kleinere Anzahl von Referenden durchgeführt worden war, wurden 1946 und Anfang 1947 zwar wiederum zwei Verfassungsinitiativen auf das Recht auf Arbeit und auf eine Wirtschaftsreform verworfen (mit 525.366 Stimmen oder 80,8 Prozent Mehrheit beziehungsweise 539.244 Stimmen oder 68,8 Prozent Mehrheit), das Jahr 1947 sah aber die schließliche Billigung des Entwurfes der Alters- und Hinterlassenenversicherung (bei hoher, nämlich 79,7 Prozent Beteiligung mit 862.036 Stimmen oder 80prozentiger Mehrheit). Eine Mieter- und Konsumentenschutzinitiative wurde am 13. 3. 1955 mit 392.588 gegen 391.130, aber bei einer Gegenmehrheit der Kantonstimmen verworfen, der zugleich eingebrachte Gegenentwurf unterlag zwar beim Volk mit 317.934 gegen 449.087 Stimmen, erzielte aber eine Mehrheit kantonaler Standesstimmen – ein unbefriedigendes Ergebnis, das die Paradoxien des Föderalismus deutlich macht.

1958 unterlag ohne gewerkschaftliche Unterstützung eine Initiative für die Einführung der Vierundvierzigstundenwoche mit 315.790 oder 35 Prozent Ja-Stimmen bei mit 61,4 Prozent nunmehr überdurchschnittlicher Beteiligung recht massiv (ebenso sollte 1976 eine Initiative für die Vierzigstundenwoche mit 1,315.822 oder 78 Prozent Gegenstimmen bei 45,2 Prozent Beteiligung scheitern). 1959 wurde das vom Parlament gebilligte Frauenstimmrecht von den (männlichen) Stimmbürgern massiv mit 654.939 oder 66,9 Prozent Gegenstimmen bei 66,7 Prozent Beteiligung verworfen (einige Kantone nahmen es allerdings zum gleichen Zeitpunkt an). Erst 1971 erzielte ein neuer Vorstoß des Bundesrates bei 57,7 Prozent Beteiligung mit 621.109 oder 65,7 Prozent Stimmen eine fast ebenso massive Zustimmung (die Pressekommentare hoben damals hervor, die Schweizer Bürger wären sich nun wohl bewußt, mit ihrer archaischen Männervorherrschaft das Gespött der Kulturstaaten herauszufordern). Das Freihandelsabkommen der Schweiz mit den Europäischen Gemeinschaften wurde vom Stimmvolk 1972 mit 72,5prozentiger Mehrheit zur Kenntnis genommen (1,344.994 gegen 509.465 bei 52,9 Prozent Beteiligung), 1973 die Abschaffung der aus der Zeit des Kulturkampfes stammenden Jesuiten- und Klosterartikel bei 40,3 Prozent Beteiligung mit 791.076 Stimmen oder 54,9 Prozent Mehrheit relativ knapp gebilligt.

In einer Zeit sinkender Referendumsbeteiligung (Beteiligungsziffern unter 40 Prozent und bei einzelnen Wirtschaftsmaterien sogar unter 30 Prozent waren häufig geworden), erzielten die Verfassungsinitiativen gegen die Überfremdung von 1970 mit 74,1 Prozent und 1974 mit 70,3 Prozent Höchstwerte, welche die Emotionalisierung dieser von rechts initiierten Referenden andeuteten. Die Verwerfung durch das Volk war 1970 mit 54 Prozent oder 654.844 Gegenstimmen erheblich knapper als 1974 mit 65,8 Prozent oder 1,691.632 Gegenstimmen.

Die Initiativen gegen Überfremdung und für Beschränkung der Einwanderung, die am 13. 3. 1977 zur Abstimmung kamen, mobilisierten allerdings nur mehr 45,2 Prozent der Wähler und scheiterten ebenfalls klar. Allerdings kann in der bekannt restriktiven Fremdarbeiter- und Einbürgerungspolitik der Schweiz ein gewisses Echo der doch recht breiten xenophoben Tendenz der Bevölkerung gesucht werden. Diese Politik kann freilich selbst wieder durch Staaten, die nicht schon Jahrzehnte hindurch einen derartig hohen Ausländeranteil an der Wohnbevölkerung haben (von 1914 bereits annähernd 15 Prozent), nicht einschränkungslos getadelt werden. 1976 scheiterten eine Mitbestimmungsinitiative der Gewerkschaftsbewegung und ein Gegenentwurf, beide recht deutlich: 472.094 oder 31,9 Prozent der gültigen Stimmen zählten für die Initiative und 431.690 oder 29,6 Prozent der Stimmen für den Gegenentwurf (bei 39,4 Prozent Beteiligung). Während das Scheitern der Initiativen auf gesetzliche Arbeitszeitverkürzung nicht als antigewerkschaftliches Votum interpretiert werden kann (der Schweizerische Gewerkschaftsbund hatte sich etwa gegen die Initiative für die Vierzigstundenwoche, die von der äußersten Linken ausging, und für den sozialpartnerschaftlichen Vertragsweg der Arbeitszeitverkürzung ausgesprochen), hat die Ablehnung der Mitbestimmungsinitiative doch größere Signifikanz. Bei Unterstützung durch den SGB und zwei christliche Arbeitnehmerorganisationen, alle Linksparteien und die evangelische Volkspartei konnten die Gegner der Initiative das unerwartet deutliche Ergebnis doch als »Absage an die gewerkschaftliche Mitbestimmungsideologie« darstellen, und der Kommentar von Gewerkschaftsseite, »perfid« wäre die Absicht gewesen, zwischen Gewerkschaften und Arbeitnehmer einen Keil zu treiben, zeigt wohl einen Teil der grundsätzlichen Problematik der Abstimmung auf.

Signifikant erscheint auch die Ablehnung einer aufgrund einer nicht parteiorientierten Zivildienstinitiative (885.868 oder 62,4 Prozent der Wähler bei 38,3 Prozent Beteiligung) zustandegekommenen Verfassungsvorlage. Der besonders in Kreisen der Sozialdemokratie seit langem gepflegte Zivildienstgedanke war von dieser als aussichtslos nie dem Volke vorgelegt worden. Die klare Verwerfung des Militärersatzdienstes durch die Stimmbürger entspricht zwar gewiß einem egalitären Prinzip (auch in typischen Arbeiterbezirken wurde der Zivildienst mehrheitlich abgelehnt). Wehrdienstverweigerer aus Gewissensgründen müssen aber als Ergebnis dieser Haltung weiter mit Gefängnisstrafen rechnen.

Ein überaus knappes Ergebnis hatte die Abstimmung über die Fristenlösungsinitiative am 25. 9. 1977. Wie in allen übrigen Industrieländern zeigten sich nicht nur die Parteien der Linken, sondern auch konfessionell ungebundene bürgerliche Kreise der Fristenlösung durchaus aufgeschlossen. Eine massive Gegenkampagne wurde seitens kirchlicher Kreise verschiedener Bekenntnisse, besonders aber von katholischer Seite geführt. Die relativ knappe Verwerfung der Initiative – sie erhielt 929.325 oder 48,3 Prozent der Stimmen bei überdurchschnittlicher Stimmbeteiligung von 51,9 Prozent – zeigte vor allem eine tiefgreifende Spaltung zwischen Stadt und Land. Die ländlichen Gebiete verwarfen die Fristenlösung mit großer Mehrheit, die städtischen Agglomerationen stimmten ihr zu. Die Verwerfung auch des Indikationenmodells, das 1978 mit großer Mehrheit scheiterte, weil es der einen Gruppierung zu wenig weit ging, der anderen aber immer noch verwerflich schien, zeigt hier gewisse Probleme der Kompromißfindung bei plebiszitären Entscheidungsmodellen.

Die Erhöhung der Unterschriftenzahlen für die Volksrechte, die ebenfalls am 25. 9. 1977 trotz Widerstand der Sozialdemokratie und einer kleineren bürgerlichen Oppositionspartei beschlossen wurden (bei 51,6 Prozent Beteiligung 56,7 Prozent Mehrheit bei 1,068.157 Ja-Stimmen), entsprach zwar nicht zuletzt der Belastung des Stimmbürgers mit einer Häufung von Abstimmungsvorlagen, die relativ starke Minderheit der Gegenstimmen beweist jedoch das bleibende Interesse an den Volksrechten.

Zu den bedeutendsten Referendumsergebnissen aus jüngster Zeit zählt die Zustimmung des Gesamtschweizer Stimmvolkes zur Abtrennung eines eigenen französischsprachigen Kantons Jura vom mehrheitlich deutschsprechenden Kanton Bern (am 24. 9. 1978 stimmten bei 41,5prozentiger Beteiligung 82,3 Prozent oder 1,309.722 Stimmbürger mit Ja), ein Vorgang, in dem der (Teil)Erfolg der jurassischen Separatistenbewegung in einer Serie kantonaler Separationsabstimmungen vom Gesamtvolk sanktioniert wurde. Die Auflösung der 1815 vom Wiener Kongreß geschlossenen »Zwangsehe« zwischen dem Kanton Bern und dem Jura, die seit Jahrzehnten zu Nationalitätenstreitigkeiten und sogar einzelnen Akten des Terrorismus Anlaß gegeben hatte, führte somit spät, aber doch auf friedlichem, demokratischem Wege zu einer grundsätzlichen Verfassungsänderung.

Die nur hauchdünne Ablehnung einer von mehr als 120.000 Unterschriften geforderten »Atomschutzinitiative«, welche praktisch ein lokales Vetorecht gegen Atomkraftwerksbauten impliziert hätte (19. 2. 1979, 919.923 Stimmen pro, 965.271 kontra), belegt die wachsende Stimmung gegen Kernkraftwerksbauten. Die Schweizer Sozialdemokratie, die gegen alle anderen Parteien der Schweiz (und gewissen Widerstand in den eigenen Reihen) diese Initiative propagiert hatte, konnte dagegen als Teilnehmerin an der Vetokoalition gegen das Gesetz über die Bundessicherheitspolizei einen Erfolg buchen: Mit 723.214 Ja gegen 918.974 Nein wurde ein Gesetz abgelehnt, das neben einer Antiterror-Sondereinheit von 300 Mann 1000 Mann Bundesspezialpolizei zur Aufrechterhaltung von Ruhe und Ordnung (etwa zum Einsatz gegen Demonstranten) vorgesehen hätte.

Föderalistische Gruppen, vornehmlich der Westschweiz, Sozialdemokraten, Gewerkschaften und linksextreme Gruppen brachten hier eine erfolgreiche Widerstandsfront gegen (durchaus bescheidene) Ansätze eines obrigkeitlichen »Atomstaates« zusammen.

Zu den Problemen der Schweizer Referendumsdemokratie zählt sicherlich die in den letzten Jahrzehnten abnehmende Stimmbeteiligung, die in der Zwischenkriegszeit in den Jahrfünften 1929–1933 und 1934–1938 mit je 67,1 Prozent die absolut höchsten Durchschnittswerte erzielte, derzeit aber unter 50 Prozent liegt. Auch die Beteiligung an den Schweizer Nationalratswahlen ist in den letzten Jahrzehnten allerdings beträchtlich gefallen. Die Stimmabstinenten sind dabei nicht gleichmäßig über die Bevölkerung verteilt, sondern finden sich überproportional in unteren Sozialschichten, bei sozial wenig Integrierten, bei den Jungen und ganz Alten sowie bei den Frauen[26]. Ähnliche »Partizipationsdefizite« finden sich auch in anderen Ländern, die nicht so weitgehende Volksrechte gewähren, haben aber hier wie dort den Effekt einer Dominanz der wohl integrierten, saturierten Mittelschichten. Daß diese Schichten unmittelbar und nicht nur als »schweigende Mehrheit« und durch ihre Repräsentanten ihren relativen Konservativismus in Sachfragen zum Ausdruck bringen können, mag als stabilisierender Effekt begrüßt oder als antisozial abgelehnt werden. Die Konservativität des eidgenössischen Souveräns in Wirtschaftsfragen, etwa die wiederholte Ablehnung einer Harmonisierung der kantonalen Steuererhebung, die Ablehnung der von der Sozialdemokratie geforderten Reichtumssteuer, mehrerer Mieterschutzinitiativen sowie der lange Widerstand gegen die Sozialversicherung mögen nicht als nachahmenswert erscheinen. Ein insgesamt feststellbarer Erfolg des Schweizer Wirtschafts- und Gesellschaftsmodells kann aber nicht geleugnet werden.

Dieser kurze Abriß über die konkreten Ergebnisse des schweizerischen Referendums kann, wie erwähnt, weder Anspruch auf Vollständigkeit noch auf tiefschürfende Analyse erheben. Er illustriert aber anhand typischer Beispiele die Reaktionen einer breiten Bevölkerung auf konkrete Befragungen zu Sachthemen.

Auch wenn dem Hinweis auf die kulturelle Besonderheit des Schweizer politischen Klimas eine gewisse Berechtigung zukommt, bleibt doch in vielen Sachfragen der Beispielcharakter für die anderen industrialisierten Länder westlich-demokratischen Charakters erhalten und wird auch durch parallele Ergebnisse der Demoskopie abgestützt. Niemand wird sich mit allen Ergebnissen der Schweizer Referendumsdemokratie voll identifizieren. Aber in einem grundsätzlichen Sinn bestimmt die Schweizer Bevölkerung in weit höherem Maße über ihr Schicksal als es die Bevölkerung anderer Staaten mit verwandtem politischem System tut. Und daß sie dies in Frieden, relativer innerer Harmonie und Stabilität tut, hat für eine Zeit, in der der Gedanke einer vermehrten Beachtung des konkreten Volkswillens auch andernorts sich zu verbreiten beginnt, sicher positive Auswirkungen.

4. 3. Das Referendum in den USA

4. 3. 1. *Der Einfluß der Schweiz*

Die Erforschung der Diffusionsprozesse des technischen wie des sozialen Fortschrittes leidet ein wenig unter der nationalen Optik der Gelehrten, die gerne auf die eigenständigen Leistungen der Heimat verweisen, den Einfluß (womöglich konkurrierender) ausländischer Staaten aber eher unterspielen. Diese Tendenz zur Herausstellung nationaler Prioritäten, die etwa zum bekannten Phänomen des Streites um die Urheber großer Erfindungen führt, ist auch auf dem Gebiet der politischen Institutionengeschichte festzustellen. So ist es einerseits eine erwiesene, dabei aber zugleich eine weitgehend vernachlässigte Tatsache, daß die Entwicklung der direkten Demokratie in den USA stark von jener in der Schweiz beeinflußt worden ist[27]. Das rührt zum Teil sicher daher, daß in den großen und machtvollen USA die Sensibilität für die Wichtigkeit geistiger Importe nicht eben ausgeprägt ist: Sie widerspricht ja jenem »Sendungsbewußtsein«, das bei Weltmächten traditionsgemäß kulturprägend wirkt. Außerdem sind aber auch die unmittelbaren politischen Beziehungen der Schweiz zu den USA relativ so locker und die aufgrund der langen Neutralitätsperiode isolationistische Optik der Eidgenossen so stark, daß auch von der Schweiz aus die internationale Ausstrahlungskraft der Referendumsdemokratie kaum ernsthaft gewürdigt wurde und wird.

Selbst ein so engagierter Zeitgenosse wie Theodor Curti beschäftigte sich in seiner Schrift: *Der Weltgang des Referendums*[28] zwar kurz mit der Einführung direktdemokratischer Methoden in einigen westlichen Bundesstaaten der USA, ging aber dabei nicht auf die konkrete Beispielswirkung der Schweiz ein. An anderer Stelle erwähnte er zwar die Rolle Bürklis als Propagator der Errungenschaften der Zürcher demokratischen Bewegung, insbesondere seinen Einfluß auf Rittinghausen und die deutsche Sozialdemokratie sowie die internationale Verbreitung seiner eigenen Schriften[29]. Der tatsächliche Wirkungszusammenhang der Verbreitung der Schweizer Referendumsdemokratie ist dagegen zwar schon beim schweizerisch-amerikanischen Ökonom William E. Rappard vorzüglich dargestellt[30], ist aber in seiner globalen Bedeutung noch kaum gewürdigt worden. Rappard, als »Grenzgänger zwischen den Kulturen« für eine international vergleichende Betrachtungsweise prädestiniert, belegt, wie die Schweizer Referendumsdemokratie zu Ende der achtziger Jahre des 19. Jahrhunderts, besonders über Vermittlung des Werkes von Adams und Cunningham, *The Swiss Confederation,* Interesse in England und den USA zu finden begann[31].

Auf politisch ökonomischer Ebene trat die Rezeption des Gedankens der Schweizer Volksgesetzgebung durch die populistische Reformbewegung der westlichen USA hervor, die ihm auch in Süd-Dakota zum ersten praktischen Durchbruch verhalf[32]. Die gerade im amerikanischen Mittleren Westen und Westen beachtlichen Schweizer Auswandererkolonien dürften aber ebenfalls einen gewissen Einfluß auf die Reformbewegung der neunziger Jahre des 19. Jahrhunderts ausgeübt haben. Der Anwalt William S. U'Ren, der die unbestritten führende Rolle bei der Wandlung Oregons zum Musterstaat der amerikanischen Referendumsdemokratie spielte[33], bekannte Rappard gegenüber jedenfalls, daß das Buch J. W. Sullivans aus dem Jahre 1892 über die Schweizer Volksrechte zu einer »great moving cause« der Bewegung in Oregon geworden sei und fügte hinzu: er übertreibe nicht, wenn er Oregon für diese zweckmäßigen Hilfsmittel der Demokratie völlig der Schweiz verpflichtet sehe[34].

Wenn nun die Ausstrahlungskraft des Schweizer Modells auf die Einführung der direkten Demokratie in einigen amerikanischen Bundesstaaten unzweideutig erwiesen ist, so stellt sich doch die Frage, warum dieser Einfluß gerade im Westen der Vereinigten Staaten um 1900 so beachtliche Erfolge erzielen konnte. Die Untersuchung der Voraussetzungen für diese Rezeptionsbereitschaft erfordert ein kurzes Eingehen auf die spezifische ökonomische und politische Situation dieser Regionen.

4. 3. 2. *Das Erbe des Populismus*

Was die Dualität von erstarrten Vorläuferinstitutionen und dynamischen Neubildungen betrifft, zeigt die Verbreitung des Referendums in den USA und der Schweiz eine interessante Parallele.

In der Schweiz gaben die konservativen Kantone der Innerschweiz die protodemokratische kulturelle Grundlage und einen ideologischen Bezugspunkt der modernen Referendumsdemokratie. Als Motor der Entwicklung erwiesen sich aber die wirtschaftlich dynamischen, weniger der Tradition verhafteten Kantone wie St. Gallen und Zürich. Ähnlich zeigten auch die »Urkantone« der USA, nämlich die alten Bundesstaaten Neu-Englands, zwar interessante Vorformen der modernen Direktdemokratie[35], erwiesen sich aber in der folgenden historischen Entwicklung eher als Hüter eines verfestigten Bestandes und als – zögernde – Übernehmer eines von außen induzierten Fortschrittes. Das läßt sich auch schon in der Wahlrechtsentwicklung der USA darlegen: Das an hohe Vermögensqualifikationen geknüpfte Wahlrecht wurde vor allem durch den Einfluß der hinzukommenden Pionierstaaten des Westens einer egalitären Tendenz unterworfen: der gesetztere, hierarchisch verfestigtere Osten folgte dem offeneren Westen. Dem Einfluß der Staaten an der Grenze zu den Indianerländern ist es etwa zu danken, daß sich das gleiche (Männer)Wahlrecht in den USA schon früh im 19. Jahrhundert durchsetzte, und sie waren es auch, die als erste den Frauen das volle Stimmrecht gaben[36].

Zu dieser sozialen Schrittmacherrolle der »Frontier« treten noch die besonderen politischen Auswirkungen, welche die Dürren und Depression der neunziger Jahre des 19. Jahrhunderts in den meist erst jüngst erschlossenen Trockenfarmgebieten des amerikanischen Westens zeitigten, und die im zeitweiligen Aufschwung der »People's Party« ihren Höhepunkt fanden. Diese »People's Party« ist ein Produkt der »Farmerallianzen«, mit denen vor allem die Weizenfarmer des amerikanischen Westens auf ihre Abhängigkeit gegenüber Banken und Eisenbahnen und auf die Beherrschung der politischen Institutionen durch korrupte Bosse im Sold des Großkapitals reagierten[37].

Die populistische Bewegung der neunziger Jahre des vorigen Jahrhunderts entsprang somit im wesentlichen den Existenznöten formell selbständiger, aber schwer verschuldeter Kleinbürger. Als typische moderne Schuldnerbewegung trat sie für eine Politik billigen Geldes ein: daher die Leidenschaft, mit der die Populisten die »freie und unbeschränkte Prägung« von (inflationärem) Silbergeld forderten[38]. Schuldnerbeziehungen sind außerdem – jedenfalls unter den Bedingungen moderner Finanzierungsinstitutionen – abstrakter, »undurchsichtiger« als die Beziehungen etwa zwischen Unternehmern und Lohnabhängigen. Statt gegen einen realen »Ausbeuter« kämpft der verzweifelte Schuldner gegen mysteriöse »Geldmächte«, daher wohl die Neigung zur Entlarvung geheimnisvoller Verschwörungen von Großkapitalisten, wie sie auch im Populismus eine nicht unbedeutende Rolle spielte. Schließlich begünstigt dieses abstrakte Band zwischen Schuldner und Gläubiger auch die Verlegung der Konfliktaustragung in die abstraktere Sphäre politischer Reform (während der Arbeitskampf in den konkreteren Streik mündet).

Dies, zusammen mit dem – wie in der Schweiz – kulturprägenden demokratischen Grundbewußtsein, dürften die wesentlichen Voraussetzungen sein, welche im Westen der USA eine kräftige Bewegung zur grundsätzlichen Neuordnung und Kräftigung der Demokratie auf der Basis vermehrter Volksrechte begünstigten[39].

Die Rolle des Populismus als selbständige politische Bewegung war relativ kurz und dadurch gekennzeichnet, daß es der »People's Party« trotz Anfangserfolgen 1892 und 1894 nicht gelang, sich als permanente dritte Kraft im amerikanischen Parteiensystem zu verankern. Die von einigen Populisten angestrebte Verbindung mit der Industriearbeiterschaft schlug fehl.

Die demokratische Partei (unter dem Befürworter der Silberwährung Bryan aus Nebraska) und die Republikaner Theodore Roosevelts bemächtigten sich vieler zeitgemäßer Anliegen, die von den Populisten vertreten wurden. Die Notwendigkeit, in den bipolaren Präsidentschaftswahlkämpfen Stellung zu beziehen, war ein weiterer Faktor der Auflösung des Populismus als Partei. Von vornherein war übrigens im Populismus nicht klar, ob vornehmlich eine Entmachtung der »Bosse« und eine demokratische Erneuerung innerhalb der bestehenden Parteien oder die Gründung einer eigenen Partei durchgesetzt werden sollte (die mit den Weizenfarmern verbündeten Pachtfarmer des südlichen Baumwollgürtels entschieden sich beispielsweise von vornherein für eine Eroberung der demokratischen Partei, weil sie diese, als Instrument der »weißen Oberhoheit«, nicht spalten wollten).

Mit dieser partiellen »Aufsaugung« des Populismus durch die »progressiven« Flügel der traditionellen Parteien mit seiner Wirksamkeit teils innerhalb, teils außerhalb ihrer Strukturen war einerseits eine Grundlage für seinen vordergündigen Zerfall, aber auch für sein untergründiges Weiterwirken gegeben. Die bleibende institutionelle Leistungsbilanz des Populismus ist jedenfalls erstaunlich hoch. Von Populisten beherrschte oder wenigstens als »Zünglein an der Waage« beeinflußte Staatsparlamente des amerikanischen Westens führten die Neuerungen des Referendums, der Initiative und des Recall[40] ein, die von den Populisten geforderte und vom Repräsentantenhaus seit 1894 mehrmals mit Mehrheit verabschiedete Direktwahl des amerikanischen Senates, des Symbols der »Plutokratie«, wurde 1912 tatsächlich durchgesetzt. Die ebenfalls verlangte Verstaatlichung der Eisenbahnen[41] wurde zwar nicht erreicht, aber es wurden wenigstens staatliche Regulative eingeführt. Theodore Roosevelt schließlich widmete sich mit gemischtem Erfolg dem Kampf gegen Trusts und Monopole, also gegen jene »plutokratischen Mächte«, gegen die sich der Populismus als »Kleine-Leute-Bewegung« richtete.

Die Reformbewegung des amerikanischen Mittelwestens, die etwa auch zur Wahl des Sozialisten Emil Seidel zum Bürgermeister von Milwaukee führte[42], blieb vor allem in den Großstädten weiterhin virulent und fand auch Vertreter, wie den berühmten Reformdemokraten Robert La Follete aus Wisconsin, welche den Progressismus und auch das Konzept einer »dritten Partei« bis in die zwanziger Jahre weiterführten. Die »People's Party« selbst wurde allerdings an den äußersten Rand des politischen Meinungsspektrums abgedrängt. Die Silberwährungspropaganda wurde zur sektiererischen Anpreisung eines politischen Allheilmittels, die antiplutokratische Stoßrichtung führte in die Sackgasse der politischen Rechten[43]. Damit beschritten etliche Vorkämpfer des Populismus einen Weg, der manchen anderen Bewegungen kleiner Selbständiger auch in Europa ähnelte: Trotz gewisser pragmatischer Errungenschaften, wie etwa im christlichsozialen Wien Luegers, scheinen solche Bewegungen untergründig Ressentiments und antisemitischen Hetzparolen besonders zugänglich. Allerdings gelang es diesen Strömungen in den USA nicht, eine derart verderbliche politische Wirksamkeit wie bei der Errichtung der diversen europäischen Faschismen auszuüben.

Als weiterwirkendes Reformpotential des Populismus sind, wie erwähnt, vor allem die Institutionen der direkten Volksentscheide und die Versuche einer Institutionalisierung innerparteilicher Demokratie anzusehen, die sich unterdessen weiter verbreitet haben. Wie in der Schweiz gelang es einer wirtschaftlich motivierten Bewegung »kleiner Leute« aus den unteren Mittelschichten unter dem Ideal einer Reform der Demokratie, gewisse Instrumente gegen die Übermacht des Großkapitals und die politische Korruption der Parteimaschinen zu entwickeln. Diese Entwicklungen fanden in der stärker »weltanschaulich« geprägten Politik Europas wohl auch im Gefolge der Erschütterungen des Weltkrieges kaum Widerhall. Zudem waren die Schichten, die etwa in den USA eine Reform der Demokratie forderten, in Europa gerade nach dem Weltkrieg viel eher für deren Abschaffung zu begeistern. Angesichts der fortschreitenden Entideologisierung der Nachkriegszeit und der Aushöhlung der Weltanschauungsparteien, aber auch infolge der Verfestigung des Bekenntnisses breiter Schichten zur Demokratie erhalten jedoch die Reformideen der Populisten gegen die »machine politics« und ihre Korruption auch hier wieder größere Aktualität. Der »neue Populismus«, den etwa Herbert Marcuse heute in den westlichen Industriestaaten ortet[44], hätte als konstruktives Erbe des klassischen Populismus jedenfalls die Besinnung und das Beharren auf konkreter Demokratie zu bewahren – auch wenn manche Illusionen der Vorkämpfer der Parteien- und Parlamentsreform wohl aus historischer Sicht überwunden sein müßten.

4. 3. 3. *Die Ergebnisse des Referendums in den USA*

Mehr noch als in der Schweiz (in der die Vielzahl der eidgenössischen Referenden ja eine verschwindende Proportion der oft sehr wichtigen kantonalen und örtlichen Referenden ausmacht), bietet die Fülle der Volksentscheide in den USA Schwierigkeiten der Würdigung[45]. Dennoch lassen sich gewisse grundsätzliche Aussagen treffen, wie dies etwa Austin Ranney auf der Basis der bisherigen – eher spärlichen und zersplitterten – Literatur versucht hat[46].

Ausgehend von der in den USA autochthonen Basis des obligatorischen Verfassungsreferendums, die im Verein mit »empirischen« Volksbefragungen zu heiklen Themen schon im ausgehenden 19. Jahrhundert geläufig war, lassen sich zwei Wellen der Einführung von Volksrechten unterscheiden: Die erste erfaßte, ausgehend von Süd-Dakota und im geschilderten Zusammenhang mit der populistischen Bewegung zwischen 1898 und 1918, zweiundzwanzig Staaten vornehmlich des amerikanischen Westens und Südwestens. Höhepunkt waren die Jahre 1911 und 1912, in denen zusammen neun Staaten die Gesetzesinitiative und das Referendum einführten. Nach einer langen Pause, in der sich nur der neugeschaffene Bundesstaat Alaska (1959) für das Referendum entschied, folgen 1968 bis 1972 drei weitere Staaten[47].

Die verschiedenen Versuche, die Referendumsentscheide nach der Art der zur Debatte stehenden Fragen zu klassifizieren, erscheinen nicht sehr aussagefähig: Kategorien wie »Fragen der politischen Organisation«, »Steuerfragen«, »Fragen der öffentlichen Moral«, »Bürgerrechte«, »Umweltschutz«, »Erziehung« sind etwa zu global, um nach der Häufigkeit geordnet, relevante

Schlüsse zu erlauben[48].

Für die schon von W. B. Munro analog der Schweiz konstatierte »leicht konservative Tendenz« der Referendumsdemokratie in den USA[49] bieten allerdings die von Ranney nur beispielhaft zitierten Ergebnisse von Volksinitiativen zwischen 1945 und 1976 zu den Fragen Todesstrafe und Rassendiskriminierung Belege. Bei den fünf Referenden, die zum Thema Rassendiskriminierung bei Hausverkäufen, im Schulwesen und dergleichen abgehalten wurden, kam es in allen Fällen zu Erfolgen der Integrationsgegner. Bei den vier Referenden, in denen es um die (Wieder)Einführung der Todesstrafe für bestimmte Vergehen ging, erzielten deren Anhänger ebenfalls in allen Fällen Erfolge. Referenden über das Verbot der Gewerkschaftsmitgliedschaft als notwendiger Vorbedingung zur Erlangung eines Arbeitsplatzes wurden in sechs Fällen positiv und in sechs Fällen negativ entschieden. Die Mehrzahl der Referenden, die um die Begrenzung des Steuerniveaus und die Abschaffung der progressiven Einkommensteuer ausgefochten wurden, endeten allerdings mit Niederlagen der Steuergegner. Ranney schließt aus diesen und einigen anderen Ergebnissen, daß zwischen 1945 und 1976 bei Volksabstimmungen in Wirtschaftsfragen eher »liberal positions«, in europäischer Terminologie also eher »linkere« Haltungen zum Zuge kamen, in sozialen Fragen aber konservativere Auffassungen vorherrschten, was auch im Einklang mit den vorherrschenden Auffassungen der Politikwissenschaft über die Wählerpräferenzen stünde[50].

Die Verfechter der Einführung des direktdemokratischen Gedankens auf der Bundesebene der USA, die, wie üblich, eher der linken Mitte zuzuzählen sind, nennen allerdings als Beispiele für Volksentscheide, die ihren Erwartungen entsprechen, vor allem strikte Umweltschutzmaßnahmen in Michigan und Maine (für wiederverwertbare Flaschen und Konserven) sowie Teilerfolge in Atomabstimmungen. Die große Atomabstimmung 1976 in Kalifornien wurde zwar nicht zuletzt dank einer Monsterkampagne der Atomindustrie von den Atombefürwortern gewonnen, bildete aber doch den Anlaß eines unterdessen als verfassungswidrig aufgehobenen Reaktorsicherheitsgesetzes[51].

Betrachtet man den Fall der Direktdemokratie in Kalifornien etwas genauer, kommt man vielleicht zu etwas präziseren Aussagen[52]. Kalifornien ist als bevölkerungsreichster und wirtschaftlich (mit New York) gewichtigster Bundesstaat der USA das einzige Territorium vom Umfang europäischer Großstaaten, das regelmäßig und nach Art der Schweiz seine Wähler zu Sachvoten beruft. Auch wenn man von der nur begrenzten Souveränität eines amerikanischen Bundesstaates ausgeht, zeigt Kalifornien somit wenigstens die prinzipielle Durchführbarkeit des Modells der Referendumsdemokratie auf Großstaatsebene.

Betrachtet man nun etwa die durch Volksinitiativen zur Abstimmung gebrachten Fragen in Kalifornien 1960 bis 1976[53], so kann man feststellen, daß bei einer Mehrzahl von neunzehn abgelehnten gegenüber sieben angenommenen Initiativen die angenommenen einen fast durchwegs konservativen Charakter hatten: 1964 wurde etwa mit dem »fair Housing Act« eine Maßnahme der Rassenintegration torpediert (65,3 Prozent Mehrheit), 1972 eine Initiative für die Todesstrafe mit 67,5 Prozent Mehrheit gutgeheißen, und die Begrenzung des »Bussing« zur Erreichung der Rassenintegration in Schulen mit 63 Prozent Mehrheit unterstützt. Nur eine dieser sieben, von der kalifornischen Wählerschaft angenommenen Initiativen wurde allerdings von der teilweisen oder vollinhaltlichen gerichtlichen Aufhebung wegen Bundesverfassungswidrigkeit verschont[54]. Unter den abgelehnten Initiativen fanden sich neben mehreren (konservativen) Antipornographieinitiativen (die 1966 43,6 Prozent, 1972 aber nur 32,0 Prozent der Stimmen erhielten) auch die (liberale) Entkriminalisierung des Marihuanagenusses (1972: 33,5 Prozent der Stimmen) und die Anti-Atomkraftinitiative von 1976, die 33,0 Prozent der Stimmen erhielt. Zusammen mit der 1978 in der »Proposition 13« siegreichen Antisteuerinitiative und gewissen Erfolgen für den Umweltschutz (1972 55,1 Prozent für den erhöhten Schutz der kalifornischen Küstenlandschaft), zeigt sich hier ein Ergebnis, das mit den Ergebnissen in der Schweiz und jenen der Meinungsforschung in anderen entwickelten Industrieländern auf verblüffende Weise kongruiert.

Die in den amerikanischen ebenso wie Schweizer Referendumsbestimmungen dominante Haltung ist die recht moralisch und puritanisch gefärbte Einstellung der mittleren Sozialschichten. Diese Haltung ist zweifellos nicht frei von Vorurteilen, auch wenn man sich hüten muß, Kontroversen wie die um das »Bussing« oder die Wohnungsintegration aus der scheinbaren humanitären Überlegenheit des abstrakt urteilenden entfernten Beobachters zu beurteilen. Beim »Bussing« werden etwa in oft stundenlanger Fahrt junge Menschen aus sehr verschiedenen kulturellen Milieus in den gleichen Schulen zusammengebracht: Der unmittelbare Effekt ist meist nicht erhöhte Verständigungsbereitschaft, sondern eine drastische Verschlechterung des Leistungsniveaus und Arbeitsklimas bisher gut funktionsfähiger Schulen. Auch explosive Konflikte zwischen Jugendlichen aus der eher autoritär und leistungsorientiert geprägten unteren Mittelschicht und jungen Menschen aus dem subproletarischen und kriminalisierten Ghettomilieu können auftreten und dem Gefühl »unter sich« bleiben zu wollen, erhöhte Überzeugungskraft vermitteln. Die Frage der Todesstrafe ist sicherlich eine grundsätzliche und bedrückende. Die Ergebnisse der diesbezüglichen Referenden in den USA sind hier wohl auch als Symptom eines eben jenen »arbeitsamen Mittelstand« zutiefst verunsichernden, hohen Kriminalitätsniveaus zu sehen, dessen Fehlen die hier viel humanere Praxis der Schweizer Referendumsdemokratie erklärt. Auch wenn die kriminalisierten Ghettobildungen nicht zuletzt auf die Exklusivität der puritanischen weißen Mittelschichten zurückzuführen sein dürften (welche »Fremdrassige« lange Zeit am Aufstieg in qualifizierte Berufe durch Zutrittsverbote hinderten), ist hier noch zu bedenken, daß eine notabene durch die »Oberschichthumanität« der Bundesgerichte zum Teil abgeblockte Verstärkung der law-and-order-Tendenzen innerhalb der demokratischen Spielregeln wohl besser ist als eine Machterosion humanitärer und liberaler Oberschichten, welche der Demagogie der Rechten den Vorwurf der Ohnmacht zuspielt.

Eugene C. Lee sowie eine Reihe anderer Autoren heben am Beispiel Kaliforniens die Rolle hervor, die finanzkräftige Interessengruppen bei Referendumskampagnen spielen[55]. Neben der Sechs-Millionen-Dollar-Kampagne der Atomlobby zum kalifornischen Referendum von 1976 ist etwa für 1978 die ebenfalls sehr aufwendige und letztlich erfolgreiche Kampagne der Zigarettenproduzenten zur Bekämpfung einer Initiative gegen das Rauchen in öffentlichen Lokalen zu nennen[56].

Lee gibt auch die Rolle zu, die Vorurteile und Emotionen bei Referendumsentscheidungen spielen können, meint aber, daß trotz der Komplikationen des Abstimmungsvorganges die kalifornischen Wähler besser mit komplizierten Abstimmungsanträgen fertig werden, als die Politikwissenschaftler angenommen haben[57]. Bei allgemein relativ niedriger Wahlbeteiligung (um 50 Prozent) nehmen bei Abstimmungen über Initiativen immerhin um die 90 Prozent der an der gleichzeitigen Personenwahl Teilnehmenden auch Stellung zum Referendumsbegehren[58]. Dies scheint Lee recht zu geben, wenn er die Vorwürfe der Apathie und Gleichgültigkeit gegenüber der Wählerschaft als übertrieben darstellt.

Die Volksrechte sind jedenfalls ein integrierender Bestandteil der politischen Kultur in den westlichen amerikanischen Bundesstaaten und werden von keiner Seite in Frage gestellt. In der Gegenwart scheint die Referendumsdemokratie sogar weiter auf dem Vormarsch. Im Zusammenhang mit der (als Gesetzesantrag eingebrachten, aber als relativ chancenlos bezeichneten) Einführung der Gesetzesinitiativen auf amerikanischer Bundesebene erklärten sich etwa 57 Prozent der Befragten eines Gallup-Polls für ein derartiges Projekt, und nur 21 Prozent lehnten es ab[59]. Der Trend zu erhöhter politischer Partizipation der Bürger ist auch in den Vereinigten Staaten, bei einem bereits gegebenen deutlich höheren Partizipationsniveau als etwa in den meisten Staaten Europas feststellbar. Die Ergebnisse der Referendumsdemokratie, die den großen inneren Konflikten dieses Landes entsprechend grundsätzlich problematischer als in der relativ »idyllischen« Schweiz erscheinen, zeigen, daß auch hier eher eine Verfestigung der Werte der »Mittelstandsgesellschaft« zu erwarten ist als eine Destabilisierung.

4. 4. Sporadische Direktdemokratie zwischen Grundsatzentscheid und Bestätigungsritual

4. 4. 1. *Das Referendum in Skandinavien, in den angelsächsischen Ländern und in der Weimarer Republik*

Außerhalb der Schweiz und der Vereinigten Staaten hat der direktdemokratische Entscheid über Sachfragen eher sporadische Bedeutung. Wenn man vom leider oft diktatorisch mißbrauchten Referendum über Totaländerungen der Verfassung absieht und von den, meist unter ebenfalls dubiosen Umständen stattfindenden Abstimmungen über Gebietsveränderungen, finden sich nur recht seltene Beispiele eigentlicher Referendumsdemokratie. Dennoch können aus ihnen recht instruktive Erfahrungen gewonnen werden.

In Kanada waren es, wie in den USA, die westlichen Bundesstaaten, welche häufiger die Methode des Referendums ergriffen (gegenwärtig ist allerdings die Möglichkeit einer baldigen Separationsabstimmung in Quebec gegeben). Eine Übersicht über die Referenden in sieben kanadischen Provinzen zwischen 1915 und 1971 zeigt, daß von insgesamt 25 Referenden zwanzig mit den verschiedenen Formen der Prohibition oder Vertriebseinschränkung alkoholischer Getränke zu tun hatten, die Mehrzahl davon im ersten Drittel unseres Jahrhunderts, in dem ja in vielen (vornehmlich protestantischen) Staaten der Kampf um das Alkoholverbot tobte[60]. Jüngere Referendumsfragen galten in drei Fällen der Einführung der Sommerzeit. Auch in den fünf nordischen Ländern ist die Zahl der Referenden relativ gering: dreizehn für Dänemark, Norwegen sechs und Schweden drei, eines in Finnland und eines in Island[61].

Die dänischen Volksabstimmungen betrafen zum Teil Territorialfragen, und in fünf Fällen Veränderungen des Wahlalters (mit jeweiliger Zustimmung des Volkes). 1972 fand der Beitritt zur Europäischen Wirtschaftsgemeinschaft eine 63,3prozentige Majorität.

Norwegen bekräftigte 1905 in einem friedlichen Referendum die Loslösung von Schweden (mit dem seltenen Fall einer 99,9prozentigen Mehrheit, die ohne Zwang zustandegekommen sein dürfte), billigte 1919 durch Referendum mit 61,6prozentiger Mehrheit die Prohibition, und 1926 mit 55,8prozentiger Mehrheit ihre Abschaffung. 1972 war übrigens Norwegen das einzige Land, das sich (mit 53,5prozentiger Mehrheit) in einer Volksabstimmung gegen den Eintritt in die EG entschied.

In Schweden scheiterte 1922 die Einführung der Prohibition knapp (mit 49 Prozent der Stimmen). 1955 wurde mit 84,8 Prozent Mehrheit die Einführung des Rechtsverkehrs verworfen (der später ohne Konsultation des Volkes eingeführt wurde). Bei der Entscheidung über drei alternative Sozialversicherungspläne entschieden sich die Schweden 1957 für den von den Gewerkschaften vorgelegten Plan, der allerdings nicht die absolute Mehrheit erhielt, was Anlaß zu bitteren politischen Kontroversen wurde.

Island sprach sich plebiszitär unter anderem 1918 mit sehr hoher Mehrheit für und 1944 gegen die Union mit Dänemark aus (im letzteren Fall – während sich Dänemark unter deutscher Besetzung befand – mit einer »totalitär« anmutenden, aber offenbar frei zustandegekommenen Mehrheit von mehr als 99 Prozent). 1933 votierten die Isländer mit 57,7 Prozent Mehrheit für ein Ende der Prohibition.

Die Erfahrungen mit der direkten Demokratie in den nordischen Staaten dokumentieren somit vor allem die große puritanische Volksbewegung des Prohibitionismus und deren Scheitern. (Dabei spielte in ihnen wie in den USA die politische Mobilisierung der Frauen für das Alkoholverbot eine sehr große Rolle.)

Sie belegen ansonsten die Möglichkeit friedlicher plebiszitärer

Veränderungen von Staatsgebieten (allerdings unter besonders günstigen Voraussetzungen). Eine wesentliche gestaltende Wirkung auf das politische Geschehen kann ihnen nicht nachgesagt werden, was nicht zuletzt damit zusammenhängt, daß das Referendum in ihnen nur »von oben nach unten« und nicht aufgrund eines Petitionsverfahrens zustandekommt.

Die quantitativ nicht unbedeutenden, aber qualitativ eher enttäuschenden Erfahrungen mit dem Referendum Australiens können nur oberflächlich gestreift werden. Da für jede Verfassungsänderung neben der Mehrheit beider Häuser des Parlaments eine Volksabstimmung mit absoluter Stimmenmehrheit insgesamt und ein Ja-Votum in mehr als der Hälfte der sechs Bundesstaaten vorgesehen ist, hat sich das Plebiszit in der Praxis vorwiegend als Hemmnis gegen Verfassungsänderungen und als Mittel der Parteiendemagogie erwiesen[62]. Das obligatorische Referendum für Teiländerungen der Bundesverfassung hat zwischen 1906 und 1977 zu 36 Abstimmungen geführt. Außerdem wurden 1916 und 1917 nationale Abstimmungen über die allgemeine Wehrpflicht abgehalten (und jeweils knapp mit Stimmenmehrheit abgewiesen) sowie 1977 die bevorzugte Nationalhymne plebiszitär ermittelt. Auf Einzelstaatsebene hatten die zwischen 1903 und 1978 stattgefundenen 28 Volksabstimmungen in zwölf Fällen Fragen der Beschränkung des Alkoholverkaufes zum Gegenstand, daneben spielten religiös-moralische Fragen wie die Beziehungen von Kirche und Schule, das Glückspielwesen und Fragen der konstitutionellen Organisation eine Rolle[63]. Insgesamt scheint die australische Erfahrung vorwiegend die negativen Seiten der Referendumsdemokratie wiederzuspiegeln. In einer stark parteigebundenen Wählerschaft werden Vorschläge für Verfassungsreformen, die von der Regierungspartei ausgehen, von der Oppositionspartei zu einem demagogisch aufgeheizten Zwischenwahlkampf benützt; der in Australien ebenso wie in der Schweiz und (etwa bei den bundesverfassungswidrigen Initiativen) auch in den USA feststellbare föderalistische Widerstand gegen bundeseinheitliche Regelungen macht sich ebenfalls stark und nicht unbedingt auf glückliche Weise bemerkbar[64].

Die während des Ersten Weltkrieges trotz britischen Druckes vom Volk abgelehnte allgemeine Wehrpflicht ist aber immerhin ein Beleg für die eher friedfertige Gesinnung der breiten Bevölkerungsmehrheit in den Kulturstaaten.

Im großen und ganzen scheinen jene Formen direkter Demokratie, in denen eine Volksinitiative oder ein fakultatives Volksveto (auf der Basis gewisser Unterschriftenzahlen) nicht gegeben ist, eine qualitativ unterschiedliche Form von Direktdemokratie zu verwirklichen, die in recht geringem Maße die allgemeine politische Kultur zu prägen scheint und ein gelegentliches und oft sogar als lästig empfundenes Anhängsel der Repräsentativdemokratie bildet. Aber auch die Volksinitiative hat ihre Tücken. Hier sei etwa kurz auf das Beispiel der Weimarer Republik verwiesen, die auch auf diesem Gebiet einen hoffnungsvollen demokratischen Neubeginn mit verhängnisvollen Geburtsfehlern aufwies.

Die Weimarer Verfassung sah (neben den plebiszitären Vorrechten des Reichspräsidenten, die eher »rechtes« politisches Gedankengut repräsentierten) auch ein Volksbegehren (auf der Basis der Unterschriften eines Zehntels aller Stimmberechtigten) vor[65]. Neben sechs Volksbegehren, die an diesem Quorum scheiterten, kam es immerhin zu zwei Abstimmungen sehr bezeichnender Art, zu jener über die Fürstenenteignung 1926 und jener über den Young-Plan.

Im ersten Fall stimmten nach einem Unterschriftenverfahren, das mehr als zwölf Millionen Menschen mobilisiert hatte, 14,440.770 Bürger für den von den Sozialdemokraten und Kommunisten eingebrachten Gesetzesentwurf zur entschädigungslosen Enteignung der deutschen Fürsten. Da aber bei einem als verfassungsändernd qualifizierten Entwurf nur 36,5 Prozent statt der vorgeschriebenen Mehrheit der Stimmberechtigten mit Ja gestimmt hatten, genügten 584.672 Nein-Stimmen und der Boykottaufruf der deutschen Rechten zur Ablehnung der Initiative. Die verfehlte Gesetzestechnik, die den Gegnern einer Initiative den Wahlboykott nahelegte, führte dabei übrigens auch zu einer praktischen Aufhebung des Wahlgeheimnisses und zu Drohparolen, wie jenen, man werde sich die Leute »sehr genau ansehen«, die bei der »Kommunistenmusterung« zur Wahlurne schritten.

Daß dennoch eine so bedeutende Zahl von Menschen dem Aufruf der Linken folgte, zeigt die historischen Möglichkeiten, die auch der unglücklichen Weimarer Demokratie innewohnten.

Der zweite Volksentscheid der Weimarer Republik, die Abstimmung über die Hugenberg-Hitlersche Initiative gegen die Reparationsvereinbarungen des Young-Planes erhielt trotz massiver Unterstützung durch die Rechtspresse viel weniger, nämlich 5,8 Millionen Stimmen (13,8 Prozent der Stimmberechtigten). Aber auch sie wurde nicht durch die Macht der Gegenstimmen, sondern durch das Wahlgesetz zu Fall gebracht, denn nun sprach die Linke ihren Boykott aus[66].

Die – sicherlich gut gemeinten – Bestimmungen der Weimarer Verfassung und des Gesetzes vom 27. Juni 1921 über den Volksentscheid bewirkten also das Gegenteil ihrer Intention: statt einer Stärkung der demokratischen Institutionen den faktischen Bruch des Wahlgeheimnisses und die bewußte taktische Nichtausübung der Volksrechte. Unter den gewiß besonders ungünstigen Voraussetzungen der innerlich zerrissenen Weimarer Republik wurde somit deutlich, daß Gesetze, die Mindestteilnahmebedingungen für die Gültigkeit direktdemokratischer Entscheidungen statuieren, in der Praxis den destruktiven Boykott der demokratischen Institutionen prämieren[67]. Daß sich nach dem Zweiten Weltkrieg die deutsche Bundesrepublik als (fast) reine Repräsentativdemokratie konstituierte[68] und auch die deutschen Länder außerhalb des schweiznahen, schwäbisch-bayrischen Bereiches[69] die Volksrechte meist nicht einmal als formale Möglichkeit einräumten, ist sicherlich zum Teil auf diese negative Erfahrung zurückzuführen. Die Hitlerschen »Volksabstimmungen« von 1933, 1934 und 1935, mit denen nach dem Vorbild des faschistischen Italien unter Verhältnissen wachsenden Terrors eine »Legitimation« der nationalsozialistischen Herrschaft dokumentiert werden sollte, haben allerdings als Teil der von Napoleon Bonaparte begründeten cäsaristisch-plebiszitären Tradition mit den geschilderten Formen der Referendumsdemokratie kaum mehr als den Ausdruck »Volksabstimmung« gemein.

4. 4. 2. *Probleme des bonapartistischen und gaullistischen Plebiszits*

»Volksabstimmungen«, in denen diktatorische Gewaltherrschaften die (zumeist mehr als 99prozentige) Zustimmung des Volkes zum Regime oder zu einzelnen seiner Maßnahmen fingieren, fallen an sich außerhalb des Interesses dieses Abschnittes[70]. In gleicher Weise haben etwa auch die als »Wahlen« deklarierten Bestätigungsrituale in Einparteienstaaten keine eigentliche Beziehung zu Untersuchungen über die Psychologie und Soziologie demokratischen Wählerverhaltens. Während aber die durch Wahlfälschung, Einschüchterung und Zwang zur offenen Stimmabgabe zustandegekommenen »Wahl«-ergebnisse üblicherweise nicht als Argumente gegen das geheime, regulär ausgeübte Wahlrecht verwendet werden, haben die gleichen Mißbräuche bei »Volksabstimmungen« an der Erzeugung gewisser Vorbehalte gegen die Direktdemokratie mitgewirkt.

Dafür gibt es mehrere Gründe unterschiedlichen Gewichts. Einerseits ist es richtig, daß im Wandel von demokratischeren zu autoritäreren Formen der Herrschaft regelmäßig die Akklamationsform des (Schein-)Plebiszits gewählt wird. Demokraten, die auf diese Verwendung des Volksvotums bei Napoleon Bonaparte, Louis Bonaparte, Mussolini, Hitler und Pinochet verweisen, übersehen allerdings, daß in solchen Fällen regelmäßig eine putschistisch errungene, faktisch schon bestehende Gewaltherrschaft auf fadenscheinige Weise »legitimiert« werden soll. Und selbst unter der Annahme, daß solche »Führergestalten« anfänglich oft über eine tatsächlich relativ breite Zustimmungsbasis verfügen, sind doch die unglaubwürdig hohen Mehrheiten, mit denen sie sich ihre »historische Mission« vom Volke bestätigen lassen, Beleg dafür, daß es ihnen auf die wahre Erforschung des Volkswillens nicht ankommt. Das auf dem Widerwillen gegen die »starken Männer« beruhende antiplebiszitäre Ressentiment der Linken verwechselt also in diesem Sinne Ursache und Wirkung. Eine stark gemilderte Form des bonapartistischen Bestätigungsrituals ist allerdings das »gaullistische« Plebiszit, in dem der Ruf zum Volksentscheid über wichtige Sachfragen in meist recht willkürlicher Weise mit der Stellung der Vertrauensfrage seitens eines führenden Politikers verbunden wird, die reguläre, formale Einhaltung demokratischer Spielregeln aber gewahrt bleibt. Die Vorbehalte gegen diese Abart plebiszitärer Demokratie mögen von Anklängen des Widerwillens gegen den »Führerkult« begleitet sein, haben aber doch, wie zu zeigen sein wird, im wesentlichen andere Wurzeln.

Eigentümlich und schwer erklärbar ist, warum gerade Frankreich in einzelnen, scharf abgegrenzten Perioden seiner jüngeren Geschichte die verschiedenen Formen plebiszitär abgesicherter, autoritärer Herrschaft in so exemplarischem Sinne vorexerziert hat[71].

In der großen Französischen Revolution fand sich ja zunächst die positivere direktdemokratische Tradition der Referendumsdemokratie angelegt: Die von den Girondisten geforderte, aber von den Jakobinern abgelehnte Volksabstimmung über das Los Ludwigs XVI. kam zwar nicht zustande, und es wäre müßig, über den allenfalls mäßigenden Einfluß ihres Ergebnisses auf den Gang der Revolution zu spekulieren[72]. Aber die (nie angewandte) Konventsverfassung von 1793, die ja in vielfacher Hinsicht sehr modernen Errungenschaften den Weg wies, sah bereits ein fakultatives Gesetzesreferendum vor, sofern eine entsprechende Initiative von einem Zehntel der örtlichen Wahlmänner in der Mehrzahl der

Departments unterstützt würde – also eine Abart der Volksinitiative in Sachfragen. Die Direktorialverfassung von 1795, die wie die Verfassung von 1793 auch durch Volksvotum bestätigt wurde, kannte allerdings nur mehr das obligatorische Referendum für Verfassungsänderungen. Mit der letzten, bonapartistischen Phase der Revolution verbindet sich dagegen bereits das Plebiszit als Bestätigungsritual persönlicher autoritärer Herrschaft: Napoleon benützte den Volksentscheid, um 1799 die Konsularverfassung, 1802 seine Wahl zum Konsul auf Lebenszeit und 1804 seine Kaiserwürde »demokratisch« zu legitimieren[73]. Sogar 1815, während der hundert Tage, führte Bonaparte ein entsprechendes Referendum durch. Auch ein weiterer, meist extrem manipulativer Fall des Referendums, jener der Volksabstimmung über Gebietsabtretungen in Anwesenheit von Okkupationstruppen wurde von der Revolutionsepoche initiiert: nämlich 1791 bei der Annexion von Avignon und 1792 bei der Angliederung belgischer und rheinischer Gebiete. Das Bestätigungsreferendum wurde später von Louis Bonaparte zur Legalisierung seiner Machtübernahme 1849 und 1852 verwendet und gibt so der Benennung des Typs als bonapartistisch zusätzliche Berechtigung. Napoleon III und Cavour waren es auch, die bei der italienischen Einigung und der Annexion Nizzas durch Frankreich dem Annexionsreferendum zu häufiger Verwendung verhalfen[74].

Die moderne Form autoritärer Herrschaft, die sich auf dem herrschend gewordenen Bewußtsein demokratischer Legitimität absichert und typisch auf das Charisma des »über den Parteien und Institutionen stehenden nationalen Führers« abgestellt ist, hat leider in der Geschichte der europäischen Verfassungen bislang einen bedeutenderen Einfluß geübt als die eigentlich volksnahen Institutionen von Initiative und Referendum. Auch die plebiszitären Elemente der Weimarer Verfassung wurden stärker durch diese Quelle gespeist als durch den Wunsch, der Volkssouveränität zum Durchbruch zu verhelfen. Die plebiszitären Befugnisse des Reichspräsidenten entsprachen etwa dem von Max Weber forcierten charismatischen Führerprinzip[75]. (Dieser autoritäre Aspekt spielte übrigens auch in der österreichischen Verfassungsreformdebatte von 1929 eine Rolle und überschattete die im gleichen Zusammenhang von verschiedenen Seiten vorgebrachten eigentlich direktdemokratischen Vorschläge bei weitem[76].)

In sehr eigentümlicher Weise hat in Frankreich nach der »antiplebiszitären« Epoche der dritten und vierten Republik Charles de Gaulle die Idee des direkten Volksvotums wieder aufgenommen[77]. Seine Verfassungsreferenden hatten zweifellos »bonapartistischen« Charakter (1958 über die neue Präsidialverfassung, 1961 und 1962 über die Beendigung des Algerienkrieges, 1962 Volkswahl des Präsidenten gegen den Widerstand des Parlaments). Alle diese Abstimmungen, bis auf die letzte, das Regionalisierungsreferendum von 1969, ergaben große Mehrheiten für de Gaulle (wobei bei der Durchsetzung der Volkswahl des Präsidenten zweifellos ein Verfassungsbruch vorlag). Die Bereitschaft de Gaulles zum Rücktritt nach der Niederlage von 1969 bezeichnet aber den gegenüber dem eigentlichen Bonapartismus viel milderen Charakter des gaullistischen Herrschaftsmodells: de Gaulle suchte zwar die Bestätigung seiner Führungsrolle »direkt vom Volk«, und seine wiederholten Rücktrittsdrohungen mit der verbundenen Warnung vor dem drohenden »Chaos« enthielten dabei durchaus Elemente einer autoritären Einschüchterung der Wähler. Aber der solcherart bekräftigte (und zuletzt vom Volk zurückgewiesene) »charismatische« Führungsanspruch setzte sich immerhin der realen Gefährdung durch geheime Wahlen aus. Das gaullistische Plebiszit ähnelt dadurch – abgesehen von der Phase der Brechung der Institutionen der vierten Republik – mehr dem von selbstbewußten Parteiführern gelegentlich gewählten Weg der Provozierung vorzeitiger Neuwahlen, und damit erweckt es in den Kreisen der regierenden politischen Elite auch ein gewisses typisches Unbehagen. Die Mehrzahl der politischen Funktionäre schätzt ja nicht so sehr die Herausforderung der permanenten Bestätigung durch das Volk als den sicheren Genuß der errungenen Positionen. Vorzeitige Neuwahlen ebenso wie die plebiszitäre Infragestellung der errungenen Machtstellung erscheinen von dieser Warte aus (überhaupt nach der Zerstörung des Unbesiegbarkeitsmythos des charismatischen Führers) als eher gefährliches Vabanquespiel. Daher ist es wohl auch kein Zufall, daß die nachgaullistischen Präsidentschaften mit Ausnahme des relativ »sicheren« Europaplebiszits von 1972 auf die Stellung der Vertrauensfrage an die Bevölkerung verzichtet haben.

Die »gaullistische« Mischform von Sachreferendum und der Einholung eines plebiszitären Vertrauensvotums für eine bestimmte Führungspersönlichkeit oder -gruppe (bei Einhaltung der formaldemokratischen Spielregeln) ist nun auch ein sehr naheliegendes und dabei nicht unproblematisches Übergangsphänomen bei der erstmaligen Einführung direktdemokratischer Entscheidungsmechanismen in eine sonst gut funktionierende Repräsentativdemokratie: Da nämlich in ihr ein institutionalisiertes Petitionsverfahren zur Ingangsetzung der Referendumsabstimmungen nicht existiert, sind es in der Regel emotionell besonders »aufgeheizte« Probleme, zu denen Regierungen die Bevölkerung erstmals konsultieren, und in denen die Versuchung naheliegt, mit vollem Engagement eine Absicherung des Regierungskurses durch das Volk zu erringen. Gerade solche »versuchsweise« Abstimmungen als Mittel noch nicht gemeisterter empirischer Politik geraten damit leicht in unkontrolliertes Fahrwasser, führen zu angedrohten oder tatsächlichen Politikerrücktritten, wenn das Vertrauensvotum ausbleibt, und tendieren somit dazu, die herrschende Fraktion der politischen Elite von der weiteren Verwendung der direktdemokratischen Konsultationen des Volkes abzuschrecken. Sinnvoll ist es daher, statt dieser risikoreichen Übergangsform der Referendumsdemokratie möglichst bald die Institutionalisierung des fakultativen Referendums und der Volksinitiative nach Schweizer Muster vorzunehmen, soweit aber empirische Politik auf konsultative Volksbefragungen hinausgeht, seitens der befragenden Instanzen eine Haltung absichernder Neutralität zu wählen. (Dieses Thema wird an anderer Stelle noch genauer zu behandeln sein.)

In der Schweiz hat die Ablehnung einer Regierungsvorlage durch das Volk gerade aufgrund des Alltagscharakters der Referendumsdemokratie nicht den Charakter einer Infragestellung der betroffenen Regierungsinstanzen, sondern nur die Signalwirkung, für die umstrittene Regelung neue, populärere Ersatzlösungen zu finden (oder aber es nach einigen Jahren wieder mit dem gleichen Anliegen zu versuchen). Es tritt damit ein Effekt der Versachlichung der Politik ein. Die Verbindung von Sachvoten mit einer Stellung der Vertrauensfrage gaullistischen Typs schafft dagegen Verwirrung und sonderbare Möglichkeiten von Loyalitätskonflikten zwischen persönlicher Anhängerschaft und Sachüberzeugungen. Auch wenn das »gaullistische« Plebiszit als abgeschwächte Form des bonapartistischen Bestätigungsrituals formal demokratisch mit geheimer Stimmabgabe und korrekter Stimmauszählung abläuft, stellt es doch eine primitivere und manipulativere Entscheidungsmethode als der gesetzesbezogene Sachentscheid dar. Indem es den Selbsterhaltungsinteressen der Funktionäre der Majoritätsparteien ebenso widerspricht wie den Präferenzen eines einigermaßen aufgeklärten Wählervolkes, reduziert es sich somit auf eine wenig lebenskräftige Zwitterform zwischen dem erzwungenen Akklamationsplebiszit und dem ernstzunehmenden direktdemokratischen Votum.

4. 4. 3. *Der direktdemokratische Trend*

Das jüngste und bisher einzige international vergleichende Überblickswerk über die Referendumsdemokratie ist, wie seine Herausgeber bekennen, Reflex eines derzeit in vielen Ländern feststellbaren politischen Trends[78]. Einerseits haben Staaten, die jahrzehntelang nicht oder noch nie Volksvoten über Sachentscheidungen abgehalten haben, zu diesem Mittel gegriffen: Beispiele sind etwa das britische Referendum über den EG-Beitritt 1975, dem unterdessen die Regionalisierungsabstimmungen in Schottland und Wales gefolgt sind, sowie die mehrfach plebiszitär abgesicherte Rückkehr Spaniens zur föderalistischen Demokratie. Die – vom irregulären Anschlußplebiszit des Jahres 1938 abgesehen – erste gesamtösterreichische Volksabstimmung über die Inbetriebnahme des Kernkraftwerkes Zwentendorf 1978 findet zudem ihr Echo in den geplanten Atomreferenden in Schweden und Dänemark. Andererseits haben die direktdemokratischen Entscheidungsmechanismen in jenen Ländern, in denen sie existieren, an Attraktivität offenbar nicht verloren. Butler und Ranney schließen also mit Recht in ihren Überlegungen an die »Zeit von den achtziger Jahren des 19. bis zu den zwanziger Jahren des 20. Jahrhunderts« an, als das Referendum in vielen Staaten im Brennpunkt der politischen Diskussion stand, und konstatieren für die späten siebziger Jahre des 20. Jahrhunderts eine Erneuerung des Interesses an Referenden[79].

Für diesen Trend den Ausdruck einer »neuen Welle der bürgerlichen Revolution« zu verwenden, mag vielleicht etwas verfrüht erscheinen. Aber immerhin zeigen sich recht kräftige Ansätze, die allerdings der Institutionalisierung noch in den meisten Fällen entbehren. Ein Teil der jüngeren Referendumserfahrungen besteht in den Beitrittsreferenden zu den Europäischen Gemeinschaften, welche allerdings in das Muster des seltenen und von oben initiierten Volksbefragungstypus passen und nicht unbedingt Konsequenzen einer permanent erhöhten, direktdemokratischen Aktivität nach sich ziehen müssen.

In Frankreich war das EG-Erweiterungsreferendum von 1972 ja sogar das letzte des »gaullistischen« Typs, und die »gaullistischen« Obertöne im österreichischen Atomreferendum, die für seine Veranstalter nicht eben glückliche Auswirkungen hatten, lassen auch in Österreich eine gewisse Vorsicht vor dem unberechenbaren Instrument der Volksbefragung erwarten. Einen Sonderfall stellt hier allerdings Italien dar. Die Bestimmungen der italienischen Verfassung von 1947, die ein der Schweiz ähnliches System des durch Unterschriftensammlung provozierbaren fakultativen Gesetzesreferendums vorsehen, sind durch ein spät erlassenes Ausführungsgesetz in praktische Geltung gesetzt worden[80]. In der überraschend massiven Bestätigung des durch eine laizistische, single-issue-Koalition zustandegekommenen Scheidungsgesetzes gegen eine massive katholische Referendumsaktion hat dieses fakultative Gesetzesreferendum 1974 auch seine Eignung zur definitiven Klärung umstrittener Grundsatzfragen unter Beweis gestellt. Mit der kleinen radikalen Partei unter Marco Panella hat sich auch eine typische Referendumspartei herausgebildet, die, ähnlich dem Schweizer Landesring der Unabhängigen, Hecht im Karpfenteich der etablierten Parteien spielt und dabei gar nicht schlecht abzuschneiden scheint[81].

England hat seit seinem Präzedenzfall der ersten EG-Abstimmung, die eine überraschend hohe Pro-Europa-Gesinnung der Wähler ausgewiesen hat, die Frage der Regionalisierung für Schottland und Wales negativ, aber zumindest auf einige Zeit geklärt. Der Regierungswechsel in Großbritannien zugunsten Margaret Thatchers, die sich schon vor einiger Zeit für die erhöhte Verwendung des Referendums durch eine konservative Regierung ausgesprochen hat, läßt dabei durchaus auch eine Fortsetzung dieser neuen Referendumstradition erwarten. Maßnahmen, die organisierten Interessengruppen mißfallen, bei der breiten Bevölkerungsmehrheit aber populär sind, könnten durchaus durch Referendumsentscheide legitimiert werden. Ob Großbritannien und Italien aus ihrer relativ prekären politisch-sozialen Situation durch stärkere Verwendung direktdemokratischer Entscheidungsmodelle befreit werden können, läßt sich zwar bezweifeln, aber der Zug zur puritanisch-kleinbürgerlichen Mitte oder der »schweigenden Mehrheit« könnte in diesen Ländern zweifellos die zentrifugalen Kräfte herabsetzen. Damit ist freilich die zentrale Frage gestellt, ob diese »neue Welle der bürgerlichen Revolution« nicht auf eine sehr konservative Revolution hinauslaufen würde.

4. 5. Fortschritthemmende Direktdemokratie?

Fast alle Arbeiten zur Direktdemokratie nahmen kritisch zum Für und Wider des Bürgerentscheides Stellung[82]. Kaum einer der neueren Autoren betrachtet sie als problemloses und in jedem Fall optimales Entscheidungsmodell (ein gewisser durch Praxiserfahrungen noch nicht gebändigter Enthusiasmus herrscht allenfalls bei Rittinghausen)[83]. Dennoch aber lassen Curti, Neidhardt oder auch die meisten Autoren bei Butler und Ranney die positiven Seiten der Direktdemokratie etwas stärker in den Vordergrund treten. Im Grunde läuft die Fragestellung, überspitzt gesehen, darauf hinaus: Soll man dem Durchschnittsmenschen der Industriestaaten, dem arbeitsamen, gewohnheitsorientierten, etwas autoritären, keineswegs vorurteilsfreien, im allgemeinen jedoch friedlichen und gutwilligen Mittelstandsbürger ein erhöhtes Mitspracherecht in der Durchführung der öffentlichen Angelegenheiten geben oder nicht?

Richtig ist, was »fortschrittliche« Kritiker des Referendums wenigstens unter der Hand als seinen gravierenden Nachteil bezeichnen: Der souveräne Stimmbürger hat in der Regel relativ konservative, soziale Anschauungen. Hier besteht globale Übereinstimmung mit den Ergebnissen der modernen Meinungsforschung, insbesondere aber auch der Parteiensoziologie, die etwa einen markanten Gegensatz zwischen gewissen konservativ-autoritären Prägungen der Kernwählerschichten der Linksparteien und ihren liberaler gesinnten Führungsschichten konstatiert[84]. Die Referendumsdemokratie entspricht dieser Tendenz mit der Zurückhaltung der Wähler gegenüber einer verfassungsmäßigen Abschaffung der Todesstrafe. Auch ihre Tendenz zur Minimierung der Steuern und der öffentlichen Verwaltung ist offenkundig. Das jüngste Ringen um die Vermögenssteuerkürzungen in Kalifornien und einigen anderen amerikanischen Bundesstaaten macht deutlich, wie sehr ein Antisteuerkreuzzug in einer Referendumsdemokratie erfolgreich sein und dabei von machtvollen Wirtschaftsinteressen gesteuert werden kann. Die Tatsache, daß die Schweiz auf dem Gebiet der Sozialversicherung nicht gerade als Pionierland gelten kann, die niedrige Steuerquote sowohl der Eidgenossenschaft als auch der USA sowie die gegenüber dem Rest der Demokratien um ein halbes Jahrhundert verzögerte plebiszitäre Einführung des Schweizer Frauenstimmrechtes scheinen den souveränen Stimmbürger als vornehmlich beharrende Kraft auszuweisen. Schließlich läßt das immer wieder gegen das politische Establishment aufflackernde, fremdenfeindliche Syndrom, das in der Schweiz schon zu mehreren (allerdings erfolglosen) Überfremdungsinitiativen geführt hat, das Mißtrauen vor dem Volk am Hebel der Staatsmacht oberflächlich begründet erscheinen. Gleiches gilt für die Verschwörungstheorien im Bannkreis des amerikanischen Populismus, und auch die nur knappe Zustimmung des Volkes zur Aufhebung des Schweizer Jesuiten- und Klostergründungsverbotes deutet auf gewisse paranoisch gefärbte Ängste in der protestantischen Bevölkerung[85]. (Die Jesuiten stellen wenigstens für einen Teil der Menschheit eine der klassischen konspirativen Mächte dar.)

Bei genauer Betrachtung sind allerdings etliche dieser Kritikpunkte zu relativieren. Was die Steuerwiderstände betrifft, so gibt es etwa heute auch innerhalb der Linken gewisse Vorbehalte gegen das Ausufern des Sozialstaates, zumal dieser mit einer tatsächlichen Egalisierung der Einkommen und Chancen oft nicht verbunden ist: Wenn neue soziale Begünstigungen notwendig über Massensteuern finanziert werden (etwa über die einst so tabuisierten indirekten Steuern), dann hat das Schlagwort von der »Gefälligkeitsdemokratie«, die ein Füllhorn scheinbar kostenloser Leistungen durch zunehmende Drehung der Steuerschraube finanziert, eine gewisse Berechtigung. Zudem zeigt sich der zentralisierte, »etatistische« Apparat des Wohlfahrtstaates der Einflußnahme »von unten« weniger zugänglich als dezentralere Einrichtungen, und was konkrete Projekte der Kultur und Volksgesundheit anbelangt, hat etwa die Direktdemokratie der USA wie der Schweiz die Opferbereitschaft der Bürger für Sozialeinrichtungen wie Schulen, Spitäler und Bibliotheken deutlich unter Beweis gestellt. Ohne das konservative Argument der »Grenzen der Belastbarkeit« polemisch verwenden zu wollen, bleibt es zudem eine Tatsache, daß mit zunehmender Höhe der Steuersätze eine Desintegration der Steuermoral, unversteuerte Schwarzgeschäfte etc. überhandnehmen dürften und der Steuerstaat somit ohne extreme Verschärfung autoritärer Kontrollen in die Gefahr der Erodierung seiner Grundlagen gerät. Die plebiszitäre Erforschung der Belastungwilligkeit der Wähler erscheint hier durchaus als Element der politischen Rationalität, zumal jene Interessen, die einen plebiszitären Antisteuerkreuzzug zu finanzieren wissen, sich ohnehin auch in den Vertretungskörperschaften die entsprechenden »loopholes« und Investitionsbegünstigungen zu sichern verstehen.

In der Frage der Todesstrafe und der untergründig fremdenfeindlichen Tendenzen mag zwar der Gedanke Madisons[86] und Gunnar Myrdals von der zivilisatorischen Überlegenheit der Repräsentanten über das Volk in der Regel zutreffen. Es gibt aber auch hier gewichtige Gegenargumente. Zum einen steht eine »aufgeklärte« Herrschaft, deren Ideen jenen des Volkes widerstreben, auf höchst unsicheren Füßen. Die Tabuisierung mancher Themen der öffentlichen Diskussion ist nur schwer aufrechtzuhalten, die zurückgestauten Ressentiments können sich dagegen in Krisensituationen, von Demagogen ausgebeutet, explosiv entladen. Stanley Alderson, ein moderner britischer Verfechter des Referendumsgedankens, meint hierzu sehr treffend, daß Referenden »Emotionen freisetzen, aber nicht schaffen[87]«, und verweist auf die Meinung Georg Thürers, der sie als »politisches Sicherheitsventil« ansieht, das sicherstellt, daß Kritik nicht in den Untergrund getrieben wird[88].

Richtig bleibt, daß die historischen Erfahrungen mit dem Prinzip der direkten Demokratie Ausdruck eines sehr eigentümlichen Widerspruches sind:

Während die *Einführung* der Volksrechte im allgemeinen von Kreisen verfochten wird, die man als »Progressive« oder Angehörige der (gemäßigten) politischen Linken einstufen könnte[89], sind es im allgemeinen konservative, beharrende Kräfte, die mit den *Ergebnissen* der direkten Demokratie am meisten zufrieden sein können. In der Schweiz wurden etwa Initiative und Referendum kurz nach ihrer Einführung auf Bundesebene durch die radikal-liberale Mehrheit zur wirksamen Waffe der konservativ-föderalistischen Opposition. Die Schweizer Sozialdemokratie, die sich später und bis heute häufig der Initiative bediente, konnte dagegen nur wenige Abstimmungserfolge erzielen. Von den 57 Verfassungsinitiativen zwischen 1891 und 1968 waren zwar 27 von der SPS inspiriert oder unterstützt, nur zwei aber wurden vom Volke angenommen[90].

Ähnlich sind die nur sehr sporadischen Erfahrungen mit dem Instrument direkter Demokratie in der Weimarer Republik zu werten.

Schließlich bekräftigen auch die amerikanischen Erfahrungen das Bild vom konservativen Volksentscheid: William Munro schrieb schon 1932 mit resignierendem Unterton, daß Initiative und Referendum zwar von progressiven Elementen eingeführt wurden, die annahmen, daß das Gesetzgebungsrecht des Volkes fortschrittlichen Maßnahmen zum Durchbruch verhelfen sollte; in der Praxis hätten aber die Stimmbürger amerikanischer Städte und Staaten sich durchaus etwa gegen das öffentliche Eigentum an städtischen Versorgungsunternehmen oder gegen progressive Einkommenssteuern ausgesprochen[91]. Dazu kommt für die jüngere Vergangenheit gelegentlicher plebiszitärer Widerstand gegen Maßnahmen zur rassischen Integration von Wohngebieten und

Schulen, und die vielbeachtete Antisteuerbewegung.

Als »progressiv« können dagegen allenfalls Ergebnisse der Verfassungsreferenden Italiens (1946) und Griechenlands (1974) zur Abschaffung der Monarchie eingestuft werden sowie die sehr klare Entscheidung der Italiener, die sich 1974 mit 59prozentiger Mehrheit für die Scheidungsreform der laizistischen Parteien entschieden.

Weniger klare Aussagen lassen sich über den vielbeachteten Antiatomentscheid der Österreicher 1978 machen, zumal hier wie bei den französischen Plebisziten der Ära de Gaulles mit der Sachentscheidung das politische Vertrauens- oder »Denkzettel«-motiv untrennbar vermengt war.

Ob im Ganzen gesehen direktdemokratische Mechanismen eine eher fortschrittsfördernde oder fortschrittshemmende Wirkung ausüben, kann aber trotz der ziemlich deutlichen Hinweise auf die Konservativität des Wählers nicht einfach entschieden werden. Dem Widerstand des Bürgers gegenüber Steuerbelastungen, größeren Einkommensumverteilungen, seiner Vorliebe für ein Minimum an Bürokratie und Eingriffen in seine individuelle Sphäre stehen andererseits seine durchaus deutliche Bereitschaft zur Unterstützung konkreter sozialer Einrichtungen gegenüber. Das beim Bürger heute wahrscheinlich stärker als in der von den organisierten Produzenteninteressen beherrschten, politischen Ebene wirksame Umweltbewußtsein kann zudem einerseits konservativ, andererseits aber auch progressiv (nämlich antikapitalistisch) interpretiert werden. Auf diesen Problembereich wird angesichts der Fragen, die die moderne Großstadtgesellschaft aufwirft, in der Folge noch genauer einzugehen sein.

Als fundamentalstes Argument der Befürworter der Direktdemokratie muß schließlich die enge Wechselbeziehung zwischen der Gesamtbevölkerung und den Akteuren und Hauptinteressenten der politischen Szene gelten.

Eine funktionierende, das heißt unter anderem eine den Wähler nicht mit Massen trivialer Entscheidungen überfordernde Referendumsdemokratie ist »progressiv« nicht unbedingt in jeder einzelnen ihrer Sachlösungen, sondern in der Herstellung eines möglichst angenäherten Kultur- und Informationsniveaus zwischen »Massen« und »Eliten«. In diesem Sinne hat eine Weiterführung der bürgerlichen Revolution nach Schweizer Vorbild für jene Anhänger einer skeptischen liberalen Linken, die das Volk nicht »zwangsbeglücken«, sondern in bescheidener Bemühung überzeugen und gewinnen wollen, weiterhin ein großes Maß an

Attraktivität.

Dabei liegt in dem pragmatischen Zug der ausgebauten Direktdemokratie noch ein zusätzlicher, überwiegend positiver Aspekt, nämlich der einer Befassung breiterer Kreise mit Beispielen jener Detailprobleme, die den umfänglichsten Teil praktischer Politik in allen Regierungssystemen ausmachen. Aus kritischer Sicht könnte man dazu zwar vorbringen, daß so über der Fülle der kleinen Entscheidungen die großen Perspektiven verlorengingen – der Bürger stimme über das Projekt einer neuen Wasserleitung ab und vergesse darüber, daß es gesellschaftspolitische Grundsatzfragen gebe. Unter Hinweis auf dic relativ niedrigen Stimmbeteiligungsziffern in den Ländern mit dem ausgebautesten formaldemokratischen Apparat, ließe sich sogar nicht ohne Berechtigung sagen, die Flut der Mitentscheidungsakte stumpfe viele Wähler ab und motiviere nur mehr die Eifrigsten. Gewichtiger ist aber wohl das Gegenargument, das die Bedeutung der dauernden und unmittelbaren Konfrontation der politischen Ideen mit der Praxis hervorhebt. Alexis de Tocqueville verwies in seiner brillanten Analyse des vorrevolutionären Frankreich etwa darauf, wie sehr mangels einer traditionellen Teilnahme der Intelligenz an den praktischen Staatsgeschäften die politische Ideenwelt vor 1789 ins Imaginäre und Literarische gelenkt wurde, und wie die Exzesse der Revolution nicht zuletzt durch den abrupten Versuch der Verwirklichung allgemeiner Theorien und vollständiger Systeme bedingt waren[91]. Einer solchen explosiven Trennung von Idee und Wirklichkeit, die etwa auch in gewissen Nachfolgegruppen der Studentenbewegung der sechziger Jahre feststellbar ist, wirkt die ausgebaute Direktdemokratie zweifellos auf das entschiedenste entgegen: statt zum Griff nach unerreichbaren Sternen und zur abstrakten, rhetorischen Verbrüderung mit der Menschheit oder den »Massen«, motiviert sie zur mühseligen Aufgabe der Gewinnung breiter Wählerzustimmung.

Eine tiefere Verankerung des demokratischen Ethos, wie sie mit einer verstärkten Direktdemokratie einhergeht, hätte letztlich auch den Vorteil, durch Festigung des demokratischen Bewußtseins den Rückfall aus einer im Einzelfall vielleicht wirklich aufgeklärteren oder humaneren repräsentativdemokratischen Elitenherrschaft in »Demokratieverdrossenheit« und den Ruf nach dem »starken Mann« zu verhindern. Dann würden sich nämlich die Verhältnisse umkehren, statt der vergleichsweise »gemütlichen« Vorurteile des »Unter-sich-bleiben-wollens«, wie sie Demoskopie und Referendumsdemokratie belegen, setzt gerade die diktatorisch demagogische Elitenherrschaft den Pogrom: Statt der populären Meinung, »Verbrecher nicht mit Glacéhandschuhen anzufassen«, setzt sie den verstaatlichten Mord und die Folter. Ein Fortschritt aber, der durch die Überzeugung der Mehrheit erkämpft wird, ist sicherer als einer, der »von oben« dekretiert wird.

*

Als die anerkannten Pionierstaaten der modernen Demokratieentwicklung gelten England, die Vereinigten Staaten und Frankreich: In England war es die Elastizität der ständischen parlamentarischen Herrschaftsformen, welche die Entfaltung der bürgerlichen Wirtschaft und den sozialen Aufstieg ihrer Repräsentanten nicht behinderten sowie (vor allem gegenüber Frankreich) die freiheitliche Ausstrahlungskraft eines pluralistischen Machtsystems erwiesen. Der Abfall der Vereinigten Staaten vom Mutterland gab das Modell einer ersten modernen, revolutionären Verfassung und wirkte ebenfalls auf das mit Amerika verbündete Frankreich zurück. Frankreich selbst erprobte im Strudel seiner großen Revolution nahezu alle modernen Verfassungsvarianten, griff ideologisch und in kurzfristigen Versuchen auch praktisch weit in die Zukunft hinaus und blieb gerade wegen seiner Rückfälle in die Reaktion auch im 19. Jahrhundert der Motor der europäischen revolutionären Entwicklung.

Neben diesen spektakulären Hauptrepräsentanten der modernen Demokratieentwicklung werden einige höchst interessante Nebenschauplätze meist vernachlässigt. So etwa die Niederlande, deren ökonomisch fortgeschrittene und dabei recht lose, »vorabsolutistische«, politische Struktur eigentümlich an die Schweiz erinnert und deren Einfluß im Gefolge der »glorreichen Revolution« von 1688 und als Hort geistiger Freiheit im Zeitalter der Aufklärung beachtlich ist. Vor allem aber ist es die Schweiz, die zwar als relativ freieres und wohlhabendes Land im Bewußtsein Europas lange präsent war, deren untergründige Ausstrahlungskraft aber gerade im ausgehenden 19. Jahrhundert wohl unterschätzt wird. Eine gewisse Selbstgenügsamkeit und ein Mangel an missionarischem Kulturbewußtsein, wie sie der Rolle des privilegierten Kleinstaates entsprechen, haben offenbar auch dazu geführt, daß in der Schweiz selbst die Entwicklung ihrer modernen direktdemokratischen Institutionen nicht als exportfähige Errungenschaft betrachtet wird. Die realen Einflüsse, welche das Schweizer Modell im 19. Jahrhundert ausübte, sind deshalb sogar in der Schweiz selbst bis heute weitgehend unbekannt.

Freilich handelt es sich mit diesen Auswirkungen auf die USA und einige europäische Verfassungen nach 1918 eher um steckengebliebene Ansätze einer zweiten bürgerlichen Revolution. Seitens mancher Interessenten des gegebenen repräsentativdemokratischen Systems besteht dazu natürlich jeglicher Anlaß, die direktdemokratische Entwicklung etwa der Schweiz als nicht wiederholbaren Sonderfall darzustellen und damit als Eigentümlichkeit eines knorrigen Bergvolkes abzukapseln. Wie in der Folge darzustellen sein wird, gibt es allerdings gewisse Anzeichen für die Möglichkeit einer neuen »demokratischen Bewegung« gegenüber den Entartungsformen, Ineffizienzen und Korruptionstendenzen repräsentativdemokratischer Entscheidungsinstanzen. Eine im Grunde ähnliche Agitation wie jene zu Ende des 19. Jahrhunderts in der Schweiz und den USA gegen die Herrschaft der Bank- und Industriemagnaten könnte sich aus ihnen entwickeln.

Die mittlerweile verfestigte Einsicht in den konservativen Zug aller Volksentscheidungen – die durchaus etwa auch Industriellenführer am Schweizer Modell Gefallen finden läßt – könnte sich hier mit »linkem« radikaldemokratischem Gedankengut zu einer recht mächtigen faktischen Allianz verbinden[92]: Die Heterogenität der Interessenten, die das Volk als Schiedsinstanz zu Wort kommen lassen wollen, ist dabei nur ein zusätzlicher Beleg für die grundsätzliche Mächtigkeit der Zeitströmung – denn alle großen historischen Tendenzen sind in sich widersprüchlich.

Theodor Curti meinte, bei der Würdigung der ersten Jahrzehnte der Referendumsdemokratie in Europa und Amerika ein »Wiederaufleben der Freiheit« zu konstatieren, die in der neuzeitlichen Staats- und Kulturentwicklung zu kurz gekommen sei. Er sah im Referendum die »Auferstehung und Verjüngung« der alten Volksgemeinde im modernen Flächenstaat und sprach hoffnungsvoll vom Referendum als der »Regierungsform des 20. Jahrhunderts[93]«. Es handelt sich bei den Worten dieses idealistisch gesinnten, aber durchaus welterfahrenen Abgeordneten und Publizisten wohl nicht um verstiegene Schwärmerei, sondern nur um die engagierte Überschätzung einer echten historischen Entwicklungslinie, die freilich gegenüber dem Konfliktpotential des Weltkrieges und der Nachkriegsfaschismen im Rückblick wie ein naiver Traum wirkt. Aber schon mehrfach in der Geschichte waren kurze, »idyllische« Phasen Vorboten späterer Entwicklungen, und blutige Rückfälle in die Barbarei verhinderten nicht, daß sich gesittetere Tendenzen später Bahn brachen: Die Humanisten des 16. Jahrhunderts, die zivilisierte und öffentliche theologische Disputationen über die Reformation abhielten, wurden durch den Dreißigjährigen Krieg nicht Lügen gestraft, und die erfolglosen Vermittlungsbemühungen Erasmus von Rotterdams behalten ihren Wert als Vorboten der modernen Ideen der Toleranz und Humanität. Es ist somit durchaus möglich, daß der Gedanke der verstärkten Bindung der Regierung an das Volk seine späte Rechtfertigung findet und somit wenigstens das ausgehende 20. Jahrhundert ein paar zaghafte Schritte in die Richtung macht, der sich Curti verschrieb. Das kritische Potential an radikalen Demokraten, jenen annähernd fünf Prozent der Bevölkerung, die nach einer Studie des deutschen Infratest-Institutes »den Verfassungswerten der bürgerlich-demokratischen Grundordnung gleichsam kompromißlos zustimmen« und »die Einlösung dieser Werte verlangen«, hat hier zweifellos eine bedeutende Funktion[94].

FÜNFTES KAPITEL

Die Wiedergeburt des Citoyen

5. 1. Zur Kategorie des Bürgers

Viel ärgerlicher als der offenbare Unsinn sind jene Teilwahrheiten, die falschen Grundauffassungen einen Schein von Berechtigung verleihen. Ähnlich geht es mit dem Begriff des »Bürgerlichen« und seiner Deutung, die durch die Marxsche Geschichtsauffassung eine vielfach aufhellende, zugleich aber auch verfälschende Interpretation gefunden hat.

Richtig an dieser Interpretation ist, daß die kaufmännisch-industriellen Führungsschichten, die zum Teil schon im absoluten Staat in Allianz mit der monarchischen Gewalt den Feudaladel zurückdrängten, im Zeitalter der Französischen Revolution unter dem Anspruch der Demokratie nach der ganzen Staatsmacht griffen und die Beseitigung der sozialen Standesunterschiede auf ihre Fahnen schrieben. Richtig ist auch, daß die gleichen (groß)bürgerlichen Schichten den Ansprüchen des »vierten Standes«, nämlich der Industrie-Arbeiterschaft, in die Geschicke des bürgerlichen Staates einzugreifen, Widerstand entgegensetzten und somit ihr demokratisches Pathos bald genug zugunsten einer Anpassung und Symbiose mit den altfeudalen Schichten eintauschten. Unrichtig und ärgerlich ist allerdings der insbesondere aus einer vulgärmarxistisch geprägten Überspanntheit der Ideologienlehre herrührende Anspruch, die »bürgerliche Wissenschaft« oder die »klassenspezifischen Organisationsformen des bürgerlichen Staates« seien numehr etwa durch »proletarische« Theorie und Praxis geschichtlich überholt. In Wahrheit hat die bürgerliche Revolution dort, wo sie wirklich stattfand, nicht aufgehört. Sie hat das gebracht, was in hegelianisch-marxistischer Terminologie durchaus als »qualitativer Sprung« in der sozialen Entwicklung zu bezeichnen wäre: nämlich die formale Gleichstellung aller Menschen als Menschen vor dem Recht, die Beseitigung der ständischen Schranken was Heiratsfähigkeit, Zugang zu Ämtern, Besteuerung etc. betrifft. Sie hat mit der Konstituierung des freien, gleichberechtigten Stimmbürgers, des Citoyen, zugleich einen Anspruch gesetzt, die weiter bestehenden faktischen Ungleichheiten des Standes- und Klassenvorurteils, der Einkommens- und Bildungsunterschiede etc. durch andauernde Kritik und systemimmanente Mobilisierung der Unterschichtinteressen einzuebnen. Dabei fiel in West- und Mitteleuropa etwa schon die Durchsetzung so »bürgerlicher« Freiheiten wie des allgemeinen und gleichen Wahlrechtes in die Hauptstoßrichtung der Arbeiterorganisationen, die somit die Entwicklung der formal ständefreien, das heißt »bürgerlichen« Demokratie ungebrochen fortsetzten.

Wo es andererseits keine oder eine sehr verspätete bürgerliche Revolution gab und der ökonomisch politische Anpassungsdruck aus der Existenzkrise eines verfaulenden Spätfeudalismus einen modernen bürokratischen Absolutismus marxistischer Prägung entstehen ließ, dort hat zwar auch ein »qualitativer Sprung« stattgefunden – aber einer, der bei aller wohltätigen Wirkung für Volksgesundheit, Alphabetisierung und Elektrifizierung kaum Vorbildwirkung für die entwickelteren Staaten des Kapitalismus ausüben kann.

Dennoch wird das Vokabel »bürgerlich« – und zwar zum Unterschied von dem viel subtileren Marx in eindeutig abwertender Bedeutung – von »linken« Kritikern der kapitalistischen Systeme immer wieder verwendet, um den begrenzten und eigentlich schon »objektiv-überholten« Horizont ihrer geistigen und materiellen Errungenschaften zu kennzeichnen (eine Unsitte, der sich schon Eduard Bernstein – vergeblich – entgegengestellt hat)[1]. Tatsachen wie die, daß es im Konsumniveau, aber auch im Selbstverständnis breitester Bevölkerungsschichten der westlichen Industrieländer heute ein gewisses »Mittelstandsbewußtsein« gibt, das dem Citoyenbegriff recht zu geben scheint, müssen solchen Auffassungen natürlich ein schwer erklärbares Ärgernis sein.

In Wahrheit dürfte der reale dualistische Gegensatz Bürgertum – Adel in historischer Sicht einfach gewichtiger gewesen sein als die im 19. Jahrhundert gewiß zu Recht als dramatisch empfundene Polarisierung Bürgertum – Proletariat. Wiewohl in den meisten Ländern über Nobilitierungen der Übergang der reichsten und mächtigsten Bürger in die ständische Oberschicht möglich war, blieb die Standesschranke doch deutlicher fixiert und sogar die frisch Geadelten waren meist als eine Art »zweite Gesellschaft« markiert. Nach der »bürgerlichen Revolution«, und zwar insbesonders nach der Überwindung der Phase der »two nations«, ist zwar bei weitem noch keine egalitäre Gesellschaft geschaffen, aber in der Vielzahl der sozialen Abstufungen einen klassischen Dualismus auszumachen, ist viel schwerer geworden. Das Gleiche gilt im übrigen für die marxistischen Systeme des Ostens: Auch dort herrschen zwar – verstärkt durch die hierarchische bürokratische Organisation – recht deutliche Abstufungen, die sich im Konsumniveau, im Bildungsbewußtsein, aber auch im gesellschaftlichen Verkehr, in der Heiratswürdigkeit etc. ausdrücken: aber die Abschließung der bürokratischen Führungsschicht dürfte doch bei weitem (noch) nicht ständischen Charakter haben, was im Klischee des insgesamt »kleinbürgerlichen« Charakters dieser Regimes nicht ganz unrichtig zum Ausdruck kommt. Alle Theorien der »neuen Klasse« tragen demgegenüber wohl auch den verfälschend einfachen Marxschen Dualismus in die Beschreibung der sozialen Realität dieser Systeme[2].

Daß die bürgerliche Revolution dort, wo sie wirklich stattfand, gar nicht aufgehört hat, ist eine Behauptung, die gerade durch die Tendenz zur direkten Demokratie belegt wird. Ausführlicher formuliert, könnte sie lauten: Die bürgerliche Revolution ist ein noch andauernder historischer Prozeß, der aus der Forderung der grundsätzlichen, politischen Gleichheit der Menschen und der Anerkennung ihrer individuellen, rationalen Entscheidungsfähigkeit die Chancen fortschreitender, kollektiver Selbstbestimmung über demokratisch organisierte Gemeinschaftsinstitutionen eröffnet.

Das heute sehr aktuelle Phänomen der Bürgerinitiativen hat in diesem Prozeß einen bedeutsamen, wenn auch nicht unumstrittenen Stellenwert. Im wesentlichen getragen von Menschen, »die ihr politisches System im Grundsatz bejahen und lediglich um einen Ausgleich einzelner systemimmanent geringer Struktur- und Funktionsschwächen bemüht sind[3]«, verbindet es pragmatischen, oft durchaus interessenegoistischen Reformanspruch mit einem radikaldemokratischen Pathos, das selbst dort, wo es fälschlich in Anspruch genommen wird, wohl nur mit wahren radikaldemokratischen Entscheidungsmethoden zum Schweigen gebracht werden kann. Über einen aktiven Kreis egoistisch Betroffener hinaus, denen es um die Verbauung der eigenen schönen Aussicht, um die Abwehr des Verkehrslärmes vor der eigenen Wohnung, um die Erhaltung des eigenen Schrebergartens oder die Durchsetzung eines Kindergartenplatzes für das eigene Kind geht, zeigt zudem der breite Sympathisantenkreis gewisser Bürgerinitiativen eine positive gesellschaftliche Grundtendenz auf.

Die engagierten Bürger, die sich für die Erhaltung der historischen Pariser Märkte von Saint Germain und des »Carreau du Temple« einsetzten, gegen einen Hochhausbau auf der traditionsreichen Münchner Freiheit auftraten, gegen die Verbauung des

Wackersportplatzes in Wien oder den Abbruch Altheidelberger Häuser kämpften und dabei oft genug gegen die Hinhalte- und Überrumpelungstaktiken der Behörden und Bauinteressenten den kürzeren zogen[4]: diese Bürger geben auch Hoffnung auf ein Stärkerwerden des immateriellen, idealistischen Motivationselementes in einer Wohlstandsgesellschaft, die sich der zerstörenden Nebenwirkungen des Wachstums bewußt zu werden beginnt. Es ist dieses Element einer über die ökonomische Wachstumsrationalität hinausweisenden gesellschaftlichen Vernunft und seine spontane Organisation von der Basis der »Citoyens« her, das eine Beschäftigung mit Bürgerinitiativen im Problembereich empirischer Politik wertvoll macht.

5. 2. Die Interessen der Bürger

Gegen den neu aufpolierten Glanz des Citoyenbegriffes, wie er sich in der Aufwertung des »Bürgers« in Wortverbindungen wie »Bürgerbeteiligung«, »Bürgerinitiative«, »mündiger Bürger« vorfindet, sind viele beachtenswerte Bedenken vorgebracht worden[5]. Zumal die marxistische Kritik verweist mit Recht auf den scheinhaften Aspekt der bloß politischen Gleichheit, auf die Verdeckung sozialer Schichtung und unterschiedlicher Interessenlagen durch das idealistische Trugbild des unabhängigen, verantwortungsbewußten Stimmbürgers. So wertvoll solche Differenzierungen sind, gehen sie doch oft mit zwei grundlegenden Fehlern einher. Zunächst ist das erneuerte Pathos des Bürgerbegriffes nicht bloß ein verbales, sondern ein sozialstrukturelles Phänomen, das nicht einfach zu »entlarven«, sondern auf seine Wurzeln zu untersuchen ist. Zum zweiten aber verfallen viele Arbeiten, die sich aus prononciert marxistischer Sicht mit den Problemen etwa der heutigen Kommunalpolitik befassen, in den Fehler, ihre politische Ökonomie traditionsgemäß in das starre Korsett einer dualistischen Klassenanalyse zu zwängen und daher Phänomene wie das Bürokratieproblem oder die Realität gemeinsamer kommunalbürgerlicher Interessen als scheinhaft oder nebensächlich behandeln zu müssen. Solchen doktrinären Verzerrungen kann man sich nur dadurch zu entziehen versuchen, daß man Interessenanalyse betreibt, die sich von der tendenziell polaren Klassensituation der industriellen Revolution (die Marx abbildete und in die gesamte Weltgeschichte projizierte) abhebt und das differenzierte Bild der heutigen bürokratisierten Mittelstandsgesellschaft widerspiegelt[6].

In diesem Sinne ist es durchaus möglich und wichtig, von lokal, regional oder sogar staatsweit aggregierten »Interessen der Bürger« zu sprechen. Bei den heute sehr bedeutsamen Interessen der Bürger in den urbanen Ballungszentren handelt es sich etwa um jenen Grundstock von Interessen, der ungeachtet sozialer Unterschiede und individueller Interessengegensätze den Bewohnern dieser Räume gemeinsam sind und immer gemeinsamer werden. Als freilich typischerweise vager Kristallisationspunkt ließe sich das Schlagwort »Lebensqualität« nennen. Lebensqualität war, wie das etliche Autoren zu Recht hervorheben, zur Zeit der industriellen Revolution vor allem ein Problem der Arbeiterschaft, der im 19. Jahrhundert Arbeitselend, Schmutz, Lärm und die sonstigen Umweltbelastungen der Fabriken einseitig aufgeladen wurde und die sich in einem langen Ringen menschenwürdige Lebensumstände erst erkämpfen mußte. Der weitgehend erfolgreiche Ausgang dieses Kampfes und die zugleich viel globaler werdende Bedrohung der industriellen Ballungsräume durch das expandierende Industriesystem geben dem Interesse an Lebensqualität aber einen breiteren, weniger klassenantagonistischen Charakter[7]. In diesem Zusammenhang ist auch die erhöhte propagandistische Wirkung des Bürgerbegriffes zu sehen, die Ausdruck einer sich verstärkenden, real fundierten Überzeugung wird, als Mitglieder der modernen Industriezivilisation »im gleichen Boot« zu sitzen. Dies gilt in der Frage der möglichen Gefahren von Großtechnologien wie der Kernkraftwerke für den regionalen und nationalen Rahmen (beziehungsweise über Staatsgrenzen hinweg). Besonders aber dürfte es für die Situation der großen Bevölkerungsagglomerationen heute kennzeichnend sein, daß die Stadtprobleme zunehmend als gemeinsame, die »Bürgerinteressen« betreffend, gesehen werden, auch wenn die Villenoasen der Oberschicht noch fortbestehen und im jeweils konkreten Fall Fragen des unmittelbaren Lebensbereiches die Betroffenen stärker motivieren. Typische großstädtische Bürgerinteressen können dabei etwa wie folgt beispielhaft umrissen werden[8]: vordringlich Verkehr und Umwelt (Lärm und Geruch), daneben das Interesse an Grünflächen, das ästhetisch denkmalpflegerische Interesse an bedrohten traditionellen Stadtstrukturen und das Interesse an Sozialeinrichtungen (etwa Kinderspielplätzen). Alle genannten Fragen bilden bei genauerer Betrachtung einen gemeinsamen Komplex, der die Überforderung unserer überkommenen Stadtstrukturen mit den Widersprüchen der technischen Zivilisation umfaßt: Der auch bescheidene Massenwohlstand mit seinem Kraftfahrzeugbestand stößt sich an der von vielen erhaltenswert empfundenen historischen Struktur der europäischen Städte. Die wahrnehmbare Umweltbelastung in den Zentren steigt und führt zur Massenflucht der Wohlhabenderen in die Eigenheime der Vorstädte, die wiederum die Verkehrs- und Umweltbelastung des Gesamtballungsraumes verstärkt. Die auf der Basis eines Mindestwohlstandes und durch die Tendenzen zur Bildungsgesellschaft zunehmende Bedeutung ästhetischer Motivation gerät in Konflikt mit kapitalistischen Bodenverwertungsinteressen, die heute – aufgrund der Einebnung der ideologischen Differenzen – von linken Stadtverwaltungen, öffentlichen und halböffentlichen Unternehmungen etc. ebenso betrieben werden wie von privaten Bauspekulanten.

Auf dieser Basis entstehen jene Konflikte, die heute einen Großteil der Bürgerinitiativen mobilisieren, Verwaltungen Kopfzerbrechen machen, weil sie formalrechtlich fixierte Beschlüsse herausfordern, die Legitimität der Entscheidungen der führenden Politiker in Frage stellen und »Ruhe und Ordnung« stören. Betroffene Bürger – zumeist Anrainer im engeren oder weiteren Sinn – kämpfen etwa um die Erhaltung oder Erweiterung von Grünflächen, die als Ruheplatz und Kinderspielfläche um so mehr Bedeutung gewinnen, je mehr Gestank und Verkehrsgefahr die Straßen und Plätze unwirtlicher machen. Autobahnen, lärmende oder sonstige Emissionen ausstoßende Betriebe begegnen an ihren kostengünstigsten Lagen dem Widerspruch derer, die durch sie Belästigungen erfahren. Historische oder einfach »gemütlich« wirkende Bauten alter Viertel werden gegen die Spitzhacke und gegen den Einbruch gewinnträchtiger, aber »kalter« Hochhausprojekte verteidigt.

Auf den ersten Blick erscheinen solche Initiativen als Musterbeispiele kollektiven Egoismus', zumal als Betreibende meist höchst unmittelbar interessierte Betroffene auftreten, die zuweilen auch geplante Sozialeinrichtungen wie Behindertenheime oder Erziehungsanstalten zu verhindern trachten. Der beachtliche Zustimmungsgrad, den viele Bürgerinitiativen auch von der Seite nicht unmittelbar betroffener, ja inaktiver Mitbürger, genießen[9], das krisenhafte Ausmaß an Störungen, gegen die sie sich verständlicherweise zur Wehr setzen (etwa die unzumutbaren Belästigungspegel von Stadtautobahnen, Fluglandepisten oder die schwer abschätzbaren, wenn auch vielleicht übertriebenen Risken von Atomkraftwerken) sowie auf ideologischer Ebene das parallele Wiederaufleben des positiv pathetischen Citoyenbegriffes zeigen aber, daß die angesprochenen Probleme im Hauptstrom der allgemeinen sozialen Tendenz liegen und daher ein gemeinsames Interesse der sich entwickelnden Gesellschaft andeuten. Erstaunlich ist dabei, daß trotz der äußerst konkreten, im traditionellen parteipolitischen Rahmen »unpolitischen« Stoßrichtung dieser Bewegung, die Grundtendenz ziemlich eindeutig ist: Bewahrung und Erweiterung »öffentlicher Güter« (dazu gehört auch die Diskussion um den Nulltarif, Parks, reine Luft, ästhetisches Gemeingut), gegen Kapitalverwertungsinteressen und Interessen bürokratischer Institutionen – und dies, obwohl die typischen Proponenten von Bürgerinitiativen in der Mehrzahl den Schichten angehören, die auf öffentliche Güter relativ weniger angewiesen sind.

5. 3. Zur Charakteristik der Bürgerinitiativen

Aufgrund der internationalen Erfahrungen und der sehr rasch sich vermehrenden Literatur über Bürgerinitiativen lassen sich folgende typische Merkmale feststellen:

a) Bürgerinitiativen treten vorwiegend als spontane Interessengemeinschaften negativ Planungsbetroffener der Bereiche Wohnen, Verkehr, Umweltschutz auf[10]. In ihrer üblicherweise oligarchischen Führungsstruktur überwiegen Angehörige der Mittel- und Oberschicht, insbesondere Angehörige freier Berufe und des Lehrberufes. Arbeiter scheinen sich nur in ganz geringem Maße an Bürgerinitiativen zu beteiligen[11].

b) Bürgerinitiativen und Bürgerbeteiligung können auch bei einem ruhigen sozialen Klima binnen kurzem zum nicht zu unterschätzenden Faktor der Politik werden: Zum Beweis genügt es, festzustellen, daß bedeutsame personelle und politische Veränderungen in den zwei großen Städten des als politisch sehr stabil bezeichneten Österreich durch Bürgerinitiativen entscheidend veranlaßt waren. Zudem läßt sich feststellen, daß die Unsicherheit vieler verantwortlicher Kommunalpolitiker vor spontanen Bürgerprotesten sehr beachtlich ist. Selbst dort, wo der Effekt der politischen Mobilisierung der lokalen Basis gegen die Planungen, die von der gewählten politischen Elite sanktioniert sind, weniger virulent ist, kann durch eine stärkere Instrumentalisierung der Modeströmung Bürgerinitiativen bis hin zur Simulierung von Bürgerinitiativen durch politische Oppositionsgruppierungen, politische Wirkung erzielt werden.

c) Wesentliche, oft übersehene Bedeutung hat in vielen Fällen die Verquickung populärer Anliegen einzelner Bürgerinitiativen mit den Kapitalverwertungsinteressen der Kommerzpresse. In Österreichs bisher spektakulärsten Bürgerinitiativen, nämlich in den Fragen der Pyhrnautobahn und der Verbauung des Wiener Sternwarteparkes, haben etwa parteiunabhängige Massenblätter »zugkräftige« partikuläre Bürgerinteressen zu ihren eigenen und im Endeffekt zu Anliegen breitester Bevölkerungskreise gemacht[12]. Auch in anderen, weniger spektakulären Fällen läßt sich eine gewisse positive Tendenz der Medien zu Bürgerinitiativen und Partizipationsmodellen feststellen[13].

d) Traditionell bürgerliche Oppositionsparteien haben in Großstädten zu Bürgerinitiativen und Bürgerbeteiligung oft ein positiveres Verhältnis als die dort dominierende kommunale Sozialdemokratie (wenigstens solange die Bürgerinitiativen nicht ausgesprochen »radikalen« gesellschaftskritischen Einschlag haben).

e) Die allgemeine Entwicklungstendenz scheint dahin zu gehen, daß flexibel agierende Verwaltungen durch frühzeitige Kontaktnahme und Integration von Bürgerinitiativen in planerische Entscheidungsprozesse Konflikte von vornherein zu vermeiden trachten, ohne aber die grundsätzlichen Prozesse der politischen Entscheidungsfindung wesentlich in Frage zu stellen.

Zu den einzelnen Punkten wäre ergänzend festzuhalten:

Zu a) Die Absenz der Arbeiterschichten aus Bürgerinitiativen dürfte auf mehrere Faktoren zurückzuführen sein:

1. Auf den geringeren Informations- und Bildungsstand, der im Verkehr mit Behörden leichter zur Resignation verleitet.

2. Auf die geringere physische und geistige Verfügbarkeit und die finanziell angespanntere Lebenssituation der Arbeiterschaft (Personen, die über höhere Bildung und mehr Freizeit verfügen sowie finanziell abgesichert sind, haben regelmäßig mehr Interesse an gemeinschaftsbezogenen Aktivitäten)[14].

3. Auf die häufig distanzierte bis negative beziehungsweise durch »Eifersucht« geprägte Haltung der traditionellen Organisationen der Arbeiterbewegung zu den Bürgerinitiativen.

4. Auf das im allgemeinen geringere Niveau verteidigenswerten Besitzes (typische Ausnahme ist der Widerstand von Kleingärtnern aus dem Arbeiterstand gegen Absiedlungen).

Zu c) Die Bedeutung der Medien für Bürgerinitiativen und Programme praktischer lokaler Partizipation ist wesentlich. Allgemein kann gelten, daß der Journalistenberuf kritische Intellektuellenschichten anzieht, unter denen partizipatorische, undoktrinär »linke« und antibürokratische Gedankengänge stärker vertreten sein dürften, als dies in den meisten übrigen Bevölkerungsschichten der Fall ist[15]. Damit ist eine potentielle Quelle der Unterstützung für die Anliegen der Bürgerinitiativen gegeben.

Insoweit als diesen Journalisten auch begrenzte Freiheitsmöglichkeiten zustehen, im Rahmen der Medien solchen Privatmeinungen durch Berichte über Bürgerinitiativen oder sogar selbst gestaltete Programme der Bürgeraktivierung zu vermitteln, spielen sie eine wesentliche Rolle als Multiplikatoren oder sogar Anreger von Bürgeraktivitäten. Es kann dabei sogar der paradoxe Fall eintreten, daß durch engagierte Medienaktivisten eine eher inaktive Bevölkerungsgruppe angesprochen werden soll, die auf ihre bemühten »Animateure« negativ reagiert[16].

Die Chancen, solche »progressive« Journalistik zu realisieren, sind recht groß. Einerseits geht es um sehr konkrete Probleme, die von weiten Bevölkerungskreisen verstanden oder nachempfunden werden können, daher als »interessant« empfunden werden, was etwa für die Kapitalverwertungsinteressen von Massenblättern wichtig ist[17]. Andererseits werden sich auch politisch eher konservativ bestimmte Medien zuweilen nicht scheuen, »progressive« Kritik dann zu veröffentlichen, wenn sie sich etwa gegen die kommunale Sozialdemokratie richtet. Der Komplex der Bürgerbeteiligung und die Streitfragen, mit denen sich Bürgerinitiativen typisch beschäftigen, bieten sich hier auch deshalb an, da sie meist kein kohärentes »linkes« System der Kritik vertreten, also zumindest vordergründig »unpolitisch« sind und somit keine nennenswerten Inserenten verärgern können.

Gerade kommerziell geführte Massenzeitungen werden übrigens, wie zuerst erwähnt, im Interesse ihrer Verkaufsauflage und Inserateneinkünfte verbreitete Meinungen der Bevölkerung in ihrer Schreibweise oft nicht nur berücksichtigen, sondern ihnen unter Umständen sogar durch gleichsinnige Kampagnen entgegenkommen und sich als Anwalt der Volksmeinung gerieren. Das führende Massenblatt Österreichs scheint etwa dieser »populistischen« Ausrichtung und der gelegentlichen Ausspielung ihres Widerspruches zu den Auffassungen der politischen Elite einen Gutteil seines Erfolges zu verdanken. Aktive und zuweilen demagogische Förderung populärer Anliegen kann so auch im Bereich der Bürgerinitiativen Teil der offensiven Marktstrategie von Massenmedien sein[18]. Dabei darf nicht übersehen werden, wieweit überhaupt gerade die Kommerzpresse schwachen Bürgerinitiativen zur Lebensfähigkeit verhilft. Angesichts der eher geringen Durchlässigkeit der politischen und administrativen Organisation für lokale Willenskundgebungen »von unten« und der meist schon gefällten administrativen Entscheidungen würde gemäßigter Bürgerprotest relativ kleiner Gruppen ohne sie meist unbemerkt versickern. Es sind aber gerade die nicht staatlich monopolisierten oder vom Financier ideologisch gleichgeschalteten Medien, die mit ihrem Interesse an spektakulärem Geschehen und an verkaufsfördernder Popularität dem Bürgerprotest Platz einräumen. Gerade bei einem relativ milden innenpolitischen Klima, das extremen, die Öffentlichkeit erzwingenden Aktionen (Besetzungen, Sitzstreiks etc.) eher nicht förderlich ist, stellt so der Kontakt zur Kommerzpresse die prinzipielle Chance für gemäßigte Bürgerinitiativen dar, Öffentlichkeit zu finden.

Zu d) Bürgerliche Parteien haben zu Bürgerinitiativen aus mehreren Gründen eine größere Nahebeziehung als auf den ersten Blick – angesichts des außerparlamentarischen, zuweilen eigentumsbedrohenden Charakters dieser Gruppen – anzunehmen wäre.

Zunächst und am augenfälligsten stehen bürgerliche Parteien in den Großstädten, dem Ort der meisten Bürgerinitiativen, meist in Opposition zur regierenden Sozialdemokratie. Initiativen, die diese in Schwierigkeiten bringen, sind der Minderheitspartei daher nicht unangenehm. Die Beziehungen gehen allerdings tiefer. Bei Bürgerinitiativen handelt es sich typisch um örtlich bezogene Interessenkonstellationen. Das Identifikationskriterium räumlicher Solidarität, das geeignet ist, soziale Unterschiede zu überlagern (dies gilt vom föderativen Regionalismus bis zum Nationalismus), steht aber konservativen Parteien typischerweise näher als Arbeiter- beziehungsweise sozialen Reformparteien, die traditionell eher auf der egalitären Ideologie und Solidarität der Klassenlage fußen[19]. Schließlich sind auch der in Bürgerinitiativen aktive Personenkreis höherer sozialer Stellung, in diesem Zusammenhang die oft verteidigten »besseren Wohngegenden« und die lockere, honoratiorenklubartige und letztlich »apolitische« Organisationsform der Bürgerinitiativen den Organisationsprinzipien und Interessen bürgerlicher Parteien nahestehender als denen der Sozialdemokratie, die sich einst als straffe Kampfgemeinschaft der Arbeiterklasse empfand und daran auch heute noch Erinnerungen hat.

Im Widerspruch dazu stehen allerdings der mit der Eigentumsfreiheit zusammenprallende Anspruch der Bürgerinitiativen, die oft vertretene Forderung nach öffentlichen Gütern (Parks, Spielplätzen), die Abwehr spekulativer Bauvorhaben und überhaupt privatwirtschaftlich unökonomische Forderungen. Solche Forderungen können nur dann von bürgerlichen Parteien relativ unproblematisch übernommen werden, wenn es um Widmungsfragen ohnedies öffentlichen Grundes oder politisch »gegnerische« Eigentümerinteressen geht. (Wo etwa parteipolitischen- oder Kapitalverwertungsinteressen der linken kommunalen Führungsschichten populäre öffentliche Interessen entgegenzuhalten sind[20].)

Interessanterweise ist auch festzustellen, daß bürgerliche Stadtverwaltungen, die auf der Welle der Bürgerinitiativen ans Ruder kamen, wahrscheinlich die weitesten Schritte in die Richtung der Vertretung von Bürgerinteressen auch gegen Kapitalverwertungsinteressen getan haben, selbst wenn sie damit auf der eigenen Seite gewissen Schwierigkeiten begegneten (zum Beispiel ist etwa das Verbot der Genehmigung neuer Hochhausbauten in Graz).

Die Haltung der Sozialdemokratie zur Frage der Bürgerbeteiligung erscheint noch vielschichtiger und komplexer als die der bürgerlichen Parteien. Zwar läge der »antikapitalistische« Aspekt vieler Bürgerinitiativen durchaus auf der traditionellen Linie einer Arbeitnehmerpartei. Der Kampf gegen spekulative Hochhausbauten, gegen umweltbeeinträchtigende Industrieanlagen etc. entspräche dieser Linie und könnte geradezu eine neue Popularitätsbasis für die heute oft verschwimmenden politischen Konturen dieser traditionsreichen Bewegung ergeben.

Die Organisation der Bürgerinitiativen außerhalb des Parteirahmens (der mit seinen vielfältigen kulturellen und sozialen Verzweigungen noch immer einen, wenn auch verblassenden, Totalitätsanspruch auf alle Gesinnungsgefährten erhebt), tritt aber in Konkurrenz zum Vorranganspruch der Partei in den Städten und Bezirken, die sie als »ihr gehörig« versteht. Zudem erweckt die Förderung von Bürgerinitiativen durch die kommerziellen Pressemedien Mißtrauen. Zum einen, weil man darin – teilweise berechtigt – eine neue Kampfform bürgerlicher parteipolitischer Interessengegner und Zeitungseigentümer gegen die eigene Machtbastion sieht, zum anderen aber, weil man verkennt, daß hier progressive Tendenzen aufbrechen (und zum Teil gegen sein eigentliches langfristiges Interesse vom politischen Gegner gefördert werden), die man selbst überzeugungskräftiger vertreten könnte.

Auch das alte marxistische Credo zentralistischer Planung ist hier zu nennen, das schon in der ersten Internationale gegenüber den prophetischen Bedenken Bakunins sich durchsetzte und das auch in der heutigen Sozialdemokratie noch als Vorliebe für straffe, bürokratisierte Entscheidungsstrukturen fortbesteht[21]. Entscheidend ist aber schließlich, daß die Sozialdemokratie als hauptsächlicher Machtträger in den Großstädten direkt und in Verbindung mit ihr nahestehenden Firmen, Bauträgern etc. eindeutig im Schußfeld der Bürgerinitiativen steht und diese daher, gemäß der politischen Augenblickslogik irritiert, als negative Kraft empfinden muß. Differenziertere Haltungen sind deshalb von ihr oft erst dann zu erwarten, wenn es um die Suche nach den Ursachen von politischen Niederlagen geht.

Der scheinradikale Hinweis gewisser Repräsentanten der großkommunalen Sozialdemokratie, wie sehr die Bürgerinitiativen doch mittelschicht- und intellektuellendominiert seien, hat dabei übrigens trotz seines Wahrheitskernes einen selbsttäuschenden, ja sogar zynischen Aspekt: er erwächst nämlich nicht so sehr aus egalitärem, politischen Engagement als aus der eher irritierten Feststellung, daß die »besser gestellten« und artikulationsfähigeren Schichten sich weniger gefallen lassen als die »braveren« Arbeiter. Sie opponieren gegen Großplanungen, gegen Umweltbelastungen durch Stelzenautobahnen, Zerstörung gewachsener Bausubstanz und Verbauung von Grünreserven, die man den Arbeiterschichten oft immer noch widerspruchslos zumuten kann. Dabei ist, wie zur Zeit des ärgsten Industrieelends, auch zu beobachten, daß kritische, idealistische »Abtrünnige« von Mittel- und Oberschichten sich gerade für die Benachteiligtesten einsetzen. Victor Adler, der das Elend der Wiener Ziegelarbeiter geißelte, war ja etwa auch ein Repräsentant von »Besitz und Bildung«, und daß heute Hochleistungsstraßen auch in Arbeitervierteln wenigstens mit Schallschutzwänden versehen werden, ist zum Teil jenen »bürgerlichen« Intellektuellen zu danken, die dort zu widersprechen wagen, wo andere – verständlicherweise – gegenüber der Macht der Verwaltungen und Baulobbies resignieren.

5. 4. Bürgerinitiativen und Gemeinwohl

Gegenüber dem Phänomen der Bürgerinitiativen bestehen, wie ersichtlich, recht widersprüchliche Haltungen und verbreitetes Unbehagen. Die politisch führenden Schichten sehen sie, zum Teil irritiert, als direkte Herausforderung ihrer Entscheidungsfunktion: Die ambivalente »Sorge«, die der bayrische Ministerpräsident schon 1972 über das Anwachsen der Bürgerinitiativbewegung äußerte[22], ist hier ein typisches Beispiel. Auch diejenigen, die den Bürgerinitiativen grundsätzlich positiv gegenüberstehen, müssen zugeben, daß in der mittel- und oberschichtdominierten oligarchischen Struktur ihrer Führungsgruppen Gefahren stekken: das Beispiel von Bergkamen, wo sich 72 Kraftwerksgegner für etwa 1,5 Millionen DM ihren Widerstand von einem Elektrizitätsunternehmen abkaufen ließen, zeigt etwa die Möglichkeiten einer Kommerzialisierung der Störenfriedsfunktion auf[23]. Unbestreitbar ist auch, daß die destruktiven Verhinderungsstrategien mancher Initiativen die Entscheidungsfähigkeit des Systems der Repräsentativdemokratie gelegentlich in Frage stellen. Theoretikern der Linken ist schließlich die Konkretheit der »single purpose movements«, ihr mangelndes gesamtgesellschaftliches Bewußtsein, ein Greuel. Andererseits sind sich nahezu alle Beurteiler einzelner, in ihrem Sinne positiver Züge der Bürgerinitiativen gewiß: einsichtige Stadtväter sehen sie als – häufig allerdings zu spätes – Warnsignal vor kommunalen Fehlplanungen an, Oppositionsparteien suchen sich ihrer als Sturmbock politischer Eroberung zu bedienen, romantische Demokraten betrachten sie (zuweilen etwas zu rosig) als Manifestationen einer sich aktivierenden Basis, als Bewegungen des so oft vergeblich beschworenen mythischen »Volkes«.

Die sich bisher abzeichnende Strategie der auf das Phänomen am stärksten sensibilisierten politischen Führungsschichten – das heißt jener Stadtregierungen, die über Bürgerinitiativen an die Macht kamen oder derer, die durch sie empfindliche Niederlagen erlitten haben und zu lernen bereit sind – ist der Weg möglichster Integration des Bürgerwillens in den Planungsprozeß, aber von oben her, bei gleichzeitiger Verstärkung der offiziellen Propaganda für kontroversielle Projekte. Man »hört den Bürger an«, macht wohl auch gewisse Planungen transparenter, hütet sich jedoch im allgemeinen, Entscheidungskompetenzen abzugeben oder etwa grundlegende Planungsalternativen zur öffentlichen Wahl zu stellen.

Dadurch, daß solcherart sensibilisierte Führungsschichten sich bereitfinden, dem »Volkszorn« zuvorzukommen (oder versuchen, ihn rechtzeitig zu manipulieren), mag nun ein bescheidener Ansatz demokratischerer Entscheidungsfindung gegeben sein. Es kann aber behauptet und belegt werden, daß ein weiterer Schritt, die Delegierung gravierender punktueller Entscheidungskompetenzen an das Wählervolk, sowohl sozioökonomisch zu befürworten ist, als er auch der sie praktizierenden politischen Elite bei der Bewältigung des Phänomens Bürgerinitiative dienlich wäre[24].

Faßt man von einer allgemeineren Warte aus nochmals die wesentlichen Ursachen der Bürgerinitiativbewegung zusammen, so lassen sich diese in drei Gruppen einteilen:

1. Die wachsende Umweltbelastung besonders in den industriellen Ballungsräumen, welche defensive Aktionen gegen Verschlechterungen der Lebensqualität (durch Immissionen von Lärm, Abgasen, Strahlung oder durch Verletzung ästhetischer Werte) hervorruft.

2. Ein gewisses Legitimationsdefizit der repräsentativdemokratischen Institutionen, das auf zunehmender innerlicher Distanz der Bevölkerung gegenüber den traditionellen Parteien beruht.

3. Ein gewisser radikaldemokratischer Impuls, der »denen da oben« ihre Nichtrepräsentativität vorhält und im Verweis auf die Grenzen des traditionellen Parlamentarismus Elemente der großen Studentenbewegung der sechziger Jahre enthält.

Die Bedeutung dieser drei Hauptfaktoren wird von denen, die über Bürgerinitiativen nachdenken, jeweils unterschiedlich gewertet.

Vorwiegend umweltschützerisch Orientierte tendieren dazu, den ersten, quasi technisch bestimmten Aspekt hervorzukehren und sich über die sehr partikularistische Interessenstruktur vieler Initiativgruppen hinwegzutäuschen. Es ist anzunehmen, daß diese »unpolitische« Motivierung vor allem in vielen Initiativgruppen selbst vorherrscht, die dabei mit einer gewissen Unschuld ihre »legitimen Rechte« (auch zu Lasten anderer) fordern.

Das Legitimationsdefizit der westlichen Repräsentativdemokratien wird besonders von marxistischen Autoren hervorgehoben. Dabei schwingt meist etwas von jener Art von antikapitalistischer Demokratiekritik mit, die das Kind mit dem Bade ausgießt und aus der Fähigkeit der »bürgerlichen« Demokratie zur relativ öffentlichen Konfliktaustragung auf ihr prinzipiell höheres Konfliktpotential schließt[25]. (Funktionsfähige Diktaturen, gleich welcher Art, lassen eben eine öffentliche Mobilisierung der Gegner von Kernkraftwerken oder Großflughäfen von vornherein nicht zu.) Die Analysen, »wieweit Bürgerinitiativen dem Sozialismus dienen[26]«, laufen dabei meist auf eher pessimistische Aussagen hinaus, da der partikularistische mittelschichtdominierte Aspekt und das mangelnde politische Bewußtsein der mobilisierten Bürgergruppen klar erkannt werden.

Die Rolle des erwachenden radikaldemokratischen Anspruches wird schließlich von den undoktrinärsten Erben der Generation des Jahres 1968 hervorgehoben. Daß dieser Anspruch eher aus defensiven Impulsen ökonomisch beziehungsweise ökologisch bedrohter Gruppen erwächst – in einer gewissen Parallele zum seinerzeitigen Populismus in den Farmstaaten des amerikanischen Westens –, geht gegenüber dem Aufbruchspathos der Anhänger der Demokratisierung meist verloren. Auch die Rolle der kommerziellen Medien bei der Förderung dieses radikaldemokratischen Anspruches (in ihrer Auswertung der Bürgerinitiativen und der Demoskopie als zugkräftiger Informationswaren) paßt schlecht in das Bild der Volksbewegung. Die Anhänger der Demokratisierung, welche die Bürgerinitiativen als Hoffnungsgebiet allgemeiner Partizipation sehen, tendieren außerdem dazu, das gruppenegoistische Konfliktpotential auch demokratischer Entscheidungsmechanismen sowie die Führungsrolle von »Besitz und Bildung« gerade bei den Bürgerinitiativen zu unterschätzen.

Jene, die sich mit Bürgerinitiativen aus der Sicht der offiziellen Vertreter der politischen Obrigkeit im Parteienstaat befassen, nehmen schließlich eine vorsichtig defensive Stellung ein. Zwar ist es im Lichte der gegenwärtigen Zeitstimmung untunlich, die Mobilisierung der Basis gegen die bürokratischen Eingriffe der Obrigkeit schlechthin zu verurteilen, doch wird nicht selten der nichtrepräsentative, unverantwortliche und negative Aspekt der Bürgerinitiativen hervorgehoben und der um das Allgemeinwohl bemühten Verwaltungsautorität entgegengestellt. Der reale politische Interessenkonflikt wird nun zwischen den konkreten Initiativgruppen (unter allfälliger Verbreitung ihrer Anliegen über die Kommerzmedien) und den für die Verwaltung verantwortlichen Parteien ausgefochten. Das Interesse der Oppositionsparteien, der Regierung eine Niederlage zuzufugen, kann dabei (selten) bis zur Identifikation mit dem Standpunkt großer Bürgerinitiativen führen. Die Unterstützung marxistischer Randgruppen (die unter anderem den Prozeß der »Bewußtseinsbildung fördern und die Widersprüche im Kapitalismus« deutlich machen wollen) spielt meist nur eine Rolle am Rande, nämlich im Sinne einer organisatorischen Stärkung der Initiativen durch disziplinierte Kader beziehungsweise gegenläufig insoweit, als diese dadurch in den Augen der Öffentlichkeit als extremistisch diskreditiert werden. Es ist dies ein allgemeines Schema, das nicht nur auf den kommunalpolitischen Bereich - der die meisten Bürgerinitiativen aufweist – Geltung hat. Es gilt etwa auch für den Bereich großer kontroversieller nationaler Grundsatzentscheidungen wie der Auseinandersetzungen um Atomkraftwerke. Und als Resultat dieser typischen Kräftekonstellation scheint sich, auf lokaler wie auf regionaler und nationaler Ebene, die Möglichkeit und Zweckmäßigkeit einer »neuen Welle der bürgerlichen Revolution« zu bestätigen: die vermehrte Befassung der Bevölkerung mit direkten Sachentscheiden nach Schweizer und amerikanischem Muster. Das britische Plebiszit über den EG-Beitritt ebenso wie das italienische Scheidungsreferendum und die österreichische Atomabstimmung über Zwentendorf gingen etwa auf grundsätzlich vergleichbare Faktoren zurück: auf die notwendige Entscheidung grundsätzlicher Fragen der Gesellschaftspolitik, in denen eine Ausrichtung nach Parteiloyalitäten nicht beziehungsweise nicht mehr möglich war und die große Anteilnahme der Bevölkerung sowie »single purpose« – Initiativbewegungen mobilisierten.

Dieselbe politische Konstellation auf kommunaler oder regionaler Ebene wird aber heute auch schon in immer zunehmenderem Maße dazu verwendet, kontroversielle Fragenkomplexe zu neutralisieren: Die Volksabstimmung über zwei Varianten einer umstrittenen Schnellstraße oder über die Verbauung oder Nichtverbauung eines städtischen Grüngeländes erscheint in ganz parallelem Sinn als Ausweg aus einer Situation, die:

1. die Legitimitätsbasis der repräsentativdemokratischen Organe überfordert,

2. eine möglichst breite Zustimmungsbasis für die getroffene Entscheidung wünschenswert macht,

3. aggressive Partikularinteressen und Initiativgruppen in ihre Schranken weisen soll.

Im erfolgreichsten Fall erreicht dieser Typus plebiszitärer Entscheidung, wie sich zeigen läßt, tatsächlich:

a) einen demokratischen Vertrauensbonus für die veranstaltende politische Partei, unabhängig von seinem Ausgang,

b) eine vermutlich ziemlich gemeinwohladäquate Entscheidung,

c) eine Neutralisierung eines die repräsentativdemokratischen Mechanismen überfordernden Interessenkonflikts.

Daß dieser optimale Effekt meistens nicht in vollem Umfang eintritt, hindert derzeit wahrscheinlich noch eine raschere Durchsetzung des direktdemokratischen Problemlösungverfahrens. Genauere Betrachtung der Eigenheiten dieses Verfahrens macht aber deutlich, wie einfach die Grundregeln sind, welche die Interessen der politischen Elite ebenso wie jene der Bevölkerung in diesem Punkte konvergieren lassen.

5. 5. Die Abwehr der Legitimationskrise

Wollte man in Kenntnis der gegebenen historischen Situation abstrakte Grundregeln für ein zweckmäßiges und politisch erfolgreiches Modell einer auf Volksbefragung beruhenden Methode empirischer Politik aufstellen, so könnten diese wie folgt lauten:

1. Befassung der Bevölkerung mit Grundsatzentscheidungen von allgemeinem Interesse,
2. Befassung des jeweils breitesten, noch beteiligten beziehungsweise interessierten Personenkreises,
3. faire und möglichst einfache Fragestellung,
4. Neutralität oder jedenfalls zurückhaltende Kampagne seitens der Träger der politischen Verantwortung,
5. Regelmäßige, aber nicht zu häufige Abstimmungen.

Die Praxis der amerikanischen und Schweizer Referenden hat sich in einem recht beachtlichen Maß an diese Forderungen angenähert. Die Institution des Volksentscheides kann nur funktionsfähig bleiben, wenn sie einigermaßen sich an jene Grundregeln hält.

Punkt 1 ist relativ unproblematich. Die zur Herbeiführung eines Volksentscheides regelmäßig erforderlichen Unterschriftenquora garantieren, daß ein gewisses Mindestmaß an Anteilnahme in der Bevölkerung herrschen muß. Wird das Referendum »von oben« als Volksbefragung durchgeführt, handelt es sich regelmäßig auch um ein kontroversielles, grundsätzliches, Interesse weckendes Problem.

Punkt 2 ist überaus wesentlich, wenn auch nicht sofort einsichtig. Die Befassung eines falschen Personenkreises kann den Volksentscheid zur Farce machen. Die Entscheidung der Bewohner einer Stadt, eine Autobahn ins Umland dieser Stadt zu verlegen, verletzt etwa diesen Grundsatz. Man könnte auch Schalterbedienstete nicht über die Anzahl ihrer Amtsstunden abstimmen lassen (sie würden dazu tendieren, sie zu Lasten ihrer Kunden zu minimieren). Die Gliederung der politischen Verwaltungsbereiche gibt allerdings meist schon einen Anhaltspunkt für die zweckmäßige regionale Abgrenzung von Referenden. Da nämlich die bürokratischen Kompetenzen ohnedies auf dem Prinzip der Dominanz der übergeordneten Einheit aufgebaut sind, wird das Referendum in der Regel nicht bloß zur Willensäußerung *einer* parteiischen Interessengruppe. Einen Sonderfall stellen hiebei zwischenstaatliche Probleme dar, die nicht nur bei Volksgruppen und territorialen Fragen, sondern etwa auch bei Gewässerumleitungen und bei Umweltschädigungen im grenznahen Bereich usw. auftreten können. Sie wären theoretisch durch überstaatliche Volksentscheide zu regeln, die aber, wie das Völkerrecht im ganzen, eine recht traurige Geschichte haben.

Punkt 3 ist ebenfalls sehr entscheidend. Kraß manipulative Fragestellungen wirken sich, wenn sie nicht von überaus effektivem Meinungsterror begleitet sind, in der Regel für die Proponenten dieser Fragestellungen ungünstig aus. Dabei gibt es zweifellos einen Unschärfebereich, der den Verfassern von demoskopischen Umfragen wohl bekannt ist und zu (schein-)widersprüchlichen Antworten auf fast gleichlautende Fragen führen kann[27]. Gerade die »von oben« veranlaßte Volksbefragung tendiert aber immer wieder dazu, diesen Unschärfebereich im Sinne ausgesprochen suggestiver Fragestellungen zu verlassen, was sie bei einer funktionierenden pluralistischen Öffentlichkeit zum Zielpunkt treffsicherer Attacken der Gegner macht. Die pragmatische Demokratieerfahrung jener Staaten, in denen relativ häufige Volksentscheide stattfinden, hat solche Exzesse daher als untunlich erkannt und begnügt sich mit relativ nüchternen Formulierungen. Maximale Verständlichkeit ist dabei natürlich ein Ziel derer, die eine bewußte Beteiligung einer möglichst großen Zahl von Stimmbürgern erstreben.

Punkt 4 ist der am häufigsten mißachtete. Ein wesentlicher Aspekt »von oben« eingeleiteter Volksentscheide wäre ja deren Neutralisierungsfunktion. Anstatt sich über ein Plebiszit freizuspielen, verstricken sich aber immer wieder politische Führungspersönlichkeiten in Prestigehaltungen, die destabilisierende Wirkung haben. Die Chance, über ein aussichtsreiches Plebiszit dem Gegner eine politische Niederlage zu bereiten und die eigene (eventuell angeschlagene) Position durch ein Vertrauensvotum des Volkes zu stärken, ist freilich, wie erwähnt, verlockend.

Beachtung von Punkt 5 dürfte einer solchen bonapartistischen Mißdeutung von vornherein abhelfen. So deutlich auch der Wunsch charismatischer Spitzenpolitiker sein mag, sich durch Sachvoten des Volkes ihren Kurs bestätigen zu lassen, dürfte doch bei etwa halbjährigen Abstimmungsfolgen das Bedürfnis, sich permanent voll in die Waagschale zu werfen, erlahmen. Häufigere Abstimmungen werden durch ihren Routinecharakter zwar vielleicht zu geringeren Beteiligungsziffern führen, aber eben doch die an der Sache selbst Interessierten mobilisieren. Auch hier hat die praktische Übung in den auf diesem Gebiet fortgeschrittensten Staaten eine Annäherung an das sinnvolle Optimum ergeben. Was aber sind nun die konkreten Vorteile des direktdemokratischen Volksentscheides?

Jean Jacques Rousseau, der große Anwalt der direkten Demokratie (bis hin zur totalitär gefärbten Mehrheitsdiktatur), unterschied die Summe der Einzelwillen der Individuen (die volonté de tous) vom allgemeinen Willen, der volonté générale, der Äußerung des Volkswillens im Referendum. Man kann diese dunklen Worte im Sinne einer romantischen Mythologisierung des Volkes als ideeller Ganzheit verstehen. Man kann aber auch versuchen, die Bemerkung Rousseaus im Sinne einer verallgemeinerten Lebenserfahrung zu interpretieren, die dieser aus gewissen demokratischen Gepflogenheiten seiner Genfer Heimat entnahm[28]. So gesehen, kann Rousseau als früher Kronzeuge der These von den einander übergreifenden Interessenebenen angesehen werden, die in der Tat entschiedene Argumente für das Plebiszit bietet.

Jedem von uns müßte deutlich sein, daß in ihm verschiedene, unterschiedlich intensive Interessenbereiche wirksam sind. Auf der Basis einer jeweils gegebenen sozialen Ordnung (also innerhalb gewisser Spielräume) wird das engste persönliche Interesse eines Arbeitnehmers, beispielsweise einer Spirituosenfabrik, darin bestehen, sich die Arbeit so angenehm wie möglich zu gestalten (sofern er nicht durch besonderen Fleiß Aufstiegsmöglichkeiten erhofft). Vom Standpunkt der übergeordneten Einheit des Unternehmens müßte er eher daran interessiert sein, daß sich nicht etwa durch eine allzu laxe Arbeitsmoral die Erträge verringern und die Firma in Schwierigkeiten gerät. Vom gesellschaftlichen Standpunkt her (gefärbt durch einen Bernard Shawschen Puritanismus) könnte derselbe Mann den geschäftlichen Erfolg der Branntweinindustrie mit ausgesprochen mißgünstigen Blicken bedenken.

Oder, um ein Beispiel aus der kommunalpolitischen Sphäre der Bürgerinitiativen zu wählen. Ein Individuum bewohnt ein Haus nahe einem Fluß. Eine geplante Brücke, die eine lärmende Schnellstraße nahe an seiner Wohnung vorbeiführt, wird diesen Interessenten aufs äußerste verbittern. Aus dem Gesichtspunkt der Verkehrsteilnehmer mag die Brücke aber überaus wünschenswert sein. Und vom allgemeinen kommunalpolitischen Standpunkt mag sich die Frage stellen, wieweit der Straßenverkehr durch die Verbindung nicht so intensiviert wird, daß weitere Problemlösungen erforderlich werden.

Die Haltung des Individuums wird in jedem Falle am stärksten durch seine persönliche Lebenssphäre bestimmt. Sein unmittelbares, engeres Interesse geht ihm vor, und dieses unmittelbare, persönliche Interesse wird um so destruktivere Wirkungen zeitigen, je weniger gesellschaftliche Prozesse ausgebildet sind, um die individuelle Interessenrationalität mit der allgemeinen Interessenrationalität (dem Gemeinwohl) zu verknüpfen. So verstanden, wäre die Autonomie der unmittelbar Betroffenen zweifellos unsinnig: sie führt als Gruppenpartikularismus etwa von Arbeitnehmern zum berüchtigten System des Lohnkampfes zu Lasten der anderen Arbeitnehmer (ein häufiges Resultat des sehr dezentralen englischen Gewerkschaftssystems) und zur Interesselosigkeit an übergeordneten Zielen (etwa in der Gleichgültigkeit vieler Beschäftigter in Betrieben, die ohne Gewinnorientierung arbeiten). Sie würde außerdem das Ende aller Planung bedeuten, wenn man den (negativ) Planungsbetroffenen ein unbedingtes Vetorecht gegen die öffentlichen Eingriffe einräumen wollte. In dieser Mobilisierung der wenigen direkt und negativ Betroffenen – ohne daß sich die peripher positiv Betroffenen zur Gegenäußerung motiviert sehen – liegt zweifellos der grundsätzlich fragwürdige Aspekt vieler Bürgerinitiativen[29].

Immerhin ist deutlich, daß in jeder Gesellschaft Mechanismen existieren, die eine Transformation der individuellen Rationalität auf übergeordnete oder letztlich eine gesamtgesellschaftliche Rationalität einigermaßen ermöglichen. Im wirtschaftlichen Bereich sind dies etwa Gewinnanreize oder Prämiensysteme (die gesamtwirtschaftliche Rationalität der gewinnbezogenen, kapitalistischen Wirtschaft wird dabei freilich nicht ohne Grund von vielen in Zweifel gezogen). Im Bereich des sozialen Wohlverhaltens sind dies unter anderem die Sanktionen des Kriminalrechtes.

Im politischen Bereich sind es derzeit die Anreize für die politisch tätige Schicht, sich durch Wahlerfolge im Genuß ihrer Amtsvorteile zu halten und so möglichst breite Bevölkerungsschichten zufriedenzustellen. Gerade im letzteren Bereich wird aber auch deutlich, daß die Erhebung der volonté générale auch im Sachreferendum eine besonders wirksame Transformation zwischen individueller und kollektiver Rationalität darstellt – wenn sie nur in entsprechender Weise organisiert ist.

Es ist nämlich nicht nur eine bekannte Erfahrung, daß dasselbe Individuum aus einer etwas geänderten sozialen Position heraus dasselbe Interessengefüge in durchaus anderer Weise zu gewichten beginnt (bekanntestes Beispiel ist der Aufstieg in der Hierarchie eines Unternehmens, verbunden mit einer verstärkten Identifikation mit den Gesamtzielen dieser Organisation). Man kann auch davon ausgehen, daß das Votum des jeweils übergeordneten Kreises (also der direkt wie der peripher Betroffenen) eine Aggregation des Gesamtwillens darstellt, die wie die Rousseausche volonté générale das allgemeine Interesse über das zersplitterte Feld der Partikularinteressen stellt.

Und in diesem Sinne, nämlich, wenn der geeignete übergeordnete Personenbereich im Referendum befragt wird, treten folgende positive Wirkungen ein:

1. Die Fragestellung wird für jeden einzelnen Betroffenen aus dem Niveau seiner persönlichen Interessenposition auf die Ebene der Allgemeinentscheidung gehoben – was einen Beitrag zur allgemeinen Lebenskultur jedes einzelnen darstellt.

2. Auch wenn diese einzelnen ihr Votum letztlich doch aus persönlichem Interesse heraus abgeben, werden nach der Vorgangsweise des Referendums diese Interessen abwägbar gemacht, und zwar im Sinne einer Gleichwertigkeit aller wahlbefugten Individuen und des Überwiegens der Mehrzahl.

3. Damit wird eine ebenso einfache wie egalitäre Quantifizierungsmöglichkeit gesellschaftlicher Präferenzen normiert, die, wie ich im nächsten Kapitel zeigen möchte, in ihrer Simplizität so manchen »wissenschaftlichen« Entscheidungsmodellen überlegen ist, diese aber auch ergänzen kann.

Diese drei Hauptvorteile direktdemokratischer Sachentscheidungen dürfen natürlich nicht in idealistischer Weise als wesentliche Motive wohlmeinender, politischer Führungen, sie in die Praxis einzuführen, unterstellt werden. Vielmehr müssen mögliche Popularitätsgewinne, der Abbau von Legitimationsdefiziten und die Neutralisierbarkeit politischer Grundsatzfragen durch Volksvoten als die entscheidenden Chancen gesehen werden, welche die politische Elite (beziehungsweise ihre progressivsten Exponenten) zur Aufgabe einiger ihrer Machtvorteile veranlassen könnten.

Carl Friedrich von Weizsäcker formuliert in einem seiner jüngsten Bücher tiefe Skepsis gegenüber den Mitteln der direkten Demokratie: er äußert seinen »Respekt vor der Präzision und der Konsequenz verantwortungsbewußter Technokraten« und spricht sich »gegen die faulen Kompromisse der Interessengruppen, gegen Trägheit und blinde Emotion« aus. Aber wenn er zugleich schreibt: »Die Mentalität der Mitbestimmenden erweist sich durch dieselben Motive gelenkt wie die der bisher Alleinbestimmenden, nur unerleuchteter, egoistischer, chaotischer«[30], so formuliert er einen inneren Widerspruch. Denn der Eigennutz und die Blindheit der Partikularinteressen, die er offenbar vor Augen hat, finden sich eben auch als seit Platon tabuisiertes Partikularinteresse der politischen Führungsschichten aller historischen Epochen. Sie mögen von ihrer Aufgabe her stärker dem Gemeinwohl verbunden sein, aber eben dies ist auch eine Gruppe von Stimmbürgern, wenn sie über gemeinsame Angelegenheiten votiert. Gerade weil die Motive die gleichen sind, integriert der Sachentscheid der Vielen die Interessen in der Regel wohl besser als das noch so wohlmeinende Diktat der Wenigen. Gerade deshalb aber auch der instinktive Widerstand der Wenigen.

5. 6. Die Widerstände der Eliten

Die Tatsache, daß es heute eine feststellbare Strömung zur Erweiterung direktdemokratischer Entscheidungsmechanismen gibt, bedeutet keineswegs, daß diese Strömung sich voll durchzusetzen vermag. Auch die große amerikanische Reformströmung, die vom Populismus bis hin zu den »Progressiven« vom Schlag La Follettes, der Dominanz des Big Business und den korrupten Praktiken der Parteimaschinerien den Kampf erklärte, konnte keinen durchgehenden Erfolg erzielen, selbst wenn sie weiten Teilen der politischen Landschaft der Vereinigten Staaten ein neues Gepräge gab. Aus breiterer, historischer Perspektive können allerdings durchaus auch kleinere Verlagerungen der gesellschaftlichen Gewichte als Marksteine eines viele Generationen umfassenden Entwicklungsprozesses aufgefaßt werden.

Ob es bei der Tendenz zur direkten Beteiligung des Volkes an politischen Entscheidungen in dem einen oder anderen Staat zu echten Durchbrüchen oder nur zu vagen Deklarationen, Publicityaktionen, Alibihandlungen, gescheiterten Versuchen und toten Verfassungsbestimmungen kommt, hängt dabei vorwiegend von dem Ausmaß der Widerstände innerhalb der politischen Elite, von ihren Kartellierungstendenzen, von der Stärke der begünstigenden Aktivitäten (Bürgerinitiativen, populistisch agierende Presse) sowie vom Geschick einzelner Politiker ab, sich durch empirische Politik die Sympathie der wahlentscheidenden Wechselwählerschichten des Angestelltenmilieus zu sichern.

Die Situation ist tatsächlich in vielen Punkten jener der oligopolistischen Konkurrenz adäquat: allerdings vom Niveau her vergleichbar weniger dem höchst technisierten und oft innovativen Wettbewerb multinationaler Konzerne, sondern eher jenem einiger etablierter mittelstädtischer Warenhausbesitzer.

Der Wille zu Experimenten ist aufgrund der beharrenden Kraft der Parteibasis eher gering, der Wunsch und die Fähigkeit, sich auf höchster Ebene zu einigen, recht beträchtlich. So wie erst der Einbruch aggressiver auswärtiger Handelsformen die bedächtigen Besitzer der örtlichen Kaufhäuser zur Reduktion ihrer Margen und zu einer agileren Sortimentpolitik veranlassen wird, so ist auch ohne den Stachel der Herausforderung durch Bürgerinitiativen durch die radikaldemokratischen fünf Prozent und eine kritische Presse zu erwarten, daß man von seiten der Politikerschicht den bequemen Standpunkt: »keine Experimente« vorzieht.

Dafür gibt es einige gute Gründe. Ein sehr wesentlicher davon ist die in der politischen Elite aller politischen Lager unter der Hand vertretene Meinung, die man als die »These von der Unvernunft der Mehrheit« bezeichnen kann. Der formale, empirische Nachweis dieser Haltung dürfte zwar schwer fallen, da der Widerspruch zur Öffentlichkeitsrolle des Politikers als »Diener des Volkes« zu groß und die Möglichkeiten anonymer Befragung zu beschränkt sind. Aus privaten und halbprivaten Äußerungen selbst vorgeblich »progressiver« Angehöriger der politischen Elite klingt allerdings immer wieder ein tiefes Mißtrauen gegenüber der Mehrheit, um die sie (wenigstens in Wahlperioden) sich zu bemühen haben: Dieses Mißtrauen mag für Politiker von Minderheitsfraktionen aus der Tatsache gespeist sein, daß sich eben die Mehrzahl noch nicht durchgerungen hat, ihrem erleuchteten Pfad zu folgen – eine Motivation, die um so deutlicher wird, je überzeugter und erfolgloser die entsprechende Gruppierung ist. (Selbst Vertreter größerer Fraktionen lassen sich aber nach Wahlniederlagen gelegentlich zu solchen Haltungen hinreißen: So lief die Diskussion im SPD-Parteivorstand nach einer Meldung der *Neuen Zürcher Zeitung* vom 21. September 1957 dahin, daß mehr als 70 Prozent Stimmbeteiligung für die Demokratie von Übel sei, da einem Viertel aller Wähler die Urteilskraft abgehe[31].) Für Politiker größerer Fraktionen dürften wiederum eher die unbefriedigenden Kontakte in den eigenen Parteiveranstaltungen zu Buche schlagen: Die Erfahrung des zuweilen recht eingeengten Horizontes der Parteigetreuen, der von der eigenen Politikerschicht berufsbedingt sowohl akzeptiert als auch transzendiert werden muß, kann so im Ganzen einer zynischen Volksverachtung Vorschub leisten. Vor allem aber liegen der These von der Unvernunft der Mehrheit sicher dieselben ideologischen Faktoren zugrunde, die in allen Oberschichten als elitäre Rationalisierung und Legitimierung des eigenen Machtanspruches auftreten. Die eigene überdurchschnittliche Informationsposition und die berufsrollenbedingte Wahrnehmung einer Interessenausgleichsfunktion veranlassen so manchen führenden Politiker, privatim die Mehrzahl der Menschen als blind egoistische Ignoranten zu betrachten und sich in der Illusion der eigenen Wohltätigkeit zu wiegen – in ähnlicher Weise, wie dies frühere aufgeklärte oder unaufgeklärte Monarchen, Großgrundbesitzer usw. sogar öffentlich taten. Gewiß sind die persönlichen Machtinteressen, um die es dabei geht, um vieles relativiert gegenüber dem Nutzen, den feudale Oberschichten aus ihren Untertanen zogen. Aber schon die Bequemlichkeit, so wenig wie möglich Rechenschaft ablegen zu müssen, kann als Handlungs- beziehungsweise Weigerungsmotiv Bedeutung haben: Die Entschiedenheit, mit der sich Professoren gegen die Benotung ihrer Lehrveranstaltungen durch ihre Hörer verwahren (obwohl und gerade weil die Ergebnisse solcher Befragungen regelmäßig überaus zutreffend sind), der verbissene Widerstand, mit dem sich der amerikanische Senat lange gegen die direkte Wahl seiner Mitglieder wehrte, die Unwilligkeit aller Parlamente, die Privilegien der eigenen Abgeordneten anzutasten, und schließlich durchaus auch die lange Gegenwehr der etablierten Schweizer Stimmbürger gegen das Frauenstimmrecht belegen jedenfalls den allgemeinen Grundsatz, daß keine bevorzugte Gruppe selbst kleine Teile ihrer Privilegien kampflos abgibt.

Neben die Tätigkeit der Machtausübenden aller Lager tritt natürlich auch das Interesse sämtlicher Lobbies, die eine auf Sachfragen abzielende Entscheidung der Bevölkerung zu fürchten haben. Seltsamerweise ist es zwar ein Argument der Gegner direkter Demokratie, daß Propagandakampagnen finanziell starker Individuen und Organisationen Volksentscheide unsachlich beeinflussen könnten,[32] aber diese zweifellos nicht unrichtige Einsicht verleugnet dabei die Tatsache, daß Einflußnahmen im engeren Bereich der politischen Führung mindestens ebenso effektiv und in jedem Fall kostengünstiger sind. Im Falle der bloßen Kontaktnahme und Überredung ist die Stellung machtvoller, etwa ausländischer Interessenten gegenüber den abwählbaren Politikern meist minderen Vermögens eine viel ungleichere als gegenüber dem nicht absetzbaren Volke. Rechnet man aber mit der wenigstens gelegentlich, in vielen Staaten aber endemisch vorkommenden Bestechung von Politikern als einer Möglichkeit der Einflußnahme, so sind die Summen, die zur Befriedigung von Individuen oder kleinen Gruppen aufgewandt werden müssen, jedenfalls unverhältnismäßig geringer als die zur Gewinnung einer stimmbefugten Öffentlichkeit. Es soll dabei gar kein Mythos der moralischen Überlegenheit der Mehrheit konstruiert werden: Gewisse Kreise behaupteten etwa, daß die großen Wahlerfolge der demokratischen Partei während des New Deal auf Bestechung der Arbeitslosen durch die Wohlfahrtsprogramme der Regierung zurückgingen, und mögen damit nicht ganz unrecht haben[33], nur daß der moralisch verwerfliche Aspekt von Korruption ja immer der eines Mißbrauches zu Lasten breiterer Personenkreise ist. Daß sich auch die Teilnehmer einer Volksabstimmung nach ihren Interessen orientieren würden, ist klar, allerdings dürfte deutlich werden, daß diese eben häufig öffentlicher sind als die Motive, die für Entscheidungen im kleinen Kreis maßgeblich sind.

Schließlich können verunglückte Versuche einer Verwendung plebiszitärer Mechanismen denjenigen Rückendeckung geben, die sie immer schon ablehnten. Überall dort, wo die Neutralisierungsfunktion von Sachreferenden durch persönliche oder parteipolitische Vertrauensfragen in ihr Gegenteil verkehrt wird, kann die Volksbefragung verfälscht werden und bewirkt oft sogar Gefährdung derer, die sie provozierten. Gerade das in der Bevölkerung verbreitete Ressentiment gegen eine solche »gaullistische« Überhöhung einer Sachfrage zum Prestigefall wirkt sich oft in »Denkzettelform« negativ auf diejenigen aus, die auf dieser Basis und allenfalls noch mit manipulierten Fragestellungen auf ein Bestätigungsvotum aus sind. Da Prestigeaspekte im politischen Prozeß noch sehr stark wirksam sind, können gerade eher seltene, als »Ausnahmefall« auftretende Volksbefragungen in dieses Fahrwasser gelangen und ihren Initiatoren Niederlagen eintragen. Ein sehr aktuelles Beispiel ist hier in Österreich die Abstimmung über die Inbetriebnahme des Atomkraftwerkes Zwentendorf, in der die lange Zeit verfolgte Neutralisierungsstrategie seitens der das Votum veranstaltenden Regierung verlassen wurde und das Ja zum Atomkraftwerk in ein Ja zu Bundeskanzler Kreisky umgemünzt wurde: Damit entfiel die Unterstützung aus nichtsozialistischen Kreisen für das Kernkraftwerk und die Versuche der Einschüchterung der innersozialistischen und innergewerkschaftlichen Opposition in der kontroversiellen Atomfrage mußten mehrheitsentscheidende Randwählerschichten alarmieren[34].

Übrigens kam es hier offenbar aus Mangel an Erfahrung mit der in der Schweiz wohlbekannten heterogenen Koalition von Vetogruppen (Neidhart) zu einer emotionellen Überreaktion der Regierung auf den Widerstand der »Extremisten«.

Das im übrigen voraussehbare, überflüssige Risiko solcher hoch emotionalisierter Volksvoten gibt den Gegnern der direkten Demokratie allerdings, wie gesagt, nur Scheinargumente in die Hand. In der Praxis dürfte die Stimmung der zunehmend informierten und auf die allgemeinen »Bürgerprobleme« am meisten sensibilisierten Mittelschichten der Bevölkerung jedenfalls für faire Sachvoten immer positiver werden. Damit sinkt die Möglichkeit, Referenden gaullistisch zu mißbrauchen oder auch sie zu einer Scheindemokratie der Nichtigkeiten umzumünzen (denn die allgemeine Verärgerung, welche die Verbindung einer Sachentscheidung mit einer Personalfrage hervorruft, regt sich auch dann, wenn offensichtlich nur unerhebliche Entscheidungen dem Volksvotum überlassen werden[35]). Damit steigt aber auch der Vertrauensbonus für jene Politiker, die sich in ehrlicher Weise der Sache der direkten Demokratie annehmen. Ausgesprochene Exponenten des Parteiapparates werden dies sicher nicht tun. Wahrscheinlich müßte es sich um Menschen handeln, wie sie Pierre Viansson-Ponté in einer Betrachtung zum Typus des modernen Spitzenpolitikers charakterisiert hat: ein gewisses lässiges Selbstbewußtsein, Nüchternheit, Distanz zu sich und zu seinem politischen Geschäft, ein wenig charismatisches Flair, das aber gerade nicht auf hoheitsvollen Gebärden, sondern auf »Mitbürgerlichkeit« beruht, und dazu ein glaubwürdiges, soziales Engagement. Solche Eigenschaften wären für jene Mitglieder der politischen Elite erforderlich, die sich des Instruments der direkten Demokratie empirisch, das heißt als Volksbefragung (von oben) bedienen beziehungsweise es erfolgreich institutionalisieren könnten.

Wenn Viansson-Ponté heute eine neue, unzeremonielle Generation von politischen Führern heranreifen sieht[36], so konstatiert er ein Phänomen unter vielen, welche die Anpassung an ein verbreitet mittelständisches Bewußtsein bezeugen. Er zeigt damit zugleich implizit auf, daß gewisse Chancen für eine Erweiterung der politischen Rolle der Bevölkerungsmehrheit gegeben sind: Aber bei der Verbreitung dieses hemdsärmeligen Führungstyps handelt es sich dennoch nur um eine notwendige, aber keine hinreichende Bedingung empirischer Politik. Nur manifester Unzufriedenheitsdruck wird auch diesen Führungstyp veranlassen, das Sicherheitsventil plebiszitärer Entscheidungen zu betätigen.

SECHSTES KAPITEL

Quantitative Entscheidungsgrundlagen – »wissenschaftlich« oder demokratisch?

6. 1. Scheinexakte Kalküle

Eine Zeitlang, etwa um die Mitte der sechziger Jahre, schien es, als gäbe es für eine Unzahl von sozialen und politischen Problemen eine ganz einfache Lösung: man müsse eben die Experten zu Rate ziehen und das Problem »sachlich« entscheiden. Ein neues Infrastrukturprojekt, etwa eine Autobahn oder ein Kraftwerk, wäre nach den strikten Gesichtspunkten der Kosten- und Nutzenanalyse zu bewerten. Die Erstellung der öffentlichen Budgets hätte nach den Kriterien der Programmbudgets zu erfolgen. Der Mann mit dem Rechenschieber oder, noch zeitgemäßer, vor dem Computer, trat als Garant für kühle, effiziente Problemlösungen auf. Statt des unobjektiven Parteienstreits schien eine wohlmeinende Expertokratie im Anrollen.

Diese Hoffnungen oder Befürchtungen haben sich längst verflüchtigt. Die Experten sind uns zwar erhalten geblieben, haben aber viel von ihrem Nimbus eingebüßt. Und die Unmöglichkeit, den eigentlich politischen, nämlich den Interessenwiderstreit bei sozialen und ökonomischen Problemen auf Sachlösungen zu reduzieren, ist längst deutlich geworden.

Die von manchen naiv, von anderen recht absichtlich gepflegte Illusion von der Entscheidung der »unabhängigen Fachleute« ging wohl auf drei hauptsächliche Wurzeln zurück: einerseits auf das durch die Wellen der Enttäuschung in der Nachkriegszeit ernüchterte politische Klima Westeuropas, andererseits auf eine gewisse Realitätsferne akademischer Ökonomen, die den theoretischen Aufschwung ihrer mathematischen Kalküle relativ unvermittelt in der politischen Praxis zu erproben hofften, und letztlich auch auf ein Interesse seitens gewisser Teile der politischen Elite, im Schema des akademisch gebildeten Fachmannes als Verantwortungsträgers alte, obrigkeitliche Entscheidungsmodelle in modernisierter Form aufleben zu lassen. Daß in relativ kurzer Zeit diese Illusionen sich zerstreut haben, daß es heute sogar auf sehr vielen

Gebieten irrationale Gegentendenzen zur Unterschätzung oder gar Diffamierung der Experten gibt, hat im wesentlichen wieder zwei Gründe: einerseits die wechselseitige Ernüchterung von Politikern und akademischen Spezialisten, die zunächst ineinander oftmals übertriebene Erwartungen gesetzt haben; andererseits ist anhand vieler Beispiele auch einer breiteren Öffentlichkeit klar geworden, wie sehr nicht nur die einschlägig notorischen Sozialwissenschaften, sondern selbst die exakten Naturwissenschaften immer wieder Vertreter hervorbringen, die sich als »Experten« zum Vertreter einseitiger Interessen machen. Wir stehen hier mitten in einem schmerzhaften, aber notwendigen Prozeß der Desillusionierung und Aufklärung, der mit dem Nimbus des »unabhängigen Wissenschafters« eine der letzten, halbwegs intakten Autoritätsfiguren angreift: Vernunft muß, will sie sich verbreiten, eben auch die Bedingungen ihrer Mißbrauchbarkeit durchschauen.

In diesem Sinne ist es ebenso notwendig, gewissen neueren Entwicklungen der Sozialwissenschaften Achtung zu zollen, weil sie in der Tat beginnen, uns klarere Vorstellungen über höchst komplexe Zusammenhänge der Gesellschaft zu vermitteln, wie durch Kritik ihre Beschränkungen und Gefahren aufzuzeigen. Wo nämlich scheinexakte Kalküle in Bereiche vorstoßen, die mit exakter Wahrheitsfindung recht wenig, dafür aber um so mehr mit verschleierten, willkürlichen Annahmen zu tun haben (die als solche wieder von typischen, sozialen Interessen gefärbt sind), dort ist große Vorsicht am Platz. In einem sehr bescheidenen Maße soll dies an einigen Beispielen verdeutlicht werden.

6. 2. Sozialbilanz: Zwischen Analyse und Propaganda

Wir leben in einer Zeit, die sich in zunehmendem Maße der auf allen Gebieten des Lebens wirksamen Zusammenhänge und Verflechtungen bewußt wird. Auf der einen Seite sind es die immer größeren Eingriffe des Menschen in das Gleichgewicht der Natur, die uns diese Tatsache und ihre verderblichen Folgen bewußt machen: wenn wir unsere Insektengifte schon im Körper der Tiefseefische gespeichert finden, wird uns deutlich, daß es keine unberührten Oasen mehr gibt. Zum anderen werden uns aber auch die unendlich komplizierten Verflechtungen des sozialen und wirtschaftlichen Lebens langsam bewußt; und der Wunsch nach klaren Aussagen begegnet immer mehr qualifizierenden Einschränkungen.

Es gibt allerdings mutige Versuche, in manchen Bereichen dennoch Klarheit zu schaffen. Einer dieser Versuche ist die sogenannte Sozialbilanz[1].

Die Rechnungslegung eines Unternehmens, ein recht kompliziertes Gebilde von Faktenaufzeichnungen und groben Mutmaßungen (etwa über den tatsächlichen Wert eines Warenlagers an Modeartikeln) mündet in eine Saldogröße: den Gewinn oder Verlust. Aber auch hier hat sich das Bewußtsein der übergeordneten Zusammenhänge entwickelt, denn neben dem wirtschaftlichen Erfolg oder Mißerfolg im engeren Sinne hat das Unternehmen ja eine Art Ausstrahlungskraft auf die Umwelt: es leistet positive Beiträge zur Ausbildung seiner Arbeiter oder schädigt deren Gesundheit, es entläßt Abgase und Abwässer, fördert die Gemeinde durch lokale Steuern oder macht sie als Fremdenverkehrsort ungeeignet usw. Zumeist tritt eine Vielzahl derartiger sozialer Kosten und sozialer Vorteile gehäuft auf, und die Gesamteinschätzung des Unternehmens in Hinblick darauf, was es an sozialen Werten schafft und an sozialen Werten zerstört, ist durch den kaufmännischen Gewinn oder Verlust in keiner Weise gegeben (man denke hier nur an den – für die Beteiligten recht profitablen – Handel mit Suchtgiften und Alkohol). Der Grundgedanke der Sozialbilanz läuft nun darauf hinaus, diesen Zusammenhängen in mehr oder minder exakter Weise Rechnung zu tragen und im Idealfall sogar zu einer Saldogröße des sozialen Nettonutzens oder Nettoverlustes zu kommen[2].

Als Beispiel nehme man ein städtisches Nahverkehrsunternehmen. Gerade in diesem Bereich liegt es nahe, Versuche der sozialen Rechnungslegung zu unternehmen, da die Unternehmensleitung auf diese Weise hoffen kann, die meist sehr kräftigen Betriebsverluste in einem rosigeren Licht darzustellen.

Das Verkehrsunternehmen kann auf den gegenüber dem Individualverkehr wesentlich geringeren Energieverbrauch, auf die geringere Lärm- und Abgasentwicklung und Unfallgefahr, den geringeren Platzbedarf verweisen und alle diese sozialen Vorteile mit mehr oder minder phantasievollen Geldbewertungen verbinden, die auf dem Prinzip der alternativen Kosten beruhen (zum Beispiel den Kosten des vermehrten Benzinverbrauches, wenn die Passagiere der Straßenbahn mit dem Personenkraftwagen fahren müßten, die Kosten der vermehrten Unfälle, berechnet anhand der üblichen Versicherungsentschädigungen für Verletzungen und Todesfälle usw.). Alles das sind nicht unzweckmäßige Überlegungen, auch wenn die so berechneten Größen zuweilen einen recht willkürlichen Eindruck vermitteln. Sie machen jedenfalls deutlich, daß auch defizitäre öffentliche Dienste häufig soziale Vorteile gegenüber anderen Problemlösungen bieten. Kommt es allerdings zum Versuch einer Saldierung und eines in Geld ausgedrückten sozialen Nettonutzens, hat man angesichts der recht zweifelhaften Wertansätze doch meist den Eindruck einer propagandistisch gefärbten Darstellung: dem bei den großen Verlusten mancher öffentlicher Betriebe immer wieder auftretenden Vorwurf des Schlendrians und der Ineffizienz soll eben so mit einer »Bilanz«, die soziale Gewinne in Millionenhöhe ausweist, die Spitze genommen werden.

Ähnliche, ebenfalls nicht unberechtigte Vorbehalte gibt es gegen die soziale Rechnungslegung so mancher industrieller Großkonzerne[3]. Auch hier gewinnt man den Eindruck interessenpolitisch bestimmter public relations, denn da viele der sozialen Kosten und Nutzen so schwer bestimmbar sind, geht offenbar die Grundtendenz der Unternehmen, die sich diese Arbeit machen, darauf hin, ihr soziales Ansehen damit zu heben. Man konzentriert sich auf die sozialen Nutzen und tendiert eher dazu, die sozialen Kosten zu vernachlässigen.

Schon die gewöhnliche, im Laufe von Jahrhunderten entwikkelte Kunstlehre der kaufmännischen Buchführung enthält zwar Unschärfen und kann keineswegs als mit wissenschaftlichem Wahrheitsanspruch auftretender Zustandsbefund eines Unternehmens angesehen werden: Es ist ja bekannt, daß überbewertete Warenlager, uneinbringliche Außenstände oder vorzeitig abgeschriebene Maschinen den offiziell ausgewiesenen Gewinn oder Verlust wenigstens eine Zeitlang geradezu beliebig wählbar machen. Aber hier ist einerseits der Akt der willkürlichen Normsetzung in Gestalt staatlicher Bewertungsvorschriften und Gestaltungsmöglichkeiten allgemein anerkannt, andererseits aber gibt die Notwendigkeit des finanziellen Überlebens bei begrenzten Kreditmöglichkeiten doch Gewähr dafür, daß letztlich dem Grundsatz der Bilanzwahrheit Rechnung getragen wird: und sei es nur so, daß anläßlich des Bankrottes die zuvor fälschlich ausgewiesenen Gewinne zugunsten eines einzigen riesigen Verlustausweises korrigiert werden müssen.

Beide Einschränkungen gelten für die Sozialbilanz nicht. Sie tritt einerseits mit dem Anspruch eines erweiterten wissenschaftlichen Blickwinkels auf und versucht ohne Zweifel Probleme zu erfassen, denen die normale unternehmerische Rechnungslegung nicht gewachsen ist. Sie geht aber dabei gleichsam ins »Uferlose« und zeigt derzeit noch keine Anzeichen jener sozialen Normierung, die sich als zweckmäßige Begleiterscheinung der kaufmännischen Bilanzgestaltung herausgebildet hat. Sie ist aber auch nicht in einen äußeren »quasi-natürlichen« Rahmen eingespannt, der die kaufmännische Bilanz als Propagandainstrument limitiert: während der Vorstand eines Unternehmens, der sich jahrelang aus fiktiven Gewinnen Tantiemen auszahlen ließ, letztlich doch vor den Scherben seiner Handlungsweise steht, schwebt die Sozialbilanz im freien Raum. Selbst wenn Mißwirtschaft das Unternehmen zugrunde richtet oder die wahren sozialen Effekte ganz anders lauten, als sie von interessierter Seite dargestellt werden, kann die Sozialbilanz als Propagandainstrument funktionsfähig bleiben, da sie von der rauhen Wirklichkeit gänzlich abgeschirmt ist. Der Schluß aus diesen Tatsachen kann nun nicht sein, die Überlegungen betreffend die externen Effekte der Tätigkeit wirtschaftlicher Institutionen überhaupt einzustellen, sondern man muß dem Faktum ins Auge blicken, daß es sich hier um einen Bereich handelt, der der sinnvollen Normsetzung durch die Organe der Gemeinschaft bedarf.

6. 3. Die überforderten Kosten-Nutzen-Analysen

Sehr ähnliche Probleme bieten die Kosten-Nutzen-Analysen. Auch wenn es sich hier um einen überaus verfachlichten Teilbereich der modernen Wirtschaftswissenschaften handelt, seien hier doch in groben Zügen einige kritische Anmerkungen gestattet[4].

Die Forderung, öffentliche Investitionsprojekte einer gründlichen Kosten-Nutzen-Analyse zu unterziehen, gehört seit etwa zehn Jahren zu den Versatzstücken der politischen Diskussion und wird vor allem von jüngeren, »dynamischen« und auf Effizienz bedachten Funktionären gelegentlich ins Spiel gebracht, ohne daß sie allerdings in der Regel dabei präzisieren, was sie eigentlich meinen. Dem interessierten Zeitungsleser begegnet das komplizierte Wort somit von Zeit zu Zeit, ohne daß er damit viel anzufangen verstünde. Er wird, nicht ohne Grund, vermuten, daß die meisten, die es verwenden, auch nur recht vage Vorstellungen damit verbinden.

Der Grundgedanke einer rationalen Gegenüberstellung von Nutzen und Kosten eines oder besser noch verschiedener alternativer Projekte erscheint zunächst sehr einfach und auch recht verlockend. Tatsache ist ja, daß der geplagte Finanzpolitiker gegenwärtig in aller Welt einer Fülle von Interventionen ausgesetzt ist: er soll seine knappen Budgetmittel vorrangig dem Straßenbau der

Region widmen, in der seine Partei am mächtigsten ist, oder der Landwirtelobby höhere Preisstützungen für Getreide gewähren; hohe Militärs fordern unter Hinweis auf die neuen Waffensysteme der potentiellen Gegnerstaaten eine Umrüstung auf moderneres Kriegsmaterial (und haben dabei zuweilen auch schon Lieferanten parat, mit denen sie in »bestem Kontakt« stehen). Großkonzerne deuten an, sie planten eine neue Erzeugungsstätte in dem betreffenden Staat und pokern unter dem Hinweis auf die entsprechenden Möglichkeiten in anderen Ländern um maximale finanzielle Förderungen. Der tatsächliche politische Entscheidungsprozeß über die Prioritäten in der Vergabe freier öffentlicher Mittel spielt sich derzeit also als wenig durchsichtiges Geplänkel zwischen den verschiedensten Lobbies ab, die mit sachlichen, unsachlichen oder sogar erpresserischen Argumenten an die Repräsentanten der Öffentlichkeit um Berücksichtigung appellieren.

Gegenüber diesem, auch für die Betroffenen nicht außerordentlich befriedigenden Zustand stellt sich eine »quasi wissenschaftliche« Abwägung von Alternativen öffentlicher Mittelverwendung als wohltuend »objektiv« und neutral dar. Leider ist aber ihre Realisierbarkeit nicht abzusehen. Gewiß gibt es einigermaßen funktionsfähige Kosten-Nutzen-Analysen auf sehr abgegrenzten Gebieten, insbesondere auf dem Gebiete der Wasserwirtschaft. So kann man etwa bei Wildbachverbauungen den jährlich zu erwartenden Schaden aufgrund der bisher gegebenen Erfahrungwerte abschätzen und den Barwert der Summe dieser vermiedenen künftigen Schäden als Nutzen der Verbauung den Kosten des Projektes gegenüberstellen. Bei Bewässerungsprojekten können wiederum die geschätzten Erhöhungen der landwirtschaftlichen Produktion, ebenfalls abgezinst auf den Zeitpunkt der Projekterstellung, den Kosten des Projektes gegenübergestellt werden.

Als konkrete Investitionskriterien sind dabei von der ökonomischen Theorie vornehmlich die Forderung nach der Maximierung des Nettonutzens (Nutzen minus Kosten), die Maximierung der Nutzen-Kosten-Relation, aber auch die Maximierung des Jahresertrages einer öffentlichen Investition im Verhältnis zu den eingesetzten Kapitalkosten in zum Teil sehr komplizierten, mathematischen Rechenmodellen vorgeschlagen worden[5]. Eine genauere Darstellung dieser Modelle kann natürlich im Rahmen dieser allgemeinen Betrachtung nicht vorgenommen werden, interessant scheint es aber, in einer gegenüber den geistigen Leistungen der Kosten-Nutzen-Theoretiker vielleicht unfairen Weise sofort auf jene Schwachpunkte hinzuweisen, die dem gesamten Bereich ihrer Anstrengungen immer noch und wahrscheinlich permanent anhaften.

Zunächst – und das gilt schon für die beiden genannten Beispiele aus dem Bereich der Wasserwirtschaft – spielt bei den meisten Kosten-Nutzen-Rechnungen die Frage der zeitlichen Verteilungen von Nutzen und Kosten eine entscheidende Rolle. Für die Investitionsrechnung eines einzelnen Unternehmens (und aus diesem Bereich stammt die Kosten-Nutzen-Analyse) mag der Zinssatz seiner Hausbank eine gegebene Größe sein. Ähnliches mag auch für einen relativ kleinen Träger der öffentlichen Hand, etwa eine Gemeinde, gelten. Aber für den Staat, den Träger der Geldschöpfungshoheit, hat, abgesehen von seinen internationalen Finanztransaktionen, der Zinssatz einen viel weniger vorgegebenen Platz. Die Zinssätze, die in Kosten-Nutzen-Rechnungen eingehen, werden hier also zu abstrakten, sozialen Zeitpräferenzen: Der einzelne Geschäftsmann wird eine Investition mit Fremdkapital riskieren, wenn er glaubt, mehr Erträge erwirtschaften zu können, als er Zinsen zahlt, beziehungsweise er mag – als Gewinnmaximierer – nur dann eigenes Geld investieren, wenn er nicht mit Anleihen und dergleichen eine bessere und sichere Verzinsung erzielt[6]. Für den Staat bedeutet die Annahme eines hohen Zinssatzes als Abzinsungsfaktor bei einer Kosten-Nutzen-Analyse dagegen, daß er die Zukunft weniger wichtig nimmt, als wenn er einen niedereren Zinssatz wählen würde. Damit ist aber unter Umständen die rationale Entscheidung zwischen zwei Alternativprojekten ganz von der Wahl des Zinssatzes abhängig. Bei einem hohen Abzinsungsfaktor muß das Projekt, das für die fernere Zukunft einen hohen Nutzen stiftet, gegenüber dem kurzfristig ertragreichen, aber langfristig vielleicht schädlichen Projekt zurückstehen (man verdeutliche sich dieses Dilemma einmal an der Frage der Abholzung staatlicher Waldreserven[7]!).

Neben dieser Bedeutung des Zeitfaktors, der natürlich allen möglichen Manipulationen der Kosten-Nutzen-Kalküle durch interessierte Kreise Vorschub leistet, finden sich zusätzlich alle Probleme, die bei der Sozialbilanz (die ja nur perioden- beziehungsweise stichtagsbezogen organisiert ist) ebenfalls auftreten, nämlich die Fragen der oft nur sehr phantasievoll zu bewertenden Kosten und Nutzen.

Je eingeschränkter der Streubereich der zu untersuchenden Alternativen ist, um so sinnvoller mag ein Kosten-Nutzen-Vergleich sein, da die Fülle der unüberblickbaren Sekundäreffekte dann geringer ist. Aber man täusche sich nicht: Einen Bau statt aus Ziegeln aus Beton zu errichten, hat bereits nicht zu unterschätzende Sekundäreffekte, und auch die viel zitierten wasserwirtschaftlichen Kosten-Nutzen-Analysen sehen sich außerstande, in seriöser Weise etwa die positiven und negativen immateriellen Effekte eines geplanten Stausees zu quantifizieren. Dabei steht die Kosten-Nutzen-Analyse vor einem Dilemma. Versucht sie, den Bereich der Berücksichtigung von Sekundäreffekten rigoros einzugrenzen, verfällt sie dem Vorwurf der Kurzsichtigkeit und einer Art frühkapitalistischen Materialismus', der alles auf den Dollarwert bringen wolle. Dieser Europäern oft sonderbar dünkende Dollar-Rationalismus dürfte im übrigen an der Entwicklung der Kosten-Nutzen-Analyse in den USA nicht unbeteiligt sein[8]. Versucht sie andererseits, den sekundären Effekten Rechnung zu tragen, so gelangt sie entweder zu immer waghalsigeren Bewertungskunststücken – etwa wo Verschlechterungen der Luftqualität durch die Kosten entsprechender Luftreinigungssprays bewertet werden –, oder sie dankt ab zugunsten jener bescheideneren Art der Quantifizierung, die von der Meinungsforschung geliefert wird. In der Tat geben etwa die Initiatoren des Experiments der Sozialbilanz bei den Grazer Verkehrsbetrieben zu, daß sie handfeste Aufschlüsse über die Präferenzen der Fahrgäste und somit über die Möglichkeiten der eigenen Geschäftspolitik eher aus Meinungsbefragungen als aus ihrem ambitionierten Rechenwerk gewinnen[9].

Kosten-Nutzen-Analysen wie Sozialbilanzen dürften auf Dauer als Argumentationshilfsmittel interessierter Kreise in den politischen Prozeß integriert sein. Eine gewisse Anfangseuphorie, die bei den Kosten-Nutzen-Analysen schon abgeflaut ist, bei den Sozialbilanzen aber noch ansatzweise vorhanden ist, hat sie als Instrumente weittragender Objektivierung von politischen Entscheidungen angesehen und damit überfordert. Sie stellen zwar mögliche Elemente eines Rationalitätszuwachses im politischen System dar, sind aber gerade dadurch auch als Instrumente der Verschleierung interessenbedingter Zielsetzungen mißbrauchbar. Vor allem ihr Quantifizierungsanspruch wirkt entweder reduktionistisch, indem er den Argumentationshorizont künstlich einengt (und scheint gegenüber gewissen qualitativen Erörterungen dann geradezu als ein Rückschritt), oder aber er verliert sich in abenteuerlichen Willkürlichkeiten. Die öffentliche Diskussion, die es allen interessierten Kreisen ermöglicht, ihre Argumente in die Meinungsbildung einfließen zu lassen und in der die Entscheidungsträger letztlich daran gemessen werden, ob sie sich im Bewußtsein der Mehrheit in der Regel richtig verhalten haben, ist wahrscheinlich ein besserer Ansporn zu gemeinwohlorientiertem Handeln als alle diese Optimierungskalküle.

6. 4. Vom Wert demokratisch normierter Kalküle

Diese eher skeptischen Ausführungen zu gewissen scheinexakten Kalkülen sollen gewiß nicht im Sinne etwa einer antimathematischen Reaktion aufgefaßt werden. Im Gegenteil, die Anerkennung ihres zum Teil willkürlichen Charakters ist oft sogar die Voraussetzung ihrer sinnvollen Anwendung durch die organisierte Gemeinschaft. Der Wert solcherart normierter, und zwar insbesonders demokratisch legitimierter Kalküle mag an einem weiteren Beispiel der modernen Sozialwissenschaft dargetan werden. Betrachtet man die faszinierende Geschichte des Geldes, so stellt man fest, daß es sich in geradezu naturwüchsiger Weise aus einer allgemein geschätzten, haltbaren Tauschware (Metallbarren, Muscheln, Vieh) langsam in einen immer abstrakteren Wertmaßstab, eine Recheneinheit verwandelt hat[10]. Dieser Prozeß war begleitet von einer immer weitergehenden Konventionalisierung und damit Mißbrauchbarkeit. Der amtliche Stempelaufdruck und damit die Prägung des kleinen Metallbarrens zur Münze eröffnete den Souveränen die Möglichkeit der Münzverschlechterung. Die Lösung des Geltungswertes des begrenzten Zahlungsmittelumlaufes vom Materialwert ermöglichte die Papiergeldinflationen. Die Verfügung über Bankguthaben als abstrakteste aller Geldformen erforderte im nationalen Bereich die Festlegung von Mindestreservensätzen zur Begrenzung des Giralgeldes und stellt im internationalen Bereich das noch ungelöste Problem der Eurowährungsmärkte. Die während einer jahrtausendelangen Entwicklung zunehmende Einsicht in den konventionellen Charakter des Geldes hat aber zugleich auch große Möglichkeiten positiver wirtschaftspolitischer Gestaltung eröffnet. Während dieses ganzen Zeitraumes ist das Geldwesen einerseits »natürlicher« geworden – das heißt etwa, daß es zu den Selbstverständlichkeiten unserer Zivilisation gehört, Wertvergleiche in Geld zu machen – und andererseits als Konvention erkannt worden. Alle Einkommensstatistiken, alle Bilanzen, versicherungsmathematischen Berechnungen bedienen sich somit einer Fiktion – aber einer überaus wertvollen. Auch die Daten der volkswirtschaftlichen Gesamtrechnung beruhen auf dieser so überaus produktiven Konvention.

Der konventionelle Maßstab des Geldes hat aber seine Grenzen, wie gerade wieder die volkswirtschaftliche Gesamtrechnung deutlich macht. Die unbezahlte Hausfrauenarbeit schafft Werte, geht aber nicht in die Volkseinkommensrechnung ein (zum Unterschied von der bezahlten Hausgehilfinnenarbeit). Das in einer Verkehrsstauung verbrauchte Mehr an Benzin und Autoverschleiß schlägt sich als Erhöhung des in Geldtransaktionen gemessenen Volkseinkommens nieder. Ein Nationalprodukt, das in übergroßem Prozentsatz für Rüstungsausgaben verwendet wird, kann, in Geldeinheiten berechnet, den gleichen Wert haben wie eines, das in besonders hoher Weise dem Konsum der Bevölkerung zugute kommt. Alle diese nunmehr recht bekannten Fakten haben zunächst in der engeren Fachwelt, dann aber auch in der Öffentlichkeit der totalen Dominanz der Geldbewertung ein Ende gesetzt.

Heute ist immer häufiger davon die Rede, statt der an den Geldtransaktionen gemessenen Sozialproduktionsberechnungen und ihrer Wachstumsraten neue Maßzahlen für ein »qualitatives Wachstum« zu finden[11]. Als solche werden die sogenannten Sozialindikatoren diskutiert: relativ einfache Werte, wie die durchschnittliche Lebenserwartung, Versorgungsgrade mit gewissen Konsumgütern, letztlich aber auch schwer quantifizierbare Kriterien wie die Vorteile rechtsstaatlicher Institutionen ohne Folter und Gewissenszwang, müßten hier eingebaut werden. Ohne auf die wiederum sehr diffizile Diskussion der Sozialindikatoren eingehender Bezug nehmen zu können, läßt sich doch feststellen: Die Sozialindikatoren leiden daran, daß der einheitliche Maßstab des »Geldwachstums«, der bis auf den individuell abzählbaren Lohnbetrag zurückschlägt, noch bei weitem mehr Faszination besitzt als das Sammelsurium »konkreter«, aber eben inkommensurabler Maßstäbe der Lebensqualität. Das eigentlich Abstraktere, Konventionellere wirkt somit »realer« als das zerstreute Wirkliche. Die Antwort auf die heute deutlich erkannten, negativen Aspekte einer geldfetischistischen Wachstumspolitik kann angesichts dieser Situation nur lauten: Versuch einer raschen Konventionalisierung eines Systems von Sozialindikatoren, das möglichst ebenfalls in eine einzige Richtzahl beziehungsweise Wachstumsrate mündet.

Mit anderen Worten: Während es müßig und wohl auch aussichtslos ist, ein »wissenschaftlich korrektes« System von Sozialindikatoren zu »*finden*«, läßt sich vermutlich ein praktikables und sinnvolles System *bestimmen*. Dies allerdings wiederum wohl nur empirisch, das heißt anhand der vorfindlichen repräsentativen

Präferenzen der rationalen Individuen (ohne daß man deshalb der Illusion huldigen müßte, diese seien tatsächlich *exakt* feststellbar) und in einer zweiten Stufe politisch, nämlich in einer bewußten Entscheidung des gesetzgebenden Organs und besser noch des Volkes zur Einführung einer solchen Konvention.

Gerade der Ausbau des zentralen demokratischen Axioms würde somit in diesem Bereich einer produktiven Gestaltungsfreiheit den Weg ebnen. Aufklärung, welche die Grenzen des Auffindbaren abzustecken hat, umschreibt damit gleichzeitig auch einen Bereich, in dem die schöpferische, Ordnung schaffende Willkür ihren Platz hat.

6. 5. Die Ausbaufähigkeit des demokratischen Axioms

Thomas Jefferson formulierte die berühmten Worte der amerikanischen Unabhängigkeitserklärung, deren optimistisches Pathos das Grundprogramm aller sozialen Fortschrittsbewegungen seit dem 18. Jahrhundert umreißt:

»Wir halten folgende Wahrheiten für selbstverständlich: daß alle Menschen gleich geschaffen sind, daß sie von ihrem Schöpfer mit gewissen unveräußerlichen Rechten ausgestattet sind und daß unter diesen das Recht auf Leben, Freiheit und das Streben nach Glück sind. Daß zur Wahrung dieser Rechte Regierungen unter den Menschen eingesetzt sind, welche ihre gerechte Macht von der Zustimmung der Regierten ableiten. Daß, wann immer irgend eine Regierungsform diesen Zielen zerstörerisch wird, es das Recht des Volkes ist, sie zu ändern oder abzuschaffen, eine neue Regierung einzusetzen und deren Grundlagen auf solchen Prinzipien zu basieren sowie ihre Macht in solcher Form zu organisieren, wie sie dem Volk mit größter Wahrscheinlichkeit das eigene Glück und die eigene Sicherheit zu bewirken scheint[12].«

Daß diese Worte zum Bestandteil eines Verfassungswerkes wurden, das zunächst einer Oligarchie reicher Sklavenhalter und Kaufleute diente und nicht einer modernen Repräsentativdemokratie mit allgemeinem Wahlrecht, tut seiner weiterwirkenden Kraft keinen Abbruch. Jefferson brachte ein grundlegendes Solidaritätsgefühl aller Menschen und einen fundamentalen Glauben zum Ausdruck, daß die Regierungen den Menschen und nicht die Menschen den Regierungen zu dienen hätten. In der Zeitspanne von etwas mehr als zweihundert Jahren, die seither verflossen sind, hat dieses System demokratischer Legitimierung von Herrschaft einen außerordentlichen Siegeszug angetreten. Die uralte, monarchisch-traditionale Form der Legitimität hat sich im Verlauf des 19. Jahrhunderts in allen entwickelteren Ländern zurückziehen müssen und hat zu Ende des Ersten Weltkrieges – längst ausgehöhlt – ihren entscheidenden Zusammenbruch erlitten. Wo sie in Europa heute noch dem Schein nach fortbesteht, ist sie zum pittoresken und nostalgischen Aufputz geworden. Die wenigen Refugien, wo die traditionelle monarchische Legitimation noch ernsthaft aufrecht erhalten wird (wie in einigen islamischen Staaten des Mittleren Ostens) beziehungsweise zum Deckmantel einer Diktatur dient (wie in Marokko und bis vor kurzem im Iran) scheinen ebenso auf der historischen Verliererstraße wie jene Regimes, die sich auf die »rassische Überlegenheit« einer Bevölkerungsgruppe gründen und so offen dem Jeffersonschen Gleichheitspostulat fundamental widersprechen. Selbst die barbarischesten Diktaturen berufen sich heute darauf, das »Glück des Volkes« zu realisieren. Und die grotesken Rituale der »Wahlen« und »Abstimmungen«, in denen sich autokratische Regimes die 99prozentige Zustimmung ihrer Untertanen bestätigen lassen, sind ebenso Beweis der ununterdrückbaren Geltung des demokratischen Ideals wie seiner Mißbrauchbarkeit.

Denn eines ist allerdings mittlerweile klargeworden. Hinter der schwungvollen, naturrechtlichen Rhetorik des Jeffersonschen Textes verbergen sich von Anfang an Widersprüche und bedrückende Paradoxien. Der Verweis darauf, daß sein Autor selbst trotz seines Bekenntnisses zur Menschengleichheit zeitlebens Sklavenhalter blieb (und seine Sklaven nicht einmal testamentarisch freiließ); die Einsicht, daß das grundsätzliche Anerkenntnis der demokratischen Legitimation von Herrschaft die Mächtigen der meisten Staatsformen nicht hindert, ihre eigenen Interessen zu Lasten des heuchlerisch proklamierten Glücks der Mehrheit durchzusetzen; die Gewißheit schließlich, daß die Herstellung eines Zustandes von Chancengleichheit unter den Menschen unendlichen Schwierigkeiten begegnet: alle diese Einwirkungen haben – im Zuge der »Wellen der Enttäuschung« – das ungebrochene Pathos der Jeffersonschen Deklaration kritisch relativiert. Unser Blick zurück auf die Versprechen der Hochaufklärung ist verdunkelt durch die Erinnerung, wie oft sie von Anfang an gebrochen wurden.

Aber dieser Prozeß der kritischen Differenzierung und Verarbeitung von Widersprüchen ist notwendig und positiv. Das Anerkenntnis, daß die repräsentativdemokratische Regierungsform in

Wahrheit nicht Volksherrschaft, sondern oligopolistische Konkurrenz von Eliten darstellt, hat wertvolle, »entlarvende« Funktion und klärt den Blick dafür, was und wie ein Mehr an Volksherrschaft verlangt werden kann. Das Bewußtsein, wie ungleich die Menschen in Wahrheit an Glückschancen, gewiß aber auch an geistigen und materiellen Fähigkeiten sind, öffnet den Weg vom formalen, unverbindlichen Gleichheitspathos zu konkreten Forderungen des sozialen Ausgleichs und der sozialen Hilfe.

Überall dort, wo ein gegebener sozialer Zustand als identisch mit seinem Ideal proklamiert wird, beginnt die Heuchelei und die Stagnation. Überall dort, wo man sich der Spannung zwischen Ideal und Realität bewußt ist, ergibt sich die Chance auf positive Veränderung.

So ist also auch der Jeffersonsche Satz von der »selbstverständlichen Wahrheit«, daß »alle Menschen gleich geschaffen« sind, illusionslos im kritischen Licht eines modernen Gleichheitsverständnisses zu sehen. In ihm offenbart sich die fundamentale Menschengleichheit als Axiom, als bewußte Setzung des Grundsteines einer solidaristischen Sozialauffassung. Zwischen der trivialen Wahrheit, daß alle Menschen als Teile der humanen Gattung gleich sind, und der ebenso trivialen Einsicht, daß sie in der gesellschaftlichen Realität aufgrund ihrer vorgegebenen sozialen Chancen und ihrer unterschiedlichen Anlagen höchst unterschiedliche Rollen wahrnehmen, setzt dieses Axiom die Forderung ihrer grundsatzlichen Gleichbehandlung als Maßstab. Die Gewährung des gleichen Stimmrechtes in Gemeinschaftsangelegenheiten ist die heute wichtigste Folgerung aus diesem Axiom. Und dieses Axiom hat in hervorragender Weise seine Brauchbarkeit und Ausbaufähigkeit gerade in dieser Beziehung bewiesen.

In gewisser Weise haben ja schon die Religionen den Mythen der Theorie der Menschengleichheit eine urtümliche Fundierung gegeben. Sie behaupten in der Regel in ihrem Schöpfungsmythos keine ungleiche Abstammung der Menschen nach Kriterien der sozialen Geltung[13]. Auch die religiös fundierten Wertordnungen zählen ihre typischen Grundforderungen und Ideale wie Frömmigkeit, Ehrbarkeit, Tugend, Tapferkeit, Klugheit, Mildtätigkeit in der Regel nicht einseitig bestimmten gesellschaftlichen Gruppen zu. Und die herausgehobene Rolle, die die eigene ethnische Gruppe in den älteren Religionen häufig spielt, ist in den neuzeitlich herrschenden Großreligionen zugunsten des Mythos des universalen Schöpfergottes zurückgedrängt worden[14].

Da nun die herrschenden religiösen Wertvorstellungen ohne

Ausnahme einem ethnischen Egalitarismus huldigen, scheint es nur natürlich, daß auf diesem Fundament die moderne Vorstellung der Menschengleichheit aufbaut: zur vorgegebenen Überzeugung, daß es beim (ungleichen) Wert des Menschen jedenfalls auf Stand und Reichtum und auch Intelligenz nicht ankommt, tritt beim säkularisierten Gerechtigkeitsempfinden seit dem Aufschwung des Bürgertums die Überzeugung, daß die Menschen nicht nur vor Gott, sondern auch vor ihrem irdischen Richter gleich zu sein haben. Als historisches Resultat eines langen sozialen Ringens entwickelte sich so auch die Vorstellung der Stimmbürgergleichheit. Wir sind heute wahrscheinlich reif genug zuzugeben, daß sie etwas Willkürliches oder eben Axiomatisches hat, weil in der Tat etwa der wohlinformierte, sozial motivierte Universitätsprofessor dem verkommenen Trinker in der Beurteilung politischer Sachverhalte nicht gleichgestellt werden kann – ohne aber deshalb in die Gefahr des antidemokratischen Affektes zu verfallen. Wir brauchen heute nicht mehr das naturrechtliche Pathos zur Abwehr gegen die reale Übermacht des ständischen Herrschaftsgedankens. Der Stufe von Aufklärung, die wir erreicht haben und die ein erhöhtes und differenziertes Bewußtsein der sozialen Widersprüche beinhalten sollte, entspricht es durchaus, den zum Teil willkürlichen Charakter des demokratischen Axioms einzubekennen und fruchtbar zu machen, nämlich so, indem wir uns nicht damit aufhalten müssen, über die Wahrheit oder Unwahrheit einer demokratischen Naturrechtstheorie zu diskutieren, sondern indem wir das demokratische Axiom bewußt als positive, normsetzende Kraft ausbauen[15].

Zuvor wurde anhand einiger Beispiele das notwendig willkürliche Element dargestellt, das sozialwissenschaftliche Kalküle bei ihrer Anwendung in der Praxis erhalten. Wenn wir eine Kosten-Nutzen-Rechnung anstellen, so sind etwa in die abstrakt gültige Rechenformel eine Fülle von Werten, Zukunftsannahmen usw. einzubauen, die einem gewissen willkürlichen Spielraum unterliegen. Und je weiter wir den Wirkungskreis der Analyse ziehen wollen, um so nebuloser wird, selbst bei durchaus brauchbaren Rechenmethoden, dieser willkürliche Spielraum. Die unmittelbaren ökonomischen Auswirkungen eines Staudammbaues mögen, wie gesagt, einigermaßen quantifizierbar sein. Wie aber steht es um die Würdigung des Leides der aus einer abzusiedelnden Ortschaft Vertriebenen, um die positive oder negative Veränderung der Landschaft, um die Veränderung des ökologischen Gleichgewichtes der Region? Ohne den betreffenden Fachleuten ins Handwerk zu pfuschen, kann doch nur angenommen werden, daß ein Kosten-Nutzen-Kalkül, das allen diesen Faktoren Rechnung zu tragen vermag, mit wissenschaftlicher Seriosität nicht aufgestellt werden kann: denn es müßte implizit eine Gewichtung dieser verschiedenen Aspekte vornehmen, wobei unter dem Titel »wissenschaftlicher Objektivität« in Wahrheit die Interessen und Werturteile der kalkulierenden Wissenschafter (oder ihrer Auftrag gebenden Institutionen) verfolgt würden.

Ein solcher willkürlicher Eingriff mag nun unter Umständen jenen tatsächlich recht wünschenswert erscheinen, welche die technokratische Legitimität »objektiver Berechnungen« zur propagandistischen Absicherung der eigenen Ziele heranziehen wollen. Mit der Veränderung eines Zinssatzes hier, mit der Vernachlässigung eines immateriellen, ästhetischen Faktors dort, kann dabei zweifellos ein Ergebnis erzielt werden, das gewissen vorher fixierten Wünschen entspricht: aber der Bereich des wissenschaftlichen Wahrheitsanspruches oder jener der »Sachzwänge« ist hier doch deutlich verlassen: Die »objektive« wissenschaftliche Entscheidungstechnik gerät zum Alibi und Deckmantel ganz anders zustandegekommener Präferenzen.

Die Bemühungen um eine rechenhaft klare Darstellung sozialer und ökonomischer Alternativen sollen hier gewiß nicht abgewertet werden: aus der Tatsache, daß unredliche oder kurzsichtige Geschäftsführer die Gestaltungsfreiheit in der Bilanzierung nützen können, um etwa durch Überbewertung längst unbrauchbarer Lagervorräte oder uneinbringlicher Außenstände die Lage des Unternehmens zu verfälschen, ist ja auch kein Argument gegen die Bilanzerstellung als solche. Das Beispiel der kaufmännischen Buchführung, der klassischen Rechentechnik des sozialen Bereichs zeigt aber eines deutlich: Der existierende – und mißbrauchbare – willkürliche Spielraum bei allen Methoden der sozialen Rechentechnik bedarf einer Fundierung durch Regeln, durch Normen. Selbst der größte sozialwissenschaftliche Optimismus kann nicht erhoffen, den Unschärfebereich seiner Rechentechniken wesentlich einzugrenzen: und daher kommt der *Legitimation*, der *normativen Einengung* dieser Techniken entscheidende Bedeutung zu. Und diese normative Einengung kann nach den heute allgemein verbreiteten Wertvorstellungen auf gar keiner anderen Basis beruhen als auf dem demokratischen Axiom. Noch einmal gesagt: es ist zwar beispielsweise kaum vorstellbar, wissenschaftlich gültige Indikatoren der »Lebensqualität« zu ermitteln, denn die Gewichtung der verschiedenen Faktoren wäre nicht »objektiv« vorzunehmen. Es wäre aber möglich und vielleicht wünschenswert, durch einen definitorischen Akt eines demokratischen Gesetzgebers derartige Indikatoren mitsamt einem verbindlichen Gewichtungsschema zu *dekretieren,* wobei übrigens dieses Gewichtungsschema selbst wiederum empirisch demoskopisch ermittelt werden müßte.

Das demokratische Axiom kann in diesem Sinne in vielfacher Hinsicht fruchtbar eingesetzt werden, um soziale Entscheidungssituationen zu klären. Einerseits direkt, indem es etwa bei einem Volksvotum über den mehrfach genannten Staudamm eine quantifizierbare Entscheidungsgröße gibt, die alle ökonomischen und außerökonomischen Faktoren in der Entscheidung der Bürger zu einer Synthese bringt – der Prozeß der öffentlichen Erörterung und Propaganda seitens aller Interessenten trägt dabei auch zur Fortbildung der politischen Kultur und sozialrelevanten Bildung in der Bevölkerung bei. In einem zweiten Falle indirekt, indem mit demokratischer Legitimation über Parlament oder Plebiszit bestimmte sozialwissenschaftliche Rechenmethoden verbindlich erklärt werden und somit zur praktischen Anwendung gelangen können. Diese Methode ist, um das vorherige Beispiel der kaufmännischen Buchführung zu nehmen, in gewissem Sinn vergleichbar der gesetzlichen Normierung bestimmter Bewertungs- und Bilanzregeln. In einem dritten Sinne durchdringt das demokratische Axiom aber die technokratische Analyse selbst, denn wo aus der empirischen Sozialforschung demoskopische Daten zur Fundierung technokratischer Sozialkalküle genommen werden, ist mit der Anerkennung der These der Menschengleichheit der demokratische Entscheid von unten in den empirischen Befund von oben übersetzt: die wahrscheinlich problematischeste, weil mißbrauchbarste Form der Ausweitung des »demokratischen Axioms«.

6. 6. Ausweg aus der Irrelevanz

Es gibt in der sozialwissenschaftlichen Theorie eine recht fragwürdige Tradition theoretischen Reinheitsstrebens. Ein typisches Negativbeispiel ist die jedem Studenten der Wirtschaftswissenschaften vertraute Absurdität der sogenannten Pareto-Optimalität, die jeweils dann erreicht ist, wenn in einem sozialen System niemand zu einer von ihm bevorzugten Position gelangen kann, ohne daß ein anderer in eine Lage gerät, die er weniger bevorzugt. Das Kriterium hat den »Vorteil«, daß es von interpersonalen Nutzenvergleichen absieht: Ein Zwei-Personen-System ist auf einer Robinsonschen Insel danach Pareto-optimal, wenn Robinson praßt und Freitag verhungert, denn um Freitag zu helfen, müßte man Robinson etwas wegnehmen. Ein anderes Beispiel ist das von Kenneth Arrow aufgegriffene und mittlerweile in unzähligen Lehrbüchern verbreitete Condorcetsche Wahlparadoxon: wenn die Personen A, B und C die Sachalternativen I, II und III in den drei möglichen verschiedenen Reihenfolgen vorziehen, so ergibt eine Abstimmung zwischen jeweils zwei dieser Alternativen eine widersprüchliche, nämlich zyklische Wertordnung: I würde II, II würde III, III würde aber wieder I vorgezogen. Kenneth Arrow hat dieses Paradoxon in seinem berühmten Werk *Social Choice and Individual Values* mit Hilfe der mathematischen Logik zu einem verallgemeinerten »Unmöglichkeitstheorem« erweitert. Er weist darin nach, daß unter gewissen, recht plausiblen Voraussetzungen[16] »auch demokratische Entscheidungen zu logisch widersprüchlichen Entscheidungen führen können« (allerdings nicht müssen; Anm. d. Verf.), Bruno Frey, der im übrigen nicht unkritisch die Ergebnisse Arrows und der neueren einschlägigen Forschungen referiert, verfällt angesichts dieser nicht eben welterschütternden Ergebnisse interessanterweise dennoch der latent antidemokratischen Tendenz der gesamten Forschungsrichtung. Wo nämlich von kollektiven Entscheidungen Konsistenz gefordert wird, widrigenfalls sie als »nicht sinnvoll« apostrophiert werden[17], wird die mathematische Tugend der Widerspruchsfreiheit einseitig demokratischen Entscheidungsmodellen angelastet – während in Wahrheit Konsistenz erstens nur eines und keineswegs das wichtigste Beurteilungskriterium sozialer Entscheidungsprozesse ist, anderseits die realen sozialen Alternativen des demokratischen Prozesses in ihrer ebenfalls gegebenen Widersprüchlichkeit weder im Hinblick auf ihre Konsistenz noch auf ihre sonstigen Vorzüge untersucht werden[18].

Der überwältigende Eindruck geistiger Unfruchtbarkeit, der die meisten Menschen befällt, wenn sie derartigen Produkten der sozialwissenschaftlichen Theorie erstmals begegnen (bei langjähriger Befassung entsteht in der Regel ein Gewöhnungseffekt) liegt wohl darin, daß hier aus dem realen Dilemma der »objektiven« Unentscheidbarkeit der Rückzug in den Bereich der Unverbindlichkeit gewählt wird: das Pareto-Kriterium scheut sich vor dem Postulat der Menschengleichheit und somit vor der Anerkennung der Möglichkeit, daß im Ganzen etwas gewonnen werden kann, auch wenn einzelne darunter zu leiden haben. Neben seiner völligen Unbrauchbarkeit für irgendwelche praktischen Analysen bejaht es somit jeden jeweils gegebenen Status quo (denn in der Praxis ist jede Veränderung verteilungswirksam, das heißt sie geht zu irgendjemandes Lasten). Das Condorcetsche Wahlparadoxon dient in seiner trivialisierten Verbreitung zur Abwertung der demokratischen Entscheidungsmethodik durch einen anekdotischen Grenzfall[19].

Von der Tatsache abgesehen, daß auch derart esoterische Produkte der »reinen Theorie« keineswegs gesellschaftlich neutral sind, sondern im Falle des Pareto-Kriteriums dem Standpunkt der jeweils Privilegierten und beim Wahlparadoxon dem antidemokratischen Impuls Vorschub leisten, ist hier zweifellos ein Dilemma der Sozialwissenschaft zu konstatieren: Will sie »wertfrei« theoretisch hieb- und stichfeste Aussagen machen, liegt die Versuchung nahe, in einem Prozeß des »Ausklammerns« und der Beschränkung auf einen wohldefinierten Satz von Annahmen unwiderlegliche, aber auch unanwendbare Theoriengebäude zu errichten. Wo aber praktische Problemlösungen erwartet werden, lauert die um so größere Versuchung, durch willkürliche Interpretation und Anpassung dieser Theoriengebäude bestimmten Interessenten mundgerechte Expertisen zu liefern. Im einen Fall ist ein bedauerlicher »Ausstieg« aus dem sozialen Entscheidungsprozeß festzustellen, der manche »reine« Sozialwissenschafter geradezu zu belächelten Ignoranten der realen gesellschaftlichen Vorgänge macht. Im anderen Fall, wo solche Wissenschafter aber sehr wohl Gespür dafür entwickeln, »was ankommt«, liegt der etwas zwielichtige Eindruck des Etikettenschwindels vor, da die gesellschaftliche Rationalität der Entscheidungsprozesse durch sie nicht real erhöht, sondern nur scheinbar verbessert wird.

Man kann sich nun des Eindrucks nicht erwehren, daß manche soziale Entscheidungsprobleme, die sich der Sphäre »objektiver« Klärung durch Experten wohl auf Dauer entziehen dürften und derzeit wesentlich undurchsichtigeren Mechanismen unterliegen, mittels einer durchaus befriedigenden, wenn auch nicht optimalen Quantifizierung durch Sachvoten der beteiligten Bevölkerungskreise beziehungsweise durch deren empirisch-demoskopisch erhobene Präferenzen der jeweils Betroffenen gelöst werden könnten. Daß dies erst in Ansätzen geschieht und auch nicht einfach idealistisch-utopisch gefordert werden kann, liegt an der gesamtgesellschaftlichen Interessenkonstellation, die Fortschritte in diese Richtung nur in beschränktem Ausmaß erwarten läßt.

Zum Abschluß dieser Überlegungen seien zwei konkrete und

ein wenig kontroversielle Beispiele genannt, welche den Wert eines Ausbaues des demokratischen Axioms sinnvoll unterstreichen.

Das erste ist die etwas eigenartige Situation, in der sich Wien nach dem Einsturz der Wiener Reichsbrücke befand, wobei zugleich auch der überaus baufällige Zustand der Floridsdorfer Brücke außer Zweifel stand. Die Stadt an der Donau sah sich plötzlich der Notwendigkeit gegenüber, binnen relativ kurzer Zeit nicht nur zwei gravierende Verkehrsengpässe durch Brückenneubauten über den Strom zu beheben, sondern auch noch eine weitere Brücke zur Verbesserung der Verbindung zu den Neubaugebieten östlich der Donau ins Auge zu fassen.

Der tatsächliche Entscheidungsprozeß der befaßten politischen Autoritäten scheint sich, soweit dies aus der Öffentlichkeit absehbar war, wie folgt abgespielt zu haben[20]: Die mit der Brückenkatastrophe in Verbindung gebrachte Stadtverwaltung legte Wert darauf, wenigstens eine neue Brücke vor dem Zeitpunkt der nächsten Kommunalwahlen fertigzustellen, was mit einer Rekordleistung der betreffenden Baufirmen und einigermaßen erhöhten Kosten auch gelang. Die relativ öffentlich ausgetragene Rivalität einer Stahlbrückenlobby und einer Betonbrückenlobby um die Zuschläge wurde im Sinne eines Kompromisses beigelegt: Die Floridsdorfer Brücke wurde als Stahlbrücke, die Reichsbrücke als Spannbetonkonstruktion in Auftrag gegeben. Eine derzeit in noch Diskussion stehende, aber bereits beschlossene dritte Brücke soll ebenfalls als Spannbetonbrücke errichtet werden. Eine ursprünglich vorgesehene Hängebrückenkonstruktion wurde hier ohne Angabe von Gründen zugunsten einer weiteren Flachbrücke zurückgestellt, wobei finanzielle Erwägungen den Ausschlag gegeben haben dürften.

Der dargestellte Fall zeigt zunächst, wie angesichts einer relativ plötzlichen Entscheidungssituation und eines finanziell sehr bedeutenden Einsatzes der Gedanke an eine »objektive« Kosten-Nutzen-Analyse ähnlich illusorisch erscheint wie die Vorstellung einer »wissenschaftlichen« Regelung eines Lohnkampfes. Das Argument, daß eine Stahlbrücke teurer sei, wurde etwa von der Stahlbrückenlobby mühelos durch einen Verweis auf die internationale Stahlkrise und die Gefährdung der Arbeitsplätze in der verstaatlichten Stahlindustrie aufgefangen. Die unter den gegebenen Umständen vielleicht gar nicht unzweckmäßige Lösung (sogar der Brückenbaurekord im Hinblick auf die Wahlen war angesichts der herrschenden Verkehrskalamitäten nicht, global gesehen, irrational) hatte aber einen beachtlichen Nachteil. Der ästhetische Aspekt kam zu kurz. Die monumentale Wahrzeichenfunktion, die gerade Brückenbauwerke oftmals ausüben (man denke an die Tower Bridge, die Golden-Gate-Brücke oder den Pont Neuf in Paris), wurde völlig vernachlässigt. (Sie wäre übrigens auch bei konventionellen Kosten-Nutzen-Analysen zu kurz gekommen.) Manche Beobachter meinen nun, daß damit Wien, das mit seiner UNO-City eine planmäßige Aufwertung seines östlichen Randgebietes durchführen möchte, die entsprechende attraktive Gestaltung seiner Donauübergänge auf Jahrzehnte verspielt habe. Man kann natürlich derartige ästhetische Aspekte gegenüber ökonomischen Argumenten in den Hintergrund schieben (obwohl Ästhetik sehr wohl ökonomische Auswirkungen hat, wie etwa die erhöhten Boden- und Mietwerte für Grundstückslagen mit Grün- und Seeblick bezeugen). Praktisch aber bleibt die Frage offen, ob nicht die Gesamtorientierung der Gesellschaft schon so weit für immaterielle, ästhetische Werte sensibilisiert ist, daß die heutige Entscheidung tatsächlich binnen kurzem als irrational empfunden werden wird. Die Stahlbrückenlobby versuchte übrigens, eine (teurere) Hängebrückenkonzeption unter Hinweis auf ihren ästhetischen Wert zu propagieren, mußte dabei allerdings bei einer finanziell beengten auftraggebenden Behörde die Segel streichen. Hier stellt sich nun die Frage, wieweit nicht ein Rückgriff auf direktdemokratische Mechanismen die Diskussion um solche immaterielle Aspekte bereichert, eine formal quantifizierte Entscheidungshilfe geboten hätte, und der Stadtverwaltung somit unter Umständen die politische Legitimation für eine kostenungünstigere, aber stadtbildfreundlichere Brückenvariante ermöglicht worden wäre. Schließt man die Möglichkeit einer solchen Brükkensvolksbefragung mit dem Argument der Dringlichkeit des Ersatzes der zwei ausgefallenen Brücken aus, so gilt dieser Aspekt übrigens nicht für den, einige Zeit später beschlossenen, dritten Brückenneubau.

Als zweites, nun fiktives, aber dennoch recht wirklichkeitsnahes Beispiel sei ein modellmäßiges Szenarium, ebenfalls aus dem Bereiche der Kommunalpolitik, entwickelt, das die Eignung des demokratischen Votums als Gemeinwohlindikator und seine Vorzüge gegenüber scheinquantifizierten Kalkülen und dem derzeit üblichen Interessenausgleich im engen Kreis ebenso hervorhebt:

Gegeben sei die Annahme, daß ein weitläufiges altes Marktgelände in relativ zentraler großstädtischer Lage geräumt werden soll[21]. An seine Stelle soll nach den Plänen eines Konsortiums, in dem eine kommunale Bauunternehmung mitwirkt, ein Einkaufs-, Büro- und Verwaltungszentrum treten. Wegen der günstigen Lage sind der Grundwert und somit die Mietkosten hoch, als kostengünstigste Nutzung erschiene die Errichtung von Hochhäusern. Die Handelskammer wird das Projekt befürworten, wenn ihr die Zusammensetzung der Mieter entspricht, die öffentlichen Dienststellen, die aus veralteten und unzureichenden Büros abgesiedelt werden wollen, ebenfalls, die Gemeinde möchte gewinnbringend einen bisher ökonomisch brachliegenden Grund nützen, ihre Baugesellschaft ein gewinnträchtiges Großprojekt in Angriff nehmen. Auch die Gewerkschaft hat vom Standpunkt der Schaffung neuer Arbeitsplätze nichts gegen das Projekt einzuwenden, zumal, wenn es von einer gewerkschaftsnahen Bank mitfinanziert werden soll. So mancher »dynamische Kommunalpolitiker« freut sich zudem über den modernen Akzent, den seine Stadt durch den Neubaukomplex erhalten wird. Als »Störenfried« dieser mächtigen Partikulärinteressen formiert sich allerdings ein weiteres Partikulärinteresse, nämlich eine Bürgerinitiative von Anrainern, geschart um einen pensionierten Hauptschuldirektor, die die Schaffung eines Parks fordert. Einige junge Architekten entdecken zudem den künstlerischen Wert der Zweckarchitektur des Marktes und verlangen ihre zumindest teilweise Erhaltung. Eine große Zeitung berichtet über die Initiative und untersucht sie mit der populären Forderung: »Mehr Grün in unsere Stadt«. Eine von ihr veröffentlichte Meinungsumfrage ergibt eine Mehrheit von siebzig Prozent der Bevölkerung für die Schaffung eines Parks. Dieser Forderung schließt sich die Minderheitsfraktion im Gemeinderat nach einigem Zögern an. Soweit ein typisches Szenarium einer Bürgerinitiative.

Als Möglichkeiten der Entscheidungsfindung ergeben sich:

1. Zunächst kann die Mehrheitsfraktion auf Biegen oder Brechen das Prestigeprojekt durchführen, auch um den Preis zeitweiliger Unpopularität oder von Verlusten bei den nächsten Wahlen.

2. Kann nach mehr oder weniger ernsthaften Konsultationen mit der Bevölkerung ein modifiziertes Projekt beschlossen werden, das etwa eine geringere Bebauungshöhe, eine Alibigrünfläche und die Erhaltung zweier Marktpavillons als »Kommunikationszentrum« vorsieht. Wenn es der Stadtverwaltung gelingt, die Oppositionspartei für dieses modifizierte Projekt zu gewinnen (immerhin wollen ja auch einflußreiche Interessenten dieser Seite in das Einkaufszentrum einsteigen), dann ist die Frage für die nächsten Kommunalwahlen neutralisiert, die Bürgerinitiative iso-

liert, und die Zeitung wird sich nach einiger Zeit einer anderen zugkräftigen Kampagne zuwenden.

3. Die Kommunalverwaltung könnte an demokratischer Legitimität gewinnen, wenn sie drei Grundsatzalternativen (zum Beispiel ursprüngliches Zentrum, modifiziertes Zentrum mit Grünfläche oder Nutzung als Parkanlage mit Erhaltung einzelner Pavillons und Kinderspielplatz) der Bevölkerung der Stadt zur Entscheidung vorlegt. Die Entscheidung wäre somit aus dem Tauziehen der Interessenten in den Hinterzimmern an die Öffentlichkeit verlegt. Den Parteigängern der einzelnen Projekte bliebe es unbenommen, ihre Meinungen in Werbekampagnen populär zu machen. Sofern es dem Bürgermeister gelingt, das Referendum in der Fragestellung neutral zu halten und glaubhaft zu machen, daß er vor allem dem Interesse der Bürger dieser Stadt dienen wolle, werden er und seine Partei aus der Volksbefragung bei jedem Ausgang gestärkt hervorgehen. Zwar werden vielleicht nur 25 Prozent der Stimmgbürger zur Urne gehen. Aber diese 25 Prozent werden jene sein, die sich aus persönlichen (Anrainer-) oder allgemeinen Motiven um die betreffende Frage wirklich annehmen. Zudem werden persönliche finanzielle Vorteile für ihre Entscheidung sicher am wenigsten ins Gewicht fallen. Die demokratische Legitimität der Stadtverwaltung wird gestärkt. Kommt es zudem, wie zu erwarten, zur Entscheidung einer zumindest teilweisen Grünflächennutzung, hat der Stimmbürger ein Votum abgegeben, das kurzsichtigen Kapitalverwertungsinteressen eine stärkere Absage erteilt und dem Gemeinwohl stärker zum Ausdruck verhilft als es die Gemeindeführung von sich aus vielleicht hätte tun können.

Was hier skizziert wurde, ist sicherlich nur ein taktisches Detail im politischen Alltag. Wissenschaftliche Entscheidungsfindung im Sinne »objektiv« erstellter Kosten-Nutzen-Kalküle wird man sich in derartigen Zusammenhängen kaum vorstellen können. Es ist aber ein mögliches Beispiel empirischer Politik, Politik, die von Eliten betrieben wird, die aber die Errungenschaft der transparenten Volksmeinung für den Erfolg in der Repräsentativdemokratie zu nutzen gezwungen sind, aus ihr eine rationale Entscheidungsbasis ableiten können und bereit sind, der verbreiteten Demokratisierungshoffnung der Bevölkerung einen Schritt entgegenzugehen.

SIEBENTES KAPITEL

Experimentelle Gesellschaft

Zwei sehr unterschiedliche Persönlichkeiten, der kritische Futurologe Robert Jungk und der eher konservative Intelligenzforscher Hans Jürgen Eysenck, sind sich jedenfalls in einem Punkt einig: Sie beschwören - wenn auch mehr im Vorbeigehen – die Utopie der experimentellen Gesellschaft. Der Gedankengang der beiden Männer ist ebenso einfach wie bestechend, und auch die Beispiele, die sie nennen, gehören der gleichen Kategorie an. Eysenck schreibt: Bevor der Wissenschafter eine Brücke baut, ein neues Schiff konstruiert oder eine neue Fabrik entwirft, führt er Experimente durch, um sich über Bedingungen und Gefahren genau zu informieren. Darum irrt er sich selten in seiner Überzeugung, daß die Brücke stehen, das Schiff schwimmen und die neue Fabrik nicht einstürzen wird. Warum sollten wir die gleiche Methode nicht auch im sozialen Leben anwenden[1]? Jungk zitiert eine fast wörtlich gleiche Argumentation eines »Direktors einer großen chemischen Firma« und nennt in diesem und einem zweiten Zitat den Wohnbau als einen sinnvollen Bereich sozialer Experimente. Daneben aber meint er auch recht summarisch, daß »sich die meisten sozialen Neueinrichtungen«, konkret »die neue Schule, das neue Rentensystem, die neue Verkehrslinie, die neue Siedlung, die anders organisierte Verwaltung, der umstrukturierte Betrieb . . .«, derzeit »unerprobt im harten Alltagsleben zu bewähren« hätten, ohne »durch verschiedene Stadien hindurch allmählich zu reifen«[2]. Auch Eysenck hat dieselben Problembereiche im Auge, wenn er schreibt, daß ohnedies bereits wild experimentiert werde, allerdings ohne wissenschaftliche Kontrolle: Es würden Oberschulen abgeschafft und Kinder in Gesamtschulen unterrichtet, ohne daß man über die genauen Auswirkungen dieser Umstellung Bescheid wisse, und neue Wohnsiedlungen würden ohne wissenschaftliche Begleituntersuchungen gebaut. Soweit also Übereinstimmung zwischen zwei Männern, die ansonsten recht unterschiedliche Wege gehen: der eine als statistisch arbeitender Vertreter der Verhaltenstherapie, der der Elektroschock-Behandlung der Homosexualität manch gute Seite abgewinnt und sich für eine durch Intelligenztests legitimierte Meritokratie ausspricht. Der andere ein den Zeichen der Zeit journalistisch nachspürender Berichterstatter über die »Werkstätten des neuen Menschen«, der von »einer neuen Offenheit« und vom »Streben nach einer brüderlichen Gesellschaft« schwärmt.

Aber der Gedanke sozialer Experimente ist keineswegs nur geistiges Eigentum dieser beiden Männer. Er gehört vielmehr zum durchaus aktuellen geistigen Fundus vieler Menschen und Bewegungen. Das Programm der französischen Linksunion sprach sich etwa für soziale Experimente in den verstaatlichten Unternehmungen aus. Auf dem Gebiete des Unterrichtswesens gibt es in vielen Ländern ausdrücklich als Schulversuche deklarierte Institutionen, und das Beispiel der »Hippiestadt« Christiania, einem Stadtteil von Kopenhagen, wurde von den politischen Behörden ausdrücklich als »soziales Experiment« geduldet.

In der Tat hat der Gedanke einer experimentellen Gesellschaft etwas Faszinierendes. Seit Jahrhunderten steht der Erfolg der rational vorgehenden, kontrolliert abwägenden experimentellen Naturwissenschaft wie eine freundliche Fata Morgana vor vielen, denen das Leid und die Ungereimtheiten des Menschenlebens bedrückend erscheinen. Könnte man nicht experimentell herausfinden, welches der Weg zu einem befriedeten, erfüllten Dasein wäre? Ließen sich nicht viele ärgerliche Streitigkeiten um Zweckmäßigkeit und Unzweckmäßigkeit sozialer Einrichtungen dadurch beseitigen, daß man exakt erprobte, welches die bessere Lösung ist? Diese experimentelle Utopie ist nichts anderes als eine konkretisierte Version der Vorstellung wissenschaftlicher Politik, die zumindest seit dem Anfang des 19. Jahrhunderts im Umlauf ist, und die in der Marxschen Vorstellung, den Gang der Geschichte grundsätzlich geklärt zu haben, ebenso mitschwingt wie in der modernen Propaganda, die auf Entpolitisierung und eine »Herrschaft der Fachleute« abzielt. Nur daß die Konzeption einer experimentellen Gesellschaft immerhin auf etwas mehr Offenheit, auf die Auswahl möglicher Alternativen hingeht, indessen die meisten anderen Vorstellungen verwissenschaftlichter Gesellschaftspolitik vom autoritären Hauch der »Sachzwänge« und der – wenigstens im Augenblick – vom fortschrittlichen Klassenstandpunkt her einzig richtigen Analyse umweht sind.

Es ist leicht, gegen das unmittelbar faszinierende Modell einer experimentellen Gesellschaft sofort eine Fülle schwerwiegender Einwände vorzubringen, mit der sich unmittelbar aufdrängenden Frage der menschlichen Versuchskaninchen, deren Unfreiwilligkeit als repräsentativ, aber inhuman, deren Freiwilligkeit jedoch als verfälschend gelten müßte, angefangen. Aber dieser und alle anderen Einwände gegenüber der objektiven Wiederholbarkeit und neutralen Überprüfbarkeit sozialer Experimente sollen hier noch nicht gegen die positiven Anwendungsmöglichkeiten abgewogen werden. Wir können aufs erste feststellen, daß soziale Experimente zunächst einen möglichen Typus empirischer Politik beschreiben: In Verbindung mit der demoskopisch plebiszitären Methode oder in Orientierung nach anderen Kriterien stellen sie eine Möglichkeit für politische Eliten dar, in formal verwissenschaftlichter Weise sich an den Vorfindlichkeiten der Gesellschaft zu orientieren. Darüber hinaus kann aber auch dargelegt werden, in welcher allgemeineren Sicht der Gedanke des sozialen Experiments schon vor dieser bewußten Fassung der Neuzeit Geltung beanspruchen kann.

7. 1. Geschichte und Welt als Experiment

In einem sehr grundsätzlichen Sinn können zunächst die ganze biologische Entwicklung des Lebens und die Geschichte der Menschheit als eine Folge von erfolgreichen Experimenten angesehen werden. Die darwinistische Entwicklungshypothese schreibt die Entstehung der Arten ja einer Folge von zufälligen Veränderungen des Erbgutes und einer Selektion der überlebensfähigsten Individuen im Lebenskampf zu.

Während die seinerzeitige sozialdarwinistische Auslegung im Sinne des aggressiven völkischen Nationalismus sicherlich nicht nur unmenschlich, sondern auch unsinnig ist, hat der Gedanke einer naturwüchsigen Erprobung von sozialen Modellen im Testlabor der Geschichte aber zweifellos etwas ungemein Anregendes. Natürlich handelt es sich beim biologischen wie beim historischen Darwinismus nur um eine bloße Analogie zum wissenschaftlichen Experiment – es sei denn, man wollte der Anschauung eines experimentierenden Schöpfergottes huldigen, der in Versuch und Irrtum immer komplexere Lebens- und Sozialstrukturen testet. Aber gerade die großflächige historische Betrachtung des Diffusionsprozesses menschlicher Zivilisation läßt diese Vorstellung der experimentellen Durchsetzung der erfolgreichsten Sozialsysteme doch recht reizvoll erscheinen. Die Kriterien, nach denen dieser »Erfolg« zu messen sind, können zwar als recht einseitig angesehen werden: Sie bestimmen sich nicht nach so weiten Begriffen wie dem Glück und der Zufriedenheit der Menschen, sondern allein nach der wirtschaftlichen und kriegerischen Macht. Aber die etwas fragwürdige Eindeutigkeit der Durchsetzung ändert nichts an der Komplexität dieses Verbreitungsprozesses.

Arnold Toynbee, der trotz seiner etwas penetranten, christlich-abendländischen Weltsicht sich einen scharfen Blick für die handfesten Mechanismen der Durchsetzung überlegener Zivilisationstechniken erhielt, nennt ein sehr anschauliches Beispiel[3]: Der ägyptische Sultan Mahmud II versuchte sein Land militärtechnisch zu modernisieren, um den europäischen Staaten in kriegerischen Auseinandersetzungen nicht hoffnungslos unterlegen zu sein. Zu diesem Zweck warb er westliche Marinefachleute an. Diese brachten ihre Frauen mit und zugleich Ärzte, welche sie bei der Geburt betreuten. So entstand auf dem Gelände der Marineakademie von Alexandria die erste moderne Geburtsklinik Ägyptens, die bald auch von ägyptischen Frauen besucht wurde, wiewohl diesen zuvor nach den strengen Gesetzen des Landes auch nur der geringste Kontakt mit Männern außer dem eigenen Gatten verboten gewesen war. Toynbee zieht aus diesem Beispiel den Schluß, wie schwierig es ist, eine machtpolitisch gebotene Modernisierungsanstrengung auf ein bestimmtes Gebiet einzudämmen: Auch wenn die jeweiligen Potentaten zunächst nur eine stärkere Armee wollten, dringen über die Offiziersausbildung und gewisse Industrialisierungsanstrengungen doch auch »unerwünschtes« westliches Gedankengut und der Tradition widersprechende Verhaltensformen ein. So wurde, wie Toynbee etwa am Beispiel der Jungtürken und Atatürks erläutert, der europäisch gebildete Offizier im Nahen Osten zugleich auch der typisch putschistische Machtträger einer von oben verordneten Revolution.

Geschichte wäre unter diesem Gesichtspunkt betrachtbar als ein Prozeß der natürlichen Selektion nicht der Völker, sondern der Kultursysteme, wobei derzeit gegenüber allen früheren Epochen ein wesentlich erhöhter Vereinfachungs- und Konvergenzdruck herrscht: denn während die ökonomischen Errungenschaften der Ackerbau und städtisches Gewerbe treibenden Völker noch bis ins Mittelalter gelegentlich dem militärischen Ansturm nomadischer Barbaren ausgeliefert waren, ist mit der modernen Waffentechnik die Vielzahl der vorindustriellen Kulturen zum Opfer oder gezwungenen Imitator der Industriezivilisation degradiert, wobei sich die Ausbreitung des Industriesystems wieder auf wenige Grundtypen reduziert: europäische Kolonisation mit genozidartiger Verdrängung der Ureinwohner (wie im dünnbesiedelten Nordamerika, asiatischen Rußland, in Teilen Südamerikas und in Australien); europäische Kolonisation mit Ausbildung einer breiten Unterschicht unterworfener und langsam assimilierter agrarischer Urbevölkerung (wie im Großteil Mittel- und Südamerikas); Kolonisation mit Herausbildung einer einheimischen verwestlichten Elite, die in neokolonialer Abhängigkeit oder nationalistischem Unabhängigkeitsverlangen Modernisierungsanstrengungen terroristisch durchsetzt (hierher zählen Indien und die meisten Staaten Afrikas); und schließlich nur kurzfristig oder teilweise zurückgedrängte Kulturen wie die Chinas, Japans und der islamischen Reiche, die aus sich heraus wenigstens ein Minimum der Erfolgsmethoden der westlichen Industriezivilisation kopieren mußten und mit unterschiedlichem Erfolg ihren traditionellen Sozialstrukturen aufpfropften beziehungsweise sie umstürzten.

Dieselben Grundtypen wären in einiger Abschwächung aber auch im engeren europäischen Bereich festzustellen, wobei die selbsttätige Modernisierungsanstrengung der »verwestlichten« Zarendespotie wie des stalinistischen Rußland schon mehrfach genannt wurde, der Typus der Kolonisation mit Genozid aber – schon wegen der Bevölkerungsdichte – nirgends realisiert wurde (die entsprechenden Versuche des Nationalsozialismus waren trotz ihrer ungeheuerlichen Brutalität schon aus diesem Grund zum Scheitern verurteilt).

Das instruktive Beispiel Arnold Toynbees zeigt die zwingende machtpolitische Notwendigkeit und die letztlich unkontrollierbaren kulturellen Weiterungen der Aufnahme von Elementen westlicher Technologie und rationaler industrieller Denkweisen in eine traditionalistische Gesellschaft. Der heutige Zustand der Welt macht dabei die geradezu naturgesetzliche Unausweichlichkeit der Diffusion dieses, wenn man so will, abendländischen Entwicklungsmodells auf alle Kontinente deutlich. Selbst wo die Kolonialmächte reine Ausbeutungswirtschaft trieben und das gegebene Gesellschaftssystem (unter Korrumpierung seiner Spitzen) möglichst intakt beließen, trugen sie zu seiner Modernisierung bei, indem sie jene Handvoll Eingeborener an ihren Schulen im Mutterland ausbildeten, die später den Samen der Rebellion weitertragen sollten. Die revolutionären Führer Asiens formten ihre Ideen in Paris und London, und gleiches gilt für die Initiatoren der antikolonialen Bewegung in Afrika[4]. Die persönliche Erfahrung der Zurückgebliebenheit der eigenen Gesellschaft und ihrer Ohnmacht gegenüber der Militärmacht und Industrie des Westens motivierte diese Menchen, mit den Methoden der Unterdrücker den Kampf gegen die Unterdrücker aufzunehmen.

Noch im 17. und 18. Jahrhundert, als der machtpolitische Vorsprung Europas zwar merklich, aber nicht überwältigend war, konnte von Europa selbst aus die Welt als ein buntscheckiges Experimentierfeld im Grunde gleichrangiger Kulturen erscheinen. Die Aufklärer, welche die Figur des »edlen Wilden« und des »weisen Mannes aus dem Orient« zur Kritik der zerbrechenden Traditionen des feudalen Europas benützten, konnten diese fremden Kulturen noch als gleichwertig annehmen[5]. Die geistige und industrielle Explosion des 19. Jahrhunderts war dagegen das Zeitalter der größten abendländischen Arroganz und machte die Vielfalt der außereuropäischen Kulturen zur »Bürde des weißen Mannes«. Aber der zugleich einsetzende Aufhol- und Anpassungsprozeß ist heute so weit, daß in den großen Städten selbst der zurückgebliebensten Entwicklungsländer das abendländisch-rationalistische industrielle System zumindest ansatzweise repliziert ist. Und von diesen rasch wachsenden Städten aus verbreitet sich trotz immer wieder aufflammender Widerstände dieses Modell in die großen, traditionalistischen Agrargebiete.

In diesem Sinne läßt das große Laboratorium der Weltgeschichte seit einigen Jahrhunderten einen drastischen Zug zur Ausschaltung von Alternativen, zur Reduktion des Möglichkeitsspielraumes und zur Vereinheitlichung im Sinne eines abendländischen Industriesystems erkennen: sei es in einer Form dezentral kapitalistischer Entwicklung oder in Form autoritärer obrigkeitlicher Verfügung im Sinne eines »weißen« oder roten Staatskapitalismus. Überall entstehen heute die gleichen Hochhäuser, werden Fabriken nach gleichen Plänen erstellt, und im Sinne der Verbreitung der industriellen Rationalität verstärkt sich dauernd die Bemühung, vom Ausland die jeweils effizientesten Errungenschaften zu kopieren oder zu kaufen. In dieser Situation, in der die Metropolen Ostafrikas immer mehr denen Asiens und der USA zu gleichen beginnen und in denen selbst das Aufflammen religiöser Strömungen wie jener der Reislamisierung letztlich auf nationalistische Entwicklungsanstrengungen hinauslaufen dürfte, hat das Konzept der experimentellen Gesellschaft etwas bizarr Paradoxes:

Während nämlich die reale gesellschaftliche Vielfalt der Kultur rapide und bewußt eingeengt wird, während die Visionen der verwalteten Welt und der Unentrinnbarkeit der technischen Zivilisation immer deutlicher vor uns stehen, meint also der Gedanke der sozialen Experimente, es könnten neue Alternativen bewußt geschaffen werden. Man könnte das Vorhaben ironisch dem Vorhaben der angewandten Biologie vergleichen, neue Blumen und Tiere zu züchten, indessen der reale Reichtum der Flora und

Fauna durch menschlichen Eingriff unbarmherzig reduziert wird.

Es handelt sich hier übrigens in der Tat um einen sehr legitimen Vergleich. Denn der Gedanke bewußter sozialer Alternativen stellt eben eine Antithese der natürlichen gesellschaftlichen Vielfalt dar: er ist fest im Kultursystem des abendländischen Rationalismus verwurzelt, und seine mögliche Ausbreitung ist nur auf dessen Grundlage möglich. Dieser abendländische Rationalismus darf allerdings wieder nicht als monolithischer Block gesehen werden. In ihm selbst sind eine Vielfalt von sehr wesentlichen Alternativen eingeschlossen. Gesellschaften mit sonst ähnlichen industriellen Entwicklungstendenzen, Technologien mit einer etwa gleichen Rate von Kapitalakkumulation, mit parallelen Arbeitszeiten, Bildungsniveaus, durchschnittlichen Lebenserwartungen können etwa einerseits als Terrorregimes organisiert sein oder andererseits in relativer Übereinstimmung mit den Wünschen ihrer Mitglieder stehen: Auch wenn sich der globale Horizont, das Experiment Welt, einzuengen scheint, ist es wesentlich, die Alternativen innerhalb des Kernbereiches der industriellen Zivilisation mit Aufmerksamkeit zu betrachten. Das Konzept der experimentellen Gesellschaft ist zwar selbst aus dem abendländischen Rationalismus erwachsen, der sich naturwüchsig die Welt unterwirft und andere Kulturformen in immer entlegenere, ländliche Rückzugsgebiete verdrängt. Innerhalb dieses historisch übergeordneten Prozesses erhebt es aber den Anspruch, ein größeres Maß an Freiheit und – wiederum – Rationalität zu verkörpern. Dieser Anspruch ist kritisch zu untersuchen.

7. 2. Das bewußte soziale Experiment

Wissenschaftliche Experimente dienen der Überprüfung von Hypothesen unter genau festgelegten Versuchsbedingungen. Ohne in erkenntnistheoretische Detailfragen einzugehen, kann man feststellen, daß sie dazu dienen, die Wahrheit oder Unwahrheit dieser Hypothesen zu überprüfen. Angesichts dieser Tatsache müssen wir uns im klaren sein, daß die Mehrzahl der vorstellbaren sozialen Experimente nur in einem sehr übertragenen Sinn als solche zu bezeichnen sind. Nicht nur, daß in der sozialen Realität streng gleichförmige Versuchsbedingungen, wie sie etwa in der Physik vielfach herstellbar sind, nicht vorkommen. Es ist vor allem die Intention eine andere. Es geht, um das ehrwürdige Begriffspaar der griechischen Philosophie zu verwenden, nicht um das Wahre, sondern um das Gute. Zwar sind Experimente von der schrecklichen Art der Konzentrationslager vorstellbar, in denen festgestellt werden soll, wie sich Menschen bei bestimmten Arten von Torturen verhalten. Aber das »reine wissenschaftliche Interesse« an derlei Sachverhalten erweist sich ja nur zu deutlich als irrationale Perversion. Und der gedankliche Inhalt, den soziale Experimente heute bei ihren Verfechtern haben, ist ja ein anderer. Es geht dabei um menschenfreundlichere Zwecke; um versuchsweise Erprobung sozialer Institutionen, die ein besseres Zusammenleben der Menschen ermöglichen sollen. Ausgesprochen oder unausgesprochen geht es dabei um den Wunsch, den als relativ irrational empfundenen Ablauf gesellschaftlicher Entscheidungen durch neutrale Indikatoren des Wünschbaren und Machbaren zu ergänzen beziehungsweise zu ersetzen. Und hier werden sofort schwerwiegende Fragen deutlich.

Als zentrales, sonst kaum beachtetes Problem bei sozialen Experimenten kann gelten, daß wir es hier nicht mit objektiven feststellbaren und überprüfbaren Ergebnissen zu tun haben können, sondern daß die Ergebnisse sozialer Experimente letztlich nur auf sozialer Akzeptanz, also Konvention beruhen. Damit ist sofort das vorherige Zentralthema angesprochen. Da das Resultat sozialer Experimente nur an einer Art gesellschaftlichem Konsens gemessen werden kann, dieser aber in der Regel nicht einmütig ist, stellt sich nämlich die Frage nach dem Entscheidungsmechanismus bei Interessenwidersprüchen.

Theoretisch existiert natürlich ein Grenzfall, in dem soziale Experimente ohne Interessenkonflikt einmütig akzeptiert werden könnten: nämlich, wenn durch die Ergebnisse des Experiments beziehungsweise ihre allgemeine Einführung *alle* irgendwie Betroffenen eine Verbesserung ihrer Lage erfahren: die Gesellschaft würde also aus einer suboptimalen in eine Pareto-optimale Lage gebracht. Aber hier handelt es sich, wie gesagt, um ein real ganz unbrauchbares Kriterium. In Wahrheit stellt, wenn man so will, jede gesellschaftliche Situation ein Pareto-Optimum dar, und alle gesellschaftlichen Prozesse, geplant oder ungeplant, verletzen dieses Optimum und errichten ein neues, ebenso fragiles. Mit anderen Worten: Es gibt keine gesellschaftliche Veränderung, die nicht Individuen oder Gruppen in ihren sozialen Chancen bevorzugt und andere benachteiligt. Das Einstimmigkeitsprinzip gilt also nie: Wenn man die Sklaven befreit, ist wenigstens der Plantagenbesitzer zurückgesetzt.

In der Realität sind es dabei sogar jeweils recht beachtliche, oft organisierte, gesellschaftliche Gruppen, die bei jeder sozialen

Veränderung Einbußen oder Zuwächse an Geltung, Macht, Einkommen und Lebenschancen erfahren. Jedes soziale Experiment hat seine Gewinner und seine Verlierer. Und darum ist auch »objektiv« über seinen Wert nur dann etwas auszusagen, wenn man ein ausdrückliches Kriterium der Vergleichbarkeit hat. Dieses Kriterium ist nun implizit meist als jenes der Mehrheitszustimmung gedacht, und zwar üblicherweise »empirisch« als technokratischer Befund der Meinungsforschung. Die Konsequenz der Anerkennung der Mehrheitssouveränität wird aber kaum durchdacht beziehungsweise begegnet typischen Widerständen. Und darum ist das Gebiet der sozialen Experimente noch ein recht diffuses.

Aber erörtern wir die Frage der sozialen Experimente konkret an einigen Beispielen: Sowohl H. J. Eysenck wie C. G. Jungk nannten den Wohnbau als ein Beispiel möglicher sozialer Experimente. Da sie vermutlich nicht die technisch-wirtschaftliche Erprobung neuer kostengünstigerer, wärmedämmender usw. Baustoffe und Produktionstechniken meinten, geht es ihnen wohl um eine Erhöhung der Wohnzufriedenheit, also um das Unbehagen mit gewissen Wohnstrukturen wie »gesichtslosen« Stadtrandsiedlungen, Hochhäusern, sozialer Anonymität im Massenwohnbau, bei Jungk allenfalls auch um die Erprobung neuer Methoden des sozialen Zusammenlebens.

Welchen Sinn haben hier Experimente? Aus einer Vielzahl von Untersuchungen im europäischen Raum ist die vorherrschende Vorliebe für Einfamilienhäuser bekannt (die allerdings wieder raumordnungspolitische Nachteile hat), die Bodenwertanalyse macht die hohe Präferenz für städtische Grünlagen deutlich, die Vorbehalte gegen die Hochhäuser sind ebenso klar erkennbar wie die oft dennoch recht beachtliche Wohnzufriedenheit der Menschen, die aus sehr inadäquaten Lebensverhältnissen in komfortabel ausgestattete (wenn auch »anonyme«) Stadtrandgebiete übersiedeln[6]. Genaugenommen bedürfte es keiner großen sozialen Experimente, um – theoretisch – das Optimum an Wohnzufriedenheit (bei gegebener Familienstruktur) zu ermitteln: Schon die derzeit gegebene Vielfalt der Wohnungsmöglichkeiten erlaubt ja vergleichende Studien und entsprechende Schlüsse. Daß aber dennoch als irrational empfundene Wohnformen existieren, ist nicht vorrangig Frage der »Einsicht«, sondern widersprüchlicher Interessen: Die hohen Bodenpreise in den Kernbereichen der Großstädte führen zur Verdrängung der Wohnraumnutzung durch Büros, zu Hochbauten und zur Einengung der Grünflächen (sofern nicht gravierende gesetzliche Hindernisse bestehen). Das

Bemühen der Planer um die Verbindung von Grünflächen mit kostenoptimaler Bodennutzung führt zu Hochbauten auch am Stadtrand, die Dominanz des rationalen Funktionalismus zu phantasielosen Rasterfassaden. Ähnliche Kostenerwägungen führen auch im »realen Sozialismus«, der das private Bodeneigentum nicht kennt, zu fast identischen (nur etwas ungepflegteren) Neubauvierteln und zu Ansammlungen privilegierter Intellektuellenschichten in den knappen, »gemütlichen« Altstadtlagen und Villenvierteln. Mit anderen Worten: Das Problem liegt hier keineswegs in der Informationsbeschaffung, für die etwa zeit- und geldaufwendige Experimente notwendig wären: es liegt in gewissen Interessenwidersprüchen (in denen die Interessen der großen Mehrzahl der Bevölkerung übrigens in aller Regel nicht die entscheidende Durchsetzungskraft haben).

Es ist dies ein Dilemma, das die typischen Grenzen jener Gesinnung aufzeigt, die im sozialen Bereich »Sachfragen« rational lösen will. Vor solchen Grundwidersprüchen zwischen vielen wohlbegründeten Ansprüchen und ihren von Natur aus nur begrenzten Befriedigungsmöglichkeiten, also vor der Verteilungsfrage, versagt die betuliche Sozialtechnologie.

Die Absteckung dieser Grenzen vermag das Denken in gesellschaftlichen Experimenten allerdings nicht grundlegend zu diffamieren. Dem technischen oder naturwissenschaftlichen Experiment entspricht zwar nur ein relativ kleiner gesellschaftlicher Experimentalbereich: nämlich jener, in dem soziale Maßnahmen vornehmlich auf ihre Praktikabilität, auf ihre Funktionsfähigkeit überprüft werden.

Die versuchsweise Einführung neuer städtischer Buslinien mag auf diesem Gebiet liegen, das Testen von Formularen zur Vermeidung überflüssigen Papierkriegs, die graduelle und zunächst neben traditionellen Verrechnungssystemen »experimentell« geführte Einführung elektronischer Datenverarbeitungen. Es handelt sich hier um Vorgangsweisen, die mit den herrschenden starren Prinzipien bürokratischer Systeme (übrigens privatwirtschaftlicher ebenso wie politisch-administrativer Art) in gewissem Widerspruch stehen und damit durchaus einen gewissen progressiven Charakter haben.

Die Förderung einer gradualistischen elastischen Anpassung oder Umorientierung auf derlei interessenpolitisch unproblematischen Gebieten hat durchaus ihre Meriten[7].

Größere Bedeutung könnte den sozialen Experimenten aber im übertragenen Sinne zukommen, nämlich dort, wo es sich keineswegs nur im »effizienzfordernde« Probleme technischer Art handelt, sondern durchaus auch um interessenpolitisch brisante Förderung oder Kontrolle sozialen Wandels. Hier spielen »soziale Experimente« im übertragenen Sinn schon heute eine vieldeutige, aber dabei wertvolle Rolle. Nämlich erstens expansiv: als Möglichkeit begrenzter Neuerung gegen ideologischen Widerstand – etwa die Erprobung einzelner Gesamtschulen als Schulversuche zu einem Zeitpunkt, da es noch scharfen politischen Widerstand gegen sie gibt. Das »soziale Experiment« ist hier Kompromißergebnis zwischen einer drängenden und einer beharrenden politischen Kraft und vermeidet soziale Immobilisierung ebenso wie radikale Durchsetzung von Macht mit allen daraus erwachsenden Folgen[8].

Zweitens restriktiv-kanalisierend beziehungsweise im Extremfall – gänzlich ausgehöhlt – als Alibihandlung. Was der beharrenden Gruppierung im oben genannten Fall überwiegender Zweck der Zustimmung zum sozialen Experiment ist, nämlich Zeitgewinn, Eingrenzung des Wandels auf kontrollierbare, eng umschriebene Teilbereiche, kann etwa auch für die Handlungsweise sehr »überwiegender« sozialer Mehrheiten gegenüber Randgruppen gelten. Durch Erklärung zum sozialen Experiment können Randgruppen in elastischer und relativ toleranter Form integriert werden, die konfliktträchtige Erzwingung von Konformität ist umgangen. Musterbeispiel ist, wie erwähnt, die Hippiestadt Christiania in Kopenhagen. Durch die Erklärung zum »sozialen Experiment« konnte die politische Administration einem Zustand langfristiger Duldung einer an sich gesetzwidrigen Okkupation eines Kasernengeländes eine erträgliche Definition geben[9]. Die Logik des bürokratischen Rechtsstaates hätte dagegen eine zwangsmäßige exekutive Räumung erfordert, die unter Umständen in Blutvergießen und Aufschaukelung innenpolitischer Gegensätze gemündet hätte. Die betreffende, nicht unbedeutende Randgruppe, nämlich anarchisch lebende junge Leute, die sich der wohlgeordneten Konsum- und Wohlfahrtszivilisation zu entziehen wünschten, haben dabei – nicht ohne eigenes Zutun – eine ghettoartige Absonderung gewählt und zugestanden erhalten. Eine finanziell recht liberale Behandlung dieser abgesonderten Kolonie (es herrscht etwa trotz einer recht regen kunstgewerblichen Produktion praktisch Steuerfreiheit, wiewohl die Einrichtungen des Wohlfahrtsstaates den Christianiern letztlich doch zur Verfügung stehen), täuscht aber natürlich darüber hinweg, daß es langfristig ebenso der Wunsch der Stadtverwaltung und der Mehrzahl der

»Normalbürger« sein dürfte, das Experiment »scheitern« zu sehen, wie es das Interesse der mit viel Enthusiasmus bei der Selbstverwaltung Christianias Tätigen ist, Christiania als Erfolg zu etablieren – wozu vor allem auf Dauer akzeptable Standards persönlicher Sicherheit, sanitärer Zumutbarkeit und kultureller Attraktivität gehören. Auch soziale Experimente dieser duldenden, abgrenzenden Art können sehr wertvolle Lernprozesse in Gang setzen und sind den traditionellen Methoden bürokratischer Repression um vieles überlegen. So wie in Christiania theoretische Anarchisten lernen, daß die experimentelle Schaffung eines Machtvakuums in einem Teilbereich der Gesellschaft dunkle Elemente anzieht und darum ein praktisches Ordnungssystem erforderlich macht, kann eine liberale bohemienhafte »Gegenkultur«, wenn sie nicht zwanghaft unterdrückt wird, wieder befruchtend auf die vielleicht allzu sterile Ordentlichkeit eines modernen Wohlfahrtsstaates wirken. Ähnliche kurzfristige Effekte erzielte beispielsweise auch die Wiener Arenabesetzung, die aus einem geräumten, zeitweilig für Kulturzwecke benutzten Schlachthof ein permanentes Jugendkultur- und Kommunikationszentrum gestalten wollte. Hier allerdings wurde, bei an sich ähnlicher Situation wie im Falle Christianias, die langsame Degradation oder auch Stabilisierung und Normalisierung des Alternativghettos von den Behörden nicht abgewartet, da sich bereits machtvollste politische und ökonomische Interessen das wertvolle Baugelände gesichert hatten. Die kurzfristige Duldung des »Experiments« hatte eher Alibi- und Verlegenheitscharakter und setzte auf die Abnützungserscheinungen spontanen Protestes[10]. (Außerdem dürfte hier die Toleranz der bürokratischen Organisationen gegenüber solchen »Herausforderungen der Obrigkeit« einfach noch nicht bis zur Zulassung längerfristiger sozialer Experimente gereicht haben.)

Als soziale Experimente in dem eben genannten Sinn könnte man auch die Auswanderung vieler höchst unkonventioneller Sekten in die Vereinigten Staaten bewerten[11]. Sie stellen jedenfalls gewaltimitierende Lösungsstrategien größerer gesellschaftlicher Widersprüche dar, die bewußt zu handhaben, einen außerordentlichen Kulturzuwachs fast aller zivilisierten Staaten bedeuten würde. Es ist gewiß, daß der moderne, hochkomplexe Staat nicht seine Ordnungssysteme durch einzelne, noch so idealistisch gesinnte Dissidenten außer Geltung bringen lassen kann und wird. Die überall demoskopisch erhebbare entschiedene Massenpräferenz für »Ruhe und Ordnung« zeigt sogar deutlich, daß Anzeichen einer schwerwiegenden sozialen Desintegration eine breite Vertrauensbasis für äußerst autoritär durchgreifende »starke Männer« bilden könnten, was ernsthaft alle positiven Errungenschaften der Demokratie gefährden würde. Die Abkapselung und wenigstens definitorische Integration »sozialer Experimente« kann aber damit für nach außen nicht aggressive soziale Randgruppen die Bedeutung einer sozial akzeptierten Freiheit gewinnen, auch wenn diese Freiheit durch eine halb selbst gewählte, halb verordnete Ghettoexistenz vermittelt wird. Eines allerdings darf man sich von solchen sozialen Experimenten nicht erwarten: daß aus ihnen wissenschaftlich objektiv die Wege zum besseren Leben ermittelt werden können.

7. 3. Die Fallstricke der Objektivität

Zu den am wenigsten publik gemachten Rollen der Sozialwissenschaften im politischen Prozeß gehört ihre Funktion als Verzögerungsfaktor. Eine politisch entscheidungsbefugte Instanz, die in einer kontroversen Frage Widerstände erwartet, kann sich eine kurzfristige Entscheidung in der Sache etwa dadurch ersparen, daß sie eine Studie bei einem mit entsprechenden Ansehen versehenen Forschungsinstitut vergibt. (Äquivalente, aber in unserer expertokratisch geprägten Zeit nicht ganz so prestigeträchtige Methoden sind die Einsetzung eines Parlamentarierausschusses, einer beamteten Studiengruppe oder die Einberufung einer Enquete.) Neben der tatsächlich meist recht nützlichen Aufarbeitung von Fakten und verschiedenen Gesichtspunkten haben derartige Vorgangsweisen meist auch ihre materiellen und immateriellen Reize für die befragten Experten (durch die Auszahlung respektabler Gutachtenhonorare, Sitzungsgelder, die Möglichkeit von Studienreisen und die Ehre, zu den als fachkundig Erachteten zu zählen). Geht die politisch entscheidungsbefugte Instanz auch tatsächlich auf eine Entscheidung der Sache aus, wird sie einschlägig bekannte Gutachter des In- oder Auslandes mit der Aufgabe betrauen, ein ihr nahestehendes Forschungsinstitut mit der Studie beauftragen oder die Zusammensetzung des Ausschusses beziehungsweise der Enquete zu beeinflussen trachten.

Die Widerstand leistende Seite wird Gegengutachten ihr nahestehender Gelehrter und Institutionen auftreiben, dilatorisch eine weitere, sorgfältigere Prüfung der Angelegenheit verlangen oder mit besonderer Eloquenz und Intensität ihre Argumente in den Gremien vorbringen, in denen sie Minderheit ist. Das sind relativ triviale Wahrheiten. Es ist aber erstaunlich, wie sehr sie von jenen verdrängt werden, die etwas naiv auf objektive soziale Experimente hoffen.

Auch soziale Experimente geraten natürlich, wo sie wissenschaftlich untersucht werden, sofort in den Strudel interessenpolitisch gefärbter Argumentationen. Von der Kosmetikindustrie bezahlte Studien beklagen regelmäßig den geringen Seifenverbrauch der Mitteleuropäer. Von der Autoindustrie finanzierte Untersuchungen heben den positiven Wert der individuellen Mobilität durch den Pkw gegenüber allen, auch den modernsten Massenverkehrssystemen hervor. Von der Arbeitgeberseite herrührende Statistiken heben die überdurchschnittliche Wochenarbeitszeit der Selbständigen hervor. Von der Arbeitnehmerseite her lassen sich dafür gelegentliche, wenn auch diskrete Hinweise auf die größeren Möglichkeiten dieser Personengruppen vernehmen, sich ihren Steuerpflichten zu entziehen[12]. Wie sollte man daher annehmen, daß etwa ein soziales Experiment marktgerechter Arbeitnehmerselbstverwaltung von Betrieben die positive Würdigung des Forschungsinstitutes einer Industriellenvereinigung finden sollte, oder, daß ein Experiment zur Verbesserung der ärztlichen Versorgung auf dem Land mittels Einsatz von »Schmalspurmedizinern« die Zustimmung der Ärztekammer erhalten würde? Wieder heißt es allerdings, zu differenzieren. Daß auch der sozialwissenschaftliche Bereich von Interessen durchsetzt ist und sich insbesonders machtvolle private, wirtschaftliche und politische Organisationen »nahestehender« Gelehrter zu versichern wissen, ist klar. Gleichzeitig muß aber deutlich sein, daß es nicht um die Aufhebung des interessenbezogenen Denkens gehen kann, sondern um dessen Verfeinerung, Abschleifung und Kultivierung. Das Prestige von wissenschaftlichen Institutionen und Personen auf dem Gebiet der Sozialwissenschaft beruht ja nicht darauf, daß sie interessefrei argumentieren, sondern auf dem höheren Grad an quasi technischer Kompetenz, Rationalität und allgemeiner Übersicht, den sie mit ihrer Grundeinstellung verbinden. Die Delegation der Faktenerhebung und (latent politischen) Beurteilung von sozialen Sachverhalten von politischen an wissenschaftlich legitimierte Institutionen erhöht somit im allgemeinen den Grad der Objektivität und Rationalität tatsächlich, auch wenn der behauptete Grad an »Wertfreiheit« und Unabhängigkeit nicht erreicht wird und somit ein gewisser Verschleierungseffekt entsteht. Die Betrauung wissenschaftlicher oder halbwissenschaftlicher Personenkreise (nämlich etwa wissenschaftlich ausgebildeter Angestellter von Interessenvertretungen) mit der Prüfung von derartigen

Sachverhalten erfüllt damit eine zweifache Pufferfunktion: einerseits zeitlich, anderseits im Sinne einer Anhebung des Zivilisationsniveaus, auf dem Interessengegensätze argumentativ ausgetragen werden.

Die Deklarierung sozialer Experimente und die Vergabe wissenschaftlicher Begleituntersuchungen hätte natürlich mit diesen Tatsachen zu rechnen. Es wäre ganz unsinnig anzunehmen, hier könnten quasi-naturwissenschaftlich »reine Sachfragen« geklärt werden. Aber im Sinne eben dieser Anhebung des Kulturniveaus der Interessenauseinandersetzung und im Sinne bewußter Offenhaltung von Freiräumen in der immer reglementierteren Gesellschaft hätten sie dennoch ihren Wert. Da es auch hier wieder im wesentlichen um ein empirisches, verwissenschaftlichtes Abtastverfahren der gesellschaftlichen Widersprüche durch erfolgsorientierte, politische Eliten geht, kann man den Problemkreis solcher sozialer Experimente als typisches Mittel empirischer Politik begreifen. Da freilich die »Fallstricke der Objektivität« in der Bewertung solcher Experimente sehr nennenswert sind, bleibt bisher die Frage ihrer Konsequenzen offen.

7. 4. Demokratische Legitimation statt wissenschaftlichen Beweises

Auch auf die Gefahr hin, einer Idée fixe beschuldigt zu werden: Vermutlich kann wirklich nur der Zustimmungsgrad der im engeren und weiteren Sinn Betroffenen als Maßstab der Qualität der Veränderung gelten, die soziale Experimente bringen. Die scheinbare Nebenlinie experimenteller Argumentation führt also wieder zurück zum demokratisch-demoskopischen Grundgedanken.

Soziale Experimente dienen, wie erwähnt, in ihrer Mehrzahl nicht der Ermittlung des sozial Machbaren, sondern des sozial Wünschenswerten, und der heute einzige, allgemein anerkannte Maßstab des sozial Wünschenswerten ist der Zustimmungsgrad in der Bevölkerung. Dies ist auch ganz informell praktisch zu verstehen: Der Erfolg eines neuen Schultyps bemißt sich letztlich nach der Anzahl von Eltern, die ihre Kinder in ihn zu schicken wünschen. Die Attraktivität sozialer Randgruppenreservate von der Art des Experiments Christiania oder auch von Landkommunen und Alternativfarmen kann an der Anzahl von Menschen gemessen werden, die solche Lebensformen auszuüben versuchen. Warteschlangen im wörtlichen oder im übertragenen Sinn von Anmeldelisten sind in den Staatshandelsländern die treffsichersten Indikatoren dafür, an welchen knappen Gütern besonderer Bedarf besteht. In anderen Worten: Eine operationale Definition des sozial Wünschenswerten kann sich heute nur auf die »Köpfe-Zählung« der Interessenten berufen. In diesem Sinne können Begleitstudien über soziale Experimente ebenfalls nicht an dieser entscheidenden, empirisch-demoskopischen Kategorie vorbeigehen. Und hier liegt immerhin ein objektivierender Faktor: denn die – bis auf einige vergrämte Elitentheoretiker – allgemein sozial anerkannte Konvention des »Köpfe-Zählens« bietet – bei aller möglichen Manipulation der Fragestellungen – doch das einzige deutliche Kriterium für Erfolg und Mißerfolg von Experimenten. Dabei mag durch den Ghettocharakter solcher Experimente durchaus eine systematische Divergenz zwischen einer zustimmenden Innengruppe und einer mißtrauischen »Außenwelt« festzustellen sein (was die Legitimität des Experiments nicht hindern sollte, aber immerhin auf den Grad äußerer, etwa finanzieller Unterstützung abfärben könnte). Tatsache bleibt, daß hier die entscheidendsten, objektivierenden Grenzen für die sozialwissenschaftliche Rabulistik interessengebundener Begleitstudien zu sozialen Experimenten gegeben sind.

Soziale Experimente sind also letztlich im Rahmen empirischer Politik nur vorstellbar, wenn sie ihr Gesamturteil auf demoskopischen Zustimmungserhebungen aufbauen. Und als Transzendierung solcher empirischen Bestandsaufnahme von oben (mit ihrer relativ weitgehenden Manipulierbarkeit) ist ein sozialer Zustand vorstellbar, in der die befragbare Gesellschaft selbst institutionelle Rechte auf ihre korporative Meinungsäußerung in und über soziale Experimente gewinnt.

ACHTES KAPITEL

Das Dilemma der Sozialdemokratie

Es berührt sonderbar, daß in der unüberschaubar gewordenen Masse von Publikationen zu gesellschaftswissenschaftlichen Fragen immer noch Lücken existieren. Eine solche Lücke besteht etwa in bezug auf eine distanzierte, kritische und vergleichende Geschichte der europäischen Sozialdemokratie[1].

Die Gründe für dieses eigenartige Phänomen mögen darin liegen, daß einerseits der Trend zu hochspezialisierten Monographien auch vor der Politologie und politischen Ökonomie nicht halt macht, daß anderseits die Sprachbarrieren gerade in den Sozialwissenschaften den so notwendigen internationalen Überblick behindern, und daß schließlich die Aufarbeitung geschichtlicher Grundtendenzen außerhalb der dogmatisch marxistischen Sozialwissenschaft noch einigermaßen nachhinkt. Als weiterer und vielleicht entscheidendster Punkt ist festzuhalten, daß die Angelpunkte aktuellen Parteienstreits – und somit auch die aktuellen Parteigruppierungen überhaupt – sich der distanzierten Analyse immer noch weitgehend entziehen und vornehmlich Apologien oder Angriffe zweifelhaften Wertes provozieren. Leider nicht ganz zu Unrecht heißt es ja, daß Geschichte erst dann einigermaßen faßbar wird, wenn alle Akteure verstorben sind – und das gilt in gewissem Sinn auch von politischen Institutionen, die so lange in Streit stehen, als sie Lebenskraft bewahren. Als Konsequenz dieser fatalen Situation wandelt jeder Versuch, die Sozialdemokratie in Beziehung zu den Grundströmungen der modernen Gesellschaftspolitik zu setzen, auf dem schwankenden Boden trivialer Vorverständnisse, ungeordneten Datenmaterials und bruchstückhafter Theorieelemente. Dennoch soll nicht darauf verzichtet werden, von dem »Dilemma der Sozialdemokratie« gegenüber der Zeittendenz empirischer Politik zu sprechen, auch wenn damit der dilettantisch anmutende Versuch verbunden ist, eine grobe Gesamtdeutung der historischen Rolle der Sozialdemokratie gleichsam nebenbei abzuhandeln.

Die Sozialdemokratie ist zur Zeit der Abfassung dieses Buches ein im wesentlichen europäisches Phänomen, das allerdings auch in einzelnen der entwickeltsten der ehemaligen europäischen Kolonien in Erscheinung tritt. Es handelt sich um eine Gruppierung parlamentarischer, politischer Richtungen, die der Arbeiterbewegung der zweiten Hälfte des 19. Jahrhunderts entstammen, daher auch in einer typischen Nahebeziehung zum Gewerkschaftswesen stehen, mehr oder weniger deutlich egalitäre und gesellschaftsreformatorische Ideologien vertreten und nach einer zeitweilig recht intensiven marxistischen, theoretischen Ausrichtung im ersten Drittel dieses Jahrhunderts heute eher ethisch gefärbte Gleichheitspostulate und eine organische Fortentwicklung des pluralistischen Wirtschafts- und politischen Systems verfechten.

Organisatorisch sind sie lose zusammengefaßt in der Zweiten (Sozialistischen) Internationale, als deren revolutionäre und orthodox-marxistische Absplitterung sich seinerzeit die Dritte (Kommunistische) Internationale konstituierte[2]. Entscheidenden Einfluß auf die historische Entwicklung ihres Bereiches gewannen vorwiegend die sozialdemokratischen Parteien Nord-, West- und Mitteleuropas. Die entsprechenden Gruppierungen Südeuropas erreichten dagegen nie jene Repräsentativität als Sprachrohr breitester Masseninteressen wie etwa der britische und australische Labourismus, die skandinavische, österreichische und – mit Ausnahme der späteren Weimarer Republik – die deutsche Sozialdemokratie, sondern sahen sich durch die Konkurrenz starker radikalerer Linksgruppen in ihren Expansionsmöglichkeiten eingeengt. Eine interessante außereuropäische Parallele findet die Sozialdemokratie vor allem in der progressistischen Strömung der »Liberalen« in der Demokratischen Partei der USA, wobei besonders unter Roosevelt die Versuche der Bewältigung der Wirtschaftskrise originär sozialdemokratische Elemente enthielten[3].

Der Aufstieg der Sozialdemokratie in den entwickeltsten Ländern Europas steht nun in interessanter Beziehung zu dem Phänomen empirischer Politik und zu dem Problemkreis von Planung und geschichtlicher Selbstbestimmung des Menschen, den dieses Buch behandelt: ja, dieses Buch kann geradezu selbst als individueller Reflex bestimmter sozialdemokratischer Grundströmungen begriffen werden. Zugleich aber kann in kritischer Rückbesinnung dieses Denken versuchen, sich seiner eigenen Entwicklung, seiner Chancen und seiner Grenzen gewärtig zu werden.

8. 1. Aufstieg und Substanzverlust

Die Aufstiegsperiode der Sozialdemokratie umfaßt im wesentlichen den Zeitraum vom letzten Drittel des 19. Jahrhunderts bis in jene stürmische Zeit nach dem Ersten Weltkrieg, in der sie in einigen Ländern erstmals grundlegenden, wenn auch meist nur kurzfristigen Einfluß auf die staatliche Regierungsgewalt erhielt. Sie ist unterbrochen durch die Zäsur des Jahres 1914, in der sich die meisten Mehrheitsfraktionen der sozialdemokratischen Parteien für den nationalen Kriegseinsatz und damit für eine Priorität der staatlichen Interessenverfolgung gegenüber den internationalen, proletarischen Klasseninteressen entschieden[4].

Diese traumatische Entscheidungssituation, die einerseits einen (etwas fragwürdigen) Markstein der Integration der Sozialdemokratie in ihr jeweiliges nationales politisches Gefüge darstellte, war anderseits – neben der Frage der Haltung zur bolschewistischen Revolution – eine wesentliche Wurzel der folgenreichen Abspaltung der kommunistischen Parteien. Der Aufstieg der sozialdemokratischen Parteien zu modernen Massenparteien zeigt dabei folgende international ziemlich gleichbleibende, strukturelle Komponenten: Die interessenpolitische Mobilisierung besonders der qualifiziertesten Arbeiterschichten in Gewerkschaften, die pragmatisch auf Verbesserung der Lohn- und Arbeitsplatzbedingungen ausgerichtet waren, verband sich mit ethisch gefärbten Weltverbesserungsanliegen, die besonders von »Renegaten« der Mittel- und Oberschichten vertreten wurden. Die Speerspitze der sozialdemokratischen Allianz stellten somit einerseits »Arbeiteraristokraten«, wie die Facharbeiter des Druckerei- und Eisenbahnwesens, dar, anderseits »unangepaßte« Teile der Oberschichtintelligenz (insbesondere Angehörige sozial diskriminierter Minderheiten, deren Integrationsfähigkeit mit dem herrschenden System reduziert war, und Personen aus intellektuellen- und Sozialberufen im weitesten Sinn[5]). Die Bezugnahme auf eine gemeinsame sozialistische Weltanschauung, die in der deterministischen Lesart des Systems von Marx sogar die »Unvermeidlichkeit« des eigenen Sieges versprach, einigte diese unterschiedlichen Gruppen zu einer machtvollen Bewegung, die den Übeln des industriellen Kapitalismus einen grundsätzlichen Kampf ansagte.

Gerade aufgrund der Massenbasis der sozialdemokratischen Bewegung konnte der unmittelbare Umsturz des kapitalistischen Systems allerdings nicht zum Angelpunkt der realen Aktionen werden. Er blieb zwar am Horizont des theoretischen Denkens präsent, in Wahrheit aber bekamen die realen kurzfristigen Interessen der Angehörigen der sozialen Bewegung den Vorrang: das heißt, einerseits gewerkschaftliche Durchsetzung von Lohnforderungen, die je nach Autonomie der Fachgewerkschaften eine eher gruppenegoistische oder solidaristische Färbung annehmen konnten, und generelle Forderungen nach Herabsetzung des Arbeitselends, wie »Achtstundentag« und Arbeiterschutzgesetze, anderseits das Streben der führenden Sozialdemokraten nach Gewinnung einer realen politischen Machtbasis im Rahmen des gegebenen repräsentativdemokratischen Systems. Der bürgerliche Parlamentarismus des 19. Jahrhunderts, der sein »Volk« zunächst nur als den durch »Besitz und Bildung« eng umschriebenen Kreis der großbürgerlichen und restfeudalen Oberschichten definiert hatte, mußte also erweitert werden. Eine schrittweise Ausdehnung des Wahlrechtes bis hin zum allgemeinen Wahlrecht stellte dabei in komplexer Weise einen Konvergenzpunkt verschiedener Interessen dar: einerseits erweiterte er die Machtbasis der Sozialdemokratie im Rahmen des gegebenen politischen Systems, verschaffte ihren Funktionären Ämter, Würden und Einkommen und bot die – zunächst entfernte – Möglichkeit, über die parlamentarische Gesetzgebung konkrete Anliegen der sozialdemokratischen Sozialpolitik durchzusetzen. Anderseits gab die Erweiterung des Parlamentarismus den bürgerlichen Staatsführern die Chance, auch konservativere Elemente der ärmeren Bevölkerungsschichten, wie die kleinen Handwerker, Geschäftsleute und die Kleinbauern, als Gegengewicht gegen die als umstürzlerisch empfundene Massenbewegung der Sozialdemokratie für den bürgerlichen Parlamentarismus zu mobilisieren. Schließlich mußte sich eine derartige Domestizierung »unruhiger Elemente« auch als Gebot der politischen Klugheit der politisch-ökonomischen Führungsschichten darstellen. Ein diesen Vorgang erleichterndes Element war dabei zweifellos, daß viele gerade der führenden Repräsentanten der Sozialdemokratie aufgrund ihrer Herkunft und Erziehung mit den herrschenden Schichten eine »gemeinsame Sprache« sprechen und als charakterlich wie intellektuell hoch angesehene Teilhaber der Sphäre von »Besitz und Bildung« gelten konnten[6].

Die Jahrzehnte bis zum Ersten Weltkrieg erlebten somit in den entwickeltsten europäischen Staaten eine »Verbürgerlichung« der Sozialdemokratie, die zum Teil bereits so stark war, daß sie ernsthafte Kritiker auf den Plan rief. Robert Michels Kritik an den Oligarchisierungstendenzen der deutschen Sozialdemokratie und an dem Vorrang der Organisationsziele vor den eigentlichen Zielen der Bewegung datiert bereits aus der Zeit vor 1914[7]. Die Tatsache, daß der gesellschaftliche Fortschritt im Widerspruch zur Marxschen Verelendungstheorie ein neues Kleinbürgertum der Angestellten und Facharbeiter schuf und auch die Lage der Arbeitermassen sich durch Sozialgesetze bessern ließ, führte auch bereits zu revisionistischen, sozialdemokratischen Strömungen wie der Bernsteins, in denen Einsicht in die theoretischen Grenzen und Irrtümer von Marx (nämlich in seine sehr frühindustriell, von Malthus und Ricardo geprägte Elendsperspektive) mit pragmatischem Opportunismus einhergingen[8].

Die folgenschwere Kriegsentscheidung des Jahres 1914, symbolisiert durch das berühmte Votum der deutschen Sozialdemokratie vom 4. August 1914 für die Kriegskredite, und der Zusammenbruch des bürgerlich unterwanderten, feudalistischen Überbaues in den Verliererstaaten des Ersten Weltkrieges waren die entscheidenden- und Angelpunkte für die Entwicklung der mitteleuropäischen Sozialdemokratie in der Zwischenkriegszeit. Das Faktum der kurzlebigen Revolutionen Mitteleuropas mit ihrer scheinbaren Bedrohung des bürgerlich-kapitalistischen Systems mußte für die konservativen Kräfte dieser Länder besonders vor dem Hintergrund des russischen Bolschewismus zutiefst alarmierend wirken. Die Mehrheitssozialdemokratie griff gegenüber diesen Revolutionen, die mehr Zusammenbruchserscheinungen des verlorenen Krieges als einen Aufbruch von Massenbewegungen darstellten, eher im Sinne einer ordnenden Stabilisierung und eines gemäßigten republikanischen Wandels ein. Sie mußte damit gegenüber der sich abspaltenden Linken um so mehr den Makel totaler Verbürgerlichung tragen (wie in Deutschland). Wo es aber gelang, eine nennenswerte Abspaltung zu verhindern (wie in Österreich), mußte die Sozialdemokratie trotz ihres konstruktiven Beitrages zur (bürgerlichen) staatlichen Neuordnung, durch ihre verbalen Konzessionen an die Linke gegenüber der Revolutionsangst und der Nostalgie der beharrenden Kräfte nach dem feudalen Glanz der Vorkriegszeit auf einmal wieder als gefährlich unterminierende Kraft erscheinen[9].

In gewissem Sinne wiederholte sich so auf höherer Ebene das Grundphänomen der Französischen Revolution. Jene Ideen, über die man in den Salons des Ançien régime gepflegte Konversation betrieben hatte und deren Repräsentanten trotz aller offiziellen Hemmnisse als relativ unschädliche Schwärmer erschienen waren, hatten damals ihre plötzliche Sprengkraft bewiesen und in den folgenden Jahrzehnten ein tiefes Mißtrauen unter den Konservativen Europas für jede auch nur kleine politische Veränderung in die gleiche Richtung wachgehalten. Ein ähnliches Revolutionstrauma bewirkten die Ereignisse von 1917–18 und die fortwirkende Herausforderung der russischen Revolution: die respektabel, ja nahezu hoffähig gewordene Sozialdemokratie Vorkriegsmitteleuropas stand vor dem Dilemma, durch die völlige Aufgabe ihres gesellschaftsverändernden Anspruches das Vertrauen der nach den ersten Nachkriegswirren wieder tonangebenden Konservativen zu erlangen oder aber sich für den plötzlich Realität gewordenen, revolutionären Weg zu begeistern und mit einem Mal aus einer relativ integrierten zu einer subversiven Kraft zu werden. Beide Wege waren ungangbar (auch wenn sie einzelne Personen individuell vollziehen mochten): der erstere, weil er auf eine Selbstliquidation des gesellschaftsverändernden Anspruches und der die Sozialdemokratie konstituierenden Gruppeninteressen hinausgelaufen wäre, der zweite, weil er zwar manchen intellektuellen Hitzköpfen entsprechen mochte, aber im Widerspruch zu den breiten pragmatischen Wohlfahrtsinteressen stand, die die Arbeitermassen in die Sozialdemokratie einbanden. Der resultierende Kompromiß kann als eine Art unausweichbare Tragik der politischen Entwicklung dieser Zeit angesehen werden: Wo sich eine starke kommunistische Partei von einer »rechten« Sozialdemokratie ablöste und eine entsprechende Massenbasis fand, lähmte die Spaltung innerhalb der Arbeiterbewegung ihre Erfolgsaussichten und mußte selbst eine entfernte Volksfrontalternative tiefliegende Ängste in den konservativeren Führungs- und Bevölkerungsschichten auslösen: eine Situation, die etwa heute noch in Frankreich und Italien nachwirkt und in gewissem Sinn auch in der Weimarer Republik wirksam war (wegen der intransigenten Feindschaft zwischen Sozialdemokratie und Kommunisten trat dort allerdings mehr der reine Schwächungseffekt der Linken auf, wobei sich besonders auch die Ablösung des rechten, oft spießerhaft werdenden Pragmatismus von der linken, revolutionärer gesinnten Intelligenz feststellen ließ).

Wo aber, wie im Austromarxismus Otto Bauerscher Prägung, das Bündnis von Pragmatikern und Revolutionären durch eine Verbindung von pseudorevolutionärer Rhetorik und bürgerlich-demokratischer Praxis zusammengeklittert wurde, wurde die Angst der Konservativen durch die scheinbare Macht der vereinigten Linken nur verstärkt, ohne daß deshalb die realen Möglichkeiten einer Revolution oder auch nur eines Widerstandes gegen den Faschismus gegeben waren[10].

In der Zwischenkriegszeit, die der politischen Rolle mitteleuropäischer Sozialdemokratie einen ehrenhaften politischen Untergang als letzte ohnmächtige Verfechterin der bürgerlichen Demokratie bescherte, zeigten sich die positiven Zukunftsaussichten dieser Bewegung vornehmlich in jenen Randstaaten, in denen die

Erschütterungen der Nachkriegszeit am geringsten waren: nämlich in den nordischen Ländern. In ihnen setzte die Sozialdemokratie, unbeirrt von Kriegs- und Revolutionswirren, den deutschen Weg der Vorkriegszeit fort, der auf diese Länder von Anfang an stark eingewirkt hatte. Von ursprünglich marxistischen auf revisionistische Positionen übergehend, das bürgerliche Demokratieziel im Kampf um das allgemeine gleiche Wahlrecht verwirklichend[11], gewannen sie an Einfluß und Respektabilität im Rahmen einer fortbestehenden bürgerlich-feudalen Staatsverfassung. Gegenüber einer im wesentlichen den gleichen Weg gehenden Labour Party entwickelten sic zudem – zunächst kaum beachtet – wirksame Mechanismen zur Eindämmung der Weltwirtschaftskrise[12], die dem gefährlichen Modell faschistischer Aufrüstung und der kommunistischen Zentralverwaltungswirtschaft ein Modell demokratisch legitimierten Eingriffes in die Konjunktur entgegenstellten.

Der mitteleuropäische Faschismus kann in gewissem Sinne, ähnlich dem bürokratisierten Kommunismus, als Bonapartismus der Revolution von 1917 bis 1918 gedeutet werden. Er integrierte Elemente der modernen Sozialpolitik und stützte sich auf die Wohlfahrtshoffnungen vieler kleiner Leute[13]. Er übte zudem eine verderbliche Faszination durch sein Krisenmanagement aus, das unbeirrt von klassischen Laissez-faire-Doktrinen den planenden Eingriff in die darniederliegende Wirtschaft guthieß. Die Konsequenz seiner nationalistischen Aufbruchsideologie waren dafür aber um so grauenhaftere Zerstörungen und Verbrechen. Nach seinem Zusammenbruch begann in den vom Faschismus befreiten Staaten die Rekonstruktion der Sozialdemokratie auf einer grundsätzlich neuen Grundlage. Das Erlebnis des Schreckens nationalistischer Diktaturen, aber auch des zwangsweisen Exportes des russischen Totalitarismus in die im Vertrag von Jalta vereinbarte Einflußsphäre der Sowjetunion verstärkte die gemeinsame Basis der konservativen und sozialistischen demokratischen Tendenzen. In unmittelbarer Nachbarschaft der von Rußland eroberten Staaten verschwand daher auch die linke Bedrohung der Sozialdemokratie durch kommunistische Parteien. Andererseits verstärkte das Prestige erfolgreicher Resistanceaktivitäten das Gewicht dieser Gruppierungen in Frankreich und Italien und führte zu einem Fortdauern des säkularen Dilemmas der betroffenen Sozialdemokratien: Integration in bürgerliche Regierungen (propagandistisch bekämpfbar als »Zusammenarbeit mit dem Klassenfeind«) oder »revolutionäres« Zusammengehen mit der KP ohne absehbare parlamentarische Erfolgschancen.

Der Weg, den die längerfristig erfolgreichsten Sozialdemokratien Mitteleuropas – die deutsche und die österreichische – gingen, war der einer Anlehnung an das skandinavische Vorbild und somit auch eine Art Wiederanknüpfung an die Zeit vor dem Ersten Weltkrieg. Mit der entschiedenen Abkehr von jeglicher revolutionärer Rhetorik Mitte der fünfziger Jahre und mit verstärkten Bemühungen, den neuen Mittelstand der Angestelltenschichten zu gewinnen, mit der Übernahme eines technokratisch-modernistischen Image gelang so Anfang der siebziger Jahre in der BRD wie in Österreich die Übernahme der führenden Rolle im Staate[14]. Die nie orthodox-marxistisch geprägte Labour-Bewegung Englands gelangte ohne größere Kursänderung dieser Art schon kurz nach Kriegsende in die Rolle der zeitweilig führenden Kraft im Sinne des angloamerikanischen Zweiparteiensystems, die sie die vergangenen Jahrzehnte hindurch weiter auszuüben vermochte. Das skandinavische und zum Teil auch das britische Modell des aufgeklärten Wohlfahrtsstaates, seine unbedingte (repräsentativ) demokratische Ausrichtung und eher vagen, egalitären und laizistischen Tendenzen sind seit etwa Ende der fünfziger Jahre für die erfolgreichsten Zweige der europäischen Sozialdemokratie kennzeichnend. Interessenpolitisch scheint es ihnen gelungen, einerseits die Industriearbeiterschaft als Kerngruppe behalten, die linke Intelligenz nach den Enttäuschungen der Revolutionshoffnungen im Stalinismus wieder einigermaßen integriert zu haben[15] und auch aus den stets sich ausweitenden Arbeitnehmergruppen des Dienstleistungsbereiches Zuzug zu erhalten. Wo dagegen, wie in Frankreich und Italien, sowohl breite Kreise der Industriearbeiterschaft als auch der linken Intelligenz traditionell eher der kommunistischen Partei nahestehen, hat sich unter dem Eindruck der wiederholten Niederschlagung von Revolten im sowjetischen Vorfeldbereich Osteuropas und infolge der pragmatischen tagespolitischen Aktivitäten dieser Gruppen innerhalb der »bürgerlichen Demokratie« eine Art Sozialdemokratisierung abzuzeichnen begonnen.

Die gegenwärtige Situation der sozialdemokratischen Parteien Nord-, Mittel- und Westeuropas ist die von eindeutig arrivierten politischen Organisationen. Aus gefürchteten Gegnern des kapitalistischen Wirtschafts- und Gesellschaftssystems sind staatstragende Kräfte im Rahmen von politisch-ökonomischen Ordnungen geworden, die eine grundsätzlich kapitalistische Ausrichtung mit wohlfahrtsstaatlichen und interventionistischen Korrekturen und mit einem repräsentativ-demokratischen politischen Überbau verbinden. Dabei ist der egalitäre Ausbau des »bürgerlichen« Parlamentarismus zumindest in jenen Ländern, wo nicht die ursprünglichen Traditionen der amerikanischen und Französichen Revolution wirksam waren, weitgehend ein Produkt eben dieser Sozialdemokratien. Dieser Aufstieg, dessen letztlich entscheidende Phase in die Zeit ab dem Ende des Zweiten Weltkrieges fällt, kann natürlich in gewissem Sinn auch als Substanzverlust gedeutet werden: Die jüngere Programmgeschichte der deutschen wie der österreichischen Sozialdemokratie zeigt etwa deutlich ein immer weiteres Abrücken von grundsätzlich gesellschaftsverändernden Forderungen und von Schlüsselbegriffen der marxistischen Theorie[16].

Maßgebend für diese Wandlungen waren dabei aber zweifellos nicht nur die integrativen Wirkungen einer langen Friedens- und Wohlstandsperiode in den betreffenden Gebieten, sondern auch die Verarbeitung der negativen Erfahrungen, die die Entwicklung des sowjetischen Systems Europa vermittelte. In der Vertretung der konkret umschriebenen kurzfristigen Interessen der breiten Arbeitnehmerschichten zeigte sich sogar eine langfristige Kontinuität bis in die Zeit vor dem Ersten Weltkrieg, so daß auf dem pragmatischen Gebiet der politischen Praxis viel weniger von einem Substanzverlust die Rede sein kann als in jenem der Theorie.

Dennoch kann von einem sozialdemokratischen Dilemma auch in der Sphäre der politischen Praxis gesprochen werden. Denn wo sie in einer Art Fortschreibung ihrer alten Traditionen sich selbst treu geblieben ist, haben sich unterdessen jene neuen Wellen der bürgerlichen Revolution angekündigt, von denen in den vorigen Abschnitten die Rede war. Und obwohl in mancher Hinsicht die Sozialdemokratien Europas als jene Kräfte bezeichnet werden können, die den neuen Strömungen empirischer Politik die festeste Massenbasis geben könnten, sind es doch organisatorische Starrheiten und sogar kurzfristige Interessengegensätze, die hier gravierende Probleme aufwerfen.

8. 2. Erneuerung einer Tradition

8. 2. 1. *Das Erbe der Aufklärung*

Die europäische Sozialdemokratie, deren institutioneller politischer Aufstieg soeben grob skizziert wurde, besitzt nicht nur eine breite interessenpolitische Basis in den industriellen Arbeitnehmerschichten, sie verfügt auch über ein weit gespanntes geistiges Erbe, das die kühnsten gesellschaftspolitischen Theorien und Reformgedanken seit der Epoche der Aufklärung beinhaltet. Ihre Tradition umfaßt einerseits die gesamte humanitäre und radikaldemokratische Gedankenwelt der Aufklärungszeit und der amerikanischen und Französischen Revolution, andererseits zieht sie ihre Wurzeln aus dem Gedankengut der sozialen Bewegung des 19. Jahrhunderts und insbesondere aus der Auseinandersetzung mit dem großen Versuch der Marxschen Synthese. Diese Weite des geistigen Erbes mag widersprüchlich erscheinen und ist es bis zu einem gewissen Grad auch. Seine Widersprüche sind nicht zuletzt Anlaß lähmender und oft verhängnisvoller Flügelkämpfe innerhalb der europäischen Linken geworden. Andererseits erscheint es grotesk, von politischen Massenbewegungen jene Reinheit der Zielvorstellungen zu erwarten, die selbst kleinste politische und religiöse Sekten nur um den Preis ständiger Absplitterungen und extrem autoritärer Führungsmethoden erreichen.

Die typischen Gegenkräfte der Sozialdemokratie auf der politischen Bühne der Repräsentativdemokratien Westeuropas stellen übrigens ein Gemenge noch verschiedenerer Interessen und ideologischer Elemente dar. Sie versuchen häufig genug, großbürgerlich-industrielle Interessen mit denen des kleinbürgerlichen, vorindustriellen Mittelstandes, bestimmter Beamten- und Angestelltenschichten und jenen der Agrarproduzenten auf *einer* politischen Plattform zu organisieren. Ihr geistiges Erbe reicht dabei von klerikalen Traditionalismen verschiedenster Prägung über laizistische Elemente des Wirtschaftsliberalismus und der Aufklärung bis zum autoritären, nationalkonservativen Irrationalismus.

Gerade die größere interessenpolitische Einheitlichkeit der Konzentration auf die Vertretung der breiten Arbeitnehmerschichten stellt im übrigen sogar den typischen tagespolitischen Vorteil einer geeinigten gemäßigten Linken dar und begründet ihre potentielle Wählermehrheit: ein Vorteil, der allerdings dann nicht zum Tragen kommt, wenn es ihr nicht gelingt, die Ängste vieler Wähler auch der Unter- und Mittelschichten vor dem gesellschaftsverändernden Potential dieser Kräftegruppierung abzubauen.

Geht man also nun einmal von der Vielfalt und sogar der partiellen Widersprüchlichkeit des geistigen Erbes politischer Bewegungen aus, so erscheint es eine interessante Fragestellung, in welcher Beziehung zur tagespolitischen oder längerfristigen historischen Praxis sich die einzelnen Aspekte dieses Erbes befinden. Und hier läßt sich für die gegenwärtige historische Lage der Sozialdemokratie ein spezifisches Paradoxon konstatieren, das eine ausführlichere Erörterung im Rahmen unseres Themas empirischer Politik rechtfertigt:

Einerseits erscheint die Sozialdemokratie von ihrem geistigen Erbe und ihrer grundsätzlichen interessenpolitischen Ausrichtung her als diejenige Kraft, die der Zeittendenz empirischer Politik am nächsten stehen müßte. Andererseits begründen der verfestigende Einfluß bisher errungener Machtpositionen (besonders in den industriellen Großstädten), die relativ tiefe ideologische Verankerung eines orthodoxen Planungsrationalismus und gewisse organisatorische Eigenheiten der Parteistrukturen der Linken einen Widerspruch zu manchen der lebendigsten Tendenzen sozialer Reform. Man kann gegenüber dem Gesamtphänomen empirischer Politik von einem grundsätzlichen Dilemma der Sozialdemokratie sprechen. Wiewohl es nicht unbedingt die Aufgabe eines Buches ist, für alle sozialen Widersprüche, die es aufzeigt, auch probate Lösungsvorschläge zu erbringen (man kann sich bei solchen Vorsätzen als Autor leicht überfordern), sollen dabei dennoch mögliche Ansatzpunkte zur Harmonisierung dieses Dilemmas angedeutet werden: nämlich einerseits der politische Anpassungsdruck von außen, gewisse Grundelemente der eigenen historischen Tradition wieder bewußter aufzugreifen, andererseits die entschiedene Neubesinnung auf diese Aspekte der eigenen Tradition. Die Tatsache, daß in vielen Ländern Europas die Sozialdemokratie die eigentliche Exekutorin der sogenannten bürgerlichen Revolution war und auch heute noch die humanitären und demokratischen Traditionen der Aufklärung am entschiedensten vertritt, müßte dabei zu einer Gewichtsverschiebung zugunsten der aufklärerisch--empiristisch-radikaldemokratischen Traditionen des 18. Jahrhunderts führen. Die Wendung weg von Marx, die seit den fünfziger Jahren überall mit Entschiedenheit vollzogen wurde, dürfte also nicht einfach die zu jenem kritischen Rationalismus sein, der zwar auch aus der Aufklärung kommt, aber des aufklärerischen Humanitätsethos weitgehend ermangelt und oft genug zum Mäntelchen eines praktischen Opportunismus wird. Die Sozialdemokratie bedarf vielmehr eines kritischen Rationalismus und Empirismus mitsamt jener Portion von egalitärem Pathos, das in der Losung von Freiheit, Gleichheit und Brüderlichkeit so verheißungsvoll aufklang. Die Schwierigkeiten auf diesem Weg sind allerdings beträchtlich.

8. 2. 2. *Die Integration des Protestes*

Die sechziger und siebziger Jahre entwickelten eine Reihe von Tendenzen, die – getragen von meist intellektuellen Randgruppen – spontaner und lebenskräftiger Ausdruck demokratisch-egalitärer Bewegungen waren.

Die Studentenrevolte wandte sich in Europa in ihrem unmittelbaren Ansatz gegen Ausbildungsinstitutionen, die – etwa in Deutschland und Frankreich – besonders zurückgebliebene Bollwerke einer autoritären Tradition darstellten. Die Eigendynamik dieser Bewegung, die in den Ereignissen des Jahres 1968 ihren Höhepunkt und Überschlag erfuhr, brachte eine Ausdehnung der egalitären Forderungen über den bloß universitären Bereich hinaus mit sich, andererseits mußten die spontanistischen und chaotisch irrationalistischen Entwicklungen der Revolten des Jahres 1968 ihre Träger auf den letztlich sehr begrenzten Möglichkeitsraum gesellschaftlicher Durchsetzung verweisen. Diese Erfahrung der Ohnmacht bereitete den Boden für den Weg einer winzigen Gruppe in jenen sektiererischen Terror, der mit seiner Mobilisierung breiter Bevölkerungsschichten für ein autoritäres Durchgreifen eine Zeitlang geradezu als Geburtshelfer einer neuen Rechten erschien. Die Studentenbewegung der sechziger Jahre zeitigte immerhin einige konstruktive Errungenschaften, mehr übrigens, als die im ganzen oft resignativen Zehnjahresrückblicke ihrer alten Sympathisanten erwarten lassen. In den europäischen Hochschulen wurden zum Teil Mitbestimmungsinstitutionen erkämpft, die trotz aller bürokratischen Schwierigkeiten insgesamt ein Mehr an Demokratie, Transparenz und auch persönlicher Freiheit gegenüber zuvor geradezu feudalen Abhängigkeitsverhältnissen realisieren. In den USA, wo inneruniversitär bereits ein beachtlicher Vorsprung an Demokratie bestand, war die Hauptstoßrichtung gegen den Vietnamkrieg im wesentlichen erfolgreich. Eine tiefgreifende Totaländerung der Gesellschaftsstrukturen wurde zwar nirgends erreicht. Aber diese auf irgendeine, und sei es selbst die brutalste Weise, für kurzfristig erreichbar zu halten, ist wohl illusorisch.

Die Sozialdemokratie hat gegenüber der Studentenbewegung eine recht zwiespältige Rolle eingenommen. Obwohl ihr nahestehende Gruppen vielfach von Anfang an als Motor der Entwicklung auftraten, verschärfte sich mit der Radikalisierung des studentischen Protestes das Verhältnis doch beträchtlich. Die Trennungen beziehungsweise Spannungen zwischen den Studentenorganisationen und der Hauptpartei in der deutschen und österreichischen Sozialdemokratie sind hier sehr bezeichnend[17]. Mangel an »Parteidisziplin«, Zusammengehen mit den verfemten Kommunisten, extrem leistungsfeindliche interessenpolitische Ziele (Abschaffung der Notengebung) stellen dabei typische Konfliktpunkte zwischen den studentischen Aktivisten und ihrer Mutterpartei dar. Andererseits waren es doch häufig aufgeschlossene, sozialdemokratische Minister, welche die pragmatischen Errungenschaften des Studentenprotestes in Gesetze faßten und in ihnen die Realisierung der eigenen freien Schultraditionen sehen konnten. In begrenztem Ausmaß stimulierte also der Druck der Studentenbewegung Reformtraditionen, die zum Kernbestand sozialdemokratischen Gedankengutes gehörten. Wo aber radikale Forderungen den etablierten Status der Partei gefährden oder den recht »bürgerlichen« Leistungs- und Moralauffassungen der sozialdemokratischen Kernwählerschichten widersprechen konnten, waren wachsende Entfremdung und sogar Gegnerschaft unvermeidlich.

Ein ähnlich problematisches, wenn auch noch keineswegs derartig klar absehbares Verhältnis zeichnet die Sozialdemokratie zu zwei anderen Bewegungen aus, deren politisches Gewicht in Zukunft sich wahrscheinlich verstärken wird: nämlich zur Frauenbewegung und zur Bürgerprotest- und Umweltschutzbewegung. Die Gleichstellung der Frau gehört einerseits zum Kernbestand der sozialdemokratischen Forderungstradition. Gegenüber den konservativen Familienideologien aller Spielarten, welche die Frau stets an Heim und Herd verweisen wollten und daher gegen ausbildungsmäßige und berufliche Diskriminierung nichts Wesentliches einzuwenden hatten, verfocht die Sozialdemokratie von Anfang an das Recht der Frau auf gesellschaftliche Gleichstellung in allen Bereichen[18]. Andererseits ist die Dominanz der Männer in den sozialdemokratischen Spitzenpositionen bis heute in ganz Europa ungebrochen, und die faktische Zurücksetzung der Frau im politischen- und Berufsleben wurde von diesen Funktionären kaum je ernsthaft bekämpft. Die heutige Frauenbewegung, die als zweite Welle der Suffragettenbewegung der Jahrhundertwende anzusprechen ist, versucht nun, nach der errungenen Gleichstellung im Wahlrecht und in den Ausbildungsrechten eine weitere Verbesserung der realen individuellen und gesellschaftlichen Machtpositionen der Frauen zu erreichen: sie ist damit eine egalitäre Bewegung einer benachteiligten Gruppe, auch wenn in ihr herkunftsmäßig derzeit eine Dominanz der Oberschichten von

Besitz und Bildung festzustellen ist. Gegenüber den sonstigen politischen Gruppierungen, auch der äußersten Linken, ist diese Bewegung von tiefem Mißtrauen erfüllt, da selbst innerhalb der »revolutionärsten« Gruppierungen des Protestes des Jahres 1968 die traditionellen Klischees der Geschlechterrollen wirksam waren.

Innerhalb der Sozialdemokratie, aber auch innerhalb liberaler bürgerlicher Regierungen gelangen initiativen Frauengruppen allerdings schon spektakuläre Vorstöße – etwa in der Frage der Straffreiheit der Abtreibung. Die Zukunft wird wahrscheinlich von einem anhaltenden Druck egalitärer frauenrechtlicher Forderungen geprägt sein, zumal sich bereits eine relativ breite Schicht akademisch geschulter, berufstätiger und finanziell selbständiger Frauen gebildet hat, die ihren Anliegen zunehmendes öffentliches Gehör zu verschaffen versteht. Die Sozialdemokratie wäre – sieht man von der durchaus möglichen Gründung lebenskräftiger Frauenparteien ab – zweifellos jene politische Gruppe, die der Frauenbewegung am nächsten steht. Allerdings wird es erst die Zukunft erweisen, wie sehr eine Symbiose den beiderseitigen Wünschen und Möglichkeiten entspricht. (Wirtschaftlich krisenhaftere Zeiten könnten zum Beispiel eine Konfrontation zwischen den beruflichen Expansionswünschen der Frauen und den männlichen Arbeitnehmern auslösen, die mit der Rückführung der Frau an den häuslichen Herd ähnliche Hoffnungen wie mit der Abschiebung von Gastarbeitern verbinden.) Eine Abdrängung des Frauenprotestes in einen gesellschaftlich diffamierten Randbereich würde die Sozialdemokratie als Massenpartei sicherlich zur Distanzierung veranlassen, andererseits könnte aus einer gegenseitigen Durchdringung sicherlich ein Optimum pragmatischer Durchsetzung egalitärer Forderungen erzielt werden.

Ebenfalls recht unklar ist das Verhältnis der Sozialdemokratie zum Komplex der Bürgerinitiativ- und Umweltschutzgruppen. Während die prinzipielle Barriere zur Frauenbewegung die Divergenz zwischen den egalitären Proklamationen und der diskriminierenden Praxis ist, zugleich aber eine grundsätzliche ideologische Übereinstimmung vorliegt, kann für Bürgerinitiativ- und Umweltschutzgruppen relativ leicht ein Gegnerverhältnis zur Sozialdemokratie hergestellt beziehungsweise konstruiert werden.

Nicht nur sind die lokalen oder regionalen Interessenverbände negativ Planungsbetroffener der sozialen Herkunft nach oft »bürgerliche« Honoratiorenzirkel. Die konkreten Kontrahenten dieser Initiativgruppen sind noch dazu häufig die Gemeindeverwaltungen industrieller Großstädte, in denen oft jahrzehntelang zementierte sozialdemokratische Mehrheiten bestehen und ein etwas problematischer Verschmelzungsprozeß von Partei- und Verwaltungshierarchie eingesetzt hat. In Berlin-Kreuzberg waren 1969 etwa 65 Prozent der Mitglieder der Bezirksverordnetenfraktion und 78 Prozent der Landesdelegierten der SPD im öffentlichen Dienst tätig, obwohl der Anteil der öffentlich Bediensteten an der berufstätigen Bevölkerung dieses klassischen Arbeiterbezirkes bei nur 10 Prozent lag. Es handelt sich dabei um ein internationales Phänomen: Sehr ähnliche Ansätze einer tendenziellen Umwandlung der Sozialdemokratie zu einer bürokratisch-technokratischen »Magistratspartei« lassen sich nämlich etwa auch in Schweden feststellen, wo sie sogar zum Signal einer Absplitterung der erfolglosen »neuen Partei Gösta Söderlunds und Eva Asbrinks« geworden sind[18a]. In seiner etwas polemischen Vergleichsstudie *Zwischen Bürokratie und Bürger* (Wien 1978) konstatiert Peter A. Ulram auch für die österreichische Bundeshauptstadt eine »weitgehende Verflechtung und gegenseitige Durchdringung von kommunaler Verwaltung und sozialistischem Parteiapparat« (a. a. O., Seite 34).

Bürgerinitiativen treten also als unerwünschte, politische Herausforderung der bestehenden Verwaltungsautorität auf und genießen dabei oft noch die Unterstützung oppositioneller Parteien und kommerzieller Medien. Alle diese Faktoren wirken in Richtung eines Konfliktes zwischen mächtigen sozialdemokratischen Funktionärsgruppen und den Bürgerinitiativen. (Diese Verunsicherung der Funktionäre mag dabei für die Exponenten der Linken noch einen Grad unangenehmer sein als für bürgerliche Honoratiorenpolitiker, da ihre wirtschaftliche Existenz in durchschnittlich höherem Maße funktionsabhängig ist – ein Faktor, der auch die größeren Probleme der Linken bei der internen Demokratie miterklären dürfte.) Gleichzeitig aber entsprechen die typischen Forderungen der Bürgerinitiativen nach qualitativer und quantitativer Befriedigung mit öffentlichen Gütern (Grünflächen, Sozial- und Verkehrseinrichtungen) in sehr weitgehendem Maße den traditionellen Zielen der Sozialdemokratie – auch wenn sie im Einzelfall »egoistisch« oder konservierend als Verteidigung konkret bedrohter Lebensqualität sich formieren.

Auch mit den Umweltschützern hat die – zumal regierende – Sozialdemokratie »vorprogrammierte« Reibungsflächen. Die Gedanken von Wachstums- und Konsumverzicht, von Schonung der Ressourcen und der natürlichen Landschaftsformen tragen in der Tat einen Hauch von sentimentaler Oberschichtaskese an sich.

Sie widersprechen außerdem nicht nur dem optimistischen Industrialisierungscredo Marxscher Provenienz, sondern treffen auch den entscheidenden wirtschaftspolitischen Kompromiß der Sozialdemokratie, mit dem sie ihre »Respektabilität« erkauft hat: die Besserstellung der breiten Arbeitnehmerschichten vorläufig ohne Veränderung der Verteilungsrelationen, das heißt einzig und allein durch wirtschaftliches Wachstum zu betreiben.

Einen schärferen Verteilungskampf zu führen, ist die Sozialdemokratie in ihrer überwiegenden Mehrheit nicht bereit – zum Teil vielleicht aus Trägheit und Anpassung, vor allem aber aus zwei sehr konkreten historischen Erfahrungen: aus der immer deutlicheren Erkenntnis der Unwirksamkeit des Streiks als Mittel gesamtwirtschaftlicher Verteilungsveränderungen und aus der Erinnerung an die Effektivität faschistischer Gewalt als letzter Abwehrmaßnahme sich bedroht fühlender Mittel- und Oberschichten. Zugleich aber muß die Sozialdemokratie, besonders ihr Gewerkschaftsflügel, Beweise dafür erbringen, daß sie das Wohlergehen ihrer Anhängerschichten zu fördern versteht: aus diesem Grund scheint zunächst die Rolle der gemäßigten Linken vielleicht als letzte standfeste Verfechterin des quantitativen Wachstums vorgezeichnet zu sein. Dafür lassen sich auch zahlreiche Beispiele finden[19].

Aber auch hier sind die Reibungsflächen mit der Umweltschutzbewegung nicht unbedingt zwingend. Denn diese mobilisiert ja nicht nur ein Erbteil an neulinken und altkonservativen (agrarromantischen) Emotionen – sie spricht auch in sehr beachtlichem Maße eine breite Schicht von jüngeren, gemeinwohlorientierten, aber eben wachstumskritischen Menschen an, die von ihrer Interessenlage und politischen Grundhaltung her sehr wohl der Sozialdemokratie nahestehen könnten.

Bei allen drei neueren gesellschaftspolitischen Grundströmungen, welche die jüngere Vergangenheit und Gegenwart kennzeichnen und von denen vor allem die zwei letzteren wohl an Gewicht zunehmen werden, befindet sich die Sozialdemokratie also in einer eigentümlichen Position der Affinität und zugleich Konfliktmöglichkeit. In geringerem Maße gilt das sicher auch für andere Gruppierungen: So steht die lockere honoratiorenklubartige Organisation und die vertretenen Mittelschichtinteressen etwa bei vielen Bürgerinitiativen in recht enger Beziehung zu liberal-konservativen Parteistrukturen. Dennoch kann man feststellen, daß der radikaldemokratische, egalitäre und gemeinwohlorientierte Anspruch der neuen Bewegungen sie der Sozialdemokratie an sich grundsätzlich näherbringt als deren politischen Konkurrenten. Das historische Paradoxon aller egalitären Bewegungen, daß sie nämlich ihre Führung und einen beachtlichen Teil ihrer Anhängerschaft »sozial engagierten« beziehungsweise »abtrünnigen« Mitgliedern der Mittel- und Oberschicht verdanken, ist zwar auch beim Umwelt-, Bürger- und Frauenprotest stark spürbar. Aber dieses Paradoxon war ja, wie erwähnt, auch in der erwachenden Arbeiterbewegung des 19. Jahrhunderts deutlich nachzuweisen und dürfte von der etablierten Sozialdemokratie, deren Spitzenfunktionäre längst schon eine eigene Subkultur der Oberschicht bilden, nicht als gravierendes Unterscheidungsmerkmal in Anspruch genommen werden.

Hier ergibt sich nun das Dilemma der Sozialdemokratie, das in einigen praktischen Fragestellungen auch schon recht schmerzhaft aufgetreten ist: Wie soll sich die führende Kraft der traditionellen Arbeiterbewegung diesen neuen Tendenzen, die ihr zugleich nahestehen und sie herausfordern, gerecht werden?

Die Antwort kann wohl nur lauten: durch stärkstmögliche Entwicklung ihres humanitären, radikaldemokratischen Erbes, durch Aufbau auf den Fundamenten der Aufklärung und durch größtmögliche Offenheit, Toleranz für die verschiedenen Strömungen in ihrem Nahebereich bei gleichzeitigem Streben nach einer möglichst glaubwürdigen Synthese[20].

Diese vielleicht etwas vage klingenden Worte seien an einigen Beispielen konkretisiert. Eines ist der bereits mehrfach erwähnte Fall der Atomabstimmung von Zwentendorf. Die durchaus vermeidbare Niederlage der österreichischen Sozialdemokratie beruhte nicht zuletzt auf der Unterschätzung des – gewiß auch irrational gefärbten – zunehmenden Umweltbewußtseins in der Bevölkerung und in der leichtsinnigen und pauschalen Diffamierung der aktiven Atomgegner. Neben der von den meisten Kritikern des In- und Auslandes als unsinnig erkannten Entscheidung, das Plebiszit in letzter Minute in einen Vertrauensbeweis für die Führung der Partei und Regierung hochzustilisieren, spielte die zuerst von einzelnen Exponenten des Gewerkschaftsflügels verfochtene Taktik, die Atomgegner pauschal als links- und rechtsradikale Elemente zu qualifizieren, eine verhängnisvolle Rolle. Ohne deutlichen Rückhalt bei den politischen Vertretern der atomkraftfreundlichen Wirtschaftskreise schockierte die Partei- und Gewerkschaftsführung zudem liberale Randwählerschichten durch mehr oder weniger unverhüllte Drohungen gegen Atomgegner in den eigenen Reihen.

Die Alternative wäre gewesen: die wohl strukturell vorgegebene positive Stellungnahme von Partei und Gewerkschaft zur Atomkraft mit einer ausdrücklichen Anerkennung des Rechtes der organisationsinternen Minderheit auf freie Gewissensentscheidung zu verbinden. Statt den archaischen Mythos der »Einheit der Partei« bewahren zu wollen, ein entschiedenes Bekenntnis zum internen Pluralismus abzulegen und damit die Integrationskraft der Organisation zu stärken. Statt auf einen »Sieg« auszugehen, der in Wahrheit zur Niederlage wurde, den nüchternen, empirischen Aspekt der Befragung hervorzukehren.

Ein anderes potentielles Beispiel bildet der berühmt-berüchtigte deutsche Radikalenerlaß. Personen, die sich nicht zur »freiheitlich demokratischen Grundordnung« bekennen, aus dem öffentlichen Dienst fernzuhalten, mag eine nicht von vornherein illegitim erscheinende Position sein. In der Praxis hat dieses Bemühen aber ein beachtliches Maß an Gesinnungsschnüffelei erbracht, ausgesprochen reaktionären Tendenzen Vorschub geleistet und die Qualität jener Demokratie herabgesetzt, die es beschützen sollte. Es ist nun eine Lebensfrage der Sozialdemokratie, wieweit sie eine Integration der Kräfte zuwege bringt, die den Ausschluß der Radikalen für unerläßlich halten und jenen anderen, offenbar wachsenden Schichten, welche sich im Zweifel für eine liberalere Auffassung entscheiden.

Der Gedanke, in dieser kontroversiellen Materie zur Methode der Volksbefragung zu schreiten, mag angesichts der massiven Propagandamittel einer rechts stehenden Meinungspresse und der heute wahrscheinlich recht tief verwurzelten Terrorismusangst der Bevölkerung auf den ersten Blick naiv erscheinen. Gerade wenn man aber die Ergebnisse jener Staaten betrachtet, in denen Volksabstimmungen nicht überemotionalisierte Ausnahmefälle darstellen, sondern wiederholbare (und revidierbare) Entscheidungen des Volkssouveräns, erscheint diese Vorstellung nicht mehr so naiv. Denn einem noch so großen Propagandaaufwand gelingt es auf Dauer nicht, ausgesprochen unpopuläre Maßnahmen plebiszitär durchzupeitschen. Daß politische, religiöse oder rassische Minderheiten durch Mehrheitsvotum diffamiert werden können, liegt zwar auch in der Möglichkeit des Mehrheitsentscheides (und setzt ihm in bestimmten Fällen zweifellos moralische Grenzen). Aber ohne das Gefühl permanenter echter Bedrohung dürfte sich die Bevölkerungsmehrheit kaum Zwangsmaßnahmen von der Art des Radikalenerlasses aufgeschlossen zeigen; das belegt auch die in demoskopischen Erhebungen deutlich gewordene Präferenz der deutschen Bevölkerung für eine Liberalisierung der berüchtigten Schnüffelpraxis und der Berufsverbote. Sie ist, vergleichbar den entsprechenden Ergebnissen der Schweizer Referendumsdemokratie, nicht Ausdruck der Sympathie für radikale Randgruppen, aber Produkt berechtigter Sorge vor den Ansätzen jeglichen Polizeistaates[21]. Jene, die in diesen Fällen fälschlich die »schweigende Mehrheit« für obrigkeitsstaatliche Maßnahmen hinter sich glauben, müßten hier wohl auch aufgrund der breiten und fortgesetzten Meinungsbildung der Öffentlichkeit vor einem Volksentscheid eine schwere Niederlage hinnehmen. Im Verweis auf das scheinbar formale Feld einer Volksbefragung über den Radikalenerlaß, bei der, als Gewissensentscheid, durchaus parteiinterne Divergenzen für zulässig erklärt werden könnten, läge also eine Möglichkeit der Sozialdemokratie, eine wesentliche Integrationsfunktion wahrzunehmen.

Käme es dazu, daß sich die Sozialdemokratie heute um ein Mehr an formaler Direktdemokratie bemühte oder in einzelnen Fällen sich mit Geschick des Modells empirischer Volksbefragungen bediente, um brisante Sachfragen neutralisierend zu entschärfen, würde sie damit zugleich an eine sehr alte Tradition der gemäßigten Linken anschließen. Die Erkämpfung des allgemeinen Wahlrechtes, an der die Sozialdemokratie in den meisten Ländern Europas wie erwähnt großen Anteil hatte, erschien zwar vielen sozialistischen Strategen nicht als Hauptziel, sondern als eine Art unverzichtbare Formalerrungenschaft. Gegen die Radikalen, die angesichts des »niedrigen politischen Bewußtseinsstandes der Arbeiter« das allgemeine Wahlrecht ablehnten, weil es eine Ablenkung von der eigentlichen Hauptaufgabe der sozialen Revolution darstellte, wandte sich etwa Viktor Adler, der große Einiger der österreichischen Sozialdemokratie, mit dem Argument, man dürfe den herrschenden Klassen kein Monopol eines so wirksamen Propagandainstrumentes überlassen (»ohne sich über den Wert des Parlamentarismus irgendwie zu täuschen[22]«). In Wahrheit wurde die Agitation für das allgemeine Wahlrecht aber dann zu einer der Hauptfunktionen der aufstrebenden sozialistischen Bewegung, und die realen sozialen Reformen, die sie erreichte, erwuchsen nicht zuletzt aus der demokratisch errungenen Machtstellung in den Parlamenten und der – nach langen internen Kämpfen – errungenen Bereitschaft zur Regierungszusammenarbeit mit bürgerlichen Parteien.

Empirische Politik seitens der modernen Sozialdemokratie, insbesondere die Durchsetzung direktdemokratischer Mechanismen, könnte auf den ersten Blick ebenso als Zeitnotwendigkeit und Propagandamittel erscheinen, das man dem politischen Gegner nicht überlassen dürfe. Sie könnte aber im Endeffekt ebenso zum Träger und zur Voraussetzung inhaltlicher Reformen werden wie das allgemeine Wahlrecht.

Freilich ist die Situation nun eine andere. Während im 19. Jahrhundert die außerhalb aller Institutionen stehende, als »staatsfeindlich« verunglimpfte Arbeiterbewegung von der Erweiterung des Wahlrechtes auf allen Ebenen nur profitieren konnte, gibt es heute etablierte Interessen von sozialdemokratischen Funktionären, deren Entscheidungsspielraum von Ausweitungen direktdemokratischer Partizipation eingeschränkt werden könnte. Angesichts der in der Kampfzeit der Arbeiterbewegung in ihr ausgebildeten, sehr hierarchischen Strukturen scheint es also nicht ganz wahrscheinlich, daß die Sozialdemokratie sofort und freiwillig eine führende Rolle in der Weiterentwicklung der bürgerlichen Revolution übernimmt. Hier liegt ein weiterer Aspekt des sozialdemokratischen Dilemmas.

Derzeit sieht es so aus, als seien es eher kleine, bürgerlich liberale Gruppen vom Schlage der italienischen radikalen Partei, die das heute vielerorts schwelende Unbehagen mit dem modernen Parteienstaat plebiszitär kanalisieren.

Sie üben damit aber einen Anpassungsdruck aus, der auf die etablierten Großparteien zurückwirkt. Auch das Auftauchen »grüner Listen« oder möglicherweise von Frauenparteien übt ja inhaltlich Einflüsse auf jene Gruppen aus, denen sie die so wesentlichen Grenzwählerschichten abspenstig machen können. Die etablierten Sozialdemokratien sind hier aber nun eminent gefährdet: ihre sozialpolitischen Pioniertaten liegen zum Teil lange zurück, ihr Kernbereich an Wählern, die industrielle Arbeiterschaft, geht gegenüber den politisch wenig geprägten Angestelltenschichten mit Wechselwählertendenz zurück. Das einigende Gefühl eines moralisch gerechtfertigten Kampfes, das sie noch bis in die Jahre nach dem Zweiten Weltkrieg auszeichnete (und das in der älteren Mitglieder- und Funktionärsgeneration nostalgisch nachwirkt), ist längst schon im Schwinden. Ein deutliches Anzeichen dafür ist das in allen Staaten verzeichnete praktische Verschwinden der als sozialdemokratisch deklarierten Tagespresse[23].

Atomgegner, Umweltschützer und Frauenrechtlerinnen deklarieren sich heute gerne und in der Öffentlichkeit mit dem Feuer einer zuweilen vielleicht exaltierten, aber jedenfalls die ganze Persönlichkeit umfassenden Überzeugung. Anhängerschaft bei der

Sozialdemokratie ist – so wie bei anderen großen und machtvollen Parteien – dagegen schon vom Odium einer »nützlichen Überzeugung« begleitet und wird fast nur von »politischen Profis« deklariert.

In dieser Situation scheint es, wie gesagt, nicht leicht, daß die Sozialdemokratie an ihre Tradition als Motor der demokratischen Revolution anschließt. Aber sie besitzt eben auch tiefliegende Affinitäten zu den lebendigsten jener Strömungen, die heute für mehr Demokratie, mehr gesellschaftliche Gleichheit und für eine menschlichere Umwelt eintreten. Die eigentlichen Anstöße mögen von außen kommen. Eine wohl beratene Sozialdemokratie wird sich auf ihr lebendigstes Erbe wenigstens dann besinnen müssen, wenn sie »unerwartete« Niederlagen als richtungweisende Alarmzeichen zu interpretieren hat. Über die jetzt schon allerorts praktizierte empirische Politik der Ausrichtung an demoskopischen Beliebtheitsumfragen und Prioritätenlisten hinausgehen, dürfte ihr dann nicht schwerfallen.

Erfolgreiche politische Reform bedarf einerseits einer Bewegung von »Hitzköpfen«, die radikal anmutende Forderungen stellen. Sie bedarf aber auch einsichtiger »Machthaber«, die sich vernünftige Kompromisse abhandeln lassen, und gewiefter Opportunisten des politischen Spiels, die »auf den fahrenden Zug aufspringen«. Ob die Sozialdemokratie von innen heraus eine neue demokratische Bewegung konstituieren kann, mag fraglich erscheinen: auch angesichts der Sensibilität ihrer Programme für das Anliegen der Demokratisierung[24] ist doch das Gewicht ihrer realen Integration in die Institutionen der Macht sehr groß. Aber auch dort, wo sozialdemokratische Funktionäre nicht mehr tun, als den Partizipationshoffnungen »verständnisvoll von oben die Hand zu reichen«, erfüllen sie bereits eine wichtige und gar nicht so selbstverständliche Funktion.

NEUNTES KAPITEL

Empirische Politik – Chancen und Grenzen

9. 1. Interessenprinzip und Gesellschaftsstruktur

Ich habe zu Beginn dieses Buches erläutert, warum ich den allgemeinen, vormarxistischen Interessenbegriff als tragfähiges Gebäude der modernen Sozialauffassung begreife. Ich möchte an seinem Ende diesen Interessenbegriff relativieren und am konkreten historischen Wandel seines Inhaltes die absehbaren Chancen, aber auch die Grenzen empirischer Politik aufzeigen.

Daß der Begriff des materiellen Interesses, wie so mancher andere durchaus brauchbare Ausdruck in den Sozialwissenschaften eher vage ist, darüber müssen wir uns im klaren sein. Keinesfalls läßt er sich im Sinne bloßer Einkommensmaximierung einengen, auch wenn das Motiv der Erhaltung und Vergrößerung ökonomischer Chancen in ihm zentral ist. Macht und soziale Geltung sind ihm ebenfalls immanent. Vergleicht man ihn mit der Vorstellung des »Nutzens«, erscheint er wieder geradezu präzise: denn Nutzen mögen ebenso Dinge stiften, die Gegenstand des materiellen Interesses sind, wie auch anderseits die Stillung kultureller Bedürfnisse, das Naturerleben, ja sogar etwa das Schenken, also der Verzicht auf materielle Verfügungsmacht (ganz ohne Hintergedanken auf die Gewährung einer Gegenleistung, was wieder sehr dem Bereich des Interessenprinzips angehören würde). Helvetius hat, ebenso weitschweifig wie scharfsichtig, das Interesse auch in anscheinend recht uneigennützigen Handlungen aufgedeckt und damit Skandal gemacht. Aber bei aller Anerkennung seiner demaskierenden Analyse muß man doch wohl zugeben, daß freundschaftliches Verhalten, um selbst Freundschaft zu erhalten, daß Geschenke an die geliebte Frau, um von dieser durch Liebe belohnt zu werden, daß die Eitelkeit des Volkstribunen, von den Massen umjubelt zu werden, nicht die Gesamtmotivation in Freundschaft, Liebe und politischem Engagement aufhellen. Wenn es also offenbar auch andere Motive neben dem Interesse gibt, ist zu überlegen, in welchem Ausmaß mit ihnen zu rechnen ist. Vor allem aber erweist sich beim Interesse selbst, daß es als solches höchst unbestimmt ist, keine spezifischen Handlungsabläufe determiniert.

In gewissem Sinne zeigt sich die Naivität mancher moderner Erben des aufgeklärten Interessenprinzips darin, daß sie sich dieser Problematik nicht bewußt sind und nur vom Modell des interessenorientierten, gewinnmaximierenden Marktverhaltens ausgehen[1]. In Wahrheit ist die konkrete Ausformung interessenbedingten Verhaltens durchaus kulturbestimmt und also nicht von vornherein festgelegt. Der aufstiegsmotivierte junge Mann aus kleinen Verhältnissen (in seiner sozialen Häufigkeit selbst wieder unterschiedlich stark vertreten, das heißt in sehr traditionalen Gesellschaften wohl recht selten) mag in kriegerischen Zeiten den Beruf des Militärs ergreifen, sich unter friedlichen Verhältnissen eher dem Priesteramt zuwenden (man denke hier an Stendhals Julien Sorel) oder Kaufmann werden. Das Streben nach Erwerb von Reichtum wird sich unter vorwiegend agrarischen Verhältnissen auf den Erwerb von Boden, unter industriellen Bedingungen auf den von Fabriken richten oder kann sich, wie bei den Juden im Mittelalter, auf die nahezu einzige Möglichkeit des Geldverleihes einengen. Interessenorientiertes Handeln kann vom blutigen Raub bis zur vollendeten Intrige gehen. Selbst bei grundsätzlich gleichbleibenden sozialen und ökonomischen Strukturen können Veränderungen in der politischen Herrschaftsphäre (etwa die Ersetzung eines relativ wohlwollenden durch einen paranoiden Alleinherrscher) typische Formen interessenbedingten Verhaltens ans Tageslicht bringen, die vorher unbedeutend waren: Man denke an die oft rasch wechselnden Konjunkturen des Denunziantentums oder die etwas konstanteren Muster von Bestechlichkeit oder Unbestechlichkeit im öffentlichen Dienst[2].

Interessenbedingtes Verhalten ist also sehr stark determiniert durch seinen sozialen Kontext, und das gilt für kollektive wie individuelle Interessen. Freilich lassen sich auch oft über Jahrtausende und Kontinente hinweg stupende Parallelen feststellen: etwa die vergeblichen Versuche Chinas und Brasiliens, sich das Monopol ihrer hochwertigen Exportgüter Seide und Kautschuk zu sichern, und die Vereitelung dieser Absicht durch heimliche Entwendung von Seidenraupen beziehungsweise Kautschuksamen seitens der Byzantiner beziehungsweise Engländer[3]. Ähnliche Parallelen mögen in den von den römischen Cäsaren bis zu Otto dem Großen und Ceausescu oder Kim il Sung gehenden Versuchen gesehen werden, eine Vielzahl naher Verwandter in die Spitzenpositionen eines Herrschaftssystems zu hieven und dieses dadurch zu stabilisieren.

Alles dies sind freilich Dinge, welche allgemein zu behandeln, weit über die Grenzen dieses Buches hinausginge. Im vollen Bewußtsein, daß es eine allgemeine soziale Motivationstheorie nicht gibt beziehungsweise nur monumentale Bruchstücke (wie im Werk Max Webers) vorliegen – im vollen Bewußtsein also, auf schwammigem Boden zu wandeln, muß dennoch sehr allgemein ein Fragenkomplex behandelt werden: nämlich, von welchen aktuellen Veränderungen der sozialen Wertestruktur das Prinzip empirischer Politik abhängt, auf welche Weise es auf diese Veränderungen selbst wieder zurückwirkt und wo seine strukturellen Grenzen liegen. Auf diesen Themenkreis bezügliche Aussagen haben zwar dieses ganze Buch durchzogen, sollen aber hier zum Abschluß doch noch einmal thesenhaft aufgeführt werden:

1. Feststellbar ist heute in den entwickeltsten Ländern und dort in den ökonomisch führenden Schichten ein zunehmendes Bewußtsein ausreichender Versorgung mit materiellen Gütern. In den intellektualisierten Mittelschichten zeigen sich ästhetische Tendenzen, immaterielle Interessen gewinnen an Raum. Auch das rationale Bewußtsein, sich den Grenzen der möglichen wirtschaftlichen Expansion zu nähern, spielt hiebei eine Rolle. Damit ergibt sich eine teilweise Relativierung des Interessenprinzips.

2. Die pluralistische Demokratie hat dort, wo sie einigermaßen funktioniert, eine gewisse Rückkoppelung der Interessen der politischen Führungsschichten mit jenen der Bevölkerungsmehrheit gebracht. Es handelt sich allerdings keineswegs um eine völlig stabile Situation; die Erfahrung der Weltwirtschaftskrise hat gelehrt, daß in Krisensituationen diese Rückkoppelung relativ rasch durch die Installierung diktatorischer Regimes unterbrochen werden kann.

3. Diese Rückkoppelung hat jedoch offenbar die historische Tendenz, sich langsam zu verstärken und zwar über den Wettbewerb der Fraktionen der politischen Elite. Legitimationsprobleme der repräsentativdemokratisch bestellten politischen Führungsschicht werden dabei in zunehmendem Maße an fundamentaldemokratischen Forderungen gemessen.

4. Ein fortschreitender Prozeß von Aufklärung und kritischer Relativierung von (wertrationalen) Glaubenspositionen in der Bevölkerung wie in der politischen Elite führt zu neuer Offenheit, allerdings auch zu partiellen Rückfällen wie Zynismen oder hysterischen Bindungen an neue Glaubensformen.

5. Einen besonders hohen Anteil an diesem historischen Prozeß haben jene politischen Gruppierungen, welche die Mobilisierung

der Interessen der Unterschichten übernommen haben und ihnen über das allgemeine Wahlrecht erstmals einen nennenswerten Einfluß auf das soziale Leben erkämpft haben.

6. Derzeit scheint der Impuls allerdings besonders deutlich von jenen ökonomisch bessergestellten, intellektualisierten Mittelschichten auszugehen, welche erhöhte Sensibilität für Werteveränderungen haben und zum Teil als Meinungsführer fungieren.

7. Die Hoffnung auf Verbesserung der menschlichen Gesellschaft ist vor allem eine Hoffnung auf Verbesserung der Formen des Interessenkampfes. Ihn abschaffen zu wollen, wäre illusorisch: aber es besteht immerhin ein Unterschied, ob dieser sich gewaltsam oder in zivilisierter Form abspielt. Die Mehrheit der Menschen aller Rassen und Kontinente scheint heute so weit zu sein, daß sie ein friedliches Leben wünscht und auch von sich aus fähig ist, sich an seine Spielregeln zu halten[4]. Damit scheint immerhin eine gewisse Basis für eine rationale und zivilisierte Entscheidungsfähigkeit aller Individuen gegeben, auch wenn in den meisten Staaten noch ein langer, geduldiger Aufbau entsprechender Institutionen notwendig ist.

Roland Inglehart hat in seinem Buch *The Silent Revolution* aus einer großangelegten, empirischen Untersuchung über die Veränderungen der Wertestruktur in den westlichen Industriestaaten eine ähnliche, vorsichtig optimistische Grundeinschätzung gewonnen.

Er schreibt: »Heute ist ein viel höherer Anteil der westlichen Bevölkerungen unter Bedingungen außergewöhnlicher ökonomischer Sicherheit herangewachsen. Ökonomische und physische Sicherheit werden zwar weiterhin positiv bewertet, haben aber geringere Priorität als in der Vergangenheit.

Wir nehmen auch an, daß eine bedeutungsvolle Veränderung in der Verteilung politischer Fähigkeiten stattfindet. Ein zunehmend breiterer Anteil der Öffentlichkeit gewinnt genügendes Interesse und Verständnis für nationale und internationale Politik, um in der Entscheidungsfindung mitzuwirken. Breite Öffentlichkeiten haben über das Wahlrecht und in anderer Weise zwar schon lange eine Rolle in der Politik gespielt, die laufenden Veränderungen befähigen sie aber, eine zunehmend aktive Rolle bei der Formulierung der Politik zu spielen und statt elitenbezogen zu agieren, Eliten herauszufordern . . . Der neuere, Eliten herausfordernde Stil der Politik gibt der Öffentlichkeit eine zunehmende Rolle bei der Mitwirkung an spezifischen Entscheidungen, nicht bloß die Wahl zwischen zwei oder mehreren Gruppen von Entscheidungsbefugten[5].« Dieses wachsende demokratische Potential steht allerdings auf den unsicheren Füßen einer ungebrochenen Prosperität und bedarf vor allem der Überwindung beachtlicher institutioneller Widerstände. Diese Widerstände gilt es vor allem, näher zu untersuchen.

9. 2. Widerstände und Widersprüche in der befragbaren Gesellschaft

Die Ausweitung des plebiszitären Elements in der westlichen Demokratie, sei es im Sinne formeller Institutionen, wie sie bislang am entwickeltsten in der Schweiz und in einigen amerikanischen Bundesstaaten bestehen, sei es aber auch informell durch den plebiszitären Druck der Demoskopie im Mächtepluralismus der bürgerlichen Öffentlichkeit, kann derzeit als einer der aussichtsreichsten Wege der Zähmung und Nutzbarmachung des Interessenprinzips gelten. In den entsprechenden Abschnitten dieses Buches wurde deutlich gemacht, warum gewisse Fortschritte in dieser Richtung heute möglich erscheinen: der oligopolistische Wettbewerb innerhalb der politischen Eliten und gewisse als krisenhaft empfundene Störungen, zumal im bevölkerungsmäßig dominanten Großstadtbereich, legen es den führenden Funktionären der Repräsentativdemokratien gelegentlich nahe, ihre Entscheidungen durch Volksbefragungen abzusichern oder substituieren zu lassen. Auch der bewußte Rückgriff auf demoskopisch als populär erkannte Maßnahmen stellt hier einen Beitrag zur Sicherung der Legitimität und Funktionsfähigkeit der betreffenden Verwaltungen dar.

Angesichts dieser historisch günstigen Situation erschiene es wünschenswert, eine möglichst große Koalition der sich als fortschrittlich bezeichnenden Kräfte als »neue demokratische Bewegung« um eine institutionelle Verankerung dieser Zeitströmung ringen zu sehen.

Dies ist freilich nicht der Fall: Eine fundamentaldemokratische Stoßrichtung ist zwar zumal in Intellektuellenkreisen unterschwellig vorgezeichnet, die traditionelle Linke steht den verbal so oft beschworenen »Massen« aber noch vornehmlich »belehrend« gegenüber (was um so mehr für ihre radikalen Absplitterungen gilt); sie ist zudem auch organisationsintern durch die recht autoritären Strukturen ihrer Kampfzeit geprägt. Eine bürgerliche Mitte, die sich auf das Gros der mittelständischen »kleinen Leute« beruft, hätte allerdings einiges aus der Tradition der Französischen Revolution beizutragen[6].

Zum Teil sind die Angehörigen des alten Mittelstandes, kleine Kaufleute und Gewerbetreibende, die von Großunternehmen verdrängt werden, auch in jene Art von Existenznot geraten, die einer populistischen Agitation Druck verleihen würde: aber in vielen Ländern sind diese Schichten viel mehr auf autoritäre (präfaschistische) als auf radikaldemokratische Forderungen geprägt, was zumal auf ihrer oft strengen subjektiven Abgrenzung gegen die Unterschicht-»Proleten« beruhen mag. Die Vertreter der eigentlichen besitzenden Schichten können aber aufgrund ihrer Interessenlage von vornherein keine Neigung zur Ausweitung demokratischer Entscheidungsmechanismen haben: Sie werden grundsätzlich stets solide Abmachungen mit einzelnen Spitzenvertretern der Arbeitnehmerschichten den weniger vorhersehbaren, demokratischen Befragungen vorziehen. Einzig und allein die nachweisbare Unpopularität längerer Streiks (allerdings vorwiegend soweit dadurch die Gesamtbevölkerung in ihren Versorgungs- und Erwerbsinteressen direkt bedroht wird) könnte sie zu Einschränkungen ihrer latent antidemokratischen Haltung veranlassen[7].

Die Eingrenzung der aktiven Verfechter radikaldemokratischer Forderungen auf intellektuelle »Einsprengsel« in den Medien und den politischen Institutionen der gemäßigten Linken und »freisinnigen« bürgerlichen Mitte limitiert also die Aussichten einer plebiszitären Ausgestaltung des politischen Systems der Repräsentativdemokratien. Allerdings ist das Unbehagen mit den traditionellen Formen der Parteiendemokratie in den stark expansiven Schichten des neuen Mittelstandes doch stark genug, um eine gewisse Anpassung sensibilisierter politischer Führungsschichten (unter anderem aufgrund der Analyse von Wahlniederlagen) möglich erscheinen zu lassen.

Der reale Spielraum, solche Anpassungen vornehmen zu lassen, ohne grundsätzliche Verbindungsinteressen politisch oder besitzmäßig privilegierter Schichten zu provozieren, ist dabei gar nicht so gering.

Die Möglichkeiten, die das Instrument der Volksbefragung geschickten Politikern im lokalen, regionalen und nationalen Bereich bietet, wurden bereits ausführlich dargestellt. Ein Übergang von dieser rein empirischen Ebene auf eine institutionalisierte Selbstbindung der politischen Elite durch Verfassungsreformen ist allerdings ohne stärkeren Druck von unten schwer vorstellbar. Wo es – wie das heute zum Teil der Fall ist – tatsächlich zur Einführung von Referenden und Volksbefragungen kommt, geschieht dies daher meist unter entsprechenden Kautelen, die der von oben kommenden Befragung das Übergewicht über die auf Unterschriftensammlung beruhende Volksinitiative geben[8].

An sich sollte man meinen, daß gerade auf der sehr konkreten Ebene lokaler Kommunalvorhaben es für sensibilisierte Spitzenpolitiker reizvoll sein müßte, sich der oft recht unangenehmen öffentlichen Diskussion durch Verweis auf formelle Volksbefragungen oder demoskopisch durchgeführte Geschmackserhebungen zu entziehen. Wo es um Nebensächlichkeiten wie die modernistische oder traditionalistische Ausgestaltung einer Fußgängerzone geht, hätte etwa so mancher Amtsträger statt mit von Klüngelinteressen durchsetzten und geschmacksdiktatorisch auftretenden Jurys sich auseinandersetzen zu müssen, die Entscheidung bequem und sinnvoll der »Stimme des Volkes« überlassen können. In solchen Entscheidungen und der sie begleitenden Diskussion wäre nicht zuletzt auch ein Beitrag zur Entwicklung einer demokratischen Ästhetik zu sehen, die zwar kaum sich mit den verstiegensten Produkten einer auf Schockeffekte bauenden Avantgarde versöhnen wird, aber wohl auch nicht pessimistisch auf die »Gartenzwergperspektive« einzugrenzen wäre. Nahe läge, wie bereits erwähnt, auch eine von ober her, also empirische oder demokratisch institutionalisierte Berücksichtigung des »Volkswillens« bei öffentlichen Bauprojekten, Flächenwidmungen usw. Allerdings treten hier, wo es um mögliche Verbote von Hochhausbauten, Grünflächenwidmungen, unterschiedliche Bauformengestaltung usw. geht, bereits mächtige Interessen von Bauträgern und Institutionen auf den Plan, die ihre Angelegenheit lieber »intern« zu regeln wünschen, als sie einer unkontrollierbaren Entscheidung der Öffentlichkeit auszusetzen. Auch hier dürfte, von einigen besonders mutigen, experimentierfreudigen Spitzenpolitikern abgesehen, die Berücksichtigung des demokratischen Votums, wenn überhaupt eher als Defensivstrategie legitimierungsbedürftiger Funktionäre zum Zug kommen.

Noch viel deutlicher dürfte dies für den organisationsinternen Bereich von Parteien und Interessenverbänden gelten.

Es ist ein interessantes und keineswegs zufälliges Phänomen, daß die Reformbewegung, die in den amerikanischen Farmstaaten des Mittleren Westens Plebiszit und Volksinitiative einführte, meist auch die parteiinterne Primärwahl forderte und durchsetzte. Das amerikanische politische Leben hat so eine teilweise Selbstreinigungsmöglichkeit gegenüber besonders korrupten Praktiken des Parteiwesens erreicht, andererseits aber auch eine Personalisierung und »Entpolitisierung« erfahren, die auch dem Gegner katechisierter Weltanschauungen als recht leer erscheint. Der Einfluß potenter wirtschaftlicher Gruppen hat sich dabei auf die Finanzierung der Kampagne für Primärwahlen verschoben. So kritisch das Resultat dieser Entwicklung zu sehen ist, gewinnt es doch an Interesse gegenüber den vom Parteiapparat abhängigen, für die Öffentlichkeit nicht selten unattraktiven und des persönlichen Entscheidungsspielraumes weitgehend beraubten Mitgliedern der kontinentaleuropäischen Repräsentantenparlamente. In einem Zeitpunkt, wo durch den Abbau der Lagermentalitäten offenbar auch in Europa ein breiteres Wechselwählerpotential im Entstehen ist und die Entideologisierung ebenfalls zur Persönlichkeitswahl (nämlich der in Wahlkämpfen groß affichierten Spitzenkandidaten) geführt hat, stellt sich dieses Problem unter einem weiteren Aspekt. Derselbe Prozeß, der zur Ausdörrung der Basis der überzeugten Parteigängerfunktionäre und zu ihrer Ersetzung durch smarte »Verkaufsmanager« führt und der den Dienstleistungscharakter der Parteien gegenüber ihrer Rolle als Gesinnungsgemeinschaft hervorhebt, läßt auch von der Parteispitze her eine »Verbesserung der Qualität« der mittleren Parteifunktionäre wünschenswert erscheinen. In diesem Sinne sind etwa die gelegentlich auch aus zentralen Stabsstellen der Parteien zu hörenden Klagen über den Mangel an präsentablen Volksvertretern und über ihren eingeschränkten Bereich beruflicher Kompetenzen, nämlich die Übermacht der Beamten in den gesetzlichen Vertretungskörpern, zu sehen. Primärwahlen bieten sich hier von der Parteispitze her als öffentlichkeitswirksames Mittel der »Effizienzverbesserung« und Modernisierung der Parteiorganisation an (um beim Bild des Dienstleistungsunternehmens zu bleiben: etwa im Sinne des Vertreterwettbewerbes bei Großfirmen). Aber solche »Primärwahlen« haben notwendigerweise etwas Unverbindliches, da eine statutarische Selbstbindung der Organisation im allgemeinen keinem durchsetzungsfähigen Interesse in ihr entspricht[9]. Da zudem der Widerstand seitens der Parteikader, die dem Wettbewerb von Primärwahlen ausgesetzt werden sollen, erheblich, und – wahrscheinlich irrigerweise – der Glaube an die wahlentscheidende Mobilisierung der Parteiorganisation an der Spitze noch relativ hoch ist[10], haben Vorwahlen als Mittel empirischer Politik in Europa noch wenig Furore gemacht. Der internen Interessenlage der Parteiorganisationen entspricht es deshalb eher, eine Mindestzahl attraktiver beziehungsweise leistungsfähiger Politiker als Parteinotwendigkeit den Parlamenten aufzupfropfen und ansonsten den Grundsatz der Organisationsruhe zu wahren[11]. Daß allerdings über das informelle Mittel demoskopischer Umfragen der Medien sehr wohl Popularitätssignale über einzelne Spitzenpolitiker wahrgenommen und verarbeitet werden[12], wurde bereits erwähnt. Hier wie auch in anderen Bereichen zeigt empirische Politik sensibilisierter politischer Eliten ihre Grenzen. Sie mag wohl von oben her halbherzige Wege einer volksnäheren Gestaltung einschlagen – sie wird aber nur unter Druck Mitwirkungsmöglichkeiten breiterer Bevölkerungskreise zugestehen.

Bei den Interessenvertretungen erhält die Frage einer Auswirkung plebiszitärer Mechanismen noch einen besonderen Akzent. Da es hier nicht – wie im politischen Parteiwesen – vom Grundsatz her um die Gestaltung des politischen Ganzen, also des Gemeinwohls einer örtlich bestimmten Einheit, geht, hat in ihrem Bereich die Gefahr eines populär abgestützten blinden Interessenpartikularismus und einer schrankenlosen Sozialdemagogie von vornherein größere Berechtigung. Bei aller höchst positiver Bedeutung, die etwa das Gewerkschaftswesen in allen Staaten für die Mobilisierung benachteiligter Schichten von Arbeitnehmern gewonnen hat, sind dabei doch zugleich die Nachteile sehr dezentraler, »belegschaftsnaher« Gewerkschaftsstrukturen deutlich geworden. »Demokratischer Wettbewerb« verschiedener Richtungsgewerkschaften begünstigt offenbar Lizitationspolitik, und Betriebs- und Beschäftigungsgruppenegoismus kann, wie das britische Beispiel zeigt, dramatische Desintegration und Kampf um ungerechtfertigte Gruppenprivilegien zur Folge haben. Dagegen scheint gerade gesamtwirtschaftlich verantwortungsbewußtes Verhalten eher mit relativ autoritären und zentralisierten Gewerkschaftsstrukturen einherzugehen, die den Interessenpartikularismus der Basis einigermaßen in Schach zu halten verstehen[13]. Als Mittel empirischer Politik gegen die Abhebung solcher Institutionen von der Basis sind durchaus auch direktdemokratische Sachvoten in der Form von Urabstimmungen über allfällige Kampfmaßnahmen geeignet. Der Gesichtspunkt der Befragung der übergeordneten Einheit würde es aber zweifellos nahelegen, allenfalls das Veto einer gesamtgewerkschaftlichen Urabstimmung gegen besonders partikularistische Arbeitskämpfe vorzusehen.

Insgesamt treten, verläßt man den unmittelbar politischen Bereich, die Probleme der Interessenabgrenzung- und widersprüche in den Vordergrund. Schon auf der politischen Ebene sind ja die

Divergenzen zwischen unterschiedlichen lokalen, regionalen und staatlichen Gemeinwohlinteressen deutlich genug: Die Vorstellung, daß die soziale Integrations- und Gemeinwohlfunktion am besten durch möglichst enge Bindung der politischen Entscheidungen an die Wünsche der Bevölkerungsmehrheit gefördert werden kann, löst hier keineswegs die Interessenkonflikte zwischen Orten und Regionen, die etwa um erwünschte Industrieprojekte wetteifern und unerwünschte abschieben wollen. Der Grundsatz der Entscheidung der übergeordneten Einheit aber stößt, wenigstens was die zwischenstaatliche Ebene betrifft, auf derzeit unüberwindliche Schwierigkeiten.

In einer Vielzahl von gesellschaftlichen Institutionen, man denke etwa an die Bildungseinrichtungen, die Spitäler oder die Altersheime, für die sich heute ein erhöhtes gesellschaftliches Problembewußtsein herausbildet, ist dieser Gesichtspunkt der plebiszitären Entscheidung der übergeordneten Einheit womöglich noch schwieriger zu konkretisieren. Typischerweise stehen sich in ihnen verschiedene, relativ breite Personenkreise mit unterschiedlichen Interessenlagen gegenüber, nämlich die in solchen Einrichtungen Tätigen, die Benützer und die für die Gesamtorganisation zuständige Behörde. Organisationsinterne Demokratie kann daher mangels einer homogenen Basis (als welche der Stimmbürger in der plebiszitären Demokratie wenigstens fingiert werden kann) nur auf gemischten Systemen beruhen, aus naheliegenden Gründen aber keinesfalls nur auf dem Votum der dort Beschäftigten. Ähnliches gilt für den Bereich der privaten und öffentlichen Wirtschaft. Arbeitnehmerdemokratie, die zu Lasten des Staates oder der Benützer öffentlicher Einrichtungen ein Schlaraffenland für wenige schafft, kann sich nicht sinnvollerweise auf das Prinzip der Entscheidung der unmittelbar Betroffenen stützen. Andererseits ist auch nicht aus den Gesichtspunkten der Entscheidung der übergeordneten Einheit das Recht einer Mehrheit von Besitzern oder Kunden abzuleiten, Entscheidungen zu treffen, welche die Beschäftigten unzulässig belasten. Im Bereich der Universitätsorganisation hat dieses Dilemma mit der Abstimmung der Interessen von Professoren, Assistenten und Studenten zur Forderung und teilweisen Durchsetzung des gewiß nicht unvernünftigen, aber doch willkürlich anmutenden Prinzips der Drittelparität geführt. Die realen Schwierigkeiten, die solche Konstruktionen verursachen, vor allem der resultierende hohe Zeitaufwand für die Betroffenen, zeigen wahrscheinlich auch die realen Grenzen der Demokratisierung auf: die Vorstellung, daß jeder Durchschnittsbürger an einer Vielzahl zeitaufwendiger Entscheidungen in Betrieb und sozialen und kulturellen Institutionen teilnimmt, ist sicher selbst bei einem weiteren Rückgang der Durchschnittsarbeitszeit illusorisch: niemand hätte genug Interesse daran. Die konkrete und aktuelle Gefahr einer organisatorisch unvollkommenen Demokratisierung, wie sie gerade der Hochschulbereich nahelegt, liegt dabei sogar darin, daß das »unfruchtbare Gequatsche« von den Verfechtern autoritärer Strukturen zum scheinbar wirksamen Beweis der Nichtfunktionsfähigkeit eines demokratischen Modells gemacht wird.

Von den Verfechtern der Demokratisierung wird gerne und zutreffenderweise hervorgehoben, daß es gerade im Bereich der Wirtschaft keine Demokratie gebe. Schon um nicht diese Arbeit dem Vorwurf auszusetzen, sie vernachlässige über der politischen Sphäre die doch fundamentalere Sphäre der eigentlichen Produktion, sei auf die Beziehungen des Prinzips empirischer Politik zum Wirtschaftsleben näher eingegangen.

Zunächst läßt sich hier in den letzten Jahrzehnten eine dem Phänomen empirischer Politik recht ähnliche Form der Rücksichtnahme sensibilisierter Eliten auf Arbeitnehmerinteressen feststellen. Die Grundsätze der human relations[14], die heute nicht seltenen Versuche mit scheindemokratischen Entscheidungsverfahren etwa aus dem Bereich der Gruppendynamik[15], die deutliche Berücksichtigung der Rolle der Technostruktur[16] sind – zumal in Zeiten der Arbeitskräfteknappheit – als »Eingehen von oben« auf »Bedürfnisse von unten« zu verstehen, die den Eigeninteressen der Konzernführungen auf Haltung einer motivierten, qualitativ hochstehenden Mitarbeiterschaft entsprechen.

Der politischen Partei, die besondere Bürgernähe verspricht, um als politischer Dienstleistungsbetrieb Wahlstimmen zu maximieren, entspricht durchaus das Versicherungsunternehmen, das durch den Wünschen der Mitarbeiter entsprechende Arbeitsplatzgestaltung ein gut funktionierendes betriebliches Vorschlagswesen und ein »offenes Ohr für alle Klagen« ein positives Betriebsklima zu schaffen versucht. Allerdings ist dieses Ziel im allgemeinen den Kapitalverwertungsinteressen der Anteilseigner oder Spitzenmanager untergeordnet und ist insbesondere großen konjunkturellen Schwankungen unterworfen: wenn in einer empfindlichen Rezession qualifizierte Mitarbeiter nicht mehr ein umworbener knapper Faktor sind, fällt das Interesse der Unternehmensleitung an derlei Rücksichtnahme auf Belegschaftswünsche in der Regel stark ab. Diesem einen »empirischen« Befragungs-

und Rücksichtnahmeaspekt steht natürlich die Marktorientierung der meisten Unternehmen als ein weiterer permanenter Befragungsprozeß bezüglich des potentiellen Kundenstockes gegenüber. Tatsächlich stellt ja der Markt eine gewisse Parallele zur politischen Demokratie dar (freilich einer Zensusdemokratie, in der das Votum des Abstimmenden nach seinem Vermögen gestuft ist). Der Widerspruch, der bei gewissen öffentlichen Einrichtungen genannt wurde, fällt hier ebenfalls ins Gewicht: Eine für die Arbeitnehmer optimale Gestaltung ihrer Arbeitswelt wäre kaum im Sinne der Konsumenten, die Leistungsziele, die bei Sozialeinrichtungen häufig der Staat (mit mehr oder weniger Erfolg) durchzusetzen versucht, finden in der Privatwirtschaft in der Unternehmensführung ihre bislang ähnlich autoritäre Vertretung, wobei das Absatzinteresse über eine Befragung der Kunden über zumutbare Preise, Qualitäten usw. in dieser Unternehmensführung seine Agenten findet. Wenn auch die Märkte, oft genug vermachtet, durch Publizitätskampagnen für Großunternehmen teilweise planbar sind (und was dergleichen Einschränkungen der freien Konkurrenz noch sein mögen) – deutlich bleibt dennoch, daß die im Welthandel immer noch weithin bestehende funktionsfähige Konkurrenz ein Befragungs- und Steuerungssystem darstellt, dessen Wert erst deutlich wird, wenn man jene Staaten betrachtet, die es soweit als möglich auszuschalten versuchen (aber letztlich immer wieder auf die Weltmarktpreise als Basis ihrer internen Planungsdaten angewiesen sind).

Die Methoden der modernen Marktforschung – wieder, wie schon erwähnt – in typischer Nähe zum und in Vermischung mit dem politisch-demoskopischen Instrumentarium, sind Ausdruck *markt*gerichteter empirischer Unternehmenspolitik und auch hier wieder Abtastung der Wünsche der Mehrheit durch daran interessierte Eliten. (Sie wären übrigens auch in jenen Staaten anwendbar, die sich des internen Konkurrenzmarktes nur in geringem Ausmaß bedienen. Aber dort fehlt es wieder am typischen *Interesse,* derartige Konsumentenbefragungen durchzuführen, da für die beteiligten Führungsschichten vorrangig andere Erfolgskriterien gelten.)

Für die Wirtschaft könnte also das eine, letztlich auch demokratische Befragungssystem, nämlich die Marktdurchsetzung von deren Agenten, der Unternehmensführung, den Forderungen nach demokratischer Rücksichtnahme auf die Belegschaftsinteressen entgegengehalten werden. Aber obwohl dies nicht ganz unrichtig ist, wäre es dennoch für sich gesehen eine ideologische Verschleierung. Denn in der Tat zählen die Unternehmerschichten und die am Markterfolg partizipierenden leitenden Managerschichten einfach zu jenen Gruppen, die der Teilnahme breiterer Arbeitnehmergruppen an den Entscheidungen im Wirtschaftsbereich von vornherein massive Interessengegnerschaft entgegensetzen: Auch wenn der eine oder andere Unternehmer seinen Betrieb demokratischer gestalten oder etwa gar seinen Mitarbeitern übertragen mag, ist eine solche Menschenfreundlichkeit doch so atypisch wie die eines Parlamentariers, der freiwillig seine Privilegien und Immunitäten aufzugeben wünscht: Die Interessenvertretungen der Unternehmer oder die Gesamtzahl der Parlamentarier sind in ihrer Reaktion weit voraussehbarer und huldigen dabei ihrem als Naturrecht empfundenen Interessenprinzip.

Aufgrund der zentralen Stellung, die die Unternehmerschichten in allen kapitalistischen Ländern innehaben, insbesondere aufgrund ihrer Fähigkeit, bei einer ernsten Bedrohung ihrer Interessen durch Kapitalflucht oder Veranlassung ausländischer Interventionen ein Land in Chaos und Bürgerkrieg zu treiben, stellen sie natürlich ein ernst zu nehmendes Verhinderungsinteresse für eine institutionalisierte Ausweitung der befragbaren Gesellschaft dar. Noch dazu hat sich ein relativ breiter Konsens gebildet, der angesichts der verfügbaren Alternativen ihre Funktion als Befragungsinstanz im Marktgeschehen für wertvoll erachtet. Hier stoßen wir also an systembedingte Grenzen der empirischen Politik im Wirtschaftsleben.

Diese Situation bedeutet also zweifellos ein Element der Beharrung in allen westlichen Repräsentativdemokratien, das keine Regierung, von was immer für ideologischen Ausgangspunkten sie ausgeht, überziehen kann. Allerdings bedeutet dies nicht, daß deshalb nur die Alternative einer vollen Akzeptierung des Status quo oder einer radikalen Abschaffung des Kapitalismus bestünde.

Vor allem muß man sich des Potentials der politischen Sphäre bewußt sein, das keinesfalls im Sinne eines Vulgärmaterialismus unterschätzt werden soll. Sie konstituiert zwar keine von der Wirtschaft abgesonderte neutrale Zone, aber doch einen Bereich, in den die verschiedensten gesellschaftlichen Kräfte einwirken und von dem Rückwirkungen auf das Verhalten in den Unternehmen, ja sogar in der Familie und Privatsphäre ausgehen. Das Beispiel staatlich verordneter, relativ behutsamer Veränderungen der Entscheidungsstruktur in den Unternehmen, etwa die Rechte der Betriebsräte bei Kündigungen oder die Einführung der Arbeitnehmermitbestimmung im Aufsichtsrat machen hier durchaus deutlich, daß von der politischen Sphäre her Chancen zur ansatzweisen Demokratisierung der Entscheidungsverhältnisse in der Wirtschaft möglich sind.

Genau genommen gäbe es auch einen weiteren, direkteren Weg, mittels empirischer Politik die Möglichkeiten einer funktionsfähigen Demokratisierung in der Wirtschaft zu erproben. Es ist jener, der in der Vorstellung des programme commun von demokratischen Experimenten in verstaatlichten Betrieben[17] mitschwingt und den etwa auch Ferdinand Lacina in einer Würdigung des österreichischen verstaatlichten Sektors vorsichtig anklingen ließ[18]. In der Tat wäre es beispielsweise ein verlockendes Experiment, in dem in allen Industriestaaten vorhandenen Sektor öffentlicher Wirtschaftsunternehmen zunächst in kleinem Maßstab, etwa in einigen Musterbetriebsstätten mit einigen hundert Beschäftigten demokratische Experimente von der Art der Wahl oder zumindest des qualifizierten Vetorechtes der Untergebenen gegenüber ihren Vorgesetzten in Gang zu setzen. Das unmittelbare Existenzrisiko wie beim philanthropisch experimentierenden Einzelunternehmer vom Schlage Robert Owens wäre nicht gegeben, die Ergebnisse wären zwar nicht »objektiv« interpretierbar, aber die positive oder negative Ausstrahlung, der gesamtgesellschaftliche Meinungsbildungsprozeß solcher Experimente könnte ein Element fruchtbarer Unruhe in die gesamte Wirtschaftssphäre tragen.

Wenn man es sich recht überlegt, warum solche Gedanken nur sporadisch und überaus behutsam ausgesprochen werden und kaum Widerhall in den betroffenen Institutionen finden, dann wird man sich klar, wie sehr die Verfestigung bestehender Hierarchien in der Wirtschaft eigentlich nicht anders als im staatlichen Bereich den Mitgestaltungsmöglichkeiten der Mehrheit widerspricht. In Wahrheit sind ja gerade die finanziell erfolgreichsten öffentlichen Unternehmen verselbständigte Kapitalkörper unter Leitung von relativ autonomen Managern, die sich im Vergleich zur Publikumsaktiengesellschaft oder Großgenossenschaft etwa ähnlich gut durchzusetzen wissen (und diese Durchsetzungsfähigkeit nicht zuletzt ihrem Informationsvorsprung verdanken, den sie daher abzubauen wenig Anlaß haben). Die Persönlichkeitsprägung dieser an Effizienz und Tüchtigkeit orientierten Manager läßt, von Ausnahmen abgesehen, nur wenig Interesse an der Entwicklung der Mitbestimmung breiterer Arbeitnehmerschichten erwarten. Jene Unternehmen, etwa öffentliche Verkehrsunternehmen, in denen dagegen chronisch und oft unvermeidlicherweise Betriebsverluste auftreten (etwa weil kostendeckende Tarife als sozial nicht zumutbar erscheinen), sind zwar nicht selten gleichzeitig durch eine besonders starke Interessenvertretung der Arbeitnehmer gekennzeichnet; da der Druck des Marktes wegfällt und die Verluste ohnedies aus Budgetmitteln abgedeckt sind, kommt es aber dabei eher zum Phänomen des »faulen Paradieses«, in dem suboptimale Arbeitsmoral und Korpsgeist des Personals mit dennoch äußerst hierarchischen Entscheidungsstrukturen einhergehen: Auch hier sind die objektiven Voraussetzungen für empirische Demokratisierungsexperimente nicht eben günstig. Was schließlich die in diesem Buch schon mehrfach geäußerte Meinung betrifft, daß selbst zaghafte Versuche empirischer Politik, mehr aber noch eine Institutionalisierung demokratischer Entscheidungsmechanismen nur als Resultate eines konkreten Drucks von der Basis her auftreten, sieht die Lage ebenfalls nicht sehr rosig aus. Zunächst ist die jeweilige Arbeitswelt jener Bereich, in welchem individuelles nonkonformistisches Verhalten den stärksten Sanktionen ausgesetzt ist: außer dem Sonderfall des nur aus Hobby arbeitenden Rentiers sieht sich jedermann, der sich auf der distanzierten politischen Bühne als freier Citoyen fühlen mag, im Berufsleben beachtlichen Konformitätszwängen ausgesetzt. Während politische Unzufriedenheit sich in Bürgerinitiativen, Leserbriefen usw. relativ leicht manifestieren kann, ist Kritik an der eigenen Hierarchie eine persönliche Existenzfrage, die selbst in einem Zeitalter relativer Vollbeschäftigung kaum jemand ernsthaft wagt. Diese Abhängigkeit wurde auch durch die Gründung von Gewerkschaften nicht in entscheidendem Maße beseitigt. Es ist zudem kaum zu übersehen, daß diese gerade dort, wo sie machtvoll wurden, etwa Organisationszwang in Betrieben erreicht haben oder in wirtschaftspolitische Führungsaufgaben hineinwuchsen, selbst wieder Hierarchien etabliert haben, die den Unvorhersehbarkeiten demokratischer Entscheidungsvorgänge nicht immer gewogen sind. Demokratisierungspläne, die sich auf eine erweiterte Rolle gewerkschaftlicher Arbeitnehmerfunktionäre gründen, werden daher in der Öffentlichkeit wohl nicht zu Unrecht als nur geringe Zunahme an individueller Arbeitnehmermacht angesehen. Daß der schwedische Meidnerplan trotz seiner möglichen wirtschaftspolitischen Vorteile in Popularitätsumfragen so schlecht abschnitt, daß er von der schwedischen Sozialdemokratie zurückgestellt wurde, erscheint hier eben keineswegs als Zufall[19]. Mit anderen Worten: Von der eigentlichen Arbeitnehmerbasis werden solche Experimente wohl kaum gefordert werden. Sie widersprechen zudem allen etablierten hierarchischen Interessen (nicht zuletzt auch den politischen Patronageinteressen, die bei der Besetzung von Posten in öffentlichen Unternehmen meist mitspielen). Wenn dennoch ein gewisses Interesse an ihnen entsteht, dann kann es sich tatsächlich am ehesten noch über den relativ zwangsfreieren politischen Sektor artikulieren: Die persönliche, berufliche Abhängigkeit vieler in der politischen Sphäre Tätigen und ein gleichsam instinktives Mißtrauen der meisten hierarchisch Höhergestellten gegen Vorschläge, die auch nur entfernt die eigene Position (etwa durch Abwahl) gefährden könnten, läßt aber auch hier wenig kurzfristige Erfolge erwarten.

Max Weber ließ seine großangelegte Untersuchung über *Wirtschaft und Gesellschaft* bekanntlich in die Vision einer unabänderlichen Bürokratisierung des modernen Industriestaates münden. Er schrieb[20]:

»Theoretisch wohl denkbar wäre eine immer weitergehende Ausschaltung des Privatkapitalismus – wennschon sie wahrlich keine solche Kleinigkeit ist, wie manche, die ihn nicht kennen, träumen. Aber gesetzt, sie gelänge einmal: so würde sie praktisch keineswegs ein Zerbrechen des stählernen Gehäuses der modernen gewerblichen Arbeit bedeuten, vielmehr: daß nun auch die Leitung der verstaatlichten oder in irgendeine ›Gemeinwirtschaft‹ übernommenen Betriebe bürokratisch würde. Die Lebensformen der Angestellten und Arbeiter in der preußischen staatlichen Bergwerks- und Eisenbahnverwaltung sind durchaus nicht irgendwie fühlbar andere als die in den großen privatkapitalistischen Betrieben. Unfreier jedoch sind sie, weil jeder Machtkampf gegen eine staatliche Bürokratie aussichtslos ist und weil keine prinzipiell gegen sie und ihre Macht interessierte Instanz angerufen werden kann, wie dies gegenüber der Privatwirtschaft möglich ist. Das wäre der ganze Unterschied. Die staatliche Bürokratie herrschte, wenn der Privatkapitalismus ausgeschaltet wäre, allein. Die jetzt neben und, wenigstens der Möglichkeit nach, gegeneinander arbeitenden, sich also immerhin einigermaßen im Schach haltenden privaten und öffentlichen Bürokratien wären in eine einzige Hierarchie zusammengeschmolzen. Etwa wie in Ägypten im Altertum, nur in ganz unvergleichlich rationalerer und deshalb: unentrinnbarerer Form.«

Bei allem Respekt vor Webers illusionsloser Aufdeckung gern übertünchter Realitäten muß diese Vision aber doch wohl korrigiert werden. Indem Weber etwa auch in seiner Parteiensoziologie überall nur das Wachstum der Apparate aufspürt, die Zunahme der Rolle des Parteibeamtentums, die verbreitete Apathie der Basis und die vorrangige Rolle des Patronagesystems konstatiert, verkehrt er eigentlich die Geschichte der modernen Demokratie in ihr Gegenteil: Was trotz aller Apparatebildung letztlich doch eine Aufwertung der Rolle des »einfachen Mannes« und ein Vordringen der Mitbestimmung der Mehrzahl der rationalen Individuen darstellt, verkehrt sich bei ihm in die eindimensionale Entfaltung einer verwalteten Welt. Dabei wird deutlich, wie sehr Weber dabei untergründig der preußischen Tradition des autoritären Beamtenstaates verpflichtet und wohl auch der Zeitströmung elitärer Massenverachtung benachbart ist, die etwa Theoretiker wie Pareto und Michels prägten. Webers »unbestechliche und tüchtige deutsche Beamten«[21], über deren Werkzeugfunktion er sich völlig klar war[22], deren Dienstausübung er aber oftmals und gewiß nicht zu Unrecht über die der Wahlbeamten der Vereinigten Staaten stellte, haben allerdings unterdessen als Erfüllungsgehilfen der nationalsozialistischen Verbrechen die fatale Verfügbarkeit der auf Effizienz und Gehorsam beruhenden bürokratischen Hierarchien auch für das Schlimmste unter Beweis gestellt. Und die moderne Massendemokratie, die bei Weber vornehmlich in ihrer Verdrängung des alten Honoratiorenpolitikers und ihrer Tendenz zu cäsaristischen Führerwahlkämpfen aufscheint, mobilisiert doch in sich selbst Kräfte, die einer wenigstens empirischen Rücksichtnahme gegenüber den Wünschen der Mehrheit auf ein befriedetes Leben entsprechen. Die Gegenkräfte, die sich gegen die verwaltete Welt erheben, mögen letztlich nur ihr ohnmächtiger Reflex sein – und wenn sie ihren Widerstand nur in den kurzlebigen Formen der späten sechziger Jahre organisieren, sind ihnen große Erfolgschancen wohl auch nicht beizumessen. Die Geschichte der modernen Demokratie allerdings stellt ein gewisses Gegengewicht zur parallel laufenden Geschichte der fortschreitenden Bürokratisierung dar. Und die Tatsache, wie historisch jung eigentlich die Verbreitung ihrer Institutionen ist, läßt einen weiteren Fortschritt in die gleiche Richtung, eine »zweite Welle der bürgerlichen Revolution«, nicht als undenkbar erscheinen.

Bis zum Ende der Ersten Weltkriegs galt in Preußen etwa noch das Dreiklassenwahlrecht, bei dem die mündliche Stimmabgabe zulässig und auf den Gütern der Junker auch üblich war (was Anlaß zu berechtigten Vermutungen der Wahlmanipulation zugunsten der konservativen Parteien war)[23]. Erst um die Jahrhundertwende setzte sich in den Vereinigten Staaten das »australische Wahlverfahren« durch, die schriftliche geheime Abstimmung unter Verwendung einer Wahlzelle und eines amtlichen Stimmzettels – übrigens gleichzeitig und in Verbindung mit der Bewegung zugunsten von Referenden und Primärwahlen. In jenen Staaten, in denen der Formalismus der Wahl nicht so sehr ins Kulturbewußtsein gedrungen ist und in denen auch die faktischen Kontrollen bei der Stimmenermittlung geringer sind, werden noch immer periodisch die Vorwürfe manipulativer Wahlauszählung erhoben. Der amtliche Stimmzettel ist selbst in einigen europäischen Demokratien eine relativ junge Errungenschaft nach dem Zweiten Weltkrieg, und die gelegentlichen europäischen Versuche mit Primärwahlen, typische Versuche von Parteispitzen, gegen eine widerstrebende mittlere Funktionärsgarnitur empirisch »bessere«, also öffentlichkeitswirksamere Kandidaten zu ermitteln, spießen sich gerade am Mangel eines verbindlichen und fairen Formalismus. Was oft im Ansatz gut gemeint war, wird so zur ärgerlichen Farce, da ein eigentlicher Druck zur Beachtung der Primärwahlbefunde meist nicht besteht und die »Reformer« an der Spitze auf ihren Apparat angewiesen sind. Ähnliches gilt für die Wahlkämpfe, bei denen zwar auch zunehmend ein Gefühl für die Notwendigkeit einer Formalisierung und Beschränkung der Werbetätigkeit der großen Oligopolparteien besteht, wo aber entsprechende »freiwillige Abkommen« den Eindruck des wirkungslosen Publicitygags vermitteln[24].

Die Ansatzpunkte einer zweiten Welle der bürgerlichen Revolution sind also dort gegeben, wo in sehr präziser Weise neue verschärfte Regeln des demokratischen Spiels erprobt, gesellschaftlich eingeübt und verbindlich gemacht werden[25]. Dabei kommt es, wie stets, gerade auf die Details an. Die Einführung der Möglichkeit des Referendums in die Verfassung von Gebietskörperschaften hat eben nur dann ihren vollen positiven Effekt, wenn eine bestimmte Unterschriftenzahl für ein Volksbegehren ein solches Referendum zu *erzwingen* in der Lage ist. Diese Unterschriftenzahl kann hoch sein, also etwa zehn Prozent der Wahlberechtigten erfordern – um nicht dem querulatorischen Mißbrauch des Instruments der Volksabstimmung Vorschub zu leisten –, sie darf aber nicht prohibitiv hoch sein. Besteht kein solcher Mechanismus, der die Gesetzgebung verpflichtet, Volksbegehren zum Referendum zu bringen, besteht im Effekt nur ein »Anhörungsrecht«, wie etwa nach der geltenden österreichischen Bundesverfassung. Ein derartiger Zustand, der der Körperschaft, gegen deren bestimmende Gruppe Volksbegehren meist gerichtet sind, die Kontrolle über die Durchführung der Volksbefragung gibt, ist unbefriedigend. Er macht die Unterschriftensammlung zu einem bloßen Instrument der Agitation und ist entweder eine bloß scheinhafte Geste oder Vorstufe zu einer bindenderen Regelung (etwa wenn eine gewisse prinzipielle Bereitschaft zur Fruchtbarmachung der Modelle direkter Demokratie seitens einzelner Spitzenfunktionäre besteht, aber der Druck der Öffentlichkeit zu gering und der Widerstand der Verteidiger des parlamentarischen Status quo zu groß sind). Derart »halbherzige« gesetzliche Regelungen haben zwei Alternativen – entweder sie werden zu toten Rechtsbestimmungen, oder sie geben über kurz oder lang Anlaß zu deutlicheren Reformen.

Insgesamt ist konstruktives, demokratisches Verhalten eine höchst komplexe Kulturtradition, ein ungemein kompliziertes Spiel des Interessenausgleiches, dessen empirisch gefundene Regeln zu beachten lange eingeübt werden muß. Selbst in den entwickeltsten Staaten Europas und des europäisch beeinflußten Staatenkreises sind wir noch weit entfernt, diese Regeln voll zu beherrschen: Das bezeugen nicht nur die barbarischen Rückfälle in Diktatur und Krieg, wie sie der Faschismus mit sich brachte. Auch gewisse atavistische Aspekte in der Demokratie selbst, die zunehmend unter Kritik geraten, machen dies deutlich: der unerhört hierarchische Aufbau der meisten politischen Parteien, das charismatische Führer-Gefolgschafts-Verhältnis, das in ihnen oft noch herrscht, und bestimmte Rituale des politischen Konkurrenzverhaltens, etwa parlamentarische Subversionsstrategien wie bewußte Verschleppungen nach Art der amerikanischen Filibusters. Der oft explosive Zeitaufwand ist überhaupt die stärkste Gefährdung und mögliche Diskreditierung demokratischer Entscheidungsmechanismen. (Die Entwicklung und Einübung der Institutionen eines die Verhandlungszeiten beschränkenden, dabei aber auf erhöhte Transparenz zielenden demokratischen Formalismus gehört daher zu den größten Chancen einer »dynamischen Demokratie[26]«.) Immerhin ist es beachtlich festzustellen, wie eine im Ganzen recht geringe aktuelle Demokratisierung, nämlich die Möglichkeit, in mehrjährigen Abständen (oft nur global, das heißt nach Listenwahlrecht) die politischen Amtsträger aus einer oligopolistischen Parteikonkurrenz zu wählen, doch sehr wesentliche, positive Auswirkungen hat.

Selbst ohne Sachentscheidungsfunktion – und der gelegentliche Urnengang fiele übrigens auch beim Ausbau direktdemokratischer Prozesse gegenüber der Masse der Gesetzesbeschlüsse quantitativ nicht ins Gewicht – übt heute der Wähler bereits eine überaus wesentliche Steuerungsfunktion aus.

Neben der marktwirtschaftlichen Konkurrenz dezentraler (Firmen)bürokratien, die etwa auch Max Weber als wichtigste Garanten eines gewissen Mächtepluralismus in der modernen Industriegesellschaft erschienen und die Autoren wie Mises und Hayek als einziges Gegengewicht gegen das Wuchern der Staatsbürokratie gelten lassen wollen[27], kann also der Ausbau demokratischer Freiheitsrechte als aussichtsreiches Gegengewicht zur verwalteten Welt angesehen werden. Der gesellschaftliche Nahebereich der entwickeltsten Repräsentativdemokratie, das heißt jener Bereich, in dem die unmittelbarsten Beziehungen der Menschen zu den Institutionen bestehen, scheint dabei soziologisch am reifsten für Veränderungen: die hierarchischen Beziehungen in Familie, Schule, Betrieb, Krankenhaus, Altersheim und in der engeren örtlichen Lebenssphäre geraten zunehmend in Widerspruch zu den Wünschen breiter Personenkreise. Auf dem Umweg über den Transformationsmechanismus der Elitenkonkurrenz der Politik, verschärft durch den demoskopisch angeheizten Popularitätswettlauf, könnten hier Demokratisierungsimpulse eindringen, die aber eben auf den Mechanismus der Elitenkonkurrenz rückwirken müssen. Es geht darum, schrittweise die Sphäre des freien Citoyen auszuweiten und jene des abhängigen Befehlsempfängers einzuschränken.

9. 3. »Empirisch« aufgeklärter KP Absolutismus?

Die verschiedenen Varianten kommunistischer Planwirtschaft können einerseits als Schulbeispiel der Überdeckung einer zynisch realistischen Soziallehre durch einen moralisierend-normativen Idealismus begriffen werden, als wesentliche Auslöser der »Wellen der Enttäuschung«, als typische Ausdrucksformen der rational geometrisierenden, sozialen Ordnungstendenz, allerdings auch in positiverem Sinn als Faktor der machtpolitischen und ökonomischen Anpassung im Zuge des Diffusionsprozesses eines wertneutral gesehenen, gesellschaftlichen Fortschritts. Es bleibt zu erörtern, wie das Grundprinzip empirischer Politik in diesem zum Teil relativ hoch entwickelten und bevölkerungs- und machtmäßig sehr bedeutenden Staatenbereich Widerhall finden könnte. Diese Frage ist keineswegs eine bloß utopische. Empirische Politik scheint ja vom Prinzip her nicht notwendig mit den traditionellen Methoden der pluralistischen Demokratie verknüpft. Im Gegenteil könnte man es gerade als mit einem »aufgeklärt« autoritären

System vereinbar denken, das etwa neue Maßnahmen in Versuch und Irrtum empirisch erprobt, die Resultate den übergeordneten Instanzen übermittelt und diese somit zu qualifizierteren Entscheidungen gebracht würden: Auch die Demoskopie ist nicht notwendig eine demokratische Institution. Das Hineinhorchen in das Volk, also der Gewinn von Informationen über den realen Zustand der Gesellschaft, ist ja in der Form der Bespitzelung seit jeher ein vitales Anliegen gerade der despotischen Staatswesen gewesen. Demoskopie als Befragung von Untertanen, die zwar im Grunde nichts zu entscheiden haben, denen aber die herrschende Schicht schon im Eigeninteresse minimales Entgegenkommen zeigen muß, wäre durchaus als Entwicklungsmöglichkeit moderner »volksverbundener« Systeme autoritärer Herrschaft denkbar. Es gibt sogar gewisse Anzeichen, daß sich parallel zur Entwicklung der Wirtschafts- und Sozialbürokratien in den westlichen Staaten auch in den kommunistischen Staaten eine recht wohlmeinende bürokratische Elite ausbreitet, deren Devise durch den altbekannten Ausspruch ». . . alles für das Volk, nichts durch das Volk« bezeichnet werden könnte.

Dieser aufgeklärte Absolutismus, getragen von Sozialtechnikern und Ingenieuren, Ärzten und Erziehern hat übrigens immer schon eine große Rolle gespielt. Das Aufbau- und Fortschrittsethos, das in den großen Alphabetisierungs- und Elektrifizierungskampagnen der sozialistischen Entwicklungsländer wie des nachrevolutionären Rußland, Chinas und Kubas so beachtliche Leistungen gesetzt hat, ist mit ihm verknüpft. Und dieselben Menschengruppen, die von einer Position des Wissens- und Bewußtseinsvorsprunges aus dazu gebracht werden konnten, als Agenten der von oben verordneten Modernisierung den »Aufbau der Nation« zu organisieren, könnten vermutlich auch für eine stärkere Rücksichtnahme auf den Volkswillen mobilisiert werden. Es wäre dies immerhin eine recht optimistische und dabei nicht allzu überschwengliche Vorstellung: denn sie setzt nicht den Zusammenbruch der doch recht festgefügten bürokratischen Herrschaftsstrukturen der Oststaaten voraus, sondern nur ihre graduelle Umwandlung: den Übergang von einer »harten« Planung auf eine »weiche«, vom Diktat auf eine bürgerorientiertere Form von Herrschaft.

Es gibt auf den ersten Blick gewisse Anzeichen für dieses optimistische Bild. Empirische Sozialforschung wird in den Ländern Osteuropas heute nicht mehr ausnahmslos tabuisiert beziehungsweise als »geheimes Herrschaftswissen« behandelt. Sie erscheint sogar in gelegentlichen und rasch vergriffenen Publikationen[28] in der Öffentlichkeit (besonderes Aufsehen erregte etwa in der puritanischen Sowjetunion eine Untersuchung über das Sexualverhalten der Sowjetbürger). Wo nicht ausgesprochen politische Fragen gestellt werden, herrscht heute sogar wahrscheinlich ein entsprechend angstfreies Klima, das demoskopische Erhebungen, sollen sie sinnvoll sein, für ihre Durchführung brauchen. Kritik an den ärgsten Versorgungsengpässen, die allerdings immer schon mit Ventilfunktion in den Leserbriefspalten gewisser Zeitungen geduldet wurde, oder die sogar von den Spitzen des Staates in taktisch kluger Weise selbst vorgetragen wurde, ließe sich vielleicht auch mit Marktforschungserhebungen konkretisieren.

Aber die Chancen empirischer Politik in autoritären, sozialistischen Staaten scheinen doch in engerer als zunächst merklicher Weise von der Entwicklung eines echten Kräftepluralismus (der durchaus auch einer zwischen sozialistischen Institutionen sein kann) abhängig. In vieler Hinsicht sind ja die Einsichten, die der Suchprozeß empirischer Politik zutage fördern kann, ebenso trivial wie die meisten Umfrageergebnisse. Das meiste, was man an Informationen aus der politischen Demoskopie gewinnen kann, ist für den sensiblen Beobachter auch ohne statistische Hilfe erkennbar. Daß es in den Staaten des Warschauer Paktsystems verbreitete Unzufriedenheit mit der Versorgungslage, mit den beschränkten Reisemöglichkeiten ins Ausland und zum Teil auch mit der manifesten Korruption gewisser Behördenkreise gibt, ist so evident, daß es der Bestätigung durch Umfragen kaum bedarf. Mit anderen Worten: Der Informationszuwachs, den die modernen Methoden empirischer Sozialforschung im allgemeinen bieten, ist gar nicht so nennenswert. Sie stellen nur unleugbar fest, was sonst durch krampfhaftes Wegschauen oder bewußte Mißachtung verleugnet wurde. Es sind auch nicht die *Methoden* der Marktforschung und empirischer Politik, welche sich durch ihr Eigengewicht im historischen Prozeß durchsetzen, sondern sie dienen nur als *Mittel,* als Werkzeug im Rahmen der konkreten Interessenverfolgung bestimmter Individuen und Institutionen.

Und hier liegt der entscheidende Schwachpunkt, der die Entwicklung eines weitreichenden, demoskopisch aufgeklärten Absolutismus als Übergangsstadium zu späteren, wirklich freieren Gesellschaftsordnungen auf der Basis des derzeitigen »realen Sozialismus« so zweifelhaft macht: es geht nicht um das *Wissen*, sondern um das Wollen.

Daß die weitgehende Ausschaltung des Marktes in den meisten

Ostblockländern sich so lange und zäh gegen alle vernünftigen Reformversuche hält, kann etwa nicht allein dem verstockten Dogmatismus der dortigen Regimes in die Schuhe geschoben werden. Daß man wider besseres Wissen an der immer noch stark zentralistischen, bürokratischen Entscheidungsstruktur festhält, hat vielmehr, wie die einsichtigsten Kritiker des Kommunismus betonen, mit den Eigeninteressen des aufgeblähten Planungsapparates zu tun, der sich dagegen wehrt, funktionslos zu werden. Man kann hier von »Klasseninteresse« sprechen oder nicht, je nachdem man Klassen in formalistischerer Weise nach dem Besitz von Produktionsmitteln differenziert oder nicht. In Wahrheit geht es darum, daß sich ein gewisser stabiler, gesellschaftlicher Zustand gebildet hat, der zwar große systematische Mängel aufweist (wie etwa eine reichlich ineffiziente Produktion und Verteilung), aber eine feste Hierarchie von bürokratischen Instanzen geschaffen hat, die zugleich eine Pyramide zunehmender materieller Vergütungen darstellt. Und dieses stabile System sieht sich durch pluralistische, nicht voll kontrollierbare Mächte wie etwa eine neue Klein- und Mittelbourgeoisie bedroht. Ja sogar jeder einzelne Akt der Delegation von Verfügungs- und Planungsgewalt an dezentrale, kollektive Institutionen (Unternehmensleitungen, Genossenschaften) begegnet dem konkreten Ressentiment der bisher Entscheidungsbefugten. Es liegt also nicht an der *Information* darüber, was für Schwachstellen in Wirtschaft und Gesellschaft existieren. Es geht nicht um die theoretisch beweisbare und praktisch evidente Überlegenheit einer dezentralen, marktorientierten Produktion. Es liegt daran, daß es an der Spitze der gesellschaftlichen Hierarchie im »realen Sozialismus« eine relativ breite Schicht von Führungskräften gibt, die ein vitales Interesse daran haben, daß alles so bleibt, wie es ist, nicht zuletzt deshalb, weil sie um ihre Unpopularität wissen und daher als defensive Gruppe zusammengeschmiedet werden. Auch Demoskopie als Methode, von oben her kennenzulernen, »was das Volk will«, und die Verfügbarkeit von Methoden von Versuch und Irrtum bei der Einführung gesellschaftlicher Regelungsmechanismen bleibt dort eine abstrakt wohlmeinende und akademische Feststellung, wo es keinen interessenmäßigen Druckmechanismus gibt, der auf die *Durchsetzung* der für die Mehrheit der Menschen befriedigendsten Leistungsmöglichkeiten hinwirkt. Das oft im Apparat des Zentralkomitees, also im »Herzen der Macht«, eingerichtete Institut für Meinungsforschung wird also etwa zwar Daten über die Unbeliebtheit des Regimes sammeln, aber keinen Anstoß für Veränderungen geben.

Diese Problematik wird an einem Vergleich sehr deutlich. Die Parteiführungen in den westlichen Demokratien sind sehr frühzeitig sich des Wertes der Demoskopie bewußt geworden und haben zum Teil sogar an der Begründung von Meinungforschungsinstitutionen mitgewirkt. Sie haben aber an der Öffentlichkeit von Meinungsumfragen nur ein sehr beschränktes Interesse, nämlich soweit sie Popularitätsgewinne der eigenen Partei gegenüber Konkurrenzparteien betreffen. Erhebungen, die eigene personelle oder organisatorische Schwachstellen aufdecken, werden entweder gar nicht vorgenommen oder möglichst geheimgehalten. Die Motivation, solche selbstkritische Untersuchungen überhaupt in Auftrag zu geben, liegt typischerweise nur nach schweren (Wahl)Niederlagen vor, und die Konsequenzen, die aus den Erhebungen gezogen werden, halten sich im allgemeinen im Bereich des absoluten Minimums: der Grundsatz der Organisationsruhe triumphiert.

Trotz bedeutsamer Unterschiede im Rekrutierungsverfahren und in den personellen Aufstiegsmustern zwischen den politischen Parteien westlichen Typs und dem Typus der staatstragenden Kommunistischen Partei östlichen Zuschnitts können hier gewisse unerfreuliche Analogieschlüsse gezogen werden. Aufgrund des Größenschlusses ist anzunehmen, daß die Neigung zur kritischen Selbsterforschung der Organisation, die schon unter pluralistischen Verhältnissen nicht sehr ausgeprägt ist, bei der östlichen Staatspartei noch geringer sein wird: Denn wo im Westen der hierarchische Aufbau und das unter Konformitätsdruck stehende Parteibeamtentum doch noch durch lokal und regional verankerte »Gaufürsten«, beruflich Unabhängige und charismatische Persönlichkeiten als Wählermagneten aufgelockert wird, beherrschen im Osten gänzlich das stille Hochdienen und die Gewinnung nützlicher Freundschaften das Feld[29]. Da der Popularitätsindikator der Wahlen ausgeschlossen ist und inner- oder außerparteiliche öffentliche Kritik der Sanktion des totalen Verlustes oder der Degradierung zumindest der ökonomischen Existenz unterliegt, müssen daher die Niederlagen, die zu einem »Horchen ins Volk« führen, schon so dramatischen Aufstandscharakter haben wie 1956 in Ungarn und Polen. Die gerade aufgrund der allgemeinen Mangelwirtschaft sehr wertvoll empfundenen, materiellen Privilegien der führenden Schichten tragen dazu bei, daß deren Angehörige um so mehr jeden falschen Schritt scheuen, der sie in die Reihe der minder Bevorzugten zurückwerfen könnte: daher die Kultur des »Unter-der-Hand-Bescheid-Wissens« (und die perfekte Ausbildung der Heuchelei).

Empirische Politik wird also dort nicht wirklich greifen können, wo die grundsätzlichen Informationen über Verbesserungen (ob mit oder ohne Demoskopie) längst evident sind, wo aber die herrschende Stabilität sich eben gerade darauf gründet, daß sie verleugnet werden. Dabei mag zuletzt die durchaus nicht unrealistische Furcht vor dem »Tocquevilleschen Gesetz«[30] eine Rolle spielen, das sich in der Erfahrung immer wieder bewährt: So wie in der großen Französischen Revolution ein Regime gerade dann unterging, als es durch erste Reformen vom schärfsten Despotismus abgegangen war, zeigten auch die Reformbewegungen in Ungarn 1956 und der CSSR 1968, wie sehr der erste Stein eine Lawine ins Rollen bringen kann.

Während somit wirklich großzügige Hoffnungen auf einen säkularen Wandel der realen Sozialismen im Sinne eines demoskopisch aufgeklärten Absolutismus sich kurzfristig nicht bewahrheiten dürften, bleiben doch Möglichkeiten im kleinen: Überall dort, wo grundsätzliche Fragen der gesellschaftlichen Organisation nicht berührt werden, mag auch in diesen Ländern jener menschenfreundliche Typ von Planern an Raum gewinnen, der bei ausreichendem Einkommen und mangelnden Möglichkeiten korrumpiert zu werden, eine Art humanitäre Wirksamkeit zu entfalten wünscht. Auf die Ausbreitung solcher wohlgesinnter, gebildeter und disponibler Beamtenschichten – in manchem vergleichbar den freimaurerischen Bürokraten des Josefinismus[31] – gründen sich wahrscheinlich auch die realistischesten Hoffnungen auf eine weitere Humanisierung der östlichen Systeme.

9. 4. Tradition gegen Modernisierungszwang

Im Weltmaßstab gesehen kann empirische Politik nur als Speerspitze der entwickeltsten Länder gelten. In den Entwicklungsländern dürfte sie weitgehend von vornherein abzuschreiben sein. Nicht, daß man etwa mit dem Vorurteil der intellektuellen Überlegenheit des Abendländers der Mehrheit der Menschen dieser Zonen die Fähigkeit vernünftiger Meinungsäußerung absprechen würde. Aber die traditionellen kulturellen und religiösen Wertsysteme, in deren Rahmen die Massen noch weitgehend verharren, sind für die westlich modernistische Elite (sei sie kommunistischer oder kapitalistischer Gesinnung) wahrscheinlich ein solcher Stein des Anstoßes, daß die Entwicklungsanstrengungen immer wieder einen autoritären bis terroristischen Aspekt nehmen müssen. Das beweist etwa die terroristische Entartung der Kampagne zur Geburtenkontrolle unter Indira Gandhi ebenso wie das Scheitern der widersprüchlichen »weißen Revolution« im Iran und die fast durchgehend diktatorischen Strukturen selbst der volkstümlicheren Regimes der Dritten Welt.

Eine Befragung der Bevölkerungen jener Zonen in bezug auf die Gestaltung des engsten wie des weitesten Lebensbereiches würde wahrscheinlich eine überwältigende Mehrheit des erdrükkendsten Traditionalismus ergeben. Genau dieser Traditionalismus ist aber der Gegner der verwestlichten Elite bei ihren politischen Anstrengungen zur Hebung der Volksgesundheit, der Wehrkraft, der industriellen Macht und der Nahrungsmittelversorgung. Die schiere Kraft dieses Beharrens empirisch zu ermitteln, könnte vielleicht als Anlaß genommen werden, besonders behutsam bei der Modernisierung zu Werke zu gehen. Aber der Druck des Unterlegenheitsgefühls der führenden Schichten gegenüber dem Ausland bewirkt wahrscheinlich häufig genug gerade das Gegenteil – nämlich Verachtung der »zurückgebliebenen« Bauernmassen und verständnislosen Terror. Dabei gilt für die politische Dynamik vieler dieser Staaten, daß gerade Revolutionen, wenn sie erfolgreich sein sollen, anfänglich auf einer spontanen Mobilisierung der konservativen Bevölkerungsmassen beruhen: das galt etwa für Rußland und China ebenso wie heute für Persien und Äthiopien. Nur zeigt die historische Erfahrung, daß diese ursprüngliche Partizipation der (Bauern)Massen von einer einmal etablierten, modernistischen Elite in der Regel rücksichtslos zurückgedrängt wird. Die Militarisierung und Hierarchisierung der Spitzen des Staatsapparates im Gefolge der nachrevolutionären Cliquenkämpfe und der Durchsetzung im Bürgerkrieg beziehungsweise gegen äußere Intervenienten, drücken dann immer schwerer auf jene Institutionen der Basisdemokratie, die sich nachrevolutionär regelmäßig bilden.

Auch bei jenen Ländern, für die wir das Wachstum und die Chancen empirischer Politik verfolgt haben, müssen schließlich beträchtliche globale Einschränkungen bezüglich ihrer Erfolgsaussichten gemacht werden. Ein kontinuierlicher Ausbau der demokratischen Mitbestimmung auf allen Gebieten des gesellschaftlichen Lebens, eine immer stärkere Rücksichtnahme der politischen Eliten auf die konkreten Bedürfnisse der Mehrzahl der Bürger, eine zivilisatorische Entwicklung, die auch dem politisch-wirtschaftlichen Mächtespiel einen distanzierten, kultivierteren Charakter gibt und die brutale Interessenverfolgung zugunsten verfeinerter Methoden der Kommunikation zurückdrängt, sind zwar zu erhoffen: Aber diese Verfeinerung der politischen Kultur hängt vom Ausbau des heute bestehenden Basiswohlstandes der Industriestaaten in materieller, aber auch in der Hinsicht der »Lebensqualität« ab. Schwerwiegende Erschütterungen, wie plötzliche große Einschränkungen durch Umweltkatastrophen oder das Auftreten größerer Arbeitslosigkeit und internationaler Konflikte könnten sich verderblich auf die Entwicklungstendenz empirischer Politik auswirken. Plötzliche große soziale Übelstände provozieren immer die Forderung nach der »starken Hand«. Und wie rasch der Prozeß der Demokratisierung der Gesellschaft unterbrochen werden kann, hat die Zwischenkriegszeit in Europa deutlich genug gemacht.

ZEHNTES KAPITEL

Schlußbetrachtung

Die Zukunft wird auch in jenem Teil der Welt, der seit dem Ende des Zweiten Weltkrieges eine jahrzehntelange Periode der Wohlstandsmehrung, der politischen Stabilität und eines relativen Minimums gesamtgesellschaftlichen Leides erlebt hat, schwere Aufgaben stellen. Wenn nicht in wenigen Jahren, so doch in wenigen Jahrzehnten werden sich die Auswirkungen der zunehmenden Rohstoffknappheit und ökologischen Bedrohung deutlich zeigen. Auch wenn sich noch einige Zeit ein quantitatives Wirtschaftswachstum forcieren läßt, werden wenigstens um die Jahrtausendwende die Fragen von Wachstumsstop und/oder Bevölkerungsreduktion sich um so dringlicher stellen. Verzicht auf Wachstum stellt aber die Verteilungsfrage wieder schärfer in den Raum, die durch den jährlich größer werdenden Kuchen so lange neutralisiert wurde: auch wenn sich in der Zukunft die rationale Einsicht in den geringen Aufteilungsgewinn, den jede Vermögensegalisierung für die Masse der Unterschichten bedeutet, verbreiten wird, dürfte doch der moralische Impuls der Ungleichheit der Einschränkungen voll wirksam bleiben. Damit können unkontrollierte Verschärfungen des politischen Klimas, Rückfälle in faschistische Diktaturen verbunden sein. Auch ein schwerer Zusammenbruch des Welthandels und der internationalen Kapitalmärkte ist denkbar, könnte nationalkonservative Reaktionen fördern und die permanente Kriegsgefahr erhöhen. Angesichts dieser Möglichkeiten könnte man die dargestellten Perspektiven empirischer Politik als freundliche Träumereien auf der Ofenbank qualifizieren. Aber sie sind es nicht. Zwar ist zugegeben, daß ein Ausfall des parlamentarischen Pluralismus sofort die treibende Kraft empirischer Politik, die Transformation des Selbsterhaltungsinteresses der politischen Elite in Gemeinwohlinteresse und somit gleichsam die teilweise Selbstaufhebung des Egoismus der Herrschenden zunichte machen könnte: denn eine diktatorische Clique bedarf weniger guter Informationen über die Wünsche der Bevölkerung als eines wohl funktionierenden, bei Laune gehaltenen Repressionsapparates, um ihre eigenen Wünsche zu realisieren. Aber so lange dieser entscheidende Schritt nicht getan ist, bietet gerade empirische Politik gewisse Chancen für eine angemessene Adaption an schwierige Verhältnisse.

Nimmt man das Beispiel des Verteilungskampfes, so läßt sich argumentieren, daß etwa Einschränkungen des Energieverbrauches, die über direktes Mehrheitsvotum plebiszitär beschlossen werden, mit großer Wahrscheinlichkeit auch relativ egalitären Charakter haben würden, ohne aber eine ausdrückliche Umverteilungskampagne (mit ihrer Aktivierung potentieller rechtsdiktatorischer Tendenzen) auszulösen. Die Maßnahme autofreier Tage, die zwar (in relativ scharfer Fassung) in einem Schweizer Referendum abgelehnt wurde, aber demoskopisch heute beachtliche Zustimmung genießt[1], hat etwa konkret egalitären Charakter, während entsprechende Preis- und Steuererhöhungen einer Grenzschichte von Konsumenten den Autokauf unmöglich machen würden. Alle generellen Verbote und Vorschriften sind egalitär (sofern man nicht mit der Macht des Geldes und Einflusses rechnet, sie flagrant zu umgehen): ein Mehr an direkter Demokratie und demoskopischer Einfühlung könnte in dieser Richtung Verteilungskämpfe entschärfen und dabei – bei aller Beharrungskraft der Volksmeinung – doch zunehmend Gerechtigkeits- und Gleichheitsaspekte verwirklichen.

Das zunehmende Bewußtsein der Öffentlichkeit für Probleme der Allgemeinheit würde durch vermehrte direktdemokratische Prozesse zweifellos weiter verstärkt, und gerade in schwierigen Situationen die so notwendige Übereinstimmung von Regierenden und Regierten vertieft. Ein Grundproblem bleibt dabei zwar offen. Für den Weltmaßstab stellt auch die allgemeinste nationale Meinungskonkordanz nur ein egoistisches Partikularinteresse dar. Die Ungeniertheit, mit der von allen Seiten und politischen Lagern etwa über Fremdarbeiter als Puffer für die heimische Arbeitslosigkeit disponiert wird, offenbart die typische Grenze des Volksvotums. Gerade die Schweiz, das Musterland der Demokratie, zeigt hier, daß ein ganzes Volk sehr deutlich jenen Interessenegoismus zum Ausdruck bringen kann, der gewisse Bürgerinitiativen gegen Behindertenheime in der eigenen schönen Gegend motiviert. In internationalen Spannungssituationen wäre daher zu rechnen, daß »volksnahe« Politik auf nationaler Ebene die Grundsätze internationaler Solidarität nicht an die Spitze stellen, also den Export der Arbeitslosigkeit, die egoistische Aneignung von Naturschätzen usw., ebenso die nationale Politik wie bisher schon betreiben würde. Die bewußte Herausforderung kriegerischer Konflikte auch unter dem Schwellenbereich des Atomkrieges würde zwar sicher auch dem wohlverstandenen, plebiszitär geäußerten Partikularinteresse aller nationalen Bevölkerungsmehrheiten widersprechen. Freilich scheint es um die internationale politische Kultur aber noch so schlecht zu stehen, daß faire plebiszitäre Entscheidungen zwischenstaatlicher Konflikte wohl noch lange an seltenen Ausnahmen wie der friedlichen Trennung von Norwegen und Schweden 1905 illustriert werden müssen[2].

Immanuel Kant knüpfte an die demokratische Selbstbestimmung eine höchste Hoffnung, die der vorsichtige Optimismus des 18. Jahrhunderts noch auszusprechen wagte: Jene auf den »ewigen Frieden«. Er schrieb: »Nun hat aber die republikanische Verfassung, außer der Lauterkeit ihres Ursprungs, aus dem reinen Quell des Rechtsbegriffs entsprungen zu sein, noch die Aussicht in die gewünschte Folge, nämlich den ewigen Frieden; wovon der Grund dieser ist. – Wenn (wie es in dieser Verfassung nicht anders sein kann) die Beistimmung der Staatsbürger dazu erfordert wird, um zu beschließen, ob Krieg sein solle oder nicht, so ist nichts natürlicher, als daß, da sie alle Drangsale des Krieges über sich selbst beschließen müßten (als da sind: selbst zu fechten; die Kosten des Krieges aus ihrer eigenen Habe herzugeben; die Verwüstung, die er hinter sich läßt, kümmerlich zu verbessern); zum Übermaße des Übels endlich noch eine, den Frieden selbst verbitternde, nie (wegen naher, immer neuer Kriege) zu tilgende Schuldenlast selbst zu übernehmen, sie sich sehr bedenken werden, ein so schlimmes Spiel anzufangen[3].« Ähnliche Gedanken verfolgte etwa noch das Gothaer Programm der deutschen Sozialdemokratie, als es die »Entscheidung über Krieg und Frieden durch das Volk« forderte[4].

Die bisherige Geschichte hat Kant wenigstens insoweit nicht widerlegt, als bei aller Anfachung der Kriegsbegeisterung in den Massen doch nie die Mehrheit des Volkes oder selbst seine repräsentativdemokratisch gewählten Vertreter es waren, die den Angriffskrieg beschlossen: sondern immer kleine Personenkreise an der Spitze der Staatsvollziehung, die allenfalls die verspätete Zustimmung der Volksvertreter für ihr Fait accompli gewannen. Kants Hoffnung, die sich, wie stets bei ihm, nur auf einen »unendlichen Progressus« der langsamen Verbesserung richtet, erscheint damit letztlich unwidersprochen, wenn es gelingt, in mühevoller Arbeit den befragbaren Interessen der Mehrheit stärkeren Widerhall zu verleihen.

Daß der Mensch seine Geschichte mache, aber nicht mit Willen und Bewußtsein, ist einer jener brillanten Sätze, die bei näherer Betrachtung eine gewisse Leere und Vieldeutigkeit aufweisen. Manchem nüchternen Menschen scheint in solchen Aussagen wie dem impliziten Ansinnen bewußter Gestaltung der Geschichte sogar etwas verdächtig Überschwengliches zu liegen. Ein so vorsichtiger, kritischer Geist wie Kant, der sein Leben gerade dem Kampf gegen das Überschwengliche in der Philosophie gewidmet hatte, scheute sich aber immerhin nicht vor der gradualistischen Utopie des ewigen Friedens: und in ihrer handfesten Absicherung auf den wohlverstandenen Lebensinteressen der Mehrheit des Volkes liegt der konkrete Schlüssel für die Übersetzung des Marxschen Anspruches ins Praktische. Geschichte mit Willen und Bewußtsein zu machen, kann im Versuch praktischer Ausführung nur heißen: die Interessen der Mehrheit an konkreter Lebenserfüllung zum Maßstab politischen Erfolges zu machen und sie in Versuch und Irrtum und steter Befragung zur Richtschnur der geschichtlichen Entwicklung zu nehmen. Da die Mehrzahl der Menschen stets in annähernd gleicher Weise weiter zu leben wünscht, wie sie selbst aufgewachsen ist, kann die Vorstellung einer formalisierten Selbstbestimmung ganzer Staatsbevölkerungen dabei freilich nicht mit der ungeduldigen Forderung nach einer raschen Gesamtänderung der Gesellschaft verbindbar gedacht werden. Aber das nur langsam Errungene hat hier wohl auch besseren Bestand und ist mit geringeren Opfern verbunden als der Terror »aufgeklärter Minderheiten«. Der Zweck dieses Buches war es, auf die realen Chancen bescheidenen Fortschrittes in dieser Richtung hinzuweisen und sie somit zu verstärken.

Nach dem leiderfahrenen und vorsichtigen Fortschrittsglauben des 18. Jahrhunderts herrschte im Geistesleben des 19. Jahrhunderts erst die Reaktion gegen Revolution und Maschinenzeitalter und dann ein so verflachter Zivilisationsoptimismus, daß selbst das Wort »Fortschritt« mittlerweile einen Anhauch des Naiven oder Verlogenen erhalten hat. Die Erschütterungen und Verbrechen des 20. Jahrhunderts, das stets bereite Arsenal entsetzlicher Vernichtungsmittel, haben in vielen Skepsis und Untergangsangst erzeugt und sie blind für die immer noch gültigen Versprechen der Aufklärungszeit gemacht.

Gegenwärtig aber herrscht, wenigstens in dem kleinen Teil der Welt, in dem dieses Buch verfaßt wurde, jener Friede, jenes Maß an Freiheit und bescheidenem Wohlstand, das für ein fruchtbares öffentliches Nachdenken über eine bessere Gesellschaft erforderlich ist.

So wie im 17. und 18. Jahrhundert etwa die freieren und wohlhabenderen Niederlande Kristallisationspunkt der geistigen Anstrengungen der weniger bevorzugten Nachbarländer wurden, obliegt es daher uns, aus unserer bevorzugten historischen Position das Beste zu machen.

Die weltgestaltende Macht des Gedankens soll dabei nicht überschätzt werden. Daß das Richtige oder Gute gedacht wird, ist gewiß nicht so entscheidend, als daß im gesellschaftlichen Mechanismus konkrete und durchsetzungsfähige Interessen bestehen, dem Richtigen und Guten zum Durchbruch zu verhelfen. Und die Chancen auf eine derartige Organisation der Gesellschaft sind aufgrund der Verselbständigungstendenzen der mächtigsten Partikularinteressen in allen politischen Systemen leider gering.

Die Hoffnung, die der schriftlich niedergelegte Gedanke aber bewahrt, ist die seines Überdauerns und die der Möglichkeit seines Wiederauftauchens nach Jahrzehnten und Jahrhunderten der Unterdrückung. Selbst wenn die begründete Befürchtung recht hat, daß in der Zukunft selbst den relativ freiesten Teil dieser Welt ökonomische- und Umweltkrisen einer verstärkten autoritären und administrativen Verfügung unterwerfen werden; selbst wenn man davon ausgeht, daß autoritäre, ja totalitäre Systeme für längere Zeit die einzigen sein mögen, die in den Ländern der Dritten und Vierten Welt auch nur ein Minimum an größerem Wohlergehen für die Massen schaffen können; auch wenn man also eingestehen muß, daß Gedanken wie die hier niedergelegten eigentlich eine Art Luxus des Privilegierten darstellen, einen Luxus, der im übrigen rasch wieder verlorengehen kann: Auch dann bleibt ihre Mühe gerechtfertigt, wenn sich der Blick auf das unabsehbare Potential historischer Möglichkeiten richtet, das es in fernerer Zukunft vielleicht einem größeren Teil der Menschen ermöglicht, in Frieden und Freiheit zu leben.

Anmerkungen

ERSTES KAPITEL

Politik und Interesse

1 M. Shubik: *A Curmudgeon's Guide to Microeconomics,* in: *Journal of Economic Literature,* Volume 8 (1970), S. 405 ff., 401.

2 Über den aktuellen Stand der Diskussion von Motivpluralitäten bei Konsumenten informiert J. M. Morgan: *Multiple Motives, Group Decisions, Uncertainty Ignorance and Confusion: A Realistic Economics of the Consumer Requires Some Psychology, in: American Economic Review,* May 1978, S. 58 ff.

3 In der Maslowschen Bedürfnishierarchie, die bei Sättigung von physischen und ökonomischen Grundbedürfnissen ein Fortschreiten zur Stillung »höherer« Bedürfnisarten konstatiert (Abraham H. Maslow: *Motivation und Persönlichkeit,* Olten und Freiburg/Br. 1977), schwingt letztlich die aufklärerische Zivilisations- und Humanisierungshoffnung mit, die etwa schon im Gedankensystem der Weishauptschen Illuminaten des 18. Jahrhunderts angelegt war. Adam Weishaupt sah die Natur als Entwicklungsprozeß vom Niedrigsten zum Höchsten, wobei als Triebfeder neue und höhere Bedürfnisse auftreten. (Vgl. M. Beer: *Allgemeine Geschichte des Sozialismus und der sozialen Kämpfe,* Berlin 1931, S. 408 ff.) Der verderbliche antihumane, irrationalistische und sogar antirationalistische Rückfall, der im ersten Drittel dieses Jahrhunderts am Ausbruch zweier Weltkriege und an ungeheuerlichen Massenmorden beteiligt war, hat dieser Gedankenrichtung allerdings einen schweren Schlag versetzt. Aber der trotz aller zeitweiligen Popularität gewaltsame elitäre Charakter der faschistischen Mächte hat dabei die Hypothese des Fortschrittes des »common man« eigentlich nicht falsifiziert.

4 Die extremste Konsequenz dieser Umdeutung zog in der Neuzeit bekanntlich Hegel, für den »der Staat die Wirklichkeit der sittlichen Idee« wurde *(Rechtsphilosophie,* § 257) oder noch weiter gehend: »die göttliche Idee, wie sie auf Erden vorhanden ist«. (Vgl. E. Topitsch: *Die Sozialphilosophie Hegels als Heilslehre und Herrschaftsideologie,* Neuwied-Berlin 1967.)

5 M. T. Cicero überliefert diese Frage nach dem motivierenden materiellen Interesse in *Philippica* 2, 14 und *Pro Milone* 12, 32 als Maxime des Prätors G. C. Longinus, der darauf drang, herauszufinden, zu wessen Gunsten ein Mord verübt worden sein konnte.

6 Vgl. M. Djilas: *Die neue Klasse,* München 1960. M. Rakovski: *Der Marxismus angesichts der sowjetischen Gesellschaften* in: A. Hegedus – M. Vajda: *Die neue Linke in Ungarn,* Berlin 1976. (Vgl. auch *Le Monde* 10. 2. 1978, S. 20.) R. Bahro: *Die Alternative,* Köln-Frankfurt 1977. Das klassische Werk der osteuropäischen Systemkritik bleibt wohl jenes von Djilas. Ob man, wie dieser, oder Rakovski (es handelt sich um das Pseudonym eines ungarischen Soziologen) meint, die Systeme Osteuropas repräsentierten eine neue Klassengesellschaft oder dies nicht ausdrücklich tut, wie der »orthodoxere« Bahro, ist dabei wohl nebensächlich. Werke wie jene Bahros verstehen sich als »Reformation« des orthodoxen Kirchenglaubens (a. a. O., S. 412), wirken darum wohl auch stärker auf die aufmuckenden »Gläubigen«, tragen aber auch schwerer an den geistigen und terminologischen Bürden jener Orthodoxie, von der sie sich lossa-

gen. Wenn man im Bilde Bahros bleiben will: Statt »Reformation« wäre wohl eher schon »Aufklärung« an der Zeit, und sie ist beim marxferneren Djilas deutlicher greifbar als bei Bahro.

7 Zitiert nach: G. W. Plechanow: *Beiträge zur Geschichte des Materialismus,* Berlin 1946, S. 58.

8 Platon: *Der Staat,* 1. Buch XII.

9 Die eindrucksvollste Kritik des totalitären Erbes, das Platon einer Vielzahl »linker« und »rechter« Ideologen hinterlassen hat, findet sich im monumentalen Werk Karl Poppers: *Die offene Gesellschaft und ihre Feinde* (Bd. 1. *Der Zauber Platons),* Bern 1967. Im folgenden zitiert: *Die offene Gesellschaft.*

10 B. Russell: *History of Western Philosophy,* London 1974, S. 133. Im folgenden zitiert: *History.*

11 K. Boulding: *Beyond Economics. Essays on Society, Religion, and Ethics,* Ann Arbor (Mich.) 1968, ders.: *The Economy of Love and Fear,* Belmont (Cal.) 1973.

12 Platon weist zwar durchaus Vorformen einer geradezu materialistichen Geschichtsbetrachtung auf, eine Tatsache, die etwa auch Popper hervorhebt (K. Popper: *Die offene Gesellschaft,* Bern 1967, Bd. 1, S. 68).
Vgl. dazu etwa auch *Politeia* 373 d, 548 a, wo das Streben nach Reichtum offen als Quelle der Kriege einbekannt wird. – Indem Platon das Interessenprinzip aber als ungeistigen, körperlichen Egoismus verwirft, drängt er es bereits in jenen Bereich des »Sündhaften«, in dem es der christliche Moralismus des Mittelalters später abkapseln sollte.

13 Beide Sätze stammen aus dem VIII. Buch der *Nikomachischen Ethik.* Sie finden sich in der Ausgabe Stuttgart 1969 auf den Seiten 242 und 226 (1163 b 15–28 und 1158 b 34 – 1159 a 18 der Berliner Akademieausgabe von 1831).

14 Aristoteles: *Politik,* II. Buch 1270 a, 1271 a. Aristoteles nahm damit früh ein Argument auf, das noch Max Weber dem begüterten Honoratiorenpolitiker besondere Wertschätzung entgegenbringen ließ.

15 Ebenda 1262 a. Interessant ist, daß dieser empirische Interessenrationalismus des Verfassers des *Organon* selbst modernen Rationalisten und Logikern wie Russell oder Popper nicht entspricht. Bei Russell findet sich etwa die höchst emotional gefärbte Bemerkung: »I do not agree with Plato but if anything could make me do so, it could be Aristotle's arguments against him.« *(History,* S. 200.)

16 Aristoteles: *Politik,* V. Buch 1313 a–1314 a.

17 In einer Rede vor der Volksversammlung in Sparta läßt Thukydides die Athener ihre Herrschaft über ihre Bundesgenossen wie folgt rechtfertigen: »So haben auch wir nichts Verwunderliches getan, nichts wider menschliche Natur, wenn wir eine uns angebotene Herrschaft annahmen und nicht aufgeben wollen, von den drei stärksten Beweggründen getrieben: Ehre, Furcht und Nutzen. Wir haben auch nicht als erste damit angefangen, es gilt vielmehr seit jeher, daß der Schwächere vom Mächtigeren niedergehalten wird; . . . Gerechtigkeit: die hat noch nie jemand, wenn sich Gelegenheit zu gewaltsamem Erwerb bot, höher gestellt und sich eines Vorteils begeben.« Thukydides: *Der Peloponnesische Krieg,* Buch I 76 (2).

18 Carneades handelte sich jedenfalls die Gegnerschaft des älteren Cato ein. Russell: *History,* S. 47.

19 In der Darstellung sündhaften Verhaltens überwintert die Verhaltensanalyse: Die Selbstbezichtigungsneurose des Augustinus überliefert uns seinen jugendlichen Birnendiebstahl. Einer der Ansatzpunkte des modernen sozialwissen-

schaftlichen Denkens war deshalb auch die Paradoxie von »Sünde« und alltäglichem oder sogar gesellschaftlich sinnvollem Verhalten: man denke etwa an Mandevilles Kontrast von »Private Vices« und »Publick Benefits«. – Selbst der frühaufklärerische Rationalist John Locke kennt ja übrigens noch eine so »mittelalterliche« Kategorie wie den »amor sceleratus habendi«, also die »sündhafte« Version des Interessenprinzips: *The Second Treatise of Government,* (1690), Ausgabe: New York 1952, S. 64.

20 Die Schlüsselstellen der Ansprache Urbans II auf der Synode von Clermont-Ferrand 1095 lautet in der Fassung von Robert von Reims (1107): »Dieses Land . . . ist von Euch beängstigend dicht bevölkert. Es fließt nicht vor Fülle und Wohlstand über und liefert seinen Bauern kaum die bloße Nahrung. Daher kommt es, daß Ihr Euch gegenseitig beißt und bekämpft . . . Aufhören soll unter Euch der Haß . . . Tretet den Weg zum Heiligen Grab an, nehmt das Land dort dem gottlosen Volk, macht es Euch untertan . . . Jerusalem ist der Mittelpunkt der Erde, das fruchtbarste aller Länder, als wäre es ein zweites Paradies der Wonne«. (Deutsche Übersetzung des lateinischen Quellentextes, zitiert nach A. Borst: *Lebensformen im Mittelalter,* Frankfurt am Main, u. a. 1979, S. 319).

21 N. Machiavelli: *Il Principe e le opere politiche (1513),* Ausgabe: Mailand 1976, S. 30 (». . . tutt 'i profeti armati vinsono, e li disarmati ruinorono.«).

22 Vgl. a. a. O. insbesondere S. 231 ff. (Siehe Fußnote VI/18).

23 Th. Morus: *Utopia* (1517) in K. Heinisch (Hsg.): *Der utopische Staat,* (Morus: *Utopia* – Campanella: *Sonnenstaat* – Bacon: *Neu Atlantis),* Reinbek/Hamburg 1960, S. 108.

24 Ebenda, S. 90.

25 Betrachtet man die Rolle der Ärzte in der frühen Sozialwissenschaft (Musterbeispiele sind die Kreislauftheoretiker Mandeville und Quesnay, aber auch Locke und Helvetius), so wird deutlich, daß ein gewisser naturwissenschaftlicher Impuls für das soziale Denken zweifellos auch durch derartige Personalunionen gefördert wurde.

26 Vgl. H Neuendorff: *Der Begriff des Interesses. Eine Studie zu den Gesellschaftstheorien von Hobbes, Smith und Marx,* Frankfurt/Main 1973, S. 44.

27 Th. Hobbes: *Leviathan* (1651). Ausgabe: Stuttgart 1976, S. 68 f., 91, vgl. auch Neuendorff, a. a. O., S. 47.

28 Vgl. ebenda, S. 47.

29 Vgl. Th. Hobbes: *Leviathan,* S. 116.

30 Ebenda, S. 151.

31 Vgl. ebenda, S. 156 ff., S. 170.

32 E. Streißler weist zwar mit Recht darauf hin, daß Adam Smith selbst keineswegs der Utopie einer machtfreien Konkurrenzgesellschaft huldigte, etwa die Neigung von Unternehmern, durch Absprachen Löhne niedrig zu halten, sowie ihre organisatorische Überlegenheit im Verteilungskampf durchaus klar aussprach (A. Smith: *An Enquiry into the Nature and Causes of the Wealth of Nations* (1776), Ausgabe: London 1961, Bd. 1, S. 74 f., 144). Im folgenden zitiert: *The Wealth of Nations.* Streißlers brillante, reich dokumentierte, aber etwas sophistische Ausführungen *(Macht und Freiheit in der Sicht des Liberalismus,* in: *Schriften des Vereins für Sozialpolitik,* n. F., Berlin 1974, II., S. 1391 ff.) berücksichtigen aber nicht, daß es gerade nicht eine neue Form einer primitiven Harmonielehre war, welche die klassische bürgerliche Interessenlehre auszeichnet, sondern die aufklärende Anerkennung des Interessenantagonismus und seine Überwölbung durch ein »Harmonieprinzip zweiter Ord-

nung« (wenn man will, eine heraklitische Wendung des Kampfprinzipes ins Positive). Das »skeptische Menschenbild«, das in diesem Zusammenhang als Errungenschaft des klassischen Wirtschaftsliberalismus betrachtet werden kann, steht übrigens keineswegs in einem solchen Gegensatz zu dem »Menschheitsoptimismus der französischen Aufklärung«, wie dies Streißler im Gefolge Hayeks behauptet. (Streißler, ebenda, S. 1397). Man betrachte nur Voltaires *Candide,* sein Gedicht über das Erdbeben von Lissabon (besonders Zeilen 209–219), und Helvetius' *De l'esprit.* Hier herrscht ein ebenso skeptisches Menschenbild, zugleich allerdings der politische und moralische Anspruch, eine den Interessen der Mehrzahl der Menschen entsprechendere, humanere Welt einzurichten.

33 Vgl. J. M. Keynes: *The General Theory of Employment Interest and Money* (1936), London 1967, insbes. S. 359 ff.

34 Vgl. D. W. Smith: *Helvetius-A Study in Persecution,* Oxford 1965, S. 122.

35 Helvetius, Sproß einer Dynastie französischer Hofärzte, ein von seinem Vater durch den Kauf eines Steuerpachtamtes wohlversorgter Privatier und Schloßbesitzer mit besten Verbindungen zum Hof Ludwigs XV., trat mit seinem Werk zu einem denkbar unglücklichen Zeitpunkt auf den Plan: Das politisch motivierte Attentat des Damiens hatte zu einer Verhärtung des innenpolitischen Klimas geführt: Ein königlicher Erlaß bedrohte mit dem Tode alle jene, die Schriften verfaßten oder druckten, »welche auf einen Angriff gegen die Religion, eine Aufrührung der Geister, eine Schmälerung der königlichen Autorität oder eine Störung der Ordnung und Ruhe im Staate abzielten« (vgl. D. W. Smith, a. a. O., S. 16). Trotz seines weitgehend deklamatorischen Charakters beleuchtet dieser Erlaß ebenso wie die Umstände der Verfolgung des Helvetius doch das Klima jener Zeit der Hochaufklärung, in der das, was heute teilweise bereits banal erscheint, noch in mühevollen Kämpfen der weltlichen und geistlichen Bevormundung abgerungen werden mußte. In diesem repressiven Klima wagte es Helvetius, statt sein Werk wie andere Aufklärer anonym oder im Ausland herauszugeben, es mittels seiner Verbindungen die offizielle Zensur passieren zu lassen.

36 C. A. Helvetius: *De l'esprit* (1758), dt. Ausgabe: *Vom Geist,* Berlin 1973, S. 120.

37 Vgl. ebenda, S. 171.

38 Vgl. ebenda, S. 383.

39 Zitiert nach D. W. Smith: a. a. O., S. 44.

40. Vgl. ebenda, S. 162.

41 Diderot sowie Rousseau nahmen insbesondere auch Anstoß an jenen Aspekten des Helvetius, die der sentimentaleren Seite ihres bürgerlichen Weltbildes widersprachen. Vgl. D. W. Smith: a. a. O., S. 209 ff.

42 W. Krauss: Einleitung zu C. A. Helvetius: *Vom Geist,* S. 60.

43 Vgl. A. Smith: *The Wealth of Nations,* Bd. I, S. 478.

44 Vgl. A. Hamilton-J. Madison-J. Jay: *The Federalist Papers* (1787), Chicago Ill. 1961. Die mit »Publius« gezeichneten Streitschriften der »Federalists«, die in der Verfassungsdebatte von 1787 für eine starke Zentralregierung eintraten, sind ein bemerkenswertes Dokument auch für die Geschichte des historischen Materialismus. Der berühmte 10. *Publius-Brief,* verfaßt von J. Madison, bekräftigt das etwa mit Bezug auf: »the possession of different degrees and kinds of property . . . from the influence of these on the sentiments and views of the respective proprietors ensues a division of the society into different interests and parties« (S. 78), oder noch schärfer: »Those who hold and those who are

without property have ever formed distinct interests in society« (S. 79). Madison zieht daraus den Schluß, daß ökonomische oder auch religiöse Parteikämpfe, die zu Unruhen in einem Gliedstaat führen, dem mäßigenden Einfluß einer starken Union unterliegen würden.

Im 5. *Publius-Brief* sagt übrigens John Jay voraus, daß eine getrennte nördliche und südliche Staatenföderation zum Krieg und zum Sieg des Nordens führen müßte – eine immerhin bemerkenswert richtige historische Prognose.

45 Etwa mit der Anerkennung des Spoils-Systems seit Jacksons Präsidentschaft. Das System, das mit jeder politischen Wachablöse einen umfangreichen Wechsel an der »Futterkrippe« der Beamtenpositionen mit sich bringt, wurde in der »Jacksonian Revolution« zwar zunächst im Sinne einer egalitären Ämterrotation proklamiert. (Vgl. Leonard D. White: *The Jacksonians. A Study in Administrative History 1829–1861,* New York 1954, speziell S. 300 ff.). Die handfeste Patronagepraxis setzte sich aber gegenüber der blumigen Demokratisierungsrhetorik so weit und mit so üblen Folgen durch, daß schon der Civil Service Act von 1883 eine teilweise Rückkehr zur Entpolitisierung und Professionalisierung der Verwaltung statuierte, ohne aber die etablierte Verknüpfung von Wahlsieg und Ämterbeute grundsätzlich in Frage zu stellen.

46 Kants *Kritik der praktischen Vernunft* geht explizit von der Zurückweisung der »Prinzipien der Selbstliebe« aus, die »kein praktisches Gesetz« konstituieren könnten, da ihr »Bestimmungsgrund doch nur subjektiv gültig und bloß empirisch« sei (I. Kant: *Kritik der praktischen Vernunft* (1788), Stuttgart 1976, S. 44, 45). Die »Begierde zur Glückseligkeit« kann deshalb kein allgemein praktisches Gesetz abgeben, weil daraus »der ärgste Widerstreit und die gänzliche Vernichtung der Maxime selbst und ihrer Absicht erfolgen«. »Es kommt«, meint Kant, »auf diese Weise eine Harmonie heraus, die derjenigen ähnlich ist, welche ein gewisses Spottgedicht auf die Seeleneintracht zweier sich zu Grunde richtender Eheleute schildert: wundervolle Harmonie, was er will, will auch sie etc. oder was von der Anheischigmachung König Franz des Ersten gegen Kaiser Karl den Fünften erzählt wird: Was mein Bruder Karl haben will (Mailand), das will auch ich haben.« (A. a. O., S. 48–49.)

47 C. W. Mills (Hrsg.): *Klassik der Soziologie,* Frankfurt/Main 1960, Einleitung S. 22. Mills beziehungsweise sein Verlag gibt in derselben Auswahl übrigens zugleich das Musterbeispiel eines befangenen Verhältnisses zu Marx, indem er den Text des *Kommunistischen Manifestes* in die Auswahl aufnimmt, ohne aber dabei das »anrüchige« Dokument beim Namen zu nennen (a. a. O., S. 94 ff.).

48 Der Gegensatz der »zwei Nationen« (von arm und reich) ist in Benjamin Disraelis Roman *Sybil* (1845) effektvoll hervorgehoben worden. Deshalb aber von einer Urheberschaft Disraelis zu sprechen, wie dies etwa auch sein Biograph Robert Blake tut (R. Blake: *Disraeli,* London 1966, S. 201), ist übertrieben. Es handelt sich in Wahrheit um einen Topos des politisch und ökonomisch polarisierten 19. Jahrhunderts. Schon Ludwig XVIII. gebrauchte das Wort, allerdings in mehr politischem als ökonomischem Sinn (vgl. J. Bonin u. P. Didier: *Louis XVIII »roi de deux peuples«,* Paris 1978).

Wenn man will, kann man auch Platons Staat als klassisches Vorbild nennen, der im IV. Buch, 2. Kapitel, die übliche Teilung der Polis in »zwei Hälften«, die der Armen und die der Reichen, erwähnt.

49 Helvetius: *Vom Geist,* S. 120.

50 Die latent moralistische Verurteilung des Interessenprinzips, die noch heute dem »entlarvenden« Gestus mancher Marxisten innewohnt, ist besonders in den Jugendschriften von Marx deutlich, etwa wo er (in den ökonomisch-philo-

sophischen Manuskripten) schreibt, daß es (im Zerfall der feudalen Bodenordnung) notwendig ist, »daß, was die Wurzel des Grundeigentums ist, der schmutzige Eigennutz (sic!) auch in seiner zynischen Gestalt erscheint«. (K. Marx: *Texte zu Methode und Praxis*, II [*Pariser Manuskripte,* 1844], Reinbek/Hamburg 1968, S. 47). Aber noch das Anfangskapitel des ersten Bandes des *Kapitals* mit seiner Darstellung der bürgerlichen Warengesellschaft atmet diesen Geist eigentlich antimaterialistischer Entrüstung!

51 Neuendorff: a. a. O., S. 8.

52 Ahnungsvoll hervorgehoben durch Bakunin, der deshalb auch antitotalitären Marxisten wie Bahro zumindest sehr bedenkenswert erscheint. (Vgl. R. Bahro: *Die Alternative,* Frankfurt 1977, S. 46 ff.)

53 Eine erschütternde Dokumentation der »Realpolitik« auch marxistischer Großmächte ist etwa immer wieder die Frage der opportunistischen Förderung oder des Fallenlassens des Kampfes nationaler Minderheiten. (Vgl. etwa die Haltung der Sowjetunion zur Kurdenfrage, dargestellt von K. Greussing in T. Zülch: *Von denen keiner spricht.* Reinbek/Hamburg 1975, S. 84 ff.)

54 Vgl. B. Russell: *History,* S. 497.

55 In jüngerer Zeit wurde dieser Ansatz in der sogenannten »neuen politischen Ökonomie« von Autoren wie G. Tullock in die Analyse der Politik getragen (siehe Fußnote 59).

56 Die berühmte Marxsche Wendung, er habe mit dem materialistisch gewählten Ausgangspunkt »Hegel vom Kopf auf die Füße gestellt«, bezeugt diese sehr typische Reaktionsform ebenso wie noch Gustav Ratzenhofers Bekehrung zum Interessenprinzip, dem er um die Wende vom 19. zum 20. Jahrhundert einige Werke widmete (G. Ratzenhofer: *Wesen und Zweck der Politik*, 3 Bände, Leipzig 1893. *Die soziologische Erkenntnis,* Leipzig 1898, *Soziologie,* Leipzig 1907). Ratzenhofers Schüler wurde der amerikanische Soziologe Albion Small.
Vgl. B. Huber: *Der Begriff des Interesses in den Sozialwissenschaften,* Winterthur 1958, S. 6 ff.

57 Daher waren ja auch Platon (für die Oberschicht seines Musterstaates) und Helvetius gegen die Ehe und das Erbrecht eingestellt. (Vgl. D. W. Smith: a. a. O., S. 136, 137.)

58 Vgl. D. W. Smith: a. a. O., S. 67.

59 Vgl. A. Downs: *Ökonomische Theorie der Demokratie,* Tübingen 1968. J. Schumpeter: *Kapitalismus, Sozialismus und Demokratie,* Bern 1950.
Vgl. auch P. Bachrach: *Die Theorie demokratischer Elitenherrschaft,* Frankfurt/Main 1970.
Der die Repräsentationsfiktion entlarvende Aspekt der Elitentheorie kann von recht widersprechenden Werthaltungen begleitet sein:
1. von einer elitären protofaschistischen Verachtung demokratischer Institutionen (etwa im Frühwerk von Gaetano Mosca und bei Vilfredo Pareto),
2. von einer resignativen Haltung (wahre Demokratie sei nicht erreichbar, sondern höchstens approximierbar),
3. von einer gewissen »Furcht vor der Mehrheit«, die von der Warte ökonomischer Privilegierung oder aber durch die Erfahrung der Massenbasis totalitärer faschistischer oder antiliberaler Bewegungen (wie des McCarthyismus der fünfziger Jahre) geprägt sein kann.
Die gegenwärtig vorherrschende Strömung der Elitentheorie scheint von der vergleichsweise honorigen Furcht vor »underclass authoritarianism« (Lipset) und »totalitarian democracy (Talmon) auszugehen. Dabei dürfte, wie etwa

Wollmann betont, das »traumatische Schlüsselerlebnis einer ganzen Generation von Sozialwissenschaftlern«, nämlich die Anfälligkeit breiter Massen gegenüber faschistischen Ideologien vor allem in Deutschland und Italien, seine Nachwirkungen äußern.
(Vgl. H. Wollmann: *Citizen Participation in USA,* in: U. Bermbach [Hrsg.]: *Theorie und Praxis der direkten Demokratie,* Opladen 1973, S. 321 ff., 338). Die elitäre Demokratietheorie enthält aber etwa in Tullocks Forderungen nach qualifizierten Mehrheiten beziehungsweise Einstimmigkeitsentscheidungen durchaus auch Elemente privilegierter Mehrheitsfeindlichkeit.
Tullock und Buchanan sind in ihren Überlegungen zum Mehrheitsprinzip dabei recht offenherzig, etwa dort, wo sie schreiben: »Das Individuum erwartet einen um so größeren Schaden aus öffentlichem Handeln, je näher dieses Handeln der Schaffung und Abschaffung von Personen- und Besitzrechten kommt. Es wird deshalb dazu neigen, für solche Gebiete möglicher politischer Aktivitäten restriktivere Regeln der Entscheidungsfindung zu wählen.« (Aus J. M. Buchanan/G. Tullock: *The Calculus of Consent,* Ann Arbor/Mich. 1962, Kapitel 6 in: H. P. Widmaier: *Politische Ökonomie des Wohlfahrtsstaates,* Frankfurt/M. 1974, S. 85.) Die von Tullock und Buchanan gleichzeitig erhobene Forderung, die Anhänger einfacher Mehrheitsentscheide hätten erst einmal gewichtige Gründe für die Bevorzugung dieses Entscheidungsmodells zu nennen, kommt in diesem Zusammenhang fast einer Herausforderung gleich, da ja das einfache Mehrheitsprinzip eben jenes ist, bei dem ablehnende und annehmende Stimmen gleiches Gewicht haben, die Forderung nach dem qualifizierten Mehrheits- oder Einstimmigkeitsprinzip aber bewußt die Vetomacht pro Kopf der am Status quo interessierten Minoritäten zu steigern versucht. Bruno S. Frey, der »Buchanans und Tullocks Auseinandersetzung mit dem Prinzip der Verfassung« zu den »vier klassischen Werken der neuen politischen Ökonomie« zählt, erweist dieser damit wohl einen etwas zweifelhaften Dienst. (Vgl. *Wirtschaftspolitische Blätter,* Nr. 2/1979, S. 20. Das zitierte Heft enthält neben Freys *Überblick über den Stand der Forschung in der sogenannten Neuen politischen Ökonomie* – S. 19 ff. – und einigen Aufsätzen von Adepten der NPÖ übrigens auch einen Teil der sehr substantiellen Kritik an dieser im Augenblick stark propagierten akademischen Disziplin.)

ZWEITES KAPITEL

Die Krise der Weltanschauungen

1 Die Struktur mittelalterlicher Geschichtstheologie ist etwa anhand des »Höhepunktes der lateinischen Weltchronistik«, der hochmittelalterlichen Chronik Ottos von Freising exemplifizierbar, in der, trotz gewisser quellenkritischer Ansätze, die figurale Deutung des Weltgeschehens, etwa im Danielschen Monarchienschema, im Gedanken der Imperiumstranslation, in der historischen Westwärtsbewegung von Glauben und Wissen sowie in der Verarbeitung des Investiturstreites als Anzeichen des Weltunterganges und im Ausgriff auf dessen »Zukunftsgeschichte« als Beengung des voraufklärerischen Weltbildes deutlich wird. (Vgl. W. Lammers: Einleitung zu *Otto, Bischof von Freising: Chronik oder die Geschichte der zwei Staaten,* lat.-dt. Berlin 1960).
Eine höchst fesselnde Darstellung der hier angesprochenen Probleme univer-

saler Geschichtsbetrachtung gibt der von Alexander Randa herausgegebene Berichtband über das Forschungsgespräch *Mensch und Weltgeschichte,* Salzburg 1969, insbesondere die Beiträge von F. Vittinghoff zur Spätantike, A. v. d. Brincken für die lateinische Weltchronistik des Mittelalters und A. Klempt für den neuzeitlichen Säkularisierungsprozeß des Geschichtsdenkens.

2 Vgl. K. A. Wittfogel: *Die orientalische Despotie,* Frankfurt/M. 1977. Der aus dem Erbe von Marx stammende Ansatz (vgl. K. Marx: *Grundrisse der Kritik der politischen Ökonomie,* Berlin 1974, S. 375 ff.) hat offenbar ohne direkte Auseinandersetzung mit Wittfogel auch für Rudolf Bahro besondere Bedeutung zur Erklärung des Überganges »von der agrarischen zur industriellen Despotie« genommen. (R. Bahro: *Die Alternative,* Köln-Frankfurt, S. 15.)

3 Bedeutende Mutterrechte von Stadtrechtsfamilien waren etwa das Magdeburger Recht für den Osten, das Lübecker Recht für den Hansebereich, das Stadtrecht von Freiburg im Breisgau für die oberrheinischen und Schweizer Gebiete (vgl. H. Planitz: *Die deutsche Stadt im Mittelalter,* Wien 1973, S. 342).

4 Der von John Locke als Sekretär Lord Ashleys, eines Teilhabers der Carolina – Proponentengesellschaft, unter dessen Leitung ausgearbeitete Entwurf der *Fundamental Constitutions of Carolina* aus 1669 ist übrigens ein Beleg dafür, daß an existenten Vorbildern orientierte geplante Gesellschaften keineswegs fortschrittlicher sein müssen, als die alle Pläne überschreitende soziale Dynamik: Die »Fundamental Constitutions« verbanden etwa mit dem Erwerb gewisser Größenklassen von Grundbesitz die Verleihung quasifeudaler Phantasietitel wie »Baron«, »Kazike« und »Landgraf«, die auch mit politischen Privilegien verbunden sein sollten. (Die vom House of Commons von Carolina beschlossenen Gesetze sollten der Billigung einer Mehrheit der Vertreter dieser künstlichen Aristokratie bedürfen.) Das verkaufspsychologisch nicht unklug konzipierte Modell stellte damit allerdings »the . . . most fantastic and reactionary of all colonial frames of government« dar (S. E. Morison: *The Oxford History of the American People,* New York 1965, S. 95). Die Realität der Pioniergesellschaft erwies sich als stärker und demokratischer, und das House of Commons ignorierte die (meist in England bleibenden) »Landgrafen« und »Kaziken«.

5 Sehr typisch ist in diesem Zusammenhang, daß das stärkste Motiv des Zaren dabei ein militärisches war: die »große Gesandtschaft« von 1697 diente vor allem auch der Anwerbung tüchtigen Flottenpersonals (vgl. H. Lamb: *The City and the Tsar,* Garden City/N. Y. 1948, S. 121 ff).

6 Ein bekanntes Beispiel für die kriegswirtschaftliche Mobilisierung belagerter Städte sind etwa die von mehreren antiken Autoren überlieferten verzweifelten Rüstungsanstrengungen Karthagos vor dem dritten punischen Krieg. Appian spricht in diesem Zusammenhang von der Einrichtung improvisierter Waffenproduktionsstätten in Tempeln, Palästen und öffentlichen Gebäuden, in denen Männer und Frauen Tag und Nacht tätig waren, und nennt anerkennend deren hohe Produktionsziffern. Er überliefert auch das berühmte Beispiel von den karthagischen Frauen, die ihre langen Haare zur Produktion von Bogensaiten opferten; nach Strabon taten dies übrigens nur die Dienerinnen. (Quellenhinweise nach G. Walter: *La Destruction de Carthage,* Paris 1947, S. 484). Die Eingliederung von Personen, die der gewerblichen Warenproduktion bisher fernstanden, in die Rüstungsproduktion: vor allem von Frauen, aber zum Beispiel auch von Teilen der ländlichen Negerbevölkerung in den USA war ein typisches Merkmal der totalen Kriegsanstrengungen in den Weltkriegen des 20. Jahrhunderts mit sehr weitgehenden sozialen Folgen. Sie stellt

nichts weiter als eine Verallgemeinerung der klassischen Organisationsprinzipien des Belagerungszustandes dar.

7 Vgl. P. Hazard: *Die Krise des europäischen Geistes,* Hamburg 1939, S. 36 ff.

8 Schon die Position unterdrückter und oft verfolgter Neuerer, in der sich die Aufklärer befanden, mußte ihrer historischen Zuversicht Schranken auferlegen. Kant, der bis in seine letzten Lebensjahre das Joch der offiziellen geistigen Bevormundung zu spüren hatte, und Voltaire, dessen *Candide* auch eine schmerzlich-resignierte Groteske der Unvernunft und des Leidens der Welt ist, können jedenfalls nicht als flache Optimisten bezeichnet werden.

9 Helvetius gewann angesichts dieser Paradoxie einen eigentümlichen Ausweg für seine Hoffnung, indem er die gute Gesellschaftsordnung als Möglichkeit ansah, die nach den Gesetzen der Wahrscheinlichkeit irgendwann einmal eintreten würde. Vgl. G. W. Plechanow: *Beiträge zur Geschichte des Materialismus,* Berlin 1946, S. 103.

10 Der aufgeklärte monarchische Absolutismus hielt, selbst wo er sich, wie bei Josef II., bis ins Detail einer rationalistischen Neuordnung des Staates verschrieb, vor den obersten Staatsorganen an. In der versuchten Anwendung des Rationalitätsprinzips auch auf die Leitungsfunktion der Gesellschaft liegt, wenn man so will, die »qualitative Differenz« der Französischen Revolution gegenüber den monarchischen Vernunftordnungen.

11 Einer der folgenschwersten und gefährlichsten Konflikte der Revolution war zweifellos der Religionskonflikt, der nicht zuletzt für den jahrelangen Guerillakrieg in der Vendée mitbestimmend war.

12 Zur allgemeinen Geschichte der Französischen Revolution, vgl. E. J. Hobsbawm: *The Age of Revolution 1789–1848,* London 1962, mit reichhaltigen, kritisch wertenden Angaben zur Überfülle an Literatur, sowie N. Hampson: *A Social History of the French Revolution,* London 1962. Zum allgemeinen sozialen und geistigen Hintergrund der Zeit: R. R. Palmer: *The Age of Democratic Revolution,* Princeton N. Y. 1959 (Bd. 1) und 1964 (Bd. 2).

13 Ein wirklich paradoxer Aspekt der feudalen Reaktion war, daß »Gracchus« Babeuf, der Führer der kommunistisch-egalitären »Verschwörung der Gleichen«, 1795 im Ancien Régime als »Feudist« halbvergessenen feudalen Rechtstiteln nachspürte und somit als Handlanger dieser feudalen Reaktion sein Brot verdiente. Vgl. E. J. Hobsbawm, a. a. O., S. 79.

14 Es ist eine an sich triviale Überlegung, daß diese Auslandsinterventionen um so geringere Erfolgsaussichten haben, je volkreicher und größer das Land ist, welches die Revolution durchgemacht hat. Die Zurückschlagung der royalistischen Intervention durch die französischen Revolutionsarmeen oder der Sieg über die auslandsunterstützten »Weissen« im russischen Bürgerkrieg von 1920–22 hatte eben nicht nur mit dem Elan der revolutionären Organisatoren zu tun, sondern auch mit der Tatsache, daß diese auf ein vergleichsweise großes Menschenpotential zurückgreifen konnten. (Frankreich war zu Ende des 18. Jahrhunderts das bevölkerungsreichste Land Europas.) Die »großen« Revolutionen haben deshalb vornehmlich in großen Ländern stattgefunden.

15 Zur internationalen Meterkonvention (abgeschlossen am 20. Mai 1875 in Paris) vgl. W. Haeder: *Von der königlichen Elle zum Meter,* Berlin u. a. 1973. Zur Geschichte des metrischen Systems im Frankreich der Revolution vgl. G. Straßer: *Die Toise, der Yard und das Meter,* S. 19 ff in: Bundesamt für Eich- und Vermessungswesen; *100 Jahre metrisches Maßsystem in Österreich,* Wien 1972. Sehr typisch etwa die bonapartistische Restauration auch auf dem Ge-

biet der Wiedereinführung der alten Maße, die unter Ludwig XVIII bis zum Verbot der metrischen Maße ging (Straßer, a. a. O. S. 32).

16 Ein typisches Beispiel ist derzeit wieder im Iran zu konstatieren: wenn auch die Empörung über die islamische Justiz in jenen Medien, welche die mörderischen Aspekte des Schah-Regimes verniedlichten, unberechtigt ist, erweckt doch der Zusammenbruch der verwestlichten Fassade eines wenigstens in Teilbereichen »aufgeklärten« Absolutismus und der Rückfall in »mittelalterlichen« religiösen Fanatismus hierzulande berechtigten Abscheu. Dabei ist freilich nicht ausgemacht, ob der gegenwärtige chaotische Reislamisierungsimpuls in den betroffenen Regionen nicht à la longue den massiven antiklerikalen Widerstand der modernistischen Intelligenz, der Bürger und Militärs provoziert – also eine »hausgemachte« Aufklärung vom Typ Atatürks, die nicht als marionettenhafte Übernahme westlicher Dekadenz diffamierbar ist.

17 E. J. Hobsbawm: *The Age of Revolution,* London 1962, S. 103 gibt eine interessante Liste der führenden Talente der europäischen Wissenschaft und Kunst, die mit der Französischen Revolution anfänglich sympathisierten beziehungsweise denen die revolutionären Regierungen die französische Ehrenbürgerschaft verliehen. Hobsbawm meint, sie »könne nur mit der ähnlichen und fast allgemeinen Sympathie für die Spanische Republik in den dreißiger Jahren verglichen werden«.

18 Noch in seinem letzten vollendeten Werk, dem *Streit der Fakultäten,* bekannte sich der vierundsiebzigjährige Kant zum (insbesonders moralisch gefaßten) Pathos der Französischen Revolution und schrieb: »Die Revolution eines geistreichen Volkes, die wir in unseren Tagen haben vor sich gehen sehen, mag gelingen oder scheitern, sie mag mit Elend und Greueltaten dermaßen angefüllt sein, daß ein wohldenkender Mensch das Experiment auf solche Kosten zu machen nie beschließen würde – diese Revolution findet doch in den Gemütern alter Zuschauer . . . eine Teilnehmung dem Wunsche nach, die nahe an Enthusiasm grenzt . . .« (auszugsweise zitiert nach M. Buhr: *Immanuel Kant,* Leipzig 1974, S. 149).

19 Alexis de Tocqueville charakterisiert die Zeitstimmung sehr treffend im Zusammenhang mit den postrevolutionären Rekatholisierungstendenzen der französischen Oberschichten: »Der alte Adel, der vor 1789 die irreligiöseste Klasse war, wurde nach 1793 die glaubenseifrigste . . . Als der Bürgerstand sich selbst in seinem Triumph getroffen fühlte, sah man auch ihn sich dem Glauben wieder zuwenden. Nach und nach verbreitete sich die Ehrfurcht vor der Religion allenthalben, wo die Menschen bei Volksunruhen etwas zu verlieren hatten . . .« (Alexis de Tocqueville: *L' Ancien régime et la Révolution,* Paris 1856, deutsch, *Der alte Staat und die Revolution,* München 1978, S. 156). Die für Tocqueville ungewohnt reaktionäre bewußte und gebilligte Identifikation von Religiosität und sozialem Status quo verdeutlicht hier zwar seine persönlichen Bindungen an Ancien régime und Restauration – sie bezeugt aber auch seine überragende Fähigkeit zur intellektuell redlichen Analyse.

20 Speziell für das österreichisch-ungarische Staatswesen ist ein gewisser Zusammenhang außenpolitischer Niederlagen mit der innenpolitischen Abkehr vom Absolutismus feststellbar, auch für Frankreich nach Napoleon III und für Rußland nach der Niederlage gegen Japan kann ähnliches behauptet werden.

21 Panait Istratis Trilogie *Auf falscher Bahn, So geht es nicht* und *Rußland nackt* (München 1930) verweist unter anderem bereits auf das Grundproblem, daß die Losungen vom »Kampf gegen die Bürokratie« von der allgegenwärtigen Bürokratie selbst stammen, also »das Doppelantlitz eines und desselben Men-

schen präsentieren, der mit der einen Hand ›Losungsworte‹ fabriziert und mit der anderen befiehlt, einzustehen für die Aufrechterhaltung der bestehenden Ordnung, welche gut ist, weil sie ihm einen guten Posten sichert«, *(Auf falscher Bahn,* S. 37).

22 Die Webbsche These, daß das Sowjetsystem als »neue Zivilisation« im Sinne Toynbees ansprechbar ist, hat sich seit dem Erscheinen ihres umfangreichen Werkes wohl bestätigt. (S. und B. Webb: *Soviet Communism: A New Civilisation,* London 1935). Die Sympathie der Webbs mit dem »kolossalen und in der Sozialgeschichte unvergleichlichen Experiment des Sowjetstaates« (S. VIII) hat sie aber in staunenswertem Ausmaß dazu verführt, die propagandistischen Selbstdarstellungen des Regimes als Fakten zu akzeptieren (vgl. die Erörterungen, ob Stalin als Diktator anzusprechen sei, S. 432 ff) und selbst die Exzesse der GPU historisch zu entschuldigen (vgl. besonders S. 586 ff). André Gides *Retour de l'URSS* (Paris 1936, neu aufgelegt 1978), ein Buch, das seinerzeit eine beachtliche Kontroverse erregte, kritisierte zwar den Konformismus und Byzantinismus des stalinistischen Personenkultes, verfiel aber keinesfalls in primitive Gegnerschaft zum Sowjetstaat, wie ihm viele der damals noch gläubigen Intellektuellen vorwarfen. Unter der Fülle von prominenten Vorkriegsabtrünnigen seien übrigens beispielsweise noch Arthur Koestler, George Orwell, Manès Sperber, Ignazio Silone und Albert Camus genannt.

23 Der berühmteste Abtrünnige von 1956 war zweifellos Jean-Paul Sartre. Interessante Einblicke in die Psychologie des »gläubigen« KP-Intellektuellen bürgerlicher Herkunft gibt übrigens die jüngst erschienene Autobiographie von Jorge Semprun: *Federico Sanchez,* Hamburg 1978.

24 Ernst Fischer und jene um das *Wiener Tagebuch* gescharten Intellektuellen der österreichischen KP, die dieser keine eurokommunistische Linie zu geben vermochten, sind hier typische Beispiele.
Claudie und Jacques Broyelle, Verfasser eines der zahllosen Bücher von »Abtrünnigen« (und zwar *Deuxieme Retour de Chine* Paris 1977, geschrieben nach einem mehrjährigen Aufenthalt in der Volksrepublik China), fassen das Grundsatzdilemma in einem Artikel für *Le Monde* sehr bildhaft zusammen (*Le Monde,* 20. Jänner 1978, S. 2): ». . . die Fakten stören den Marxisten nicht, sie verpflichten ihn nur, sich unaufhörlich einem neuen Mekka zuzuwenden. Der sowjetische Krach veranlaßt uns, unsere Investitionen nach Kuba, China oder Portugal zu verlegen. Der kambodschanische Bankrott macht sie frei für Palästina, die (französische) Linksunion oder die Rote Armee Fraktion. Es wird immer ein Asylland für unser wertvollstes disponibles Kapital geben. Aber warum gibt es immer nur schlechte Investitionen und nie schlechtes Kapital?« (Eig. Übersetzung.)

25 Bernstein meint mit Recht, daß dieser Maßnahmenkatalog ausgesprochen blanquistische (also putschistisch-diktatorische) Züge trage.
Auch die Tatsache, daß für die Phase der Diktatur des Proletariats Marx und Engels zunächst der jakobinische Terror als Vorbild erschien, weist hier auf eine gewisse Kontinuität hin.
Vgl. E. Bernstein: *Die Voraussetzung des Sozialismus und die Aufgaben der Sozialdemokratie,* Stuttgart 1899, S. 29.

26 Marx' und Engels' Begeisterung über die Pariser Kommune, ihre transparente Räteherrschaft und über die dezentralistische Kommunenverfassung überhaupt hat im Vergleich viel geringere historische Wirksamkeit ausgeübt, auch wenn sie als traditioneller Ansatzpunkt marxistischer »Ketzer« vielleicht in der

Zukunft stärkere Bedeutung hat. (Vgl. E. Bernstein: a. a. O., S. 134 ff.; R. Bahro: a. a. O., S. 37 ff.)

27 Selbst in den USA, dem klassischen Land des Konkurrenzkapitalismus, wo nach dem Wort von Marx »die bürgerliche Gesellschaft nicht auf der Grundlage des Feudalwesens sich entwickelt, sondern von selbst begonnen hat« (*Grundrisse der Kritik der politischen Ökonomie,* Berlin 1974, S. 844), erwies sich der konkurrenzwirtschaftliche Bau von Eisenbahnen als recht problematisch: die schweren Baumängel und absurden Parallelarbeiten beim Wettrennen von Union Pacific und Central Pacific zum Treffpunkt der ersten transkontinentalen Bahnverbindung erwiesen hier etwa deutlich die Notwendigkeit staatlicher Koordination. (Vgl. als kritische Kulturgeschichte des amerikanischen Eisenbahnbaues D. Brown: *Das Feuerroß erreicht das Große Wasser im Westen,* Hamburg 1978.)

28 Das säkulare Mißtrauen gegen die nun gar nicht mehr so moderne Kunst selbst in breiten Teilen der Mittelschichtintelligenz mag als »konservatives, verkitschtes Bewußtsein« abgetan werden. Die Ablehnung der »hohen« konstruktivistischen, seelenlosen Kunst, die der »verwalteten Welt« (Adorno) ihren Spiegel vorhält, gehört aber immerhin mit zu den Elementen, welche die faschistische Ideologie am erfolgreichsten auszunutzen verstand und die auch heute noch unter einem dünnen Firnis oberflächlich-snobistischer Anpassung weiterwirken. Hier wäre zu überlegen, ob nicht in der verkitschten Reaktion doch gewisse Elemente eines produktiven Unbehagens aufbewahrt sind.

29 D. Bell: *The End of Ideology,* New York 1962.

30 Vgl. dazu H. Reithofer: *Die ausgleichende Gesellschaft,* Wien 1978. Das Buch ist ein gutes Beispiel für die Gravitation einer skeptisch gewordenen, sozialdemokratischen Sicht in Richtung auf den Liberalismus.

31 Auch Frankreich, wo der Nationalismus eine traditionell starke Position hat und außerdem auch nicht durch einen expansiven Faschismus diskreditiert wurde, weist eine durch Meinungsumfragen belegbare radikale Abnahme nationalistischer Denkinhalte auf. (Vgl. *Wiener Zeitung,* 16. Februar 1979, S. 3.)

32 Auch ein dem Marxschen Erbe weiterhin verpflichteter Gelehrter wie Eduard März verhehlt heute etwa nicht, daß für das 20. Jahrhundert »eine kontinuierliche Abschwächung der Profitrate kaum plausibel vertreten werden« könne und scheut sich nicht, zuzugeben, »daß die Formel Verstaatlichung von Industrie und Landwirtschaft plus Planwirtschaft noch nicht Sozialismus ergibt, sondern zur bürokratischen Entartung der Revolution führen kann«. (E. März: *Einführung in die Marxsche Theorie der wirtschaftlichen Entwicklung,* Wien 1976, S. 9, 25.)

Die intellektuelle Redlichkeit solcher grundsätzlich linker, aber dogmatisch unverkrampfter Positionen zieht natürlich auch ernüchternde Konsequenzen in der weltpolitischen Analyse nach sich, wie sie etwa März für den Fall der vietnamesischen Chinesenvertreibungen mit bedeutender moralischer Autorität zu ziehen gewagt hat (vgl. ders. *Zukunft* Nr. 10/1979 S. 39 ff). Der Rückzug aus dem überspannten Erklärungsanspruch der Marxschen Klassenanalyse vollzieht sich dabei bei März wie bei vielen anderen durch die Verwendung des allgemeinen, vormarxistischen (Großmacht-)Interessenmodells einerseits sowie in einem offen einbekannten und nicht »wissenschaftlich« verbrämten moralischen Engagement andererseits – ein Ausweg, das auch der Grundlinie dieses Buches entspricht.

DRITTES KAPITEL

Die Wurzeln empirischer Politik

1 R. Schediwy: *Tendenzen empirischer Kommunalpolitik,* in: *Wirtschaft und Gesellschaft,* Nr. 1/1977, S. 63 ff.

2 Vgl. K. Mannheim: *Ideologie und Utopie,* Frankfurt 1951.

3 Vgl. E. Bloch: *Avicenna und die Aristotelische Linke,* Frankfurt/M. 1963, der die orientalische Scholastik als eines der Quellgebiete unserer Aufklärung hervorhebt (S. 11), da sie, was Bacon besonders an ihr rühmte, »scientia experimentalis« war (S. 16).

4 Vgl. L. White jr.: *The Expansion of Technology 500–1.500,* in: C. M. *Cipolla* (Ed:) *The Fontana Economic History of Europe – The Middle Ages,* S. 143 ff.

5 Vgl. E. J. Hobsbawm: *The Age of Revolution 1789–1848,* London 1962.

6 Vgl. A. Comte: *Rede über den Geist des Positivismus* (frz. u. dt.), Hamburg 1956. Zur Newton-Religion vgl. C. H. Saint Simon: *Ausgewählte Texte,* Berlin 1957, S. 218.

7 Vgl. E. Bloch: *Vorlesungen zur Philosophie der Renaissance,* Frankfurt 1972, S. 91.

8 Der Einfluß einer überlegenen Kultur läßt sich nicht auf die Kopie ihrer unmittelbaren Machtmittel eingrenzen. Parlamentarismus, Common Sense, Naturwissenschaft und Cricket gehörten in gleicher Weise zu den Exportgütern des britischen Imperialismus in seine Kolonien. Es siegen nicht nur Waffen und Menschen, sondern komplexe »Lebenshaltungen«. In diesem Sinne war die Vernichtung der faschistischen Regimes etwa auch der entscheidende Stoß für den elitären Irrationalismus, den sie als Weltanschauung pflegten.

9 Th. W. Adorno: *Wissenschaftliche Erfahrungen in Amerika,* in: *Stichworte,* Frankfurt/M. 1969, S. 113 ff., S. 145.

10 Ebenda, S. 145.

11 Vgl. R. Dahrendorf: *Die angewandte Aufklärung,* Frankfurt/M. 1968, dessen nicht unkritisches, aber doch sehr positives Amerikabild allerdings vor der Bruchlinie des Vietnamkrieges verfaßt wurde.

12 Daß die Leibholzsche Kritik am Parteienstaat nicht in elitäre Demokratieverachtung umschlägt, sondern in Gedanken konstruktiver Reform mündet, liegt etwa an Leibholzens Affinität zu jenem angelsächsischen Glauben an die Vernunft des »common man«, dem er in seinem Aufsatz *Staat und Gesellschaft in England* sogar fast ein wenig unkritisch Tribut zollt. (G. Leibholz: *Strukturprobleme der modernen Demokratie,* Frankfurt/M. 1974, S. 206 ff., 217.)
Als sehr typisches Dokument des persönlichkeitsprägenden angelsächsischen Kultureinflusses selbst auf sehr linksstehende Emigranten vgl. z. B. Th. Prager: *Zwischen London und Moskau – Bekenntnisse eines Revisionisten,* Wien 1975.

13 Wie sehr diese Lebensphilosophie verhaltensprägend geworden ist, bezeugt schon Alexis de Tocqueville, wenn er schreibt: »In den Vereinigten Staaten sagt man kaum, die Tugend sei schön. Man unterstreicht, daß sie nützlich sei und liefert den täglichen Beweis.« (»Aux Etats Unis on ne dit presque point que la vertu est belle. On soutient qu'elle est utile, et on le prouve tous les jours.«) (A. de Tocqueville: *De la Démocratie en Amérique* [1835–1840], Paris 1963, S. 276.) Die Doppeldevise des Rotary-Clubs »Service above Self« und »He Profits Most, Who Serves Best« ist gleichsam ein Symbol der bis heute kulturprägenden Wirkung dieser echten Geschäftsleutephilosophie.

14 Tocqueville: a. a. O., S. 280. (»Partout où à la tête d'une entreprise nouvelle,

vous voyez en France le gouvernement et en Angleterre un grand seigneur, comptez que vous apercevrez aux Etats-Unis une association.«)

15 Das »Volk«, die breite Bevölkerungsmehrheit, ist immer den unideologischen, pragmatischen Tendenzen gefolgt. In dem Maße, als man durch Methoden der Meinungsforschung nun etwa feststellt, daß »ideologische« und textreiche Wahlplakate weniger gut »ankommen« als relativ inhaltsarme Sympathiewerbung mit kurzen Slogans, wirkt diese Erkenntnis auch auf die politische Elitenkultur zurück.

16 Dieser Erosionsprozeß ist in den einzelnen europäischen Ländern unterschiedlich rasch erfolgt. Wo sich starke kommunistische Parteien mit mehr oder weniger enger Bindung an das Modell des »realen Sozialismus« erhalten haben, wie in Frankreich oder Italien, ist er relativ am wenigsten spürbar.

17 Die Äußerungen Croslands sind zitiert nach J. K. Galbraith: *Die moderne Industriegesellschaft,* München 1968, S. 119. Zu der Kreiskyschen Sorge über die Verselbständigungstendenzen in der österreichischen verstaatlichten Industrie vgl. H. Reithofer: *Die ausgleichende Gesellschaft,* Wien 1978, S. 121.

18 Vgl. W. Zimmermann: *Der große deutsche Bauernkrieg (1856),* Berlin 1978, S. 232 ff.

19 Mit Recht bemerkt Rudolf Bahro, daß die Grundeinstellung der unmittelbaren Produzenten zu »ihrem« Staat sich nicht wesentlich von der der Arbeiter im Kapitalismus zu »ihrem« Konzern unterscheidet. (*Die Alternative,* S. 242.)

20 Zitiert nach E. Traugott: *Die Herrschaft der Meinung,* Düsseldorf 1970, S. 30.

21 Ein interessantes Beispiel ist etwa der nicht zuletzt über Beliebtheitsumfragen ausgetragene Machtkampf zwischen Michel Rocard und Francois Mitterand um die Position des sozialistischen Kandidaten für die Präsidentschaftswahlen 1981 in Frankreich.
Vgl. *Le Monde,* 1. 12. 1978, S. 12; 6. 12. 1978, S. 11.
Solche Popularitätsreihungen haben Karriereauswirkungen zumindest für jene Personen, die in ihnen besondere positive und negative Extremwerte erreichen.

22 Lance Morrow, der im US-Nachrichtenmagazin *Time* (20. 11. 1978, S. 43) diesem Niedergang der Parteien einen eigenen Essay widmete, zitierte als Ausgangspunkt die folgende pointierte Definition eines führenden Republikaners aus dem 19. Jahrhundert:
»The men who do the work of piety and charity in our churches . . . the men who own and till their own farms . . . the men who went to war . . . and saved the nation's honor . . . by the natural law of their being find their place in the Republican Party. While the old slave owner and slave driver, the saloon keeper, the ballot box stuffer . . . the criminal class of the great cities, the men who cannot read or write, by the natural law of their being find their congenial place in the Democratic Party.«
Der Europäer, der seit Jahrzehnten geneigt ist, die historischen Unterschiede der amerikanischen Parteien zu unterschätzen, wird erstaunt sein, daß sie für Morrow (gleich den großen Weltanschauungsparteien Europas) einst »weltliche Kirchen . . . mit Doktrinen, Heiligen, Riten, Pflichten, Strafen und Belohnungen darstellten«, und daß somit selbst im heutigen Amerika noch Raum für eine »Entideologisierung« bleibt.

23 Während sich die Wählerschichten konservativer und sozialdemokratischer Parteien langsam zu überlappen beginnen, zeigten sich etwa im Vergleich der religiösen Praktiken bei den Mitgliedern der österreichischen Sozialdemokratie und der Volkspartei noch sehr ausgeprägte Divergenzen (nur 6% der

SPÖ-Mitglieder gehen regelmäßig in die Kirche, hingegen 63 % der ÖVP-Mitglieder – E. Gehmacher: *Faktoren des Wahlverhaltens,* in: H. Fischer: *Das politische System Österreichs,* Wien 1977, S. 55 ff., S. 63). Die ideologisch beharrende Funktion der Kader gegenüber der demoskopisch sensibilisierten Spitze (und der breiten Wählerschaft) zeigte sich übrigens auch in der Marxismuskontroverse der spanischen Sozialisten recht deutlich.

24 Ein typisches Beispiel ist hier etwa das Verhältnis der österreichischen FPÖ zu ihren Mitgliedern, deren in der Regel deutschnationale Prägung für die sich liberal gebende Parteispitze gelegentlich zu Peinlichkeiten Anlaß gibt.

25 Ob man hierbei vereinfacht von einer Tendenz zur Anpassung an den Medianwähler sprechen kann (selbst wenn man diesen Median nicht auf einer simplen »Links-Rechts«-Skala, sondern mehrdimensional bestimmt), erscheint fraglich. Zu denken gibt hier vor allem das Phänomen einer gewissen Rücksichtnahme auch großer Parteien auf die durch lautstarke Minoritäten beeinflußten Meinungstrends. Die Vorkämpfer der Prohibition und später der Bürgerrechts- und der Antivietnamkriegsbewegung in den USA oder die Verfechter des straffreien Schwangerschaftsabbruches (in den verschiedensten Ländern) übten zweifellos unmittelbaren Anpassungsdruck auch auf die großen Mittelparteien aus. Indem die aktiven Randgruppen indirekt die »goldene Mitte« bestimmen, um die sich die Großparteien drängen, definieren letztlich sie das politische Klima.

26 Als Beispiele seien die großen Umfragen genannt, die von Zeitschriften und Magazinen wie *Der Spiegel, Stern, L'Express,* aber auch von großen Tageszeitungen in vielen Ländern regelmäßig in Auftrag gegeben und auf Titelseiten und in Aufmachern groß herausgebracht werden.
Neben große, seriöse, unter Nennung des Auftraggebers erstellte Umfragen treten dabei allerdings gerade für den Bereich der Massenpresse häufig triviale, schludrig und ohne repräsentatives Sample erstellte und auf bestimmte ungenannte Auftraggeber »maßgeschneiderte« Erhebungen, die nur auf einen plakativen Prozentsatz zugeschnitten sind.
Vgl. dazu die fünfteilige *Spiegel*-Serie: *Demoskopen in Deutschland* (Nr. 39–43/1978), insbesondere Nr. 40 vom 2. 10. 1978, S. 98 ff. zum Fall Wickert.

27 Anläßlich der österreichischen Zwentendorfabstimmung gab es etwa in der mehrheitlich für Atomkraftwerke eintretenden sozialistischen Partei zweifellos eine Stimmung der »Basis«, die zunächst nahezu auf eine Verfemung der parteiinternen Atomgegner hinauslief. Die selbst vage Androhung von Sanktionen gegen diese Personen widersprach aber dem Image der SPÖ als »offener Partei« und wurde daher bald aufgegeben.

28 Zur Zurückstellung des Meidner-Planes vgl. *Informationen des Gottlieb Duttweiler Institutes* vom 26. 10. 1978, S. 949. Über die Rolle der Demoskopie in der französischen Abtreibungsreform vgl. R. Muraz: *La parole aux francais,* Paris 1977, S. 45. Der Vorschlag, die Umstellung der Kfz-Haftpflichtversicherung auf das Bonus-Malus-System von einer demoskopischen Umfrage abhängig zu machen, stammt von einer der in den Verhandlungen beteiligten Interessenvertretungen (einer großen Autofahrerorganisation). Eine andere, von dem Ergebnis nicht sonderlich erfreute Interessenvertretung zog aus dem Umfrageergebnis den Schluß, daß es »schwierig sein werde«, diese Regelung für den Pkw-Sektor abzulehnen, was immerhin ein Beweis für das Gewicht empirisch-demoskopischer Strategien im politischen Kräftespiel ist.
Das jüngste Beispiel demoskopischer, empirischer Politik in Österreich ist

etwa der Beschluß der sozialdemokratischen Regierungspartei, die Entscheidung über die Alternativen der Benzineinsparung vom Ergebnis einer Meinungsumfrage abhängig zu machen (vgl. die Titelseiten der Wiener Tagespresse vom 8. 6. 1979). Dabei wurde die plebiszitäre Legitimationsfunktion der Umfrage von den betroffenen Spitzenpolitikern bewußt in den Vordergrund gerückt. Hier liegt zweifellos eine Parallele zu den etwa von E. P. Oberholtzer in seinem Werk *The Referendum in America,* New York 1912, festgestellten konsultativen Sachvoten vor, die amerikanische Bundesstaaten schon im 19. Jahrhundert zur Klärung kontroversieller Fragen, wie der Lage der neuen Hauptstadt des Staates oder der Regulierung des Alkoholverkaufes, abhielten. (Die entsprechenden, »von oben« initiierten Voten gingen der Einführung der Referendumsdemokratie nach Schweizer Muster um einige Jahrzehnte voran: vgl. Oberholtzer: a. a. O., S. 176 ff., S. 200 ff.) Der gegenüber solchen Vorgangsweisen regelmäßig geäußerte Vorwurf, die Regierung entziehe sich so ihrer Entscheidungsfunktion in unangenehmen Angelegenheiten, den etwa auch Oberholtzer schon anführt (ebenda, S. 286), hat hierbei etwas eigentümlich Unerhebliches: Wenn nämlich soziale Widerstände durch die Entscheidungsdevolution an den Volkssouverän reduziert werden können, hätte der »Mut zur unpopulären Entscheidung« sicherlich keinen Eigenwert.

29 Vgl. G. Gallup: *Die Mobilisierung der Intelligenz,* Düsseldorf 1965 (speziell S. 257), R. Inglehart: *The Silent Revolution,* Princeton 1977, G. Schmidtchen: *Die befragte Nation,* Freiburg 1959.
Dabei wissen gerade diese Autoren aus der Praxis über die Schwächen der Meinungsforschung wie die Beeinflußbarkeit der Interviewten durch den Interviewer (etwa mit dem Effekt des Ja-Sagens als Defensivstrategie), über die Manipulierbarkeit von Fragestellungen, über die Widersprüchlichkeit der Aussagen der Befragten und deren relative Unwissenheit reichlich Bescheid. (Diese Probleme und die unbestreitbare, solide mathematische Basis der Theorie repräsentativer (Zufalls-)Stichproben fallen im übrigen außer den Betrachtungshorizont dieser Arbeit.)

30 Zur Stützung der folgenden generellen Behauptungen sei ganz allgemein auf die folgenden Werke verwiesen:
1. auf das zitierte Werk von Muraz,
2. auf G. Calvi: *Valori e Stili di Vita degli Italiani,* Mailand 1977,
3. auf die regelmäßig erscheinenden *Allensbacher Jahrbücher für Demoskopie.*
Ergänzend sei insbesondere auf den Abschnitt über die Ergebnisse der Schweizer und amerikanischen Referendumsdemokratie verwiesen.
Mit dem Verweis auf international verblüffend gleichartige Umfrageergebnisse zu den angeführten Einzelfragen kann übrigens natürlich nicht ein hypothetischer »völlig einheitlicher Durchschnittsmensch« zumindest in der westlichen Industriezivilisation postuliert werden, denn institutionelle und kulturelle Unterschiede bleiben zweifellos auf vielen Gebieten sehr bedeutungsvoll. Sie werden beispielsweise in der in Erscheinung begriffenen Studie von S. Barnes und M. Kaase (ed.): *Political Action – Mass Participation in Five Western Democracies* anhand des Vergleiches von politischen Einstellungen in Großbritannien, der BRD, den Niederlanden, Österreich und den USA ausgewiesen. (Den Satz: Leute wie ich haben keinen Einfluß auf die Regierung, bejahten beispielsweise in Großbritannien 13,0%, in der BRD 31,3%, in Holland 14,2%, in den USA 10,2% und in Österreich 50,8% der Befragten. Daß der Wahlakt die einzige Möglichkeit sei, selbst Einfluß auf die Handlungen der Regierung zu nehmen, meinten in Großbritannien 13,8%, in der BRD 34,6%, in

den Niederlanden 16,2%, in den USA 16,5% und in Österreich 57,0% der Befragten.) Solche Diskrepanzen zu erläutern und – etwa auch im Zusammenhang mit dem Nachwirken des Faschismusproblems – historisch zu begreifen, fällt allerdings außerhalb des Bereiches dieser Arbeit. (Die angeführten Daten stammen aus: A. Eder, *Jugend, Ideologie und Protest,* Soziol. Diss., Wien 1977.)

VIERTES KAPITEL

Direktdemokratie – Neue Welle der bürgerlichen Revolution?

1 Das jüngst erschienene Werk von D. Butler – A. Ranney (ed.): *Referendums,* Washington D.C. 1978, gibt mit seinem umfassenden internationalen Datenmaterial und seiner ausführlichen Behandlung auch weniger bekannter Referendumsentscheide in Skandinavien, Australien, Irland und Kanada hoffentlich auch einen Anstoß für weitere vergleichende Studien.

2 Die Multiplikation positiver Aussagen zur direkten Demokratie im österreichischen Wahljahr 1979 ist hier etwa frappant: die »kommunalpolitischen Leitlinien« der SPÖ fordern verstärkte Mitbestimmung aller Bürger in den Gemeinden und Stadtbezirken »insbesondere durch eine Verstärkung der Einrichtungen direkter Demokratie«. Die österreichische Volkspartei forderte im Gefolge eines Symposiums über direkte Demokratie Volksabstimmungen auf Verlangen von 200.000 Stimmberechtigten, und eine Abspaltung der ÖVP in Niederösterreich, die »Wahlgemeinschaft für Bürgerinitiativen und Umweltschutz«, stellte die Einführung der direkten Demokratie in der Gemeinde wie auf Landesebene in den Kern ihres Wahlprogramms. (Vgl. *Die Presse,* 9. 3. 1979, S. 4, *Wiener Zeitung,* 23. 1. 1979, S. 2). Die tatsächliche Bereitschaft, solche Veränderungen durchzuführen, dürfte allerdings nach den bisherigen Erfahrungen um einiges schwächer als die Proklamationen ausfallen. Außerdem dürfte kurz vor dem 6. 5. 1979 die plötzliche Begeisterung der führenden bürgerlichen Politiker in Österreich für das Referendum als typische Waffe der Opposition mit einer gewissen realistisch-resignativen Einschätzung ihrer Wahlchancen gegenüber der regierenden Sozialdemokratie in Verbindung gestanden sein.

3 Quelle: Interview im Morgenjournal des österreichischen Rundfunks vom 27. 6. 1979.

4 Marx meint in seiner Kritik des Gothaer Programms, daß dessen politische Forderungen »nichts außer der alten weltbekannten Litanei: allgemeines Wahlrecht, direkte Gesetzgebung, Volksrecht, Volkswehr usw. enthalten. Lauter Forderungen, die, soweit nicht in phantastischer Vorstellung übertrieben, bereits realisiert sind«, nämlich »in der Schweiz, den Vereinigten Staaten usw.« (K. Marx: *Politische Schriften,* Bd. 2, Darmstadt 1971, S. 1014 ff., S. 1034). Marx' Vorwurf, man hätte »nicht zu der (weder ehrlichen noch würdigen) Finte flüchten sollen, Dinge, die nur in einer demokratischen Republik Sinn haben, von einem Staat zu verlangen, der nichts anderes als ein mit parlamentarischen Formen verbrämter, mit feudalem Beisatz vermischter, schon von der Bourgeoisie beeinflußter, bürokratisch gezimmerter, polizeilich gehüteter Militärdespotismus ist« (ebenda, S. 1035), ist angesichts eben dieser Schwierigkeiten zwar einerseits Ausdruck einer etwas billigen Besserwisserei,

bezeichnet jedoch zweifellos das Grunddilemma der Sozialdemokratie im Bismarckschen und Wilhelminischen Deutschland.

5 Ende der sechziger und Anfang der siebziger Jahre schien sich die Stoßrichtung der Legitimitätsdebatte der Repräsentativdemokratie vornehmlich auf mehr direkte Demokratie im Sinne von Rätedemokratie zu konzentrieren. (Vgl. dazu die Mehrzahl der Beiträge in U. Bermbach: *Theorie und Praxis der direkten Demokratie,* Opladen 1973.) Die angesichts der Richtung der gesamtgesellschaftlichen Dynamik der siebziger Jahre etwas steril gewordene Rätediskussion dürfte aber nun einer weniger radikalen, aber dafür aussichtsreicheren Referendumsdiskussion Platz machen.

6 Vgl. S. Alderson: *Yea or Nay – Referenda in the United Kingdom,* London 1975, S. 67 f.

7 Das Gothaer Programm von 1875 nennt als zweiten Punkt seiner grundsätzlichen Forderungen (nach dem allgemeinen, gleichen und geheimen Wahlrecht für Staat und Gemeinde): »2. Direkte Gesetzgebung durch das Volk. Entscheidung über Krieg und Frieden durch das Volk.« Das Erfurter Programm von 1891 führt diese Forderung so wie den ersten Punkt über das Wahlrecht etwas breiter aus. Es verlangt: »2. Direkte Gesetzgebung durch das Volk vermittels des Vorschlags- und Verwerfungsrechtes. Selbstbestimmung und Selbstverwaltung des Volkes in Reich, Staat, Provinz und Gemeinde. Wahl der Behörden durch das Volk. Verantwortlichkeit und Haftbarkeit derselben. Jährliche Steuerbewilligung«, Programmtexte nach K. P. Schulz: *Proletarier, Klassenkämpfer, Staatsbürger,* München 1963, S. 230 und 232.
Die vor allem von Bürkli und den Schriften Moritz Rittinghausens stimulierte Debatte über die Volksrechte hat u. a. auch Karl Kautsky zu seinem interessanten Werk: *Der Parlamentarismus, die Volksgesetzgebung und die Sozialdemokratie,* Stuttgart 1893, motiviert.

8 Barrington Moore gibt zwar in seinem großen Werk über die *Sozialen Ursprünge von Demokratie und Diktatur,* Frankfurt 1969, einen Grund für die Vernachlässigung kleiner Staaten wie der Schweiz, daß nämlich ihre Entwicklung von jener der umgebenden Großstaaten determiniert würde (a. a. O., S. 10 f.). Das Argument, in das von ferne die uralte hegemoniale Geschichtsauffassung, der Gedanke der Imperiumstranslation und Rankes Vorstellung vom Gang Gottes in der Weltgeschichte durch die Großmächte hineinwirken, scheint aber nicht ganz stichhaltig. Ähnlich gewissen ethnischen und religiösen Minderheiten innerhalb eines Staates können auch begünstigte Kleinstaaten wie die Schweiz oder etwa Holland auf ihren Kulturkreis durchaus Macht und institutionellen Einfluß ausüben. Moores eigene eindrucksvolle Analyse der Rolle des Agrarsektors in der Moderne, die eine unverkennbare Stoßrichtung gegen die konservativ-faschistisierende Agrarromantik aufweist, läßt deshalb vielleicht nicht zufällig die demokratische Rolle eines breiten, selbständigen und marktorientierten Bauerntums etwas zu kurz kommen, die nicht nur im amerikanischen Westen, sondern etwa auch in der Schweiz, Holland und Dänemark aufweisbar wäre.

9 Zitiert bei Th. Curti: *Geschichte der Schweizer Volksrechte,* Zürich 1885, S. 91. Im folgenden zitiert: *Geschichte.*

10 Bemerkenswert ist etwa, daß die Anführer der Bauernrevolte nach dem mythischen Gründungshelden der Eidgenossenschaft die »drei Tellen« genannt wurden – trotz der auch in den süddeutsch-österreichischen Bauernkriegen gegebenen Berufung auf alterworbene Rechte, ein wohl wesentlicher Traditionszusammenhang (vgl. dazu Curti, a. a. O., S. 28 ff.).

11 Zur allgemeinen Wirtschafts- und Sozialgeschichte der Schweiz vgl. als jüngeres Überblickswerk: A. Hauser: *Schweizerische Wirtschafts- und Sozialgeschichte,* Erlenbach-Stuttgart 1961. Zum verbändegeschichtlichen Hintergrund der Referendumsdemokratie, quasi zum Verbindungsglied zwischen sozialer und politischer Geschichte vgl. insbes. E. Gruner: *Die Parteien in der Schweiz,* Bern 1977.

12 Vgl. B. M. Biucchi: *Switzerland 1700–1914* in: C. M. Cipolla (ed.): *The Fontana Economic History of Europe, The Emergence of Industrial Societies,* Part 2, S. 627 ff. Das hochentwickelte Bankwesen im Bereich der heutigen Schweiz äußert sich übrigens nicht zuletzt in der Rolle des Genfer Bankiers Necker vor und zur Zeit der Französischen Revolution – gleichsam ein Emissär einer fortgeschrittenen bürgerlichen Gesellschaft im aristokratischen Machtapparat des Ancien Régime.

13 Vgl. Th. Curti, *Geschichte,* S. 38 ff., besonders S. 45 f., sowie B. R. Palmer: *The Age of Democratic Revolution* (Bd. 1), Princeton N. Y. 1959, S. 111 ff. Auch Rousseau, der sich auf seine Genfer Bürgerschaft einiges zugute hielt, kann als Exponent des schweizerisch-bürgerlichen und protestantischen Kulturkreises angesehen werden. Derartige personengebundene, ideologische Ausstrahlungswirkungen auch kleinerer Fortschrittszellen belegen die Gefährlichkeit einer einseitig kultur- und wirtschaftsimperialistischen Betrachtungsweise.

14 Vgl. als interessantes Zeitdokument die Rede Napoleons an die Schweizer Delegierten, wiedergegeben bei Th. Curti: *Geschichte,* S. 112 f.

15 Theodor Curti (1848–1914), Sproß einer katholischen St. Gallener Honoratiorenfamilie, war mehrfach im Redaktionsstab der *Frankfurter Zeitung* tätig und leitete diese von 1902 bis 1914. In den achtziger und neunziger Jahren wirkte er in der Schweizer Politik im Rahmen der Ostschweizer Demokraten für den praktischen Ausbau der Volksrechte, für die Verstaatlichung der Eisenbahnen, des Banknotenwesens, für das Alkoholmonopol sowie für die Entwicklung des Wohlfahrtsstaates durch Arbeitschutzgesetzgebung und Sozialversicherung. Seine in der Folge mehrfach zitierten Werke wären zweifellos einer Neuauflage würdig!

16 Th. Curti, *Geschichte,* S. 126.

17 Dieser Einfluß wurde zwar von einigen, besonders patriotisch gesinnten Schweizer Staatsrechtlern geleugnet, aber etwa von W. Rappard einbekannt. Vgl. W. E. Rappard: *The Initiative, Referendum and Recall in Switzerland,* in: *Annals of the American Academy of Political and Social Sciences,* Sept. 1912, S. 110 ff., S. 110.

18 Vgl. P. König (Hrsg.): *Die Schweiz unterwegs,* Zürich 1969, S. 281.

19 Diese Grundzüge dieses Systems seien durch Zitierung der entsprechenden Artikel der geltenden Schweizer Bundesverfassung kurz umrissen (zitiert nach *Systematische Sammlung des Bundesrechts,* Schweizerische Bundeskanzlei, Bern 1974).
Art. 89
1. Für die Bundesgesetze und Bundesbeschlüsse ist die Zustimmung beider Räte erforderlich.
2. Bundesgesetze sowie allgemeinverbindliche Bundesbeschlüsse sind dem Volke zur Annahme oder Verwerfung vorzulegen, wenn es von 50.000 stimmberechtigten Schweizer Bürgern oder von acht Kantonen verlangt wird.
3. Absatz 2 gilt auch für volksrechtliche Verträge, die a) unbefristet und unkündbar sind;

b) den Beitritt zu einer internationalen Organisation vorsehen;
c) eine multilaterale Rechtsvereinheitlichung herbeiführen.
4. Durch Beschluß beider Räte können weitere völkerrechtliche Verträge Absatz 2 unterstellt werden.
5. Der Beitritt zu Organisationen für kollektive Sicherheit oder zu supranationalen Gemeinschaften untersteht der Abstimmung des Volkes und der Stände.
Art. 89 bis
Allgemeinverbindliche Bundesbeschlüsse, deren Inkrafttreten keinen Aufschub erträgt, können durch die Mehrheit aller Mitglieder in jedem der beiden Räte sofort in Kraft gesetzt werden; ihre Gültigkeitsdauer ist zu befristen.
1. Wird von 50.000 stimmberechtigten Schweizer Bürgern oder von acht Kantonen eine Volksabstimmung verlangt, treten die sofort in Kraft gesetzten Beschlüsse ein Jahr nach ihrer Annahme durch die Bundesversammlung außer Kraft, soweit sie nicht innerhalb dieser Frist vom Volke gutgeheißen wurden; in diesem Falle können sie nicht erneuert werden.
2. Die sofort in Kraft gesetzten Bundesbeschlüsse, welche sich nicht auf die Verfassung stützen, müssen innert Jahresfrist nach ihrer Annahme durch die Bundesversammlung von Volk und Ständen genehmigt werden; andernfalls treten sie nach Ablauf dieses Jahres außer Kraft und können nicht erneuert werden.
Art. 90
Die Bundesgesetzgebung wird bezüglich der Formen und Fristen der Volksabstimmung das Erforderliche feststellen.
Art. 120
1. Wenn eine Abteilung der Bundesversammlung die Totalrevision beschließt und die andere nicht zustimmt oder wenn 100.000 stimmberechtigte Schweizer Bürger die Totalrevision der Bundesverfassung verlangen, so muß im einen wie im anderen Fall die Frage, ob eine solche stattfinden soll oder nicht, dem schweizerischen Volke zur Abstimmung vorgelegt werden.
2. Sofern in einem dieser Fälle die Mehrheit der stimmenden Schweizer Bürger über die Frage sich bejahend ausspricht, so sind beide Räte neu zu wählen, um die Totalrevision an die Hand zu nehmen.
Art. 121
1. Die Partialrevision kann sowohl auf dem Wege der Volksanregung (Initiative) als der Bundesgesetzgebung vorgenommen werden.
2. Die Volksanregung umfaßt das von 100.000 stimmberechtigten Schweizer Bürgern gestellte Begehren auf Erlassung, Aufhebung oder Abänderung bestimmter Artikel der Bundesverfassung.
3. Wenn auf dem Wege der Volksanregung mehrere verschiedene Materien zur Revision oder zur Aufnahme in die Bundesverfassung vorgeschlagen werden, so hat jede derselben den Gegenstand eines besonderen Initiativbegehrens zu bilden.
4. Die Initiativbegehren können in der Form der allgemeinen Anregung oder des ausgearbeiteten Entwurfes gestellt werden.
5. Wenn ein solches Begehren in Form der allgemeinen Anregung gestellt wird und die eidgenössischen Räte mit demselben einverstanden sind, so haben sie die Partialrevision im Sinne der Initianten auszuarbeiten und dieselbe dem Volke und den Ständen zur Annahme oder Verwerfung vorzulegen. Stimmen die eidgenössischen Räte dem Begehren nicht zu, so ist die Frage der Partialrevision dem Volke zur Abstimmung zu unterbreiten und, sofern die Mehrheit der stimmenden Schweizer Bürger sich bejahend ausspricht, die Revision von

der Bundesversammlung im Sinne des Volksbeschlusses an die Hand zu nehmen.
6. Wird das Begehren in Form eines ausgearbeiteten Entwurfes gestellt und stimmt die Bundesversammlung demselben zu, so ist der Entwurf dem Volke und den Ständen zur Annahme oder Verwerfung vorzulegen. Im Falle der Nichtzustimmung kann die Bundesversammlung einen eigenen Entwurf ausarbeiten oder die Verwerfung des Vorschlages beantragen und ihren Entwurf oder Verwerfungsantrag mit dem Initiativbegehren der Abstimmung des Volkes und der Stände unterbreiten.
Art. 122
Über das Verfahren bei den Volksbegehren und den Abstimmungen betreffend Revision der Bundesverfassung wird ein Bundesgesetz das Nähere bestimmen.
Art. 123
1. Die revidierte Bundesverfassung beziehungsweise der revidierte Teil derselben, treten in Kraft, wenn sie von der Mehrheit der an der Abstimmung teilnehmenden Bürger und von der Mehrheit der Kantone angenommen sind.
2. Bei Ausmittlung der Mehrheit der Kantone wird die Stimme eines Halbkantons als halbe Stimme gezählt.
3. Das Ergebnis der Volksabstimmung in jedem Kanton gilt als Standesstimme desselben.

20 Auszug aus der Rede v. Segessers vor dem Nationalrat am 27. 1. 1872 in: P. König (Hrsg.): a. a. O., S. 282 ff., 284.

21 Man vergleiche diese Aussage v. Segessers mit dem berüchtigten, von seinen Gesinnungsgenossen heftig akklamierten Ausspruch des preußischen konservativen Abgeordneten Oldenburg-Januschau, der meinte: der König von Preußen und Deutsche Kaiser müsse »stets in der Lage sein, jedem Leutnant zu befehlen: Nehmen Sie zehn Mann und schießen Sie den Reichstag über den Haufen« (zitiert nach B. Moore: *Die sozialen Ursprünge von Diktatur und Demokratie,* Frankfurt 1969, S. 56).

22 In diesem Sinn formuliert L. Neidhardt die Grundthese seines Werkes *Plebiszit und pluralitäre Demokratie,* Bern 1970, das die Summe der Schweizer Referendumserfahrungen zieht (a. a. O., S. 21–22). Zustimmend E. Gruner: *Die Parteien in der Schweiz,* Bern 1977, S. 168.

23 R. Ruffieux, H. Mesmer et alii: *La democratie referendaire Suisse au 20ième siecle – Die schweizerische Referendumsdemokratie im 20. Jahrhundert,* Freiburg 1972, greift in seinem bisher erschienenen ersten Band vier Beispielsfälle für Referendumskämpfe auf: aus der Außenpolitik die Frage des Völkerbundbeitritts, aus der Wirtschaftspolitik jene der Getreidemarktordnung, aus dem Verfassungsrecht die jahrzehntelang umstrittene Proporzwahl und aus dem Sozialrecht die Sozialversicherungsfrage.
O. Sigg: *Die eidgenössischen Volksinitiativen 1892–1940,* Bern 1978, befaßt sich, wie erwähnt, mit dem auf den ersten Blick »erfolglosesten« Teilbereich der Volksrechte. Allerdings waren die meist abgelehnten Initiativen oft genug Vorläufer künftiger gesellschaftlicher Tendenzen und gaben den Fingerzeig für »empirische« Anpassungen der Regierung an den Zeitgeist.
Einen sehr knappen, aber dafür informativen und vollständigen Überblick über die eidgenössischen Abstimmungen seit 1848 bringt die Broschüre der schweizerischen Bundeskanzlei: Referendumsvorlagen, dringliche Bundesbeschlüsse, Volksinitiativen, Volksabstimmungen 1848–1974 (Bern 1974 und laufende Ergänzungen). Leider gibt dieses wertvolle offizielle Quellenwerk

keine der politologisch ungemein interessanten Hinweise auf die Abstimmungsparolen der wichtigsten Parteien und Verbände. Für die bisher etwa 300 Volksabstimmungen der Eidgenossenschaften entsprechende stichwortartige Unterlagen zu erarbeiten, wäre eine überaus verdienstvolle Aufgabe für eine Forschergruppe und würde ein auch umfangmäßig handliches (bei 2 Seiten Information pro Referendum etwa 600seitiges) wertvolles Nachschlagwerk ergeben. (Für den Teilbereich der Volksinitiativen wurden die entsprechenden Angaben ja von O. Sigg, a. a. O., S. 91 ff., sowie von Hans Werder in: *Die Bedeutung der Volksinitiative in der Nachkriegszeit,* Bern 1978, insbes. S. 12 ff., schon im wesentlichen publiziert.) Ergänzend sei übrigens auf die erst seit jüngster Zeit (1977) vorgenommenen demoskopischen Nachanalysen der eidgenössischen Referenden hingewiesen, die von der Gesellschaft für praktische Sozialforschung (Zürich) und vom Forschungszentrum für schweizerische Politik erstellt und veröffentlicht werden.

24 Die folgende Zusammenstellung beruht für die ältere Zeit auf Th. Curti: *Die Resultate des schweizerischen Referendums,* Bern 1911, weiters auf verstreuten Hinweisen bei Gruner, Neidhardt, Ruffieux, auf Mitteilungen der Tagespresse und dem genannten Überblick der schweizerischen Bundeskanzlei.
Die Auswahl ist willkürlich nach Gesichtspunkten subjektiver Relevanz.

25 E. Gruner: *Die politischen Parteien in der Schweiz,* S. 57. Allein von 1930–1938 ergingen 91 dringliche, das heißt dem Referendum entzogene Bundesgesetze und Bundesbeschlüsse (L. Neidhardt: a. a. O., S. 14).

26 Vgl. N. Flüeler u. a.: *Die Schweiz – vom Bau der Alpen bis zur Frage nach der Zukunft,* Zürich 1975, S. 280, sowie J.-F. Aubert: *Switzerland* in: Butler – Ranney: a. a. O., S. 39 ff., 44.

27 Schweizer Einfluß wird zwar meist kurz erwähnt, aber nur selten eingehender gewürdigt. Typisch ist die völlige Übergehung dieses Einflusses in der sonst sehr informativen Studie von Austin Ranney in: D. Butler – A. Ranney: a. a. O., S. 67 ff.
Schon Ellis Paxton Oberholtzer, der das klassische Werk über das Referendum in Amerika geschrieben hat (E. P. Oberholtzer: *The Referendum in America,* Philadelphia 1893), bemühte sich dagegen in patriotischer Weise, die autochthonen Wurzeln des Volksentscheides in der amerikanischen, demokratischen Kultur hervorzuheben. Diese liegen vor allem im Verfassungsplebiszit, wie etwa auch Curti anerkannt hat. Im Zeichen eines auch in den USA feststellbaren verstärkten Interesses für die Volksgesetzgebung ist Oberholtzers Werk wieder herausgegeben worden (Reprint der 2. Auflage, New York 1912, New York 1971).

28 Th. Curti: *Der Weltgang des Referendums* in: *Archiv des öffentlichen Rechts,* Band 28, Tübingen 1919, S. 1 ff.

29 Th. Curti: *Die Resultate des schweizerischen Referendums,* Bern 1911, S. V f. Ders.: *Geschichte der schweizerischen Volksgesetzgebung,* Zürich 1885, S. 237.

30 W. L. Rappard: *The Initiative Referendum and Recall in Switzerland,* in: *Annals of the American Academy of Political and Social Science,* Sept. 1912, S. 110 ff. Der Wert dieses hervorragenden Artikels liegt nicht so sehr in der Darstellung der Schweizer Verhältnisse als in der Dokumentation des Einflusses auf Amerika, den Rappard sehr bildhaft »A Case of Democratic Contagion« nennt.

31 Rappard, a. a. O., S. 117 ff., belegt sehr schön, wie dieses Werk (erschienen London 1889) als zentrale Informations- und Zitatenquelle für die britische und amerikanische Referendumsliteratur der folgenden Jahrzehnte auftrat.

32 Vgl. H. R. Grant: *Origins of a Progressive Reform: The Initiative and Referen-*

dum Movement in South Dakota in: *South Dakota History,* Volume 2 (1973), Nr. 4, S. 390 ff..

33 Die Bedeutung U'Rens für Oregon unterstreichen etwa J. D. Hicks-G. E. Mowry: *A Short History of American Democracy,* Boston 1956, durch Zitierung des Ausspruches: »In Oregon the state gouvernment is divided into four departments – the executive, judicial, legislative and U'Ren – and it is still an open question who exerts the more power« (a. a. O., S. 600).

34 Rappard: a. a. O., S. 125.
Es handelt sich um das Buch von J. W. Sullivan: *Direct Legislation by the Citizenship through the Initiative and Referendum,* New York 1892.

35 Vgl. Th. Curti: *Der Weltgang des Referendums,* a. a. O., S. 32 ff.

36 Hicks-Mowry schreiben etwa über die erste Welle der Staatengründung zu Ende des 18., Anfang des 19. Jahrhunderts:
»The new Western States on admission to the Union unhesitatingly established universal manhood suffrage and the older states of the East soon followed their example« (a. a. O., S. 177).
Das Frauenwahlrecht kam ebenfalls von der – unterdessen vorgerückten – Frontier: 1869 wurde es in Wyoming eingeführt, und im Jahre 1911 war es vollständig nur in den Staaten Wyoming, Colorado, Utah, Idaho, Washington und Kalifornien durchgesetzt (Hicks-Mowry, a. a. O., S. 603).

37 Zur allgemeinen Geschichte des Populismus vgl. die hervorragenden Standardwerke John D. Hicks: *The Populist Revolt,* Minneapolis 1931, und R. Hofstadter: *The Age of Reform,* New York 1955.
Hofstadters brillantes, mit dem Pulitzerpreis ausgezeichnetes Buch ist auch in neueren Auflagen erhältlich. Insoweit Hofstadter Hicks vorwirft, die F. J. Turnersche These vom »Verschwinden der Frontier« etwas unkritisch zu einer Basis der Agrarrevolte des Populismus zu machen (Hofstadter, a. a. O., S. 49) ist ihm freilich ein ähnliches Konstrukt problematischer historischer Generalisierung vorzuhalten: nämlich die von ihm wahrscheinlich etwas überzogene Rolle des »Agrarmythos« als Legitimationsbasis der Farmer gegen das Großkapital.

38 Zur »Silbermythologie« der populistischen Zeit, die in gewissem Sinn die Fortsetzung der ebenfalls inflationistischen Greenback-(das heißt Papierdollar-)bewegung der siebziger Jahre darstellte, vgl. die interessante Monographie von R. Hofstadter: *Free Silver and the Mind of »Coin« Harvey,* in: (ders.) *The Paranoid Style in American Politics,* London 1966, S. 238 ff.
Harvey, einer der einflußreichsten Silberagitatoren, formulierte bereits das Bild einer britisch-jüdischen, plutokratischen Deflationsverschwörung, das als fragwürdiger Schatten den Populismus von Anfang an begleiten sollte.

39 Oberholtzer: *The Referendum in America,* Philadelphia 1893, S. 24, zitiert hier zustimmend den sehr treffenden Ausdruck »curing democracy with more democracy«. In der 2. Auflage, New York 1912, äußert sich Oberholtzer dagegen bereits in recht konservativer, ressentimentgeladener Weise gegen die Realität der Demokratisierung (S. 474 ff.). Er spricht gegen das »neue Arkadien am Oregon« und wittert die Gefahren sozialistischer Agitation und unsolider Währungspolitik (S. 473 ff.).

40 Als recall wird die vorzeitige Abberufung gewählter Amtsträger bezeichnet. Obwohl in der Praxis nur selten angewandt, erregte sie (und ihr Verfechter Theodore Roosevelt) die besonderen Befürchtungen des konservativ gewordenen Oberholtzer, a. a. O., 2. Auflage, New York 1912, S. 511 ff.

41 In der Frage der Eisenbahnverstaatlichung findet sich übrigens eine interes-

sante Parallele zum Forderungskatalog der Ostschweizer Demokraten, unter denen der Propagandist des Referendums, Theodor Curti, seine politische Wirksamkeit entfaltete.

42 Der kurzfristige Einfluß des europäischen Sozialismus auf den amerikanischen Mittelwesten dürfte nicht zuletzt durch das deutsche Einwandererelement stimuliert worden sein.

43 Die Verschwörungsthese, die in »Coin« Harveys Roman *A Tale of Two Nations* (1894), dem »einzigen Schlüsselroman über den Goldstandard« (Hofstadter: *Free Silver and the mind of »Coin« Harvey,* S. 293), noch vorwiegend antibritische Schlagseite hatte, wurde von Tom Watson aus Georgia, dem populistischen Vizepräsidentschaftskandidaten von 1896, später im Sinne einer jüdischen Weltverschwörung gedeutet. Watson wurde als antisemitischer Agitator 1920 in den US-Senat gewählt. (Vgl. D. Bell: *The End of Ideology,* New York 1962, S. 117.)

44 Vgl. *Die Zeit,* Nr. 5/1979, S. 35.

45 Die Gesamtzahl (lokaler) Referendumsentscheide in den USA beträgt pro Jahr 10.000–15.000. (Nach H. D. Hamilton: *Direct Legislation. Some Implications of Open Housing Referenda,* in: *American Political Science Review,* März 1970, S. 124–137, S. 125.)

46 A. Ranney: *The United States of America,* in: D. Butler – A. Ranney: *Referendums,* Washington D.C. 1978, S. 67 ff.

47 Laut A. Ranney: a. a. O., S. 70 (Tabelle 4–5) wurden die Gesetzesinitiative und das Referendum in folgender Reihenfolge eingeführt:
1898: South Dakota; 1900: Utah; 1902: Oregon; 1907: Oklahoma; 1908: Maine, Missouri; 1910: Arkansas, Colorado; 1911: Arizona, California, Montana, New Mexico; 1912: Idaho, Nebraska, Nevada, Ohio, Washington; 1913: Michigan; 1914: North Dakota; 1915: Kentucky, Maryland; 1918: Massachusetts; 1959: Alaska; 1968: Wyoming; 1970: Illinois; 1972: Florida.

48 Vgl. die bei Ranney: a. a. O., S. 78, genannte Tabelle 4–5, sowie jene von E. C. Lee im gleichen Werk S. 95.

49 W. B. Munro: *Initiative and Referendum,* in Bd. 8 der *Encyclopedia of the Social Sciences,* New York 1932, S. 52.

50 Ranney: a. a. O., S. 84.

51 Vgl. Ranney: ebenda, S. 82 f.

52 Vgl. E. C. Lee: *California,* in: D. Butler – A. Ranney: a. a. O., S. 87.

53 Vgl. ebenda, S. 94.

54 Vgl. ebenda, S. 117.

55 Ebenda, S. 97.
Schon Oberholtzer (a. a. O., 1912, S. 506) erwähnte eine Firma, die sich in Oregon auf das Sammeln von Unterschriften für Referendumsbegehren spezialisiert hatte.

56 Vgl. *Time,* Nov. 20/1978, S. 41.

57 Lee: a. a. O., S. 119.

58 Vgl. ebenda, S. 94.

59 Ranney: a. a. O., S. 75.
Vgl. auch *Time,* Oct. 30/1978, S. 38.

60 Ranney: a. a. O., S. 74.

61 S. S. Nilson: *The Nordic Countries,* in: Butler – Ranney: a. a. O., S. 169 ff.

62 Vgl. für die folgenden Daten D. Aitkin: *Australia,* in: Butler – Ranney: a. a. O., S. 132 ff.

63 Vgl. ebenda, S. 125.

64 Vgl. ebenda, S. 134.

65 Vgl. R. Schiffers: *Elemente direkter Demokratie im Weimarer Regierungssystem,* Düsseldorf 1971, sowie die umfangreichen zeitgenössischen Studien Y. le Dantec: *L'initiative populaire, le referendum et le plébiscite dans le Réich et les Pays allemands,* Paris 1932,
und: C. C. Angelesco: *La consultation directe du peuple en dehors de l'election, d'après la constitution de Weimar,* Paris 1933.

66 Zum Fürstenenteignungsbegehren vgl. die Kommentare der *Frankfurter Zeitung* vom 21. 6. 1926, S. 1. Zur Kampagne vgl. auch *Die Weltbühne,* Berlin 1926, Nr. 4, S. 136 ff., Nr. 13, S. 484 ff., Nr. 17, S. 649 ff., Nr. 23, S. 871, und Nr. 25, S. 951.
Zur Volksabstimmung über den Young-Plan vgl. *Die Weltbühne,* Berlin 1929, Nr. 30, S. 115 ff., Nr. 49, S. 825. *Frankfurter Zeitung* vom 23. 12. 1929, S. 1, mit Kommentaren zum Abstimmungsergebnis.
Eine reich dokumentierte Gesamtdarstellung auch der schon im Vorverfahren gescheiterten Volksbegehren findet sich bei Schiffers, a. a. O., S. 211 ff. (Fristenvolksbegehren, S. 212 ff., Young Plan, S. 231 ff.)

67 Entsprechende Erfahrungen erwiesen schon 1919 in München, daß das Beteiligungsquorum die Boykottstrategie der Gegner des Volksbegehrens prämiert und daß auch durchaus demokratische Parteien wie die SPD eine solche Boykottstrategie mit ihren unerfreulichen Begleiterscheinungen zu wählen bereit sind, wenn sie sich gleichsam anbietet. Dies wurde auch Anlaß einer Denkschrift des bayrischen Innenministeriums aus dem Jahre 1921, die leider für die Grundsatzbeschlüsse der Weimarer Verfassungsdebatte zu spät kam (Schiffers, a. a. O., S. 199). Später griff auch der preußische Regierungsrat Carl Tannert in einer viel beachteten Denkschrift aus dem Jahre 1929 die »Fehlgestalt des Volksentscheids« und insbesondere die Verletzung des Stimmgeheimnisses an. (Vgl. Schiffers, a. a. O., S. 266.)
Um so bedauerlicher scheint es, daß das unselige Beteiligungsquorum offenbar auch in der neueren Gesetzgebung zur Direktdemokratie nicht verschwinden will (vgl. etwa den § 131 c Absatz 3 der Novelle der Wiener Stadtverfassung von 1978).

68 Eine Volksabstimmung sieht das Bonner Grundgesetz nur für Neugliederungen des Bundesgebietes vor (vgl. Art. 29 und 118). Das Abgehen von der Weimarer Tradition wurde mit den wenig ermutigenden Erfahrungen von 1919 bis 1945 motiviert (vgl. G. Jänicke: *Plebiszit,* in: *Handwörterbuch der Sozialwissenschaften,* Bd. 8, Tübingen 1964, S. 341 ff., 346).

69 Vgl. ebenda, S. 346,
sowie P. C. Mayer-Tasch: *Die Bürgerinitiativbewegung,* Reinbek/Hamburg 1976, S. 52 ff.

70 Butler–Ranney bemühen sich in ihrem Anhang A (S. 227 ff.) um einen informativen Überblick über alle nationalen Referendumsentscheidungen außerhalb der Schweiz und Australiens, der auch »totalitäre und manipulierte Referenden« einschließt.

71 Zum Fall Frankreichs vgl. V. Wright: *France,* in: Butler–Ranney, a. a. O., S. 139 ff.

72 Vgl. Th. Curti: *Geschichte,* S. 206.

73 Der gewählte Abstimmungsmodus, die schriftliche, namentliche Abstimmung sicherte hier natürlich den »gewünschten« Wahlausgang.
Vgl. S. Alderson: *Yea or Nay, Referenda in the United Kingdom,* London 1975, S. 15.

Die Abstimmungen von 1800, 1802, 1804 und 1815 erzielten daher auch bereits die typischen Mehrheiten zwischen 99,7 und 99,9% (vgl. Butler–Ranney: a. a. O., S. 228 ff.).

74 Louis Bonaparte war zeitweilig Schweizer Bürger und kannte die Praxis der eidgenössischen Referendumsdemokratie. Die von ihm gepflegte Tradition ist freilich nicht mit jener der Schweiz vergleichbar. (Vgl. P. Rühlmann: *Die demokratischen Rechte und Pflichten in der Schweiz,* in: *Die Demokratien des Auslandes,* Berlin 1919, S. 11.)

75 Vgl. K. v. Beyme: *Die parlamentarischen Regierungssysteme in Europa,* München 1970, S. 262 ff., 267. In Webers Präferenz für einen »in direkter Volkswahl zum Führer der Nation akklamierten Vertrauensmann der Massen«, die den Vater der Weimarer Verfassung Hugo Preuß beeinflußte, steckt zweifellos etwas von der sehr ambivalenten Haltung Webers zum Cäsarismus, die über die spätere Vorliebe Carl Schmitts für plebiszitäres Führertum und die historische Entwicklung der dreißiger Jahre eine gewisse Anrüchigkeit bekommen hat. (Eine sehr differenzierte und ausführliche Diskussion der Entstehungsgeschichte der plebiszitären Elemente im Weimarer Verfassungswerk findet sich bei Schiffers, a. a. O., S. 97 ff.)

76 In der Verfassungsreformdebatte des Jahres 1929 brachten die Christlichsozialen u. a. den Vorschlag auf Ersatz der parlamentarischen Zweidrittelmehrheit für Verfassungsänderungen durch eine einfache parlamentarische Mehrheit mit anschließendem Plebiszit ein. Die sozialdemokratische Seite replizierte mit dem »Lex Sever« genannten Vorschlag des Rechtes eines Drittels des Nationalrates, über Gesetze Volksabstimmungen durchzuführen. Es waren dies aber nur Randprobleme. Der Vorstoß der Rechten von 1929 zielte in seinen Hauptpunkten auf eine legale Entmachtung des einzigen »roten« Bundeslandes Wien und auf ein präsidiales Notverordnungsrecht autoritärer Färbung. Typisch für die Polarisierung jener Zeit zielen auch die Referendumsvorschläge nicht auf eigentliche Volksrechte ab, sondern auf parteiengesteuerte Mobilisierung der Wählermassen gegen die »Feindpartei«.
Vgl. N. Leser: *Zwischen Reformismus und Bolschewismus,* Wien 1968, S. 440 ff.

77 Vgl. W. Schröder: *De Gaulle und die direkte Demokratie,* Köln 1969. G. Schmidtchen: *Die befragte Nation,* Freiburg 1959, weist auf den erstaunlichen Gleichklang der demoskopisch festgestellten, öffentlichen Meinung mit de Gaulles Politik hin (z. B. in der Algerienfrage und der Aussöhnung mit Deutschland a. a. O., S. 170 f.). Die gaullistischen Plebiszite wären in diesem Sinne demoskopisch abgesicherte Legitimationen der tatsächlichen Übereinstimmung zwischen Führung und Mehrheitsauffassung.

78 Butler–Ranney: a. a. O., S. 2.

79 Ebenda, S. 37.

80 Nach der italienischen Verfassung von 1947 können über ein von beiden Kammern des Parlaments (aber ohne Zweidrittelmehrheit) beschlossenes Verfassungsgesetz 500.000 Wähler, 5 Regionalräte oder ein Fünftel der Mitglieder einer Kammer das Referendum verlangen (Art. 138).
Das Referendum bei Gesetzen hat Vetocharakter und kann von 500.000 Wählern oder fünf Regionalräten verlangt werden. Es ist ausgeschlossen für Steuer- und Budgetgesetze, Amnestien und Indulte sowie Ermächtigungsgesetze zum Abschluß internationaler Verträge (Art. 75). Auch für Teilterritorien des Staatsgebietes sind Referendumsmöglichkeiten geschaffen. Trotz der relativ restriktiven Referendumsgesetzgebung hat die Einführung des Volksvetos in

Italien der kleinen, radikalen Partei die Möglichkeit einer Profilierung mittels populärer Referendumsforderungen gegeben. Ihr Vorstoß gegen die staatliche Parteifinanzierung ist etwa 1978 bei 81,4% Stimmbeteiligung mit 44% Ja-Stimmen gegen den Widerstand aller Großparteien nur knapp gescheitert. Vgl. *Arbeiter Zeitung,* Wien, 16. 4. 1978, S. 4. In gewissem Sinn kanalisiert diese derzeit in starkem Aufwind befindliche Partei ein ähnliches Protestpotential wie der Duttweilersche »Landesring« in der Schweiz.

81 Bei den Wahlen vom 3. bis 4. 6. 1979 erzielte die radikale Partei für die Abgeordnetenkammer 3,4% statt zuvor 1,1% der Stimmen und vergrößerte die Anzahl ihrer Mandate von 4 auf 18.

82 Vgl. z. B. Butler–Ranney: a. a. O., S. 24 ff., S. 34 ff.

83 Der von Rein ähnliches Protestpotential wie der Duttweilersche »Landesring« in der Schweiz.

81 Bei den Wahlen vom 3. bis 4. 6. 1979 erzielte die radikale Partei für die Abgeordnetenkammer 3,4% statt zuvor 1,1% der Stimmen und vergrößerte die Anzahl ihrer Mandate von 4 auf 18.

82 Vgl. z. B. Butler–Ranney: a. a. O., S. 24 ff., S. 34 ff.

83 Der von Rittinghausenein ähnliches Protestpotential wie der Duttweilersche »Landesring« in der Schweiz.

81 Bei den Wahlen vom 3. bis 4. 6. 1979 erzielte die radikale Partei für die Abgeordnetenkammer 3,4% statt zuvor 1,1% der Stimmen und vergrößerte die Anzahl ihrer Mandate von 4 auf 18.

82 Vgl. z. B. Butler–Ranney: a. a. O., S. 24 ff., S. 34 ff.

83 Der von Rittinghausen im Zusamekennzeichnet gewesen.

86 Im 10. Brief der *Federalist Papers* meint James Madison: Under such a regulation »it may well happen that the public voice, pronounced by the representatives of the people, will be more consonant to the public good than if pronounced by the people themselves, convened for the purpose«. Hamilton, Madison, Jay: *The Federalist Papers,* 1787, New York 1961, S. 82.

87 S. Alderson: *Yea or Nay – Referenda in the United Kingdom,* London 1975, S. 72.

88 Ebenda, S. 68.

89 Hierzu wären neben Alderson selbst auch Karl Bürkli, Theodor Curti, Moritz Rittinghausen, William U'Ren und viele andere zu nennen. Auch die eigene Position des Verfassers läßt sich in diesen Bereich des politischen Spektrums einordnen.

90 Laut B. Fritzsche in: N. Flüeler u. a.: *Die Schweiz – vom Bau der Alpen bis zur Frage nach der Zukunft,* Zürich 1975, S. 111.

91 W. Munro: *Initiative and Referendum,* in: *Encyclopedia of the Social Sciences,* Bd. 8, New York 1932, S. 52.

91a Tocqueville, dessen Vorliebe für gradualistische, möglichst bruchlose und leidminimierende historische Entwicklungen trotz aller Faszination der großen Revolutionen wohl der Mehrzahl der zivilisierten Menschen nahesteht, kontrastiert im speziellen Frankreich mit England. Er meint: »Während sich in England die über Regierung Schreibenden mit den Regierenden mischten, wobei die einen die neuen Ideen in die Praxis einführten, die anderen aber die Theorien mit Hilfe der Tatsachen verbesserten, blieb in Frankreich die politische Welt gleichsam in zwei getrennte, miteinander nicht verkehrende Provinzen geteilt . . . Hier ergriff man einzelne Maßregeln, die die Routine bestimmte; dort proklamierte man allgemeine Gesetze, ohne je an die Mittel der Ausführung zu denken.« (A. de Tocqueville: *Der alte Staat und die Revolution,*

München 1978, S. 148.) Natürlich schleppt der gradualistische soziale Wandel auch eine Vielzahl von Archaismen mit und hat nicht den Charakter eines »Vorgriffs auf die Zukunft«, wie er den großen Revolutionen zukommt; darum weist England, dem die Schrecken des Jakobinerterrors erspart geblieben sind, auch noch so viele feudale Relikte auf.

92 Symptomatisch erscheint hier, daß am gleichen Tag, dem 27. 2. 1979, der Präsident des Österreichischen Industriellenverbandes das schweizerische Verfassungsmodell einer durch Referenden aufgelockerten Konzentrationsregierung empfahl, und der Obmann der sozialistischen Jugend Österreichs eine direktdemokratische Abstimmung der Eltern und Schüler über die Beibehaltung oder Abschaffung des Lateinunterrichtes in Mittelschulen forderte (vgl. *Wiener Zeitung,* 28. 2. 1979, S. 55).

93 Th. Curti: *Die Resultate des schweizerischen Referendums,* Bern 1911, S. VIII.

94 Daß dieselbe Personengruppe meist junger, überdurchschnittlich gebildeter und konfessionell eher ungebundener Menschen in der genannten Studie immer wieder krampfhaft in die Nähe »extremistischer Denkweisen« gerückt wird, bezeichnet leider zugleich eine Problematik der heutigen Bundesrepublik. (Vgl. C. Volant: *Statt Extremisten radikale Demokraten,* in: *Die Zeit,* Nr. 5/1979, S. 5.)

FÜNFTES KAPITEL

Die Wiedergeburt des Citoyen

1 Vgl. E. Bernsteins berühmte, durch Klarheit und große intellektuelle Redlichkeit bestechende Schrift: *Die Voraussetzungen des Sozialismus und die Aufgabe der Sozialdemokratie,* Stuttgart 1899, S. 128.

2 Das Ringen um die Abwendung von der dualistischen Klassenanalyse mit ihren historisch immer mehr verschwimmenden, dichotomischen Kategorien von »Bourgeoisie« und »Proletariat« kennzeichnet übrigens die lebendigsten unter den marxistisch geprägten Denkern der Gegenwart (etwa Habermas und Offe mit ihrer hier typischen Hinwendung zur Systemtheorie. Vgl. Jürgen Habermas: *Legitimationsprobleme im Spätkapitalismus,* Frankfurt/M. 1973, Claus Offe: *Strukturprobleme des kapitalistischen Staates,* Frankfurt/M. 1972). Selbst relativ orthodox marxistische Autoren müssen der Rolle der Interessenkonflikte von »Klassenfraktionen« zunehmend ihr Realitätsrecht geben und können sich dabei sogar auf die Stifter der Lehre berufen. (Vgl. R. Bauer: *Analyse lokaler Konflikte im Produktions- und Reproduktionsbereich als Interessenkämpfe der Gesellschaftsklassen und Klassenfraktionen,* in: R.-R. Grauhan: *Lokale Politikforschung,* Frankfurt/M. 1975, S. 131 ff.) Auf höherer Ebene wird freilich die reale Interessenpluralität letztlich doch meist auf den »Grundgegensatz« von Lohnarbeit und Kapital »zurückgeführt« und somit dem mythologischen Dualismus zeremoniell gehuldigt.

3 P. C. Mayer-Tasch: *Die Bürgerinitiativbewegung,* Reinbek/Hamburg 1976, S. 23. Mayer-Taschs solides, allerdings gelegentlich jargonbelastetes Buch (S. 66 spricht etwa von der »hypothetischen Janusköpfigkeit dieser Kontaktmetamorphosen«) ist ebenso wie A. Pelinkas Buch: *Bürgerinitiativen – gefährlich oder notwendig?,* Freiburg/Br. 1978, selbst Beispiel jener kritischen, fundamentaldemokratischen Haltung, die den Bürgerinitiativen auch in der Analyse am ehesten gerecht wird. Beide Werke geben auch wertvolle Hinweise auf

die in den letzten Jahren lawinenartig angeschwollene Literatur über Bürgerinitiativen.

4 Auf die nähere Darstellung von Fallbeispielen von Bürgerinitiativen muß hier und in der Folge aus Platzgründen verzichtet werden. Zur Affäre um den Markt von Saint Germain vgl. u. a. *Le Monde,* 23. bis 24. 5. 1975, S. 11, 1. 6. 1976, S. 34, zum »Carreau du Temple« *Le Monde,* 30. 4. 1977, S. 48. Zur Verbauung des Feilitschplatzes (Münchener Freiheit) vgl. *Die Zeit,* 26. 11. 1976, S. 15. Die Frage des Wiener Wackerplatzes wurde besonders von der *Wiener Kronenzeitung* publiziert und propagiert, etwa 13. 12. 1978, S. 17; 11. 4. 1979, S. 10 f., über den Streit um Heidelberg berichtete informativ sogar die *Wiener Arbeiterzeitung,* 3. 1. 1976 (Journalbeilage).

5 Vgl. z. B. R. Burger: *»Lebensqualität« und Warenproduktion* in: *Wirtschaft und Gesellschaft,* Wien, Nr. 4/1975, S. 9 ff. S. 25.

6 Nicht recht sinnvoll scheint es freilich, die sich aufdrängende Einsicht in den realen Interessenpluralismus statt in das Bemühen um eine adäquate Theorie zum »Problem der Rekonstitution von Klassenbewußtsein unter spätkapitalistischen Produktions- und Austauschverhältnissen«, also zur Forderung nach Rekonstruktion der Realität nach dem Abbild einer deskriptiv immer stärker versagenden Theorie umzuformen. Burger, a. a. O., S. 9 ff., stellt hier einen Modellfall der »Selbsteinmauerung« gewisser neumarxistischer Theoretiker dar.

7 Daß die Wurzel der »Ideologie der Lebensqualität« (die etwa in den meisten Bürgerinitiativen wirksam wird) in der »zunehmenden Proletarisierung der Lebensbedingungen des Kleinbürgertums und des Mittelstandes liegt«, wie etwa wiederum Burger, a. a. O., S. 18, behauptet, trifft zwar den wachsenden Geltungsbereich der ökologischen Bedrohung, faßt sie aber in der verfälschenden Sicht der alten Verelendungsterminologie. (Da die seinerzeit vorhergesagte, ökonomische Pauperisierung nicht eintraf, werden die negativen Nebenwirkungen der Wohlstandsmehrung im Industriesystem als Verelendung umgedeutet.)

8 Nach einer Repräsentativumfrage des Grazer IMUD-Institutes empfinden die Bewohner dieser Stadt das Verkehrsproblem als dringlichstes kommunales Problem (62% ganz wichtig), danach die Belästigung durch Lärm und Geruch (62%). Im Mittelfeld stehen das Interesse an der »Rettung der Natur« und am öffentlichen Verkehr. In geringerem Maße besteht Engagement an der Erhaltung der Altstadt (32% ganz wichtig) und an Kinderspielplätzen (30%). (K. A. Kubinzky: *Bürgerinitiativen in Graz,* Graz 1975, S. 10).
Eine Erhebung des IMAS-Institutes über Faktoren des Unbehagens in Österreichs Großstädten ergab auf die Frage: Was stört Sie an Ihrer Wohngegend? als führende Antwort: »Rauch, Staub, Schmutz« (in Städten über 70.000 Ew [ohne Wien]: 44% der Befragten, Wien: 45%) vor »schlechte Luft« (37% beziehungsweise Wien: 42%) und »Straßenlärm« (34% beziehungsweise Wien: 39%). Mangelnde Spielmöglichkeiten der Kinder (23% beziehungsweise Wien: 29%), zu wenig Grün (17% beziehungsweise 33%) und Mangel an Parkplätzen (17% beziehungsweise 30%) folgen in der Rangordnung. Sie scheinen entsprechend der Alltagserfahrung in der Millionenstadt Wien erheblich stärkere Probleme darzustellen als in den kleineren Städten. Quelle: *Academia,* Wien, Sept./Okt. 1976, S. 15.

9 In Graz hielten 64% der Befragten Bürgerinitiativen für »vorteilhaft«, obwohl nur 7% Mitglied werden und 29% sich an Bürgerinitiativen »wenden würden«. (K. A. Kubinzky: a. a. O., S. 7.)

In Wien dürften nach Auskunft namhafter Experten der Sozialforschung die Verhältnisse ähnlich gelagert sein, das heißt verbreitete Sympathie für Bürgerinitiativen geht einher mit ebenso verbreiteter praktischer Apathie.

10 Vgl. dazu als kurze Übersicht über die Verhältnisse in der BRD auch A. Werner: *Bürgerinitiativen – Versuch einer Bestandsaufnahme theoretischer Positionen und empirischer Befunde,* in: H. – G. Wehling (Hrsg): *Kommunalpolitik,* Hamburg 1975, S. 254 ff, und die dort angeführte Literatur. Trotz unterschiedlicher ideologischer Interpretationen besteht über Mittelschichtdominanz, oligarchische Struktur und single purpose – Charakter der meisten Bürgerinitiativen Einigkeit zwischen den Autoren. Spezifisch zur Empirie der österreichischen Situation vgl. auch Maren Seeliger: *Bürgerinitiativen in Österreich: International Congress IFHP (International Federation for Housing and Planning),* Kopenhagen 1973, *Papers and Proceedings* Bd. 2, S. 683 ff. Die Nahebeziehung der Mittelschicht zu Bürgerinitiativen bestätigt für Österreich unter anderem auch Kubinzky, a. a. O., S. 5.

11 47% der Mitglieder einer von einer Forschungsgruppe der FU Berlin untersuchten Gruppe von 61 Bürgerinitiativen waren Vertreter freier Berufe (Juristen, Architekten usw.), 28% waren im Erziehungsbereich tätig (Lehrer im weiteren Sinn), Angestellte waren mit 31%, Arbeiter mit 8% vertreten. *(Zur Rolle und Funktion von Bürgerinitiativen in der Bundesrepublik und Westberlin,* in: *Zeitschrift für Parlamentfragen,* Heft 2, Opladen 1973, S. 247 ff.)

12 Zu den Details der Affäre um den Sternwartepark sei auf die Wiener Tagespresse der Monate März und April 1973 sowie auf Seeliger, a. a. O., S. 691 f. verwiesen. Bezüglich der Pyhrnautobahnfrage vgl. ebenfalls Seeliger, a. a. O., S. 688 f.

13 Belege dafür finden sich in dem gesamten Zeitschriftenmaterial, das als Datenbasis für die vorliegenden Überlegungen dient, und zwar quer durch die ideologischen Ausrichtungen der betreffenden Blätter. Zusätzlich wäre natürlich auf die Tendenzen zu einer neuen Lokalpresse zu verweisen, die sich zum Teil direkt auf die Anliegen der Bürgerinitiativen stützt. Vgl.: G. J. Ograbek: *BRD – Die Neue Presse,* in: *Wiener Tagebuch,* 12/75, S. 10 f.

14 Nach einer Untersuchung von G. Gallup sind etwa 61% der amerikanischen Bevölkerung bereit, ihre Freizeit der Lösung kommunaler Probleme zu opfern, unter den Collegeabsolventen dagegen 75%. (Das durchschnittliche Zeitangebot belief sich auf vier Stunden pro Woche: G. Gallup: *Die Mobilisierung der Intelligenz,* Düsseldorf 1962, S. 142 f., zitiert bei P. Dienel: *Bürgerinitiative und Selbstverwaltung,* in: *Der aktive Bürger: Utopie oder Wirklichkeit,* Köln 1971, S. 16 ff., S. 16.)

15 Die Affinität journalistisch tätiger Intellektuellenschichten zu kritischen und »linken« Geisteshaltungen beziehungsweise vice versa scheint eine allgemeine Struktur darzustellen, die im amerikanischen Klischee vom (parteipolitisch) demokratischen Journalisten und republikanischen Zeitungsherausgeber ebenso zum Ausdruck kommt wie in der Machtkonzentration – im weitesten Sinn – »linker« Gruppen in den Medien, etwa nach dem portugiesischen Umsturz 1974 oder anläßlich der chinesischen Kulturrevolution. Schumpeter hat aus geistvoller, konservativer Sicht den kritischen Intellektuellen der Medien sogar eine führende Rolle beim Umsturz eines gereiften bürokratischen Kapitalismus in einen bürokratischen Kommunismus vorausgesagt. (Vgl. J. Schumpeter: *Capitalism, Socialism and Democracy,* London 1966, Erstauflage 1943, insbesondere das Kapitel: *The Sociology of the Intellectual,* S. 145 ff.)

16 Hier sei etwa auf die wechselvollen Bemühungen des »Planquadrat«-Teams

des österreichischen Fernsehens verwiesen. (Vgl. H. Voitl: *Planquadrat,* Wien 1977.)

17 Schumpeter, a. a. O., S. 151, weist mit Recht auf den Aspekt hin, daß die Kapitalverwertungsinteressen der Kommerzpresse nicht unbedingt mit typischen kapitalistischen Klasseninteressen konform gehen. Je gewinnorientierter ein Massenblatt ist (das heißt, je weniger es als – defizitäres – Sprachrohr von Subventionsgebern funktioniert), um so stärker wird die »demokratische« Ausrichtung an gewissen Anschauungen und unmittelbaren Interessen des breiten Leserpublikums. Dieses aber war, wie Schumpeter richtig bemerkt, nur vor 1914 ein vorwiegend großbürgerliches. Die Inseratentarife und -aufträge wiederum sind – innerhalb gewisser Grenzen, deren Überschreitung durchaus »politische« Boykottbestrebungen auslösen kann – vorwiegend auflageabhängig, jedenfalls aber keine vorrangige Funktion der »Linie« von Kommerzblättern.

18 Der Wiener Fall »Sternwartepark« wäre hier einer eigenen Studie wert, doch dürfte Seeliger, a. a. O., S. 689, die entscheidenden Schlüsse gezogen haben.

19 Vgl. Ken Young: *Urban Politics: An Overview,* S. 185 ff., in: Ken Young (Ed.) *Essays on the Study of Urban Politics,* London 1975 »Support for localism seems to be strongest among Conservatives and support for centralism strongest among Radicals« (S. 194). »Anti-partisan localism« wird von Young ebenfalls als stärker unter konservativ votierenden Wählerschichten beschrieben (S. 195).

20 In solchen Fällen fungiert die Rechte quasi als politisches Gewissen der Linken, das ihr den Vorstoß gegen die eigenen alten Ideale vorhält. Diese Rolle ist für bürgerliche Parteien um so dankbarer, je »volksfremder« die linke Führungsschicht agiert: etwa, wo auf innerstädtischen Baulücken Hochhäuser unter dem Gesichtspunkt errichtet werden, mit erprobten Parteigängern als Mietern Bezirksmehrheiten zu erobern (wohingegen die überwältigende Mehrheit der Wohnbevölkerung des Umkreises eine Grünfläche erhofft). Solche bizarre Verselbständigung der Machtinteressen des Parteiapparates kann à la longue die Wahlchancen der betroffenen Partei nur mindern, auch wenn eine gewisse wünschenswerte Durchmischung der Sozialschichten als Nebenprodukt derartiger Wohnbaupolitik abfallen mag. Ein Beispiel, das bis zur Simulierung einer Bürgerinititive führte, war hier etwa die Baumpflanzungsaktion der Wiener ÖVP auf den Scalagründen (Details sind der Wiener Tagespresse um den 30. Juni 1976 zu entnehmen). Die Aktion, bei der statt eines Gemeindewohnbaus die Erhaltung einer innerstädtischen Baulücke als Parkanlage gefördert wurde, ist in mehrfacher Hinsicht bizarr: Sie dokumentierte die Bereitschaft einzelner jüngerer bürgerlicher Kommunalpolitiker, Akte der linken außerparlamentarischen Opposition zu kopieren und versetzte die Sozialdemokratie in die ihr ungewohnte Rolle als Hüterin des unverletzlichen Eigentumsbegriffes. Sie mußte überdies schon vorher die undankbare Rolle übernehmen, eine von der Opposition geforderte Volksbefragung im Bezirk, deren Ausgang ziemlich evident erschien, abzulehnen.

21 Daß die Schwierigkeiten großer Arbeitnehmerparteien in der Frage der internen Demokratie im großstädtischen Apparat ein internationales Strukturproblem darstellen, wird übrigens von Ken Young belegt (a. a. O., S. 187): »The features of closedness, stratification, electoral passivity and low-profile government when added to massive concentrations of labour voters in urban centres have on occasion given rise to the distinctly autocratic style of city regime which enabled a past labour Prime Minister to refer to the ruling group on the

late London County Council as ›the nearest thing to a totalitarian state in Western Europe‹.« »Geschlossenheit, Schichtung, Wählerpassivität und ein wenig öffentlichkeitsfreudiger Regierungsstil kombiniert mit massiven Konzentrationen von Labourwählern in großstädtischen Zentren haben gelegentlich zu jenem entschieden autokratischen Stil von Stadtregime geführt, der einen früheren Labour-Premierminister dazu veranlaßte, von der führenden Gruppe im ehemaligen London County Council als der ›einem totalitären Staat vergleichbarsten Sache in Westeuropa‹ zu sprechen« (eig. Übersetzung). Vgl. auch R. Schediwy: *Bürgerinitiativen und Sozialdemokratie* in: *Zukunft,* Nr. 21/76, S. 23 ff.

22 Vgl. Mayer-Tasch, a. a. O., S. 19. Ähnliche ambivalente Haltungen finden sich etwa auch in Frankreich (vgl. dazu den Grundsatzartikel über Bürgerinitiativen von P. Granet, Staatssekretär im französischen Umweltministerium: *Une nouvelle participation,* in: *Le Monde,* 29. 7. 1976, S. 1, 17) sowie in Österreich. Vgl. A. Lugger: *Demokratieverständnis in der Gemeinde – Möglichkeiten und Grenzen* in: *Österreichische Gemeinde Zeitung,* Wien, Nr. 7/1974, S. 160 ff.

23 Der Bergkamener Fall (vgl. *Die Presse* 4. 5. 1977, S. 3: »Bitte wieviel kostet ein Umweltschützer«) ist allerdings nicht etwa ein Beispiel für die Organisation von Bürgerinitiativen als »racket« (ähnlich den hauptberuflichen »Unruhestiftern« in japanischen Aktionärsversammlungen), sondern eher ein Beleg für die Neigung von Unternehmen und Verwaltungen, aktive Bürger für ihr Schweigen zu »belohnen«. Um so problematischer in diesem Zusammenhang die eigentümlichen Rechtsauffassungen der Dortmunder Staatsanwaltschaft bei der Strafverfolgung der Bergkamener Kraftwerksgegner vgl. *Der Spiegel,* Nr. 12–13/1978, vom 27. 3. 1978, S. 78 ff.

24 Die »demonstrative Berücksichtigung eines plebiszitär kanalisierten Bürgerwillens«, die etwa Burger als »formaldemokratische Legitimation eben der Apparate, gegen die die Initiative sich wandte«, brandmarkt, a. a. O., S. 22, wird hier dagegen explizit als pragmatischer Fortschritt begrüßt. Sie bietet unter anderem viel weniger die »Gefahr einer manipulierten Pseudobeteiligung« (Naschold), als etwa alle Anhörungsverfahren.

25 Habermas stellt zwar mit Recht fest: »Die dem Staatsapparat im Spätkapitalismus zuwachsenden Funktionen und die Erweiterung der administrativ bearbeiteten gesellschaftlichen Materien steigern den Legitimationsbedarf«, *Legitimationsprobleme im Spätkapitalismus,* Frankfurt/Main 1973, S. 82. Da sich der Liberalkapitalismus in den Formen bürgerlicher Demokratie konstituiert habe, »muß der wachsende Legitimationsbedarf heute mit Mitteln der politischen Demokratie (auf der Grundlage des allgemeinen Wahlrechtes) befriedigt werden« ebenda S. 82, 83. Habermas sieht aber das Phänomen aus einem Restbestand marxistischer Orthodoxie her, vornehmlich im Lichte einer »Repolitisierung des Klassenverhältnisses« im organisierten Kapitalismus, ebenda S. 97. Demgegenüber wäre der vielfach technische Charakter der wachsenden Umweltbelastungen (etwa Düsenlärm) hervorzuheben, der für Anrainer jeglicher, also auch einer hypothetischen Nichtklassengesellschaft, an die Unerträglichkeitsschwelle geht. Die Freiheiten der bürgerlichen Demokratie erlauben bloß, daß die Widersprüche der technischen Zivilisation sich als wachsender Legitimationsbedarf offen manifestieren können, während sie andernorts direkt in Verstärkung autoritärer, administrativer Verfügung münden. Mit

Recht bemerkt etwa Roland Eckert, daß die Pläne deutscher Energiewirtschaftler, Kernkraftwerke in der UdSSR zu bauen, weil dort ein geringeres Umweltbewußtsein herrsche, zur Vermutung Anlaß geben, daß es dort »nicht an den Widersprüchen, sondern eher an ihrer Artikulation fehlen dürfte«, *Emanzipation durch Bürgerinitiativen* in: G. Hartfiel (Hrsg.), *Emanzipation,* Opladen 1975, S. 325 ff, 334.

26 Typisch in diesem Sinne ist neben der mehrfach erwähnten Untersuchung von Burger etwa auch die Blickrichtung Bermbachs, der die Optik mehrerer Aufsätze darauf einengt, wieweit Bürgerinitiativen sich in sozialistische Zielperspektiven eingliedern, und notgedrungen zu einer pessimistischen Beurteilung kommen muß; *Bürgerinitiativen – Instrumente direkter Demokratie?* in: *Österreichische Zeitschrift für Politikwissenschaft,* Wien 1974, Heft 4, S. 547 ff, sowie derselbe: *Thesen zur Rolle und Funktion von Bürgerinitiativen im Spätkapitalismus,* in: W. D. Narr (Hrsg.): *Politik und Ökonomie,* Opladen 1975. Die vielfach tiefgründigen Analysen solcher Autoren leiden durch die stets fühlbare unterschwellige Diffamierung des gegenwärtigen »spätkapitalistischen«, »formaldemokratischen« usw. Gesellschaftssystems zugunsten einer impliziten, aber vagen sozialistischen Heilserwartung. Mit Einschränkungen gilt dies selbst für Habermas und Offe, nicht aber etwa für Naschold, der die Ökonomismusthese explizit zurückweist; *Organisation und Demokratie,* Stuttgart 1969, S. 8.

27 Nicht umsonst widmen die Parteistrategen der »korrekten« Formulierung propagandistisch auswertbarer Umfragen große Aufmerksamkeit: Es kann jemand von einer Mehrheit als »tüchtiger«, aber zugleich auch als »wenig sympathischer« Politiker betrachtet werden, es liegt also an der Fragestellung, die schmeichelhaften Ergebnisse zu erhalten.

28 Vgl. dazu R. R. Palmer: *The Age of Democratic Revolution,* Princeton N. Y. (Bd. 1) 1959, Kapitel 5: *A Clash with Democracy: Geneva and Jean Jacques Rousseau,* S. 111 ff.

29 Verwaltungen, die den Widerstand der Anrainer unter solchen Gemeinwohlargumenten zu diskreditieren und übergehen pflegen, sind dennoch schlecht beraten; die Öffentlichkeit nimmt ihnen die Gemeinwohlorientierung, selbst wo sie im Einzelfall tatsächlich gegeben sein sollte, nicht ganz ab und die emotionelle Sympathie mit dem Nachbarn einer geplanten Stelzenautobahn ist zudem größer als jene mit dem Beamten, der vermutlich in sicherer Entfernung von derartigen Störungsquellen lebt.

30 C. F. v. Weizsäcker: *Deutlichkeit,* München 1978, S. 76.

31 Vgl. Schmidtchen, a. a. O., S. 259.

32 Vgl. dazu den – insgesamt recht antiplebiszitär eingestellten – Artikel von G. Jänicke: *Plebiszit* in: *Handwörterbuch der Sozialwissenschaften,* Tübingen 1964, Bd. 8, S. 341 ff, der zur Schweizer Volksinitiative meint, diese werde »teilweise sogar als eine Gefahr für die Demokratie betrachtet, weil sie von finanzstarken Gruppen, denen genügend Massen-Beeinflussungsmittel zur Verfügung stehen, demagogisch ausgenützt werden kann«. Die verschwiegene, mindestens ebenso große Anfälligkeit aller anderen Entscheidungsinstanzen gegenüber den Einflüsterungen derselben finanzstarken Kreise macht das Argument asymmetrisch und manipulativ.

33 Vgl. J. D. Hicks – G. E. Mowry: *A Short History of American Democracy,* Boston 1956, S. 758.
34 Vgl. *Time Magazine,* Nov. 20, 1978, S. 28.
35 Das Angebot, als »Möglichkeit der Mitentscheidung für alle Parteimitglieder« über die Form des Parteisymbols abzustimmen, schlägt hier vermutlich alle Rekorde (Vgl. Arbeiter-Zeitung, 20. 1. 1977, S. 3).
36 P. Viansson Ponté: *De nouveaux visages,* in: *Le Monde,* 17.–18. 9. 1978, S. 9.

SECHSTES KAPITEL

Quantitative Entscheidungsgrundlagen – »wissenschaftlich« oder demokratisch?

1 Zur Sozialbilanz vgl. P. Eichhorn: *Gesellschaftsbezogene Unternehmensrechnung,* Göttingen 1974; R. A. Bauer – D. H. Fenn: *What is a Corporate Social Audit,* in: *Harvard Business Review,* Jan.–Feb. 1973, S. 37 ff.
2 Ein vorsichtiger Teil der praktischen Versuche mit der Sozialbilanz betreibt die Quantifizierungsanstrengungen nicht bis zur Verdichtung zu einer derartigen Saldogröße. Vgl. dazu die praktischen Beispiele bei R. Moritz – R. Samsinger: *Zum Thema Sozialbilanz,* in: WISO, Linz 1979, Nr. 2, S. 105 ff. WISO = Wirtschafts- und Sozialpolitische Zeitschrift des Institutes für Sozial- und Wirtschaftswissenschaften der Kammer für Arbeiter und Angestellte, und des Berufsförderungsinstitutes für Oberösterreich, Linz. Anderseits reizt die plakative Wirksamkeit einer solchen Größe natürlich dazu, ihre Ermittlung zu versuchen beziehungsweise vorzugeben. Als Beispiel sei der Versuch der Grazer Verkehrsbetriebe genannt (deren Leiter auch Ordinarius für Finanzwissenschaft ist). Dazu P. Schachner-Blazizek: *Probleme einer gesellschaftsbezogenen Unternehmensrechnung,* Wien 1977.
3 Vgl. dazu etwa den zitierten Beitrag von Moritz-Samsinger mit seinen kritischen und treffenden Bemerkungen.
4 Zu den Grundzügen der Kosten-Nutzen-Analyse vgl. die Beiträge in: H. C. Recktenwald (Hrsg.) *Nutzen-Kosten-Analyse und Programmbudget,* Tübingen 1970, sowie R. Layard (ed.): *Cost Benefit Analysis,* London 1976. Der von Layard herausgegebene Band enthält auch den »klassischen« Übersichtsartikel von A. R. Prest – R. Turvey: *Cost-Benefit Analysis, A Survey,* S. 73 ff.
5 Vgl. O. Eckstein: *A Survey of the Theory of Public Expenditure Criteria,* in: *Public Finances, Needs, Sources and Utilization,* Princeton 1961, S. 439 ff.
6 Auch wenn es vielleicht seitens internationaler Konzerne oder gewisser marginalistisch ausgebildeter Betriebswirte Tendenzen zu einer solchen »rationalen« Vorgangsweise gibt, kann sie kaum als empirische Realität selbst der Privatwirtschaft unterstellt werden. Hier gilt vielmehr noch immer, was schon Bernstein feststellte: daß angesichts der anhaltenden Differenzen in den Gewinnmargen in verschiedenen Wirtschaftssektoren das Kapital »Anlage nicht da sucht, wo die höchste Profitrate winkt, sondern ähnlich wie der Mensch bei der Berufswahl, sich durch Rücksichten bestimmen läßt, bei denen die Höhe des Profits in zweite Linie rückt«. *Die Voraussetzungen des Sozialismus und die Aufgabe der Sozialdemokratie,* Stuttgart 1899, S. 121.
7 Die Annahme, daß die soziale Zeitpräferenz in sinnvoller Weise durch das freie Spiel der Marktkräfte gesteuert würde, kann dabei wohl als unrealistisch gel-

ten: N. Georgescu-Roegen weist etwa darauf hin, daß die unverantwortliche Entforstung zahlreicher Berglandschaften gerade deshalb stattgefunden hat, weil »der Preis stimmte«, und daß sie erst dann beendet wurde, als mengenmäßige Beschränkungen eingeführt wurden, *Energy and Economic Myths,* New York 1976, S. 33.

8 Kulturkritiker der USA haben die Dominanz des Dollarrationalismus und seinen Einfluß auf in Europa traditionell »wirtschaftsenthobenere« Institutionen, wie die Universitäten, ja stets hervorgehoben. Vgl. etwa L. L. Matthias: *Die Kehrseite der USA,* Reinbek/Hamburg 1971, S. 253 ff. Die bei Layard abgedruckten Bemerkungen E. J. Mishans über die ökonomische Bewertung des menschlichen Lebens wirken allerdings zum Teil geradezu als Parodie dieser Businessphilosophie, etwa wo der Autor ernsthaft erörtert, daß das Kriterium des durch das Ableben einer Person für Dritte entstehenden Vermögensnachteils bei wohlhabenden Rentnern leicht einen sozialen Nettonutzen ergibt, was zur problematischen Konsequenz einer »Beseitigung der überflüssigen Esser« einladen würde, a. a. O., S. 222.

9 Quelle: persönliche Information im Rahmen eines Seminars der österreichischen Arbeitsgemeinschaft für Gemeinwirtschaft.

10 Das Staunen und der wohl nur teilweise gerechtfertigte Widerwille gegenüber diesem ungeheuren, historischen Prozeß, der alles zur Ware und alle Ware in abstrakten Recheneinheiten vergleichbar macht, gehört nicht zuletzt zu den Grundstrukturen des Marxschen Werkes.

11 Zu den Sozialindikatoren vgl. J. Steinhausen: *Soziale Indikatoren als Elemente eines gesellschaftlichen Planungs- und Steuerungssystems,* Meisenheim 1975, sowie: Beirat für Wirtschafts- und Sozialfragen: *Qualitative Aspekte der wirtschaftlichen und gesellschaftlichen Entwicklung (Wohlfahrtsindikatoren),* Wien 1976; vgl. auch den Kongreßbericht von W. Wiltschegg in: *Wirtschaftspolitische Blätter,* Nr. 6/1977, S. 123 ff.

12 Eigene Übersetzung.

13 Der fundamentale Gleichheitsgrundsatz der Erschaffung »des Menschen«, hat im Christentum etwa zur sozialkritischen Frage Anlaß gegeben, wo denn der Edelmann gewesen sei, »als Adam grub und Eva spann«. Die sekundäre Erschaffung der Frau im alttestamentarischen Schöpfungsmythos könnte allerdings als Reflex zutiefst eingewurzelter, patriarchalischer Vorurteile gelten.

14 Der ins Politische oder »Rassische« säkularisierte Auserwähltheitsglaube hat dabei leider seine verderbliche Wirksamkeit freilich nicht verloren, wie dies die nationalistischen Wahnsysteme unseres Jahrhunderts nur zu deutlich unterstreichen.

15 Das Bewußtsein, daß der demokratische Prozeß auch ganz formal als soziales Wohlfahrtskriterium angesprochen werden kann, findet sich etwa auch bei J. Rothenberg: *The Measurement of Social Welfare,* Englewood Cliffs (N. Y.) 1961.

16 K. Arrow: *Social Choice and Individual Values,* New York 1963.

17 B. Frey: *Neue politische Ökonomie,* München–Zürich 1977, S. 94.

18 In gewissem Sinne schwingt in dieser Forschungsthematik so etwas wie das antike Klischeebild der »wankelmütigen Masse« nach. Angesichts der erwiesenen und fatalen Widersprüchlichkeiten im Denken der führenden Einzelpersonen (man denke nur an Hitlers berühmte Warnung vor dem Zweifrontenkrieg), angesichts der neueren Untersuchungen über die verbreitete »Meinungslosigkeit« schon auf individueller Ebene, wie sie etwa die Studien von Philip Converse über die »Nonattitudes« in der amerikanischen öffentlichen

Meinung darstellen (vgl. R. Inglehart: *The Silent Revolution,* Princeton 1977, S. 24 f mit Literaturangaben), sollte man eigentlich meinen, daß gerade das Konsistenzproblem in der Aggregation von individuellen Wertordnungen die unwesentlichste Seite der Demokratieforschung sein müßte.

Im übrigen liefert wahrscheinlich Machiavelli in seinen *Discorsi sopra la prima deca di Tito Livio* (1519), den brauchbarsten Beitrag, wenn er in ausdrücklicher Abkehr von der antiken Auffassung mit dem Titel des Abschnittes L VIII meint: »Die Menge ist weiser und konsequenter als ein Fürst.« Derselbe: *Il Principe e le opere politiche* (1513), Mailand 1976, S. 231: »Der Defekt (der Wankelmütigkeit), dessen die Schriftsteller die Menge beschuldigen, den könnte man im einzelnen allen Menschen vorwerfen und besonders den Fürsten«. . . »Aber was die Vorsicht und die Stabilität betrifft, sage ich, daß ein Volk vorsichtiger und gefestigter und von besserem Urteil ist als ein Fürst. Und nicht ohne Grund vergleicht man die Stimme des Volkes mit jener Gottes«, ebenda, S. 234. »Aber«, meint Machiavelli nicht ohne einen Unterton seines berühmten Zynismus, »das Urteil gegen das Volk entsteht, weil über die Völker jedermann furchtlos und frei übel spricht, auch während sie herrschen. Über die Fürsten dagegen spricht man immer mit tausend Ängsten und tausend Rücksichten«, ebenda, S. 236.

Eigene Übersetzung der Originaltextstellen: LVIII La moltitudine e piu savia e piu costante che uno principe . . . Dico adunque come di quello difetto de che accusano gli scrittori la moltitudine, se ne possono accusare tutti gli uomini particolarmente, e massime i principi . . . Ma quanto alla prudenzia ed alla stabilità dico come un popolo è più prudente, più stabile, e di migliore giudizio che un principe. E non sanza cagione si assomiglia la voce d'un popolo a quella di Dio . . . Ma la opinione contro ai popoli nasce perché de' popoli ciascuno dice male sanza paura e liberamente ancora mentre che regnano; de' principi si parla sempre con mille paure e mille rispetti.

19 Gordon Tullock, mit Kenneth Arrow einer der bekanntesten Vertreter der ökonomischen Theorie der Politik hat übrigens über die »General Irrelevance of the General Impossibility Theorem« selbst einige höchst beißende Worte verloren. G. Tullock: *Toward a Mathematics of Politics,* Ann Arbor 1967, Chapter III. Er schreibt unter anderem abschließend zu diesem Thema: »That the majority voting process normally leads to a determinate outcome and that this outcome is apt to be reasonably satisfactory will surprise no practical man. Clearly this is what does happen. One of the real problems raised by Arrow's book was why the real world democracies seemed to function fairly well in spite of the logical impossibility of rationally aggregating preferences. The solution I have offered, that no decision process will meet Arrow's criteria perfectly, but that a very common decision process meets them to a very high degree of approximation, permits us to reconcile the theoretical impossibility with the practical success of democracy.« A. a. O., S. 49. (Freie Übersetzung: Daß das Mehrheitswahlprinzip in der Regel zu einem eindeutigen Ergebnis führt und daß dieses Ergebnis einigermaßen befriedigend erscheint, wird keinen praktischen Menschen überraschen. Offensichtlich geschieht dies in der Realität. Eines der wirklichen Probleme, die sich aus Arrows Buch ergaben, war, warum die existierenden Demokratien trotz der logischen Unmöglichkeit rationaler Präferenzaggregation recht gut zu funktionieren scheinen. Die Lösung, die ich angegeben habe, daß nämlich kein Entscheidungsprozeß Arrows Kriterien vollständig genüge tun wird, daß aber ein sehr alltäglicher Entscheidungsprozeß ihnen mit hoher Annäherung nahekommt, erlaubt uns, die theoretische

Unmöglichkeit mit dem praktischen Erfolg der Demokratie zu versöhnen.)

20 Details sind der Wiener Tagespresse um den 20. 1. 1977 zu entnehmen, vgl. zum Beispiel *Die Presse,* 18. 1. 1977, S. 3.

21 Potentielle Konfliktpunkte urbaner Neugestaltung sind heute insbesondere relativ zentral gelegene, großflächige, aber technisch und ökonomisch überalterte Infrastrukturkomplexe im öffentlichen Besitz: also etwa Bahngelände (zum Beispiel Nordwestbahngelände Wien), Märkte (Naschmarkt Wien, Quartier des Halles, Marché Saint-Germain, Carreau du Temple, Paris), Schlachthöfe (Arena St. Marx, Wien, La Villette, Paris). Regelmäßig entstehen Konflikte zwischen Befürwortern der Grünflächennutzung, kunsthistorischen Interessenten der Profanarchitektur des 19. Jahrhunderts und Bodenverwertungsinteressenten, die üblicherweise in den »teuren«, zentralen Lagen Hochhausbauten proponieren und dies mit gelegentlichen Abstrichen bisher auch meist durchsetzten. (Als realer Modellfall sei die Frage der – zwar modernen, aber bereits obsoleten – Schlachthöfe von La Villette genannt, vgl. *Le Monde*, 17. 2. 1976, S. 30.)

SIEBENTES KAPITEL

Die experimentelle Gesellschaft

1 J. Eysenck: *Die Experimentiergesellschaft,* Reinbek/Hamburg 1973, S. 315.

2 R. Jungk: *Der Jahrtausendmensch,* München 1973, S. 130.

3 A. Toynbee: *Die Welt und der Westen,* Stuttgart 1953, S. 75 ff.

4 Die Biographien von Sun Yat Sen, Chou en Lai, Ho Chi Minh, Julius Nyerere, Sekou Touré, um nur beispielhaft einige der profiliertesten Gründer der heutigen »Dritten Welt« zu nennen, sind ein deutlicher Beweis für den direkten und tiefgreifenden Einfluß der Universitätskultur der alten Kolonialmächte. Durch diese Heranbildung der eigenen Gegner erhält die in Europa demoskopisch populäre Meinung, die Kolonialepoche habe den ehemals unterworfenen Ländern im Grunde positive Wirkungen vermittelt (vgl. *Le Monde,* 3.–4. 12. 1978, S. 4), einen weniger selbstgefälligen als paradoxen Wahrheitsgrund.

5 Vgl. H. Hazard: *Die Krise des europäischen Geistes,* Hamburg 1939, S. 36 ff., sowie ders.: *Die Herrschaft der Vernunft,* Hamburg 1949, S. 33 ff.

6 Die Popularität des Einfamilienhauses als »idealer Wohnform« und Statussymbol belegt eine Vielzahl von Untersuchungen (vgl. etwa R. Muraz: *La Parole aux Francais,* Paris 1977, S. 58, *Arbeiter-Zeitung,* 19. 7. 1978, S. 10). Ähnliche Grünprioritäten belegt *Der Spiegel* Nr. 3/1976, vom 12. 2. 1976, S. 114 ff. für München, und P. A. Ulram: *Zwischen Bürokratie und Bürger,* Wien 1978, S. 163 ff., 164, für das innerstädtische Sanierungsprojekt Birkastaden in Stockholm. Auch das hohe Interesse an innerstädtischen Grünflächen ist nicht nur durch zahllose Bürgerinitiativen und durch die Begehrtheit von Wohnbauten in Parklagen deutlich, sondern wird auch durch eine Vielzahl von Umfragen belegt. Eine entsprechende Bezirksumfrage ergab etwa eine Mehrheit von 75% gegen 6% für die Begrünung der Innenhöfe eines besonders grünflächenarmen Wiener Stadtteiles (*Arbeiter-Zeitung,* 11. 3. 1978, S. 8). Die Animosität gegen Hochhäuser geht so weit, daß etwa 36 Prozent der Franzosen sie ganz verbieten möchten (*Le Monde*, 15. 7. 1976, S. 12).

7 Selbst vordergründig gescheiterte Experimente haben hier ihren Wert, indem sie ein differenziertes Problembewußtsein schaffen; vgl. etwa den neunmonatigen Versuch in Nordrhein-Westfalen, mit Fast-Nulltarifen Autofahrer zur Be-

nützung öffentlicher Verkehrsmittel zurückzuführen, der die geringe Preiselastizität der Nachfrage nach Massenverkehrsmitteln praktisch unter Beweis stellte. Vgl. *Der Spiegel,* Nr. 14/1975 vom 31. 3. 1975, S. 42 f.

8 Die 1971 in Österreich initiierten Schulversuche konnten zwar die Erprobung eher »wertfreier« Neuerungen wie des Fremdsprachenunterrichtes in der 3. und 4. Schulstufe durchaus erfolgreich ausführen, die ideologisch-grundsatzpolitischen Barrieren zwischen Gesamtschulbefürwortern und Gegnern scheinen allerdings wenigstens vordergründig noch weitgehend aufrecht. (Vgl. *Die Presse,* 30. 6.–1. 7. 1979, S. 5.)

9 Vgl. *Arbeiter-Zeitung*-Journal, 18. 3. 1978.

10 Angesichts der Arena-Besetzung zeigte eine Umfrageerhebung unter den Bewohnern der angrenzenden Stadtteile, daß sich 37% für eine Kompromißlösung, 28% für eine harte Haltung der Gemeinde und 29% für eine Erfüllung der Forderung der Arenabesetzer aussprachen, wohl mit ein Grund für die taktierende Verzögerungshaltung der politischen Instanzen (*Arbeiter-Zeitung,* 23. 6. 1976).

11 Vgl. H. K. Infield: *Utopia und Experiment,* Göttingen 1956.

12 In welchem Ausmaß die Feigenblatt- oder Interessenlegitimationsfunktion sozialwissenschaftlicher Gutachten in den Kreisen der Bürokratie als selbstverständlich gilt, belegt empirisch etwa H. Friedrich: *Staatliche Verwaltung und Wissenschaft,* Frankfurt am Main 1970, insbesondere S. 162 ff. Auch über die Verzögerungs- und Alibifunktion bestehen bei den von Friedrich interviewten Verwaltungsbeamten wenig Zweifel. Kommentierend meint H. Krauch: »Unangenehme Kritiker kann man leicht mundtot machen, indem man sie nicht nur mitbeteiligt und anhört, sondern sie ihre Kritik in wohlhonorierten Gutachten niederschreiben läßt, wobei die Gutachten natürlich zu gründlicher Prüfung sorgfältig abgeheftet werden und auf den Regalen verstauben«. *Computer-Demokratie,* München 1973, S. 52.

ACHTES KAPITEL

Das Dilemma der Sozialdemokratie

1 Die vorhandenen Werke sind zu einem Großteil auf die einzelne, nationale Aktionsebene bezogen – das gilt etwa auch für die Konzeption der neuesten, umfangreichen *Geschichte des Sozialismus,* (Hrsg. Jacques Droz, Frankfurt am Main, 1974), welche die fehlende »große Zusammenschau, die alle Länder gleichermaßen berücksichtigt« (a. a. O., Bd. 1, S. 9) im integrativen Sinn auch nicht verwirklicht. Auch dieses Werk, so wie viele andere zuvor (etwa Max Beers verdienstvolle *Allgemeine Geschichte des Sozialismus und der sozialen Kämpfe,* Berlin 1931), entscheidet sich zudem vorweg für einen Standpunkt bewußter Parteinahme (a. a. O., S. 11).

2 Vgl. J. Braunthal: *Geschichte der Internationale,* Hannover 1961, 1963, 1971. Braunthals monumentales, trotz seiner Materialfülle gut lesbares Werk gibt vielleicht den umfassendsten Überblick über die historische Entwicklung der Sozialdemokratie, berücksichtigt aber überraschenderweise gerade deren historisch erfolgreichstes Modell, den skandinavischen Reformismus, der über Brandt und Kreisky auch bedeutende Ausstrahlungswirkungen auf Mitteleuropa hatte, in nur sehr geringem Maße.

3 Franklin D. Roosevelt, die charismatische Führungspersönlichkeit des New Deal, entsprach zwar selbst eher dem Typus des aristokratischen Großbürgers

mit »sozialem Gewissen«, und die demokratische Partei, ein sehr heterogenes Gebilde, wurde unter ihm keineswegs zu einer Linkspartei europäischen Typs. Unter Roosevelts persönlichen Beratern und in den neugeschaffenen Sozialbehörden sammelten sich jedoch Träger unzweifelhaft »linker« Gesinnungen (ein prominentes Beispiel wäre etwa Rexford Tugwell, ein Verfechter weitgehender planwirtschaftlicher Ideen, der unter Roosevelt längere Zeit führende Funktionen bekleidete). Sogar ein in Europa feststellbares, sozialpsychologisches Phänomen, die existentielle Enttäuschung der linken Idealisten der zwanziger und dreißiger Jahre gegenüber dem Materialismus der Nachkriegsprosperität, hat ihr amerikanisches Gegenstück. K. Conkin schreibt in seiner einfühlsamen historischen Monographie über den New Deal sehr treffend: »As these more idealistic New Dealers grew older, they often became tragic figures, seemingly out of touch with things they looked back in nostalgia to what they had dreamed and what they had all shared, and what they had longed for ... They talked of how Roosevelt, had he lived, would at last have led them into the kingdom. Like lonely and unneeded soldiers, they cried aloud for their old commander and for the old crusade.« K. Conkin: *The New Deal,* London 1968, S. 104 f.

4 Eine Ausnahme stellt hier Italien dar, wo – im Gefolge des Krieges mit der Türkei von 1911 – der reformistische, angepaßtere Flügel der Sozialisten 1912 der radikalen, pazifistischen Linie unterlag, die damals Mussolini zum Chefredakteur des Parteiblattes *Avanti* bestellte.

5 Über die Dominanz der Arbeiteraristokratie schrieb schon der große Empirist Bernstein: »In der sozialistischen Bewegung Englands stellen genau wie anderwärts die besser bezahlten, geistig höher stehenden Arbeiter die Kerntruppen. Man wird in den Mitgliederversammlungen der sozialistischen Vereine nur sehr wenig sogenannte unqualifizierte Arbeiter vorfinden«. (E. Bernstein: *Die Voraussetzungen des Sozialismus und die Aufgaben der Sozialdemokratie,* Stuttgart 1899, S. 90).

Immer noch weitgehend tabuisiert, aber höchst bedeutungsvoll ist bekanntlich auch die Rolle der Intellektuellen bürgerlich-jüdischer Herkunft in der europäischen Arbeiterbewegung. Daß sie meist nur »unter der Hand« diskutiert wird, hat nicht nur mit der Sorge zu tun, antisemitische Vorurteile zu mobilisieren, sondern anderseits wohl auch mit gewissen Bedenken, öffentlich positiv zu würdigen, wie sehr die soziale Leistung dieser Menschen regelmäßig gerade darin bestand, eine eng umgrenzte, verfolgte, aber sich als auserwählt definierende Glaubens- und Geburtsgemeinschaft zugunsten einer allgemeinmenschlichen Solidarität zurückzustellen. Allerdings war die Beziehung von Männern wie Victor Adler, Otto Bauer und auch Marx zu ihrer eigenen Herkunft dabei gewiß nicht ganz unneurotisch.

Vgl. L. Spira: *Jüdische Führer der Arbeiterbewegung,* in: *Wiener Tagebuch* Nr. 10/1977, S. 23 ff; R. S. Wistrich: *Revolutionary Jews from Marx to Trotsky,* London 1976.

6 Neben der schon genannten Beziehung der jüdisch-sozialdemokratischen Intelligenz zu bestimmten Schichten des liberalen Großbürgertums ist etwa auch das britische Fabiertum mit Vertretern wie Bernard Shaw und dem hocharistokratischen Bertrand Russell zu nennen. Nach einer statistischen Analyse von E. J. Hobsbawm für 1890–1906 betrug unter den männlichen Anhängern der Fabian Society der Anteil von Bürgerlichen drei Viertel bis sechs Siebentel. Vorrangig vertretene Berufsgruppen waren Journalisten, Schriftsteller, Professoren, Ärzte, Geistliche, Beamte, zitiert nach J. Droz: *Geschichte des Sozia-*

lismus, Bd. VII. *Die Sozialistischen Parteien Europas, Großbritanniens, Rußlands, Balkanländer,* Frankfurt/Main 1975, S. 31.
Daß Victor Adler das Parteiblatt der österreichischen Sozialdemokratie durch eine mäzenatenhafte Spende ins Leben rufen konnte, illustriert übrigens ebenso die Starthilfefunktion von »Besitz und Bildung« wie die jahrzehntelange Unterstützung von Karl Marx durch den Industrieerben Friedrich Engels.

7 Vgl. R. Michels: *Zur Soziologie des Parteiwesens in der modernen Demokratie,* Stuttgart 1957.

8 Bernsteins empirische Argumente etwa, es sei »falsch anzunehmen, daß die gegenwärtige Entwicklung eine relative oder gar absolute sinkende Zahl der Besitzenden aufweist« (E. Bernstein: *Die Voraussetzungen des Sozialismus und die Aufgaben der Sozialdemokratie,* S. 50) oder die Behauptung, daß der Proletarier kein Vaterland habe, »werde« ihre Wahrheit »immer mehr einbüßen, je mehr durch den Einfluß der Sozialdemokratie der Arbeiter aus einem Proletarier ein Bürger wird« (a. a. O., S. 144), haben zweifellos die Erfahrung der seither verflossenen Geschichte für sich gewonnen. Der in vieler Hinsicht, etwa auch in seiner Kritik am Verstaatlichungsoptimismus und der Mehrwertlehre sehr moderne Revisionismus, der trotz seiner Minderheitsposition in der Partei das praktische Wirken der Sozialdemokratie vor dem Ersten Weltkrieg bestimmte, muß aber den historischen Makel tragen, sich gerade dem wilhelminischen Deutschland angebiedert zu haben.

9 Zur tragischen Verbindung einer als verbaler Kitt der Linken fungierenden (schein-)revolutionären Rhetorik mit der dominierenden realen Friedfertigkeit vgl. für Österreich N. Leser: *Zwischen Reformismus und Bolschewismus. Der Austromarxismus als Theorie und Praxis,* Wien 1968. (Einem On dit zufolge bezeichnete man Otto Bauer wegen seines verbalen Radikalismus deshalb schon seinerzeit als »Schaf im Wolfspelz«.)

10 In gewissem Sinne wiederholte sich die Tragik der österreichischen Zwischenkriegszeit im Scheitern der Regierung Allende in Chile. Franz Marek, gewiß nicht verdächtig, die Situation aus »rechter« Sicht zu betrachten, konstatierte etwa im *Wiener Tagebuch*, Nr. 11/1973, S. 16 ff., daß »die große Masse des chilenischen Kleinbürgertums unter der Führung der Bourgeoisie« verblieb, der es gelang, in diesen Kreisen »eine wilde Panik gegenüber Verstaatlichungsmaßnahmen und staatlichen Kontrollen zu erzeugen« (S. 18). Während Allende bis zum Schluß untadeliger Konstitutionalist und Demokrat blieb, wirft Marek der MIR, der bedeutendsten der linksradikalen Gruppen Chiles, vor, »aus der Überzeugung von der Unvermeidlichkeit einer bewaffneten Konfrontation Forderungen erhoben zu haben«, die sie provoziert hätten: Auflösung des Parlaments, Einberufung einer Volksversammlung, Verstaatlichung der gesamten Industrie. Diese Forderungen standen »nicht im Einklang mit den tatsächlichen Kräfteverhältnissen« (ebenda, S. 17).

11 Das allgemeine Wahlrecht wurde in Schweden von den Sozialdemokraten und den Liberalen erkämpft, die 1907–1909 eine Wahlrechtsreform und 1918 eine endgültige Reform erreichten.

12 Vgl. dazu A. Lindbeck: *Swedish Economic Policy,* London 1976.

13 Das Versprechen der Motorisierung (VW-Projekt) und der Ausbau gewisser Elemente der sozialen Sicherung (so wurde die Arbeiterpensionsversicherung in Österreich erst vom NS-Regime eingeführt) gehören mit zu der gefährlichen Faszination, welche das Dritte Reich noch heute auf viele seiner Mitläufer ausübt.

14 Wiewohl in beiden Fällen Programmrevisionen in die entsprechende Richtung vorausgingen (Bad Godesberger Programm der SPD 1959 und Wiener Programm der SPÖ 1958), wäre es wohl eher verfehlt, solchen Veränderungen auf der verbal-ideologischen Ebene den Rang unabhängig wirksamer Kräfte zuzubilligen. Sie sind mehr Symptom als Impuls.

15 Ein mit den Nachwehen der Oktoberrevolution quantitativ nicht vergleichbares, aber doch beachtenswertes Organisationsproblem stellt die »Generation von 1968« dar, die sich zwar nicht in ernstzunehmenden Konkurrenzparteien formiert hat, deren Gedankengut aber zum Teil latente oder offene innerpar teiliche Oppositionshaltungen begünstigt (siehe unten).

16 Ebenfalls symptomatisch die gegenüber dem Revisionismus um etwa ein Dreivierteljahrhundert, gegenüber der Entideologisierungsphase der mitteleuropäischen Sozialdemokratie etwa zwanzig Jahre phasenverschobenen Programmrevisionen der spanischen, italienischen und französischen KP, welche die Eliminierung der »Diktatur des Proletariates« zum Ziel hatten. Vgl. F. Marek zur Preisgabe des Leninismus in: *Wiener Tagebuch* 11/1968, S. 12 ff.

17 In Österreich kam es bei insgesamt weit schwächerer Ausprägung der Studentenbewegung zu Ende der sechziger Jahre zwar nicht zur Ausstoßung ganzer Organisationen wie des deutschen SDS, aber immerhin zu beachtlichen Entfremdungen. Vgl. M. Fischer-Kowalski: *Zur Entwicklung von Universität und Gesellschaft in Österreich,* in: H. Fischer (Hrsg.): *Das politische System Österreichs,* Wien 1977, S. 571 ff., insbes. S. 600 ff.

18 August Bebel, der sein klassisches Buch *Die Frau und der Sozialismus,* (1883), mit den Worten zusammengefaßt hat: »Dem Sozialismus gehört die Zukunft, das heißt dem Arbeiter und der Frau« (Ausgabe: Berlin 1979, S. 557), kann hier als Kronzeuge einer guten Gesinnung eingeführt werden, der allerdings oft die entsprechenden Taten fehlten.

18a Zu Kreuzberg vgl. *Der Spiegel* 8/1975, S. 58 ff, zu Schweden *Die Presse* 3. 7. 1979, S. 3.

19 Die Rolle der Gewerkschaften als Wachstumsapostel wurde – nicht unbedingt in geschicktester Weise – etwa beim österreichischen Kernkraftreferendum unter Beweis gestellt.

20 In diesem Sinne etwa mein Aufsatz: *Die Sozialdemokratie und das Erbe der Aufklärung, Die Zukunft Nr. 4/1979, S. 34 ff.*

21 Vgl. *Der Spiegel* Nr. 42/1978, 16. 10. 1978, S. 36, 38. Die entsprechende Infratest-Frage lautete: »Nach Meinung der SPD geht das derzeitige Überprüfungsverfahren bei der Einstellung in den öffentlichen Dienst oft zu weit. Die SPD möchte daher, daß die Überprüfungsmaßnahmen auf Bereiche beschränkt werden, wo die Sicherheit unseres Staates betroffen ist. Halten Sie solch eine Änderung für richtig, oder sind sie dagegen?« Als Ergebnis sprachen sich 48% der Befragten für eine Liberalisierung aus, 22% waren dagegen, 28% hatten kein Urteil. Obwohl in der Frage die SPD ausdrücklich genannt war, erklärten sich auch 37% der CDU-CSU-Wähler mit einer Beschränkung auf den Sicherheitssektor einverstanden (besonders hohe Zustimmung erhielt der Liberalisierungsvorschlag in den Altersgruppen unter dreißig und den höheren Bildungsschichten). Zur Frage der frühen sozialdemokratischen Diskussion um Wert und Unwert des Parlamentarismus vgl. N. Leser: *Die Odyssee des Marxismus,* Wien 1971, insbesondere S. 157 ff.

22 Über die Entwicklungslinie von diesem eher instrumentell-taktischen Demokratieverständnis des Hainfelder Programmes bis zur »sozialen Demokratie« des Kreiskyschen Reformismus vgl. (informativ, aber etwas triumphalistisch)

W. W. Ernst: *Sozialismus – Ende der Demokratie, Zukunft* Nr. 4/1979, S. 29 ff.

23 Der selten inoffiziell und nie offiziell zugegebene Hauptgrund dieses Verfalls liegt dabei nicht etwa an der mangelnden fachmännischen Qualität des Journalismus oder an der Quantität der verfügbaren Werbemittel, sondern einfach darin, daß die politische Manipulation in einer Parteipresse, die zwar gelegentlich »mehr weiß« (aber darüber regelmäßig zu schweigen hat), noch ein Stück plumper ausfällt als in der Kommerzpresse. Das einigende Band der Gesinnungsgemeinschaft, welche das Parteiblatt als Bibel betrachten ließ und über solche Defekte hinwegsehen machen konnte, ist aber nicht mehr in ausreichender Stärke vorhanden.

24 Die Diskussion der österreichischen Sozialdemokratie, die in der Programmrevision von 1978 gipfelte, hat mit ihren Akzenten auf einer Veränderung der »Entscheidungsverhältnisse« und ihrer Insistenz auf einer immer weitgehenderen Demokratisierung der Gesellschaft zweifellos den Intentionen der an ihr beteiligten intellektuellen Schichten Ausdruck verliehen.
Diese Intellektuellendiskussion, die nach dem offiziellen Beginn mit einem Artikel von Egon Matzner in *Zukunft* Nr. 5/1976 ab Juni 1977 sehr intensiv vornehmlich in den Spalten der *Zukunft* nachzulesen ist, hat natürlich zum Teil auch Alibi- und Spielwiesencharakter. Der wachstums- und bürokratiekritische »erneuerte, offensive, sozialistische Humanismus«, wie ihn Matzner a. a. O., S. 14 ff. und in vielen anderen Publikationen fordert, ist zwar nun (mit beachtlichen Abstrichen) im neuen Programm integriert, da aber Programme meist nicht zur unmittelbaren Leitlinie des Handelns der Mächtigen werden, ist keine Gewähr für die auch nur tendenzielle Durchsetzung der verbal-programmatischen Demokratisierungs- und Humanisierungsforderungen gegeben.

NEUNTES KAPITEL

Empirische Politik, Chancen und Grenzen

1 Die vom Gewinnmaximierungsprinzip wegführenden Theorieansätze der modernen Ökonomie zielen auf die Korrektur dieser klassischen Fiktion des Unternehmensverhaltens im engeren Bereich der Ökonomie. Anderseits tritt mit den Tendenzen zur »Ökonomisierung« der Politologie die Gefahr ein, daß ein flacher Maximierungsrationalismus auch hier Platz greift. Die Hobbessche Trias der Motivationen von Gewinn, Macht und Ansehen oder auch die Formel des Thukydides von Ehre, Furcht und Nutzen (s. Kapitel I, Fußnote 17) scheinen hier wertvoller weil elastischer, als starre Rationalitätsformeln.

2 Hungerlöhne für öffentlich Bedienstete und bereits »sozial akzeptierte«, verbreitete Korruption lassen bekanntlich in einer Vielzahl von Ländern den unbestechlichen Beamten geradezu als verschrullten Sonderling gelten. Bemühungen zur »Reinigung« der Verwaltung begegnen daher derselben kompakten Beharrungskraft gesellschaftlicher Selbstverständlichkeiten wie Versuche zur obrigkeitlichen Veränderung der überlieferten Geschlechterrollen.

3 Vgl. G. Ostrogorsky: *Geschichte des byzantinischen Staates,* München 1975, S. 51. H. M. Bailey – A. P. Nasatir: *Lateinamerika,* Essen 1975, S. 519.

4 In den modernen Kriegen und selbst in den Konzentrationslagern ist das Übermaß an Grausamkeit immer mehr kanalisiert, organisiert und technisiert worden. Der Bombenabwurf und alle ferntragenden Waffen setzten Distanz

zwischen Täter und Opfer, und nur der seltene Nahkampf weckt noch die animalische Brutalität.

5 Ronald Inglehart: *The Silent Revolution,* Princeton 1977, S. 3. Zur Kritik der auf Maslow aufbauenden Materialismus-Postmaterialismusthese Ingleharts vgl. z. B. A. Eder: *Jugend, Ideologie, Protest,* Soziol. Diss., Wien 1977, Drucklegung ist vorgesehen, S. 131 ff., S. 155.

6 Die Stärke der amerikanischen, aber auch der Schweizer Demokratie liegt in der Anhängerschaft gerade dieser Schichten an das herrschende System, während die Demokratisierungsimpulse der kontinentaleuropäischen Fünfguldenmänner rasch in die Hoffnung auf den starken Mann umschlagen konnten, der die Märkte wieder zünftlerischen Kontrollen unterwirft.

7 Angesichts der Streikkrise im Winter 1978/79, die insbesondere auch soziale Dienste erfaßte und die Wahlniederlage der Labour Party vom Mai 1979 heraufbeschwor, verschlechterte sich etwa die Beliebtheit der britischen Gewerkschaften dramatisch. 84% der Bevölkerung hielten sie für übermächtig, *Arbeiter Zeitung* 3. 2. 1979, S. 4. Schon zuvor betrachtete laut einer Umfrage der Londoner *Sunday Times,* zitiert in: *Die Presse* 24.10.1977, S. 2, eine Mehrheit von 75% der Briten den erzwungenen Beitritt zu einer Gewerkschaft als Bedrohung der individuellen Freiheit und 79% aller Briten sowie 68% aller Gewerkschaftsmitglieder befürworteten stärkere Polizeivollmachten zum Eingreifen gegen militante Streikposten. Auch angesichts der nicht sehr streik- beziehungsweise gewerkschaftsfreundlichen Fragestellung, die für solche Umfragen typisch ist, ein klarer Beleg für die Vorliebe der Mehrheit für Ruhe und Ordnung. Die entsprechenden Initiativen der konservativen Regierung Thatcher, die auf eine gewisse Lockerung des closed-shop-Systems durch Gewissensklauseln und auf die Einführung geheimer Wahlverfahren im britischen Gewerkschaftswesen abzielen, mögen deshalb zwar auf verständlichen Widerstand aus Gewerkschaftskreisen stoßen – sie scheinen demoskopisch im Sinne empirischer Politik kräftig abgesichert und würden wohl allenfalls auch plebiszitäre Bestätigung finden.

8 Vgl. in diesem Zusammenhang die Diskussionen um den Einbau der Volksrechte in die Wiener Landesverfassung (*Die Presse* 11.–12. 2. 1978 S. 2, 16. 2. 1978 S. 2, 9. 11. 1978 S. 4, 15. 3. 1979 S. 4, 18.–19. 3. 1979 S. 4, 6. 6. 1979 S. 4).

9 Der von den österreichischen Parteien, vornehmlich der hier etwas aktiveren ÖVP, anläßlich der Nationalratswahlen 1975 kurzfristig aktivierte Vorwahlgedanke (vgl. H. Kukacka: *Vorwahlen in Österreich,* in: *Österr. Zeitschrift für Politikwissenschaft,* Nr. 1/1974, S. 43 ff.), wurde angesichts der Unruhe im Apparat relativ rasch und ohne Aufsehen wieder fallengelassen. Gegen in den Vorwahlen vorgereihte Kandidaten kam es zum Teil zu ausgesprochenen Rufmordkampagnen, vgl. *Profil* Nr. 30/1975, S. 15 f., die in Rückreihungen auf aussichtslose Listenplätze mündeten.

10 Die Überschätzung der Rolle des Apparates geht auf gewisse historische Strukturen der Wahlkämpfe zurück. Die traditionellen Wählerversammlungen beschäftigen zwar die Politiker und den Apparat sehr, sind aber der Masse der Bevölkerung völlig gleichgültig. Diese mag von der Persönlichkeit der Spitzenkandidaten oder gewissen vagen Programmschwerpunkten angesprochen werden, die Mundpropaganda des »Fußvolkes der Parteien« oder gewisse Plakat- oder Schmieraktionen der Getreuen locken aber keinen Hund hinter dem Ofen hervor. Auch typische Apparatleistungen wie Taxidienste zur Wahlzelle für gebrechliche Sympathisanten wiegen gewiß unvergleichlich leichter als eine

unterlegene Werbepräsentation oder ein hölzerner Spitzenkandidat. Der Apparat allerdings wird stets seine eigene Wichtigkeit betonen (schon aus Eigeninteresse), die Politiker sind im engsten Kontakt mit seinen Repräsentanten, lassen sich beeinflussen und absolvieren zumeist folgsam ihre Rituale.

11 Der als Parteinotwendigkeit von oben nominierte und dem Funktionärskader eher suspekte »brillante Kopf« ist übrigens gerade deshalb viel eher ein »treuer Diener« der Gesamtbewegung als der unter Umständen charismatisch-selbstbewußte und eigenständig legitimierte Vorwahlsieger.

12 Hier sei an das sehr wesentliche Popularitätsproblem erinnert, das einem Politiker wie Franz Josef Strauß lange Zeit zum Hemmschuh für einen nationalen Führungsanspruch innerhalb seiner Parteigruppierung wurde. Daß Franz Josef Strauß letztlich doch die Kanzlerkandidatur der Unionsparteien erreichte, zeigt zweifellos gewisse Grenzen empirischer Politik im Sinne rationaler Orientierung politischer Eliten an demoskopischen Umfragedaten auf. Die Entscheidung der Bundestagsfraktion vom 2. 7. 1979 zwischen Strauß und Albrecht hätte im Sinne einer Ausrichtung auf die Popularitätsindikatoren anders ausfallen müssen: Nach einer Umfrage zur Jahreswende (*Stern* Nr. 1/79 vom 27. 12. 1978, S. 84 ff.) hielten zwar etwa 54% der deutschen Bundesbürger Strauß für ein Ministeramt geeignet, gegenüber nur 43% für Ernst Albrecht, aber 50% hatten von Strauß »keine gute Meinung«, gegenüber nur 12% bei Albrecht. Hier spielte wohl die Zermürbung der zehnjährigen Oppositionsrolle, die permanente Führungskrise der CDU und vor allem die Drohung von Strauß mit einer vierten Partei eine Rolle. Auch riskante Überlegungen wie die, den »Störfaktor« Strauß durch eine massive persönliche Wahlniederlage ein für alle Mal zu neutralisieren, mögen (nach einer Vermutung Willi Brandts – *Arbeiter Zeitung* 5. 7. 79, S. 4) wirksam geworden sein. Schließlich scheint aber auch der Typus des notwendigerweise umstrittenen »starken Mannes« gerade in den Führungsgruppen der Parteien rechts von der Mitte noch emotionale Tiefenschichten anzusprechen, die das rationale Stimmenmaximierungskalkül zu unterlaufen geeignet sind – ein Phänomen, das den im Vergleich zur angeblich unbedarften Wählerschicht gepriesenen repräsentativen Eliten kein sehr gutes Zeugnis ausstellt.

13 Zu den gewichtigsten Argumenten der Verteidiger der Sozialpartnerschaft, und das heißt implizit auch ihrer nicht-demokratischen Aspekte, gehört dieser »Blick aufs Ganze«, der einen auch intern-demokratischen legitimierten Gruppenegoismus in Schranken hält. Der Verweis auf den gewerkschaftseigenen Meinungsforschungsapparat als »eine Form der Gewerkschaftsdemokratie« (Zitat eines führenden Gewerkschaftsfunktionärs bei K. Ucakar: *Die Entwicklung des Verbändewesens in Österreich* in: H. Fischer: *Das politische System Österreichs,* Wien 1977, S. 397 ff., S. 416) ist hier nicht ganz unberechtigt, hat aber natürlich apologetische Funktion.

14 Zur human relations-Schule und den zugrundeliegenden Experimenten in den Hawthorne-Werken vgl. R. Dahrendorf: *Die angewandte Aufklärung,* Frankfurt/Main 1968, S. 132 f. (Literaturhinweise 228). Untersuchungen, wie die berühmten Hawthorne-Experimente und die daraus sich ergebenden Weiterungen mögen im Sinne »empirischer« Befragungserhaltungen von Eliten im Wirtschaftsbereich angesehen werden – ihr Zweck ist aber natürlich vorrangig Produktivitätssteigerung.

15 Die Popularität von T-Gruppenseminaren für Manager ist nicht nur durch das Interesse der Konzerne an steuerlich abschreibbaren Benefizien für ihr Middlemanagement zu erklären. Sie entspricht einerseits wirklich der Not-

wendigkeit der Verbesserung von Kooperation, zugleich aber erspart der von Gruppendynamikern häufig gepflegte Mythos vom »Ausdiskutieren« und von der Gruppenentscheidung das Einüben »formaldemokratischer« Entscheidungsformen (bei denen der Chef vielleicht überstimmt werden könnte). Wo im Einzelfall Autoritätsausübende und Autoritätsunterworfene etwa abteilungsweise zu gruppendynamischer Offenheit angeleitet werden sollen, haben solche Techniken allerdings bereits den Charakter des Eingriffes in die persönliche Freiheitssphäre – wie übrigens alle nicht vollständig anonymen Befragungstechniken von oben nach unten die Tendenz zum disziplinierenden »Beicht«-Charakter aufweisen.

16 Vgl. J. K. Galbraith: *Die moderne Industriegesellschaft,* München 1967, speziell S. 104 ff.

17 Gaston Defferre schreibt in seinem in Buchform erschienenen Kommentar zum Programm der Linken: *Si demain la gauche . . .*(Paris 1976) zum betreffenden Programmpunkt der Selbstverwaltung sehr illustrativ: »Wir müssen ein Experiment mit der Selbstverwaltung machen. Aber da es nicht in Frage kommt, daß die ganze französische Wirtschaft als Versuchslaboratorium dient, müssen wir in einem wohl abgegrenzten erfolgversprechenden Sektor beginnen . . . Das werden vielleicht ein oder zwei verstaatlichte Unternehmen sein. Damit dieses Experiment sinnvoll ist, darf es meiner Ansicht nach nicht dekretiert oder oktroyiert sein, sondern zwischen den verantwortlichen Partnern, das heißt den Arbeitern und dem Staat, ausgehandelt werden. Das ist es, was das gemeinsame Programm der Linken vorgesehen hat« (eigene Übersetzung nach den wörtlichen Buchauszügen in : *Le Monde,* 8. 2. 1977, S. 7). Das Scheitern der Linksunion 1978 hat dieser Vorstellung die praktische Erprobung versagt, und auch eine siegreiche Linke hätte wohl kaum das politische Klima vorgefunden, derart distanziert Selbstverwaltungsexperimente zu erproben. Dennoch und trotz aller im VII. Kapitel dieses Buches vertretenen Einschränkungen werden sich derartige Gedanken vermutlich weiter verbreiten.

18 F. Lacina: *Verstaatlichung in Österreich* in: *Wirtschaft und Politik (Festschrift für Fritz Klenner),* Wien 1976, S. 267 ff, S. 281 f.

19 Vgl. Fußnote Kapitel III/28.

20 M. Weber: *Wirtschaft und Gesellschaft,* Berlin 1964, S. 1060.

21 Ebenda S. 1076.

22 Ebenda S. 1058.

23 Vgl. Th. Curti-A. Giesen: *Das Wahlrecht, Geschichte und Kritik,* Frankfurt/Main 1908, insbesondere S. 72 ff. Die »Verhinderung der freien Wahl durch die öffentliche Abstimmung, die zu der verächtlichen Unterdrückung der freien Überzeugung die Handhabe bietet und die politische Heuchelei zum System erhebt« (a. a. O., S. 73) ist leider immer noch an vielen Orten aktuell, vom Votum über die »islamische Republik« in Persien, die Wahlfarcen in den verschiedenen Diktaturen bis zu der Mehrzahl der innerparteilichen Abstimmung in den westlichen Demokratien. Es bedarf schon einer beachtlichen Unverfrorenheit, angesichts dieser Erfahrungen die doch grundlegende Anonymität jeder politischen Befragung herunterzumachen, so wie das seinerzeit W. Hennis in seinem antidemoskopischen Pamphlet *Meinungsforschung und repräsentative Demokratie,* Tübingen 1957, S. 32, mit dem »Argument« getan hat: »Wenn ein enthusiastischer Bewunderer der Polls in ihnen die Chance eines ›freien Volkes‹ sieht, das ›seiner Meinung stolz und furchtlos Ausdruck geben kann‹, so ist daran zu erinnern, daß ein Stück Bekennermut, ein wenig Bereitschaft des freien Mannes, seine Meinung öffentlich zu sagen, die sittliche

Bedingung des Rechts zur Mitgestaltung der öffentlichen Meinung bleiben muß. Bisher jedenfalls hat man in der Anonymität nicht gerade die Zuflucht eines freien Menschen gesehen. Jedenfalls nicht unter den Bedingungen einer freien Gesellschaft« (wobei Hennis in einer Fußnote die gewiß wohlfundierte Skepsis der Meinungsforscher, die angesichts der realen Abhängigkeiten der Individuen ja Anonymität als Voraussetzung gewähren müssen, zu unausgesprochenen ideologischen Vorurteilen erklärt).

24 Wie breit das Unbehagen der Öffentlichkeit über die Monsterwahlkämpfe und die öffentliche Parteienfinanzierung ist, zeigte etwa der in dem italienischen Referendum von 1978 über die Parteienfinanzierung (gegen den Willen nahezu aller Parteien) geäußerte Widerstand von 44% der Stimmen.

25 In einem Artikel betitelt *Amtlicher Wahlkampf?* in: *Zukunft* Nr. 12/1975, S. 25 f., habe ich versucht, solche konkrete Möglichkeiten einer fortschreitenden Normierung und Rationalisierung der demokratischen Spielregeln anzudeuten – wie ich unterdessen feststellen konnte, sehr im Einklang mit Karl Popper. Dieser schreibt in seinem Werk *Die offene Gesellschaft,* Bd. 2, Bern 1958, Fußnote 27 zu Seite 159: »Warum sollten wir zum Beispiel nicht die Größe, Art usw. der Wahlbroschüren standardisieren und Plakate ganz beseitigen? . . . Die gegenwärtigen Propagandamethoden sind eine Beleidigung der Öffentlichkeit wie auch des Kandidaten.« Der Anlaß zu meinem Beitrag in der *Zukunft*, nämlich das österreichische Parteienfinanzierungsgesetz, und die gleichlaufenden Tendenzen in den anderen europäischen Staaten zeigen allerdings, daß die reale Entwicklung der oligopolistischen Parteienkonkurrenz diesen gut gemeinten Reformvorstellungen nicht Rechnung trägt: Die Richtung geht einfach auf die Überwälzung der Kosten der unsinnigen Mammutwahlkämpfe zu Lasten der Staatskasse. Die Wohlmeinung einiger Intellektueller und das unartikulierte Unbehagen der breiten Öffentlichkeit sind eben als solche ungenügend. Eine organisierte, demokratische Bewegung, die politischen Druck zur konkreten Verbesserung unserer staatlichen Institutionen ausübte, könnte aber hier zweifellos einiges erreichen.

26 Vgl. A. Pelinka: *Dynamische Demokratie,* Stuttgart u. a. 1974.

27 Vgl. insbes. F. A. v. Hayek: *Der Weg zur Knechtschaft,* Erlenbach-Zürich o. J., ders.: *Die Irrtümer des Konstruktivismus,* Tübingen 1975.

28 Zur Rolle der Meinungsforschung in der DDR vgl. G. Schmidtchen: *Die befragte Nation,* Freiburg 1959, S. 44 ff., und R. Bahro: *Die Alternative,* Köln 1977, S. 187 f.

29 Vgl. Ota Šik: *Das kommunistische Machtsystem,* Hamburg 1976. Auch Bahro spricht sehr plastisch davon, daß fachliche Tüchtigkeit gegenüber dem Gehorsam nach oben und der Durchsetzungsfähigkeit nach unten als Leistungskriterium zurückstehe, (a. a. O., S. 251).

30 A. de Tocqueville: *Der alte Staat und die Revolution,* München 1978, S. 176, »Sehr oft geschieht es, daß ein Volk, das die drückendsten Gesetze ohne Klage und gleichsam als fühlte es sie nicht, ertragen hatte, diese gewaltsam beseitigt, sobald ihre Last sich vermindert.«

31 Daß zur Zeit Josefs II. 80% der hohen österreichischen Bürokratie der (geheimen) Freimaurerei angehörten, E. Winter: *Barock, Absolutismus und Aufklärung in der Donaumonarchie,* Wien 1971, S. 191, könnte auf die Durchsetzbarkeit der östlichen Regimes mit halb geduldeten, halb beargwöhnten Illuminatenorden schließen lassen. In ähnliche Richtung geht irgendwo auch die Idee Rudolf Bahros, einen neuen »kommunistischen Bund« zu gründen.

ZEHNTES KAPITEL

Schlußbetrachtung

1 Gefordert wurden in der Schweiz zwölf autofreie Sonntage, was natürlich für Wirtschaft und Tourismus größere Schwierigkeiten gebracht hätte.In Österreich erbrachte eine Meinungsumfrage mit plebiszitärem Beigeschmack eine große Mehrheit (83%) für einen (individuell wählbaren) autofreien Tag pro Woche als beliebteste Energiesparalternative (vgl. die österr. Tagespresse vom 4. und 5. 10. 1979).

2 S. Wambaugh: *A Monograph on Plebiscites,* New York 1920, S. 165 ff., macht deutlich, daß es auch in diesem Fall eine (schwedische) Kriegspartei gab. Aber der kulturelle Basiskonsens und auch die zuvor nur eher lose Vereinigung der beiden Länder (Norwegen hatte etwa sein eigenes Parlament behalten) ermöglichten den seltenen Fall einer zivilisiert und fair verlaufenden Gebietsveränderung – für die Mehrzahl aller kapitalistischen und sozialistischen Länder noch heute eine kaum vorstellbare Utopie.

3 I. Kant: *Zum ewigen Frieden* (1795), Stuttgart 1973, S. 26 f.

4 Zitiert nach Kl.-P. Schulz: *Proletarier, Klassenkämpfer, Staatsbürger,* München 1963 (Anhang Programmtexte), S. 230.

Personenregister

ÜBER DEN AUTOR

Robert Schediwy,
Jahrgang 1947, Studium der Rechte und Wirtschaftswissenschaften in Wien und den USA, ist derzeit im Rahmen der Institutionen der österreichischen Sozialpartnerschaft tätig. Seine zahlreichen Veröffentlichungen in wissenschaftlichen und politischen Zeitschriften sind zumeist interdisziplinären Fragen von Wirtschaft, Kultur und Politik gewidmet. Sie nehmen besonderen Bezug auf die historische Rolle der Arbeiterbewegung und die Möglichkeiten und Grenzen des demokratischen Prinzips.